国家社科基金重大招标项目（13&ZD079）

多卷本《中国寺观文化史》阶段性成果

○普贤文库丛书○

峨眉山佛教史

释永寿 主编

段玉明 著

宗教文化出版社

图书在版编目（CIP）数据

峨眉山佛教史 / 段玉明著 . -- 北京 : 宗教文化出版社 , 2024.4
（普贤文库丛书 / 释永寿主编）
ISBN 978-7-5188-1598-2

Ⅰ . ①峨… Ⅱ . ①段… Ⅲ . ①峨嵋山—佛教史—研究 Ⅳ . ① B949.2

中国国家版本馆 CIP 数据核字 (2024) 第 081714 号

峨眉山佛教史

释永寿 主编　　段玉明 著

出版发行：宗教文化出版社

地　　址：北京市西城区后海北沿44号　　（100009）

电　　话：64095215（发行部）　　13699284123（编辑部）

责任编辑：赛　勤

版式设计：武俊东

印　　刷：河北信瑞彩印刷有限公司

版本记录：787毫米×1092毫米　16开　25.25印张　330千字
　　　　　2024年9月第1版　2024年9月第1次印刷

书　　号：ISBN 978-7-5188-1598-2

定　　价：88.00元

总 序

永 寿

　　峨眉山是中国佛教四大名山之一，坐镇西南；又是梵典所言大光明山，还是中土四大菩萨之大行大愿普贤菩萨的道场。从汉朝至今二千余年，峨眉山经历了雄秀名山、道教仙境、佛教圣地的演进，传奇重重，故事多多。历代驻山僧侣、善男信女，持信仰不退之心，开山建寺，登高筑塔，丘壑山岭有梵宇灵宫之胜；晨钟暮鼓，早晚课诵，松竹草木含明心见性之灵。雨过天晴，常有佛光闪耀之幻；风卷云舒，时有白云万变之态。清晨有日出普照，暗夜飘圣灯启明。华僧、梵僧、胡僧、日僧，纷至沓来，传播像教奥义；帝王、贵胄、军商、士民，络绎不绝，祈福礼拜诸佛。日月如梭，春秋轮替。人能弘道，山色染新。新时期，峨眉山成为全球观光圣地；新荣誉，峨眉山成为世界自然和文化双遗产；新格局，"诸佛长子"引领名山圣境朝圣。

　　中华民族历来重视历史，记录典故，彰显文化，峨眉山亦不例外。历代典籍不乏记载，专门描绘山川风貌、自然景观、奇珍异物的不少，书写拓荒艰辛、人文景观、奇闻轶事很多，收藏进献圣物、皇家赐宝、骚客墨迹、文人诗文更多。但岁月无情，散失难免；气候无常，侵损常有；更兼山火不时突降，珍藏付之一炬。所以，至今文物十不存一，令人唏嘘。常见目录而无实物，令人伤感。

回首四十年，中国腾飞，经贸发达，文化繁荣，成就耀眼，盛世再现。峨眉山自改革开放以来，党和政府的政策充分落实执行。各界人士齐心奋志，举措连番，气象日新，香云蔽天，位列佛教四大名山，四海香客聚首；成为佛教圣地，天下佛法渊薮。

今峨眉山佛教协会秉盛世必出华章的中华传统，决意再兴文教，弘扬峨眉山文化，诠释佛法新意，满溢济世情怀，遂启动《普贤文库》大型文化工程，形成系列，全面展现峨眉山今昔的方方面面；凸显特色，完整显现华藏金顶的光明世界。坚守初心，岁岁有成果；矢志经年，究竟达圆满。弥补历史缺憾，光显普贤盛德；谱写时代乐章，记录弘法新程。

顶礼普贤菩萨，践行十大愿行。道场兴旺，协理世间。续佛慧命，文脉常新。

是为序。

丁酉年冬月吉日于大佛禅院东花园

目录

001 总 序 / 永 寿

001 前 言

001 第一章 峨眉山自然地理概况及开山传说

001 一、峨眉山自然地理概况

007 二、关于峨眉山开山的传说

013 三、早期文献记载中的峨眉山

022 第二章 魏晋南北朝时的"仙山"

022 一、作为"洞天福地"的峨眉山

026 二、魏晋南北朝时的仙隐传说

034 三、传说出于峨眉山中的道经

044 第三章 隋唐五代的道佛共存与转化

044 一、隋唐五代的峨眉山道教

056 二、隋唐五代的峨眉山佛教

076 三、隋唐五代的峨眉山诗文

099 四、峨眉山普贤道场的确立

111 第四章 宋代峨眉山佛教的初次兴盛

111 一、宋代皇帝的重视与恩赐

123 二、宋代峨眉山的高僧大德

142 三、宋代峨眉山的社会影响

154 四、宋代峨眉山的道场建设

180　　五、宋人朝礼峨眉山的情形

192　第五章　元代明代峨眉山佛教的再度兴盛

192　　一、元代峨眉山的佛教概况

198　　二、明代峨眉山的高僧大德

220　　三、明代峨眉山的道场建设

269　　四、明代峨眉山的社会影响

288　第六章　清代峨眉山佛教的艰难复兴

288　　一、清代峨眉山的高僧大德

298　　二、清代峨眉山的道场建设

322　　三、清代《峨眉山志》的编修

336　尾声：走向当代的峨眉山佛教

336　　一、民国以来的峨眉山佛教

368　　二、峨眉山佛教的当代蓝图

372　结语："志山"与"志佛"

383　参考文献

394　后　记

前　言

　　峨眉山位于四川西南的峨眉山市，是享誉海内外的佛教圣地。在中国著名的"四大佛山"中，它不仅是较早被确定的名山之一（仅次于五台山），同时还是唯一的道教"洞天福地"，乃至接续秦汉以前的仙隐传统，其声誉是"传奇性的"（legendary）[1]。

　　诚然，峨眉山具有非常独特的自然条件。常人可以到达的海拔高度，奇峻优美的山势峰岩，丰富多样的动植物资源，都让它在中国众多的名山中别具魅力。但峨眉山之"传奇性"，却不能仅仅依靠这些"大美不言"的天造地设，而需人文活动的介入，让代复一代的人文活动激活它们、修饰它们、提升它们，否则即不会有所谓"传奇"了。而这之中，佛教的介入与整合是一至关重要的因素，并最终造就了今天的峨眉佛山形象。

　　佛教没有圣山崇拜的传统，如灵鹫山之类也不过是佛陀讲经的场所而已。传入中国以后，受到中国圣山崇拜传统的影响，逐步与名山发生关联。其发轫者，可以追溯到两晋时期的慧远、单道开等人。由于他们的驻锡，庐山、罗浮山等一批名山被纳入了佛教的影响范围，至于唐宋

---

① James M. Hargett, *Stairway to Heaven*: *A Journey to the Summit of Mount Emei*, Albany: State University of New York Press, 2006, p.xi.

遂有"天下名山僧占多"的民谚。这是以名僧化山的情形。也是在两晋时期，传说有"五百应真"显现于天台山，为高僧昙猷亲眼所见，开启了天台山为罗汉道场的先河，后世继踵而有雁荡山、中岩山、鸡足山之类圣山出现。这是以传说化山的情形。但无论是哪一种，这些名山最终都没有被纳入"四大佛山"之中。中国信众最终选择了五台山、峨眉山、普陀山、九华山作为佛教名山的代表，个中因由值得深究，否则即不能真正读懂中国佛教。此其一。其二，在"四大佛山"中，峨眉山的开发远远早于其他三山，不仅在仙隐传统中，也在道教信仰中具有很高的声誉。如果五台、普陀、九华成为佛教名山属于开发，即由一座不知名的自然地理之山被开发成为佛教名山，那峨眉山的实例与此不同，它是由一座道教名山转化而成的，就中卷入了道、佛交涉融合的复杂细节，在"四大佛山"的形成中具有非常独特的研究价值。传统累积的神圣资源怎样被化入佛教名山之中？作为普贤道场的峨眉山怎样安排它的道教过去？朝山信众又怎样处理两种终极关怀不同的信仰传统？如此等等，都是峨眉山佛教研究中极有趣味的问题。不同于其他三山，峨眉山展开的佛教课题显然更为丰富，值得付出更多的学术努力。因此，即使站在佛教名山的立场，以现代的学术视角撰写一部《峨眉山佛教史》也是十分必要的，况且还有峨眉山佛教自身发展的时代诉求。前者偏于学术价值，要求新写的《峨眉山佛教史》严肃、系统、完整，经得起长期的学术考验，已有的关于峨眉山的著述不能满足此一要求；后者偏于应用价值，要求新写的《峨眉山佛教史》具有承先启后、继往开来的参考作用，可以为当代峨眉山佛教的转型与发展提供历史的经验与教训。

关于峨眉山的研究起步很早，研究成果亦较丰富，这可以从后面的主要参考征引文献获得印象。综观已有的研究成果，虽然多方面、多维度地考察了峨眉山与道教、佛教，乃至诗文、音乐、武术、香会、慈善、志书等，但总体上仍以知识普及为主，或属史话，或为介绍，具有学术深度的、系统性的、整体性的研究成果尚不多见。就中,"四大佛山"的形成、峨眉山的道佛转换与历代高僧以及山志的编撰研究似较充分,张妙(唐宋)、颜冲(明代)、演妙(民国)的分段考察亦有进益,而音乐、武术、香会、慈善等则属发轫,有待更多的学术跟进。永寿主编的《峨眉山与巴蜀佛教》①,是1992年峨眉山召开的首届峨眉山与巴蜀佛教文化学术研讨会的论文集,除去7篇序言与讲话,共收学术论文59篇,从峨眉山佛教到巴蜀佛教,讨论范围非常广泛。峨眉山佛教协会编的《历代祖师与峨眉山佛教》②,是2011年在峨眉山召开的"历代祖师与峨眉山佛教"学术研讨会论文集,除去2篇序言,共收学术论文38篇,全方位地考察了峨眉山的历代祖师,其"普贤菩萨与峨眉山"部分还对普贤精神与峨眉山的新近发展规划做了讨论。两本论文集里的一些文章质量很高,对峨眉山佛教研究推进颇多,已经成了峨眉山佛教研究必备的参考文献。

国外关于峨眉山的研究,以美国学者詹姆斯·哈格特(James M. Hargett)的《上天之梯:一次朝礼峨眉峰顶的旅行》(*Stairway to Heaven: A Journey to the Summit of Mount Emei*)作为代表。该书从宗教起源神话、道教仙真传奇、佛教到来与发展、描写峨眉山的诗文、旅游产业下的新发展五个方面对峨眉山历史做了堪称详细的考察,是目前最为系统全面的成果。如作者所强调的,这些方面共同呈现在峨眉山上,以不同的方式影响着定居者与访问者,"不带着一些早期道教仙真传统的知识,一个人不可能恰当地理解峨眉山的佛教活动;不带着一些山的自然地理知识,一个人不可能领悟山顶神奇的宝光;不带着时下旅游产业下深度的旅游设施改变(如道路、缆车、雪坡、宾馆、博物馆等),

---

① 永寿主编:《峨眉山与巴蜀佛教》,北京:宗教文化出版社,2004。
② 峨眉山佛教协会编:《历代祖师与峨眉山佛教》,成都:四川人民出版社,2012。

一个人今天不可能访问峨眉山"①。为此，该书着重探讨了这几个方面怎样及何以导致了人们与峨眉山的时空互动，相互之间又是怎样及何以产生关联，并尝试以独特的物理环境与多样性的人文经验两大维度定义峨眉山，不仅在方法上，也在视角上有诸多可取之处。虽然作者承认佛教影响是其最为重要的两个方面之一（另一为诗文），但该书并不彻底将峨眉山视为佛教名山，更不将被普贤道场整合后的峨眉山视为一体，最终多多少少落入了自己力图避免的"松散合一的深渊"。无论怎样，《上天之梯：一次朝礼峨眉峰顶的旅行》是国内外迄今为止研究峨眉山学术质量最高的成果。

在为《普贤文库》所写的总序中，永寿法师曾经指出：改革开放以来，峨眉山佛教进入了一个全新的发展时期，具体体现在"三新"上——"新时期，峨眉山成为全球观光胜地；新荣誉，峨眉山成为世界自然和文化双遗产；新格局，'诸佛长子'引领名山圣境朝圣。"为此，需要回望过去，用以反观现在；需要吸取历史的经验教训，用以开拓未来的辉煌事业。是即《普贤文库》启动的用意，也是《峨眉山佛教史》编撰的初心。就峨眉山佛教自身的丰富性而言，远远不是一部两部佛教史著能够穷尽无遗；就峨眉山佛教内蕴的精神性而言，也远远不是一部两部佛教史著能够解析透彻。该书的编撰，应该仅仅是一个开头，我们有信心等待更多的、高质量的峨眉山佛教史著问世。

---

① James M. Hargett，*Stairway to Heaven：A Journey to the Summit of Mount Emei*，Albany：State University of New York Press，2006，pp.2-3.

第一章 峨眉山自然地理概况及开山传说

长久以来，作为中国佛教"四大名山"之一，峨眉山在佛教和民间的影响巨大。提到峨眉山，人们便自然而然地将之与佛教、普贤道场联系起来。尽管如此，峨眉山最早却不是一座佛教名山。魏晋南北朝时，峨眉山主要还是作为道教的仙山而享有盛誉，再早则是纯粹的风光秀丽的自然山岳。峨眉山由自然山岳演变成为道教名山，再发展成为中国著名的佛教名山，经历了一个漫长的历史时期，时间则跨越了一千多年。

一、峨眉山自然地理概况

峨眉山位于四川盆地西南边缘向青藏高原的过渡地带，距四川省会成都160千米。主峰为金顶，最高峰万佛顶海拔3099米，相对高差近2600米。面积154平方千米，外围保护区域面积为469平方千米。生物、土壤、气候垂直带明显，自然地理内涵丰厚，素有"植物王国""地质博物馆"以及"峨眉天下秀"的美誉。

峨眉山金顶（孙明经1938年6月摄，峨眉山佛教协会提供）

峨眉山古属蒙山，金僑《峨眉山志序》称："顾峨为蒙山之首，比肩五岳。"[1] 某些宣传材料称，峨眉山古称蒙山，当是误会了古人"蒙山之首"——蒙山系列首山的含义。峨眉山，古又称牙门山，乐史《太平寰宇记》卷七四："峨眉山……张华《博物志》以为牙门山。"此条不见于今传本《博物志》的材料，原见于《后汉书·郡国志》刘昭注，说明此一称呼应该很早。及于唐宋，峨眉山之名已经非常响亮，仍然有少数学者以牙门山相称。唐慎微《经史证类备急本草》卷十二记曼游藤，即称其"出犍为牙门山谷"。

古时所称之峨眉山，有广义与狭义两种含义。广义的峨眉山，包括大峨山、二峨山、三峨山三山，按其大小也称大峨、中峨、小峨。《大清

① 嘉庆《四川通志》卷四七。

一统志》卷三〇：

峨眉山，在峨眉县西南，自西而东有大峨、中峨、小峨三山。……《元和志》：峨眉大山，在峨眉县西七里，此山有洞天石室，高七十六里。又中峨山，在县东南二十里，有古穴。初才容人，行数里，渐宽，有钟乳穴，穴有蝙蝠，其大如筐。又有小峨眉山，在绥山县南六里。《寰宇记》：峨眉山，张华《博物志》以为牙门山。又小峨山，在罗目县南十里，峨眉之亚者。《方舆胜览》：大峨山在峨眉县西南一百里，周千里，有石龛一百十二、大洞十二、小洞二十八，南北有台。又中峨山，在县南二十里，一名覆蓬山，又名绥山，上有葛仙洞。又小峨山，在县南三山里，一名铧刃山，上有李仙洞，与中峨、小峨相连。是为三峨。《峨眉山志》：大峨山在县西南五十里，高一百二十里。二峨山在县南三十里，高减大峨山之半。（《四川通志》卷二五复有："三峨山在县东南三十里，高又减二峨之半。"）

"绥山县"治即今峨眉山市九里镇，"罗目县"治今峨眉山市罗目镇。大峨、中峨、小峨"自西而东"，在今峨眉山市南边形成了古人所谓的大峨眉山区。其中，大峨山（即今峨眉山）最高峰万佛顶海拔3099米；二峨山又名绥山，其高度约为大峨山的一半；三峨山最低，高度复为二峨山之半。除"三峨"外，还有"四峨"的说法，嘉庆《四川通志》卷二五："四峨山，在县北十里。"乃至越出峨眉山市之外，亦有"峨山"之称。如成都至仁寿之间即有"二峨山"，言其仅次于"大峨"，当是峨眉山出名后的"搭车效应"。狭义的峨眉山，仅指古人所称的大峨山，也就是我们今天所说的峨眉山。其景区范围，按世界遗产委员会的认定，为东经103°10′30″-103°37′10″，北纬29°43′42″-29°16′，面积300多平方千米，较传统的外围保护区域略窄。

峨眉山之得名，主流的说法是因大峨、二峨两山远望有如蛾眉。乐史《太平寰宇记》卷七四引任豫《益州记》："峨眉山，在南安县界，两山相对，状似蛾眉。"又，李吉甫《元和郡县志》卷三二："峨眉大山在（峨眉）县西七里……两山相对，望之如峨眉，故名。"此虽未言资料出处，但参阅上条之记载，可以基本推断也是出自任豫《益州记》。另，郦道元《水经注》卷三六引《益州记》："平乡江东径峨眉山，在南安县界，去成都南千里。然秋日清澄，望见两山，相峙如峨眉焉。"① 此之引文，应有郦氏的演绎成分，但核心当不溢出任豫《益州记》。那么，此一峨眉山得名的说法，应该是较晚的事——后面的考订将会证实，任氏之时，峨眉山已经享有盛誉很久了。也就是说，此一说法极有可能是后人望文生义的附会。或者是看到了此之附会，金僔在其《峨眉山志序》中考引"旧纪"而另作解释曰："峨以名言，眉以形言，夫其横亘西陲，众莫与京。譬诸人之面焉，五官各有司，而眉独无所事。然而聚秀凝姿，标英焕彩，非眉则弗克彰，若峨眉之瑰玮天地而表章宇内也。"② 金氏在此已经不是仅就峨眉山本身的得名而论，目的是要提升峨眉山在全国名山中的地位，从名字的含义中引出其"比肩五岳"的意义。而当峨眉山从"三山"退化为一山后，流传既久的"两山相对，状似蛾眉"便失去了解释的力度。于是，后期又有一山逶迤远望有如蛾眉的说法。如王明发在《峨眉山志》重印说明中的解释："因其山势逶迤，犹如蟒首蛾眉，细而长，美而艳，故名之曰峨眉山。"③ 借用善财童子"五十三参"的故事，此一说法在佛教里获得了另一种解释："昔善财礼德云比丘时，伫立妙高峰观此山如初月现，故称峨眉。"④ 但很明显，"如初月现"在形态上是与"蛾眉"一致的。近人赵熙以为"峨眉"得于"涐湄"，唐长寿先生系统论证认定：涐水、涐山并是因为和夷所居而得其名。⑤ 此一说法成立，则"蛾眉""娥眉""峨

---

① 郦道元著，陈桥驿校释：《水经注校释》，杭州：杭州大学出版社，1999，619页。
② 嘉庆《四川通志》卷四七。
③ （民国）许止净：《峨眉山志》，扬州：江苏广陵古籍刻印社，1997。
④ 曹学佺：《蜀中广记》卷一一。
⑤ 参见唐长寿：《峨眉山名新考》，载《中华文化论坛》，2003（4）。

眉"都是后人的演绎。

地质学家的研究已经证实，中国地质史上中生代末期的燕山运动，奠定了峨眉山地质构造的轮廓，而新构造期的喜马拉雅运动，及其伴随的青藏高原的强烈抬升，造就了雄秀壮丽的峨眉山的现代地貌。峨眉山的地层从前寒武纪以来，除缺失中、晚奥陶纪，志留纪，泥盆纪，石炭纪沉积外，其余各时代地层均有沉积。由于山顶上是一大片古生代喷出的玄武岩，其下岩层受到保护而得以保持高度，又因山中内部瀑流切割强烈，进而形成了高2000米以上的峡谷奇峰地形。登山沿途地形因地层之分而多貌并存：如处于石灰岩层中，则有九老洞之类岩洞地貌；及经花岗岩及变质岩区，则又形成深峡之姿；山顶之上坚实的玄武岩，则是一番熔岩平台的景象。峨眉山的现代地貌，是新构造期地壳抬升与地表夷平两个相反方向作用力共同作用的结果。不同的构造（岩石地层背景）产生不同的地貌成因类型，主要有构造地貌、流水侵蚀地貌、岩溶地貌和构造剥蚀台地等。多样的地貌类型产生了多样的自然地貌景观，使峨眉山赢得了"地质博物馆"与"秀甲天下"的赞誉。①

峨眉山东部山势较低，形如锦屏；中部群峰耸峙，有如林间春笋；西部山势巍峨，雄伟壮观。俯瞰峨眉山，气势雄伟而景色秀丽，山静云动，仪态万方。《世界自然文化遗产名录》称之"具有较高的美学价值"，一山而具形态美、动态美、色彩美、听觉美、意境美"五种美感"。登临峨眉，仿佛超然尘世之外，身心倍感净化澄澈。正是因为峨眉山独特的自然地貌易于激发人们脱俗的美感与想象，道教也好，佛教也罢，最终都在考量中拣选了峨眉山。

峨眉山的气候，除受三大因素（辐射、大气环流、地理）的制约外，地形地势起着十分重要的作用。景区内低云多雾，雨量充沛，气温垂直变化显著：有寒带（海拔3047米以上，年平均温度为3.0℃，极端最低温度

① 《世界文化与自然遗产——峨眉山乐山大佛》，载http://www.gov.cn/test/2006-03/31/content_241233.htm。按，以下自然地理部分参见此文甚多，恕不一一另注。

为 −20.9℃）、亚寒带（海拔2200米 −3047米，年平均温度为7.6℃）、温带（海拔1200米 −2200米，年平均温度为13.1℃）、亚热带（海拔1200米以下，年平均温度为17.2℃，极端最高温度为38.3℃）。据30年气候调查资料，峨眉山年平均降水量为1922毫米，年平均相对湿度85%，年平均降雪天数为83天，年平均有雾日为322.1天。年平均日照，山麓为951.8小时，山顶为1398.1小时。年平均雾霜139.4天，雨霜141.3天，这在同一纬度的自然环境中是极为罕见的"玉树琼花"奇观。得天独厚的气候条件，峨眉山独特的地质地貌如虎添翼，更增加了神秘色彩。

因其成土母质多样，峨眉山的土壤类型各异，垂直分带明显。主要土壤类型为黄壤、山地黄壤、黄棕壤、山地暗棕壤及亚高山灰化土几类。以此丰富的土壤类型及得天独厚的气候条件，峨眉山植物资源极为丰富，素有"植物王国"的美称。山上植被茂盛，随着地势高度而起变化，拥有高等植物242科3200余种（一说280余科3700余种），约占中国植物物种总数的10%、四川植物物种总数的30%。首批被国家列级保护的植物多达31种，约占全国列级保护植物总数的10%。仅产于峨眉山或首次在峨眉山发现并以"峨眉"定名的植物100余种。其中，既有被称为"植物活化石"的珙桐、桫椤，也有著名的峨眉冷杉、桢楠、洪椿，还有品种繁多的兰花、杜鹃等，以及许多名贵的药用植物（1600余种）和成片的竹林。全山森林覆盖率达87%，千年以上的古树随处可见。森林植物群落具有乔、灌、草、地被和层外层各层发达而结构完整的特点，从低至高由常绿阔叶林、常绿与落叶阔叶混交林、针阔叶混交林、亚高山针叶林形成了完整的森林垂直带谱，是当今世界亚热带山地保存最为完好的原始植被景观。如此多样复杂的植物群落为峨眉山披上了秀色——"峨眉天下秀"的美誉在很大程度上得益于此，并给各类动物创造了一个天然的乐园。据不完全统计，峨眉山有2300多种野生动物。其中，珍稀特产和以峨眉山为模式产地的约有157种，国家列级保护的约有29种。如小熊猫、黑鹳、短尾猴、白鹇鸡、枯叶蝶、弹琴蛙、环毛大蚯蚓等，都是我国乃至世界著名的珍稀动物。这些珍稀动物增添了峨眉山的卓异与情趣，其中短尾猴、弹琴蛙等已经成了峨眉山最享盛誉的观赏对象。

奇特的自然地貌、多样的自然气候、良好的自然环境，使峨眉山很早就成了闻名遐迩的风景名胜。1982年，峨眉山以"峨眉山风景名胜区"的名义被国务院批准列入第一批国家级风景名胜区名单。1996年，"四川峨眉山—乐山风景名胜区"共同被列入《世界文化与自然双重遗产名录》。2007年，峨眉山景区经国家旅游局正式批准为国家4A级旅游景区。在被列入《世界文化与自然双重遗产名录》时，世界遗产委员会对峨眉山并乐山大佛有一段简要的评价：

公元1世纪，在四川省峨眉山景色秀丽的山巅上，落成了中国第一座佛教寺院。随着四周其他寺庙的建立，该地成为佛教的主要圣地之一。许多世纪以来，文化财富大量积淀，最著名的要数乐山大佛了，它是8世纪时人们在一座山岩上雕凿出来的，仿佛俯瞰着三江交汇之所。佛像身高71米，堪称世界之最。峨眉山还以其物种繁多、种类丰富的植物而闻名天下，从亚热带植物到亚高山针叶林可谓应有尽有，有些树木树龄已逾千年。

但很明显，如果不是峨眉山独特的自然地质地貌以及优美的自然环境，仙山圣迹无所依凭，丰富的宗教文化积淀或许就是无根之木、无源之水，闻名世界的峨眉山文化遗产或许也就无踪可寻了。

二、关于峨眉山开山的传说

峨眉山开山的时间传说很早，可以远溯到三皇五帝时期。《魏书》卷一一四《释老志》言道教渊源：

道家之原，出于老子。其自言也，先天地生，以资万类。上处玉京，为神王之宗；下在紫微，为飞仙之主。千变万化，有德不德，随感应物，厥迹无常。授轩辕于峨眉，教帝喾于牧德，大禹闻长生之诀，尹喜受道德之旨。至于丹书紫字，升玄飞步之经；玉石金光，妙有灵洞之说。如此之文，不可胜纪。

文中提到老子曾经化身峨眉，传授轩辕黄帝道术。但在后来的文献中，老子被换成了天皇真人。雍正《四川通志》卷二九下：

轩辕，姓公孙，母曰附宝，感电光绕斗而有娠，生帝于轩辕之丘，因名轩辕氏，以土德王。故曰：黄帝至峨眉山，见天皇真人于玉堂，咨问三一（三才合一）之道。帝受其说，终身弗违而天下治。

再往前看，清初马骕《绎史》卷五《黄帝纪》已经有了类似的说法：

黄帝东到青丘，过风山，见紫府先生，受《三皇内文》，以劾召万神；南到圆陇，荫建木，观百谷之所，登采若乾之华，饮丹缲之水；西见中黄子，受《九加之方》；过洞庭，从广成子受《自然之经》；北到洪堤，上具茨，见大隗君、黄盖童子，授《神芝图》；还陟王屋，得《神丹金诀》；到峨眉山，见天皇真人于玉堂。

马氏之前，还有许多文献有同样的记载。但正像马氏所揭示的，它们的依据基本上都来自葛洪的《抱朴子》，其内篇卷一八《地真篇》曰：

昔黄帝东到青丘，过风山，见紫府先生，受三皇内文，以劾召万神；南到圆陇阴建木，观百灵之所登，采若乾之华，饮丹峦之水；西见中黄子，受九加之方；过崆峒，从广成子受自成之经；北到洪堤，上具茨，见大隗君、黄盖童子，受神芝图；还陟王屋，得神丹金诀记。到峨眉山，见天真皇人于玉堂，请问真一之道。

除"天皇真人"为"天真皇人"以及个别传抄之误外，两文几乎全同，说明天真皇人授黄帝道术之说比老子之说更早，远在《魏书·释老志》之前。罗泌《路史》卷三："泰壹氏，是为皇人。"自注："道言天真皇人者，泰壹也。"传说神农曾"受事于泰壹小子"，而黄帝、老子"皆受要于泰壹元君"。这就把天真皇人的存时从"五帝"上溯到了"三皇"。连老子都曾受教于天真皇人，天真皇人当然比老子资格更老。但很明显，无论是"天皇真人"还是"天真皇人"，都是一个后起的虚构神真——乃至名字都不统一，找不到秦汉以前的文献予以证实。按照古史辨派的意见，甚至连黄帝都是战国时期才有的人物。故三皇五帝时期已有天真皇人在峨眉山为黄帝授道仅仅只是宗教传说，断断不可视为历史真实。《山海经》卷二《西山经》：

> 又西五百里，曰皇人之山，其上多金、玉，其下多青雄黄。皇水出焉，西流注于赤水，其中多丹粟。又西三百里，曰中皇之山，其上多黄金，其下多蕙、棠。又西三百里五十里，曰西皇之山，其阳多金，其阴多铁，其兽多麈、鹿、㸲牛。①

此之"皇人之山"本无确指，但在后来的道书中却被附会成了峨眉山。《太平御览》卷六七四引《五符经》曰："皇人在峨眉山北，绝岩之下，苍玉为屋，黄帝往受真一五牙之法焉。"到了《峨眉图经》，更进一步，连"中皇""西皇"都被安放在了峨眉："皇人、中皇、西皇山，即所谓三峨矣。"②这样，峨眉山也就转身成了天真皇人所居之山，其授道于黄帝的地点随之也都变成了峨眉山。③是从"皇人之山"演绎出了天真皇人，还是天真皇人附会了"皇人之山"，应该还是一个有待解决的问题。甚至"皇人之

---

① 袁珂校注：《山海经校注》，成都：巴蜀书社，1993，43-44页。
② 曹学佺：《蜀中广记》卷七四。
③ 参见张妙：《唐宋峨眉山研究》，见纳麒主编：《中国西南文化研究》第十二辑，昆明：云南科技出版社，2007，149-206页。

山"与峨眉山的对应，也未必是很早的事情。为了将《抱朴子》的记载变得更加令人信服，后人遂借《山海经》的记载而将峨眉山与"皇人之山"画上等号，黄帝于此获见天真皇人也就顺理成章了。

天真皇人与黄帝就"真一之道"的回答，《抱朴子·内篇》卷一八《地真篇》有较为详细的记载：

> 皇人曰："子既君四海，欲复求长生，不亦贪乎？其相覆不可具说，粗举一隅耳。夫长生仙方，则唯有金丹；守形却恶，则独有真一，故古人尤重也。……吾闻之于先师曰：一在北极大渊之中，前有明堂，后有绛宫；巍巍华盖，金楼穹窿；左罡右魁，激波扬空；玄芝被崖，朱草蒙茏；白玉嵯峨，日月垂光；历火过水，经玄涉黄；城阙交错，帷帐琳琅；龙虎列卫，神人在傍；不施不与，一安其所；不迟不疾，一安其室；能暇能豫，一乃不去；守一存真，乃能通神；少欲约食，一乃留息；白刃临颈，思一得生；知一不难，难在于终。守之不失，可以无穷；陆避恶兽，水却蛟龙；不畏魍魉，挟毒之虫；鬼不敢近，刃不敢中。此贞一之大略也。"

由此可知，天真皇人向黄帝传授的主要应是"守一存真"之道，目的是"守形却恶"。到了后来，复演变成了传授"三一之道"。罗泌《路史》卷三引《泰壹杂子》：

> 其书言：黄帝谒峨眉，见天真皇人，拜之玉堂，曰："敢问何为三一之道？"皇人曰："而既已君统矣，又咨三一，无乃朗抗乎？古之圣人，盎三辰，立暴景，封域以判邦国，山川以分阴阳，寒暑以平岁道。执以卫众，交质以聚民，备械以防奸，车服以章等，皆法乎天而鞠乎有形者也。天地有启闭，日星有薄失，治乱有运会，阴阳有期数。贤愚之蔽，寿夭之质，贵贱之事，吉凶之故，一成而不变。类气浮于上，而精气萃于下，性发乎天命，成乎人，使圣人以为之纪。是以圣人欲治天下，必先身之，立权以聚财，蔡财以施智，因智以制义，由义以出信，仗信以著众，用众以行仁，

安仁以辅道，迪道以保教，善教以政俗，从俗以毓质，崇质以恢行，勤行以典礼，制礼以定情，原情以道性，复性以一德，成德以叙命，和命以安生，而天下自尔治，万物自尔得，神志不劳，而真一定矣。予以蕞尔之身，而百夫之所为备，故天和莫至，悔吝屡庚，生杀失寒暑之宜，动静戾刚柔之节，而贪欺终无所用，无乃已浮乎。"黄帝乃终身弗违而天下治，其为教也至矣。

从"真一定矣"看，所谓"三一之道"应该就是"真一之道"，然内容却已不是"守一存真"的养生之术，而是圣人顺天应人的治国之道。张君房《云笈七签》卷二九引《真文经》：

> 昔天真皇人于峨眉山中告黄帝曰："一人之身，一国之象也；胸腹之位，犹宫室也；四肢之列，犹郊境也；骨节之分，犹百官也；神犹君也，血犹民也，能知治身，则知治国矣。夫爱其民所以安其国，吝其气所以全其身。民散则国亡，气竭则身死。亡不可复存，死不可复生。至人，消未生之患，治未病之疾。坚守之于无事之前，不追之于既逝之后。民难养而易散，气难保而易失。审威德者保其理，割嗜欲者保其炁，得不勤哉！得不成哉！"

将治国之术比于养生，"能知治身，则知治国"，可以看成一种试图平衡以上歧义的努力。再到后来，甚至更将"三一"附会成了天、地、人"三才合一"，如在上引之《四川通志》。原本仅在谈论养生的对话，经此恢宏转而成了大而无当的道论。回到"守一存真"上来，《老子》中虽已有此提倡，但被明确强调出来则是《太平经》的贡献，就中屡屡见到"守一"之词。继有《仙经》，将"守一"视为长生根本——"子欲长生，守一当明"。葛洪之后，复有《黄庭经》等倡导此说。由此看出，"守一存真"之说是在汉晋之间始被明确提出并逐步丰满起来的。如此，黄帝从天真皇人获授"真一之道"的传说，其兴起时间不可能早于汉晋。张君房《云笈七签》卷三："今传《灵宝经》者，则是天真皇人于峨眉山授于轩辕黄帝。……其后有葛孝先、郑思远之徒，师资相承，蝉联不绝。"陈国符先生据《抱朴子》言认定，古《灵宝经》就是《五符经》。[①] 而《灵宝经》应为东晋末年产生的道经，是对《三皇经》之"三洞"学说的继承和发展。由灵宝派所创立的"三洞"学说，则又源于道教最根本的"元气"思想和"三一"理论。据此，有学者认为：天真皇人授"真一之道"于黄帝的传说，应与东晋末年"三洞"学说的兴起有一定的关系。[②] 所以，以此传说将峨眉山开山时间推至先秦应是神圣建构的结果，而非历史的事实。

同样，将先秦传说中的葛由、陆通等人物与峨眉山扯上关系，也都应是汉晋以降的事情，我们将在后面的有关章节再加考述。类似传说可以视为道教开山留下的印记，时间绝不早于先秦。

许止净《峨眉山志》卷二："峨眉从汉以来二千年，大小寺宇莫不崇奉普贤菩萨，四方信士礼敬普贤者，亦莫不指归峨眉。"而峨眉山普贤道场的确立，据传是与一位名叫"蒲公"的采药老人有关。明人胡世安《译峨籁》卷六《宗镜记》云：

> 汉永平中，癸亥六月一日，有蒲公者，采药于云窝，见一鹿，异之，追至绝顶无踪，乃见威光焕赫，紫雾腾涌，联络交辉成光明网，骇然叹曰："此瑞希有，非天上耶？"径投西来千岁和尚，告之，答曰："此是普贤祥瑞，于末法中守护如来相教，现相于此，化利一切众生，汝可诣腾、法二师究之。"甲子，奔洛阳，恭谒二师，具告所见。师曰："善哉希有，汝等得见普贤，真善知识。……"

蒋超《峨眉山志》卷二援引上段文字后，复称"蒲归，乃建普光殿，安愿王（普贤）像"，由是开启了峨眉山独尊普贤的传统。与此相关，曹学

---

① 陈国符：《道藏源流考》，北京：中华书局，1963，62页。
② 张妙：《唐宋峨眉山研究》，见纳麒主编：《中国西南文化研究》总第十二辑，149—206页。

佺《蜀中广记》卷十一也载："（峨眉山）有蒲氏村，蒲人居之，云汉蒲公之后。"继续演绎东汉蒲公获见普贤祥瑞的传说。类此记载，蒲公传说东汉时期或已出现，峨眉山普贤道场的确立也因之上溯到了东汉时期。

就此传说的可信与否，学术界目前有正反两种意见。[①] 其实，问题的关键不是蒲公传说可不可信，而是这个传说在峨眉山佛教开山史上具有神圣的价值，不可纯以史法辨其真伪，就像宝掌和尚不可纯以史法辨其真伪一样[②]。

三、早期文献记载中的峨眉山

早期提及峨眉山的文献，以《列仙传》次数最多。通行本《列仙传》卷上《陆通传》称：

> 陆通者，云楚狂接舆也。好养生，食橐卢木实及芜菁子。游诸名山，在蜀峨眉山上，世世见之，历数百年去。
>
> 接舆乐道，养性潜辉。见讽尼父，谕以凤衰。
>
> 纳气以和，存心以微，高步灵岳，长啸峨眉。

接舆传为春秋楚人，佯狂不仕，曾以凤歌讽谏孔子，《论语·微子》称：

> 楚狂接舆歌而过孔子曰："凤兮凤兮！何德之衰？往者不可谏，来者

---

① 参见黄夏年：《峨眉山佛教在中国佛教中的地位和作用》，载永寿主编：《峨眉山与巴蜀佛教》，北京：宗教文化出版社，2004，37-45页；骆坤琪：《峨眉山佛教文化》，载《世界宗教研究》，1992（2）；向世山：《金顶三相与峨眉佛教名山的关联性分析》，载永寿主编：《峨眉山与巴蜀佛教》，271-285页；周叔迦：《周叔迦佛学论著集》，北京：中华书局，1991，643页。
② 参见杨耀坤：《魏晋南北朝时期的巴蜀佛教及峨眉山僧侣》，载永寿主编：《峨眉山与巴蜀佛教》，64-78页。

峨眉山传说中的接舆歌凤台（采自《峨山图志》）

犹可追。已而，已而！今之从政者殆而！"孔子下，欲与之言。趋而辟之，不得与之言。

《庄子·人间世》亦有记载，且较《论语》更详：

> 孔子适楚，楚狂接舆游其门曰："凤兮凤兮，何如德之衰也。来世不可待，往世不可追也。天下有道，圣人成焉；天下无道，圣人生焉。方今之时，仅免刑焉！福轻乎羽，莫之知载；祸重乎地，莫之知避。已乎，已乎！临人以德。殆乎，殆乎！画地而趋。迷阳迷阳，无伤吾行。吾行却曲，无伤吾足。"

是即"接舆歌凤"典故的由来，每被古人引于诗文之中，如李白的"我本楚狂人，凤歌笑孔丘"、王维的"复值接舆醉，狂歌五柳前"，等等。但《论语》也好，《庄子》也罢，均未言及接舆与峨眉山的关系。将接舆与峨眉山拉上关系，应是较为后起的事。《列仙传》一书，托言西汉刘向所著，而实际应为魏晋之际的方士所作，《四库提要》辨之甚详。另从文中言接舆"好养生，食橐卢木实及芜菁子"等判断，亦应是汉晋服食炼养道士的杰作，不太可能早到西汉时期。又，通行本《列仙传》卷上《葛由传》：

> 葛由者，羌人也。周成王时，好刻木羊卖之。一旦，骑羊而入西蜀。蜀中王侯贵人追之上绥山。绥山在峨眉山西南，高无极也。随之者不复还，皆得仙道。故里谚曰："得绥山一桃，虽不得仙，亦足以豪。"山下立祠数十处云。
>
> 木可为羊，羊亦可灵。灵在葛由，一致无经。
>
> 爱陟崇绥，舒翼扬声，知术者仙，得桃者荣。

葛由其人来历更为蹊跷，《列仙传》外不获见于更早的记载。雍正《四川通志》卷三八之三《仙释》有两个"葛由"：一在汉代，属嘉定（治今四川乐山）人；一在唐代，属顺庆（治今四川南充）人。而根据皆自《列仙传》出，实为一人。后世讹为两人，证实此一传说从峨眉一带扩展到了南充地区。文中言及绥山之桃服之可以登仙，明显也是服食炼养道士的赋予，可与接舆的情形一并观照。甚至，葛由传说很大可能就是汉晋之际才兴起来的。通行本《列仙传》卷下《山图传》：

> 山图者，陇西人也。少好乘马，马踏之折脚。山中道人教令服地黄、当归、羌活、独活、苦参散，服之一岁，而不嗜食，病愈身轻。追道人问之，自言五岳使，"之名山采药。能随吾，使汝不死"。山图追随之六十余年，一旦归来，行母服于家间，期年复去，莫知所之。

> 山图抱患，因毁致全。受气使身，药轻命延。

> 写哀坟柏，天爱犹缠，数周高举，永绝俗缘。

虽然通行本《列仙传》并未言及山图与峨眉山的关系，而乐史《太平寰宇记》卷七四引《神仙传》却称："宿山图者，陇西人也，采药此（陇宁）山，服之羽化。""山图"即宿山图，应该没有疑问。陇宁山在峨眉县南，《大清一统志》卷三○七："陇宁山……今名陇定山，在峨眉县南七十里。"《神仙传》本葛洪所著，但查遍该书并无山图传，说明《太平寰宇记》所引应非葛洪之书。鉴于《列仙传》也名《神仙传》，其所引书应该就是《列仙传》。是通行本有脱漏，还是后人将其与峨眉拉上关系，有待进一步考察。有趣的是，这又是一个与服食炼养有关的传说。

除通行本外，《太平御览》卷三八七引《列仙传》：

> 丁次卿欲还峨眉山，语主人丁民（氏）云："当相为作漆。以罂十枚，盛水覆口。"从之。百日乃发，皆成漆。

丁次卿所言"作漆"之法，以罂十个，装满水，将口密封，待百日后开启，即皆成漆。同书卷七六六引《列仙传》：

丁次卿欲还峨眉山，语主人丁氏云："当相为作漆。"以罂十枚，盛水覆口，从次唾之，百日，乃发皆成漆也。①

所不同的"从次唾之"一句，当是从"盛水覆口"演绎而来，把原指装水封口的意思误会成以水漱口，也就有了"从次"的错误、"唾之"的演绎。再经错误的标点，把"百日乃发"断开而成"乃发皆成漆"，遂将丁次卿的"作漆"之法演绎成了使发变黑的养生之法。同是一书而称引各异，说明《列仙传》一书很早即已有了不同的版本。丁次卿其人，《太平御览》卷三四五引《列仙传》有更详细的记载：

　　丁次卿者，不知何许人也。汉顺帝时，卖刀辽东市。时人名之丁氏次卿，有宝刀。

同书卷三七四引《列仙传》：

　　丁次卿，汉顺帝时人。至娶妇家，未见礼异。妇出谒客，须髯郁然，其家谢之。次卿举手向妇，须髯即去。

贾思勰《齐民要术》卷十引《列仙传》：

　　丁次卿为辽东丁家作人。丁氏尝使买葵，冬得生葵。问："冬何得此葵？"云："从日南买来。"

此之"丁次卿"在《艺文类聚》卷八二、《太平御览》卷二六、卷九七九等中为"丁次都"，然可肯定就是丁次卿，因其同出《列仙传》，同在辽东丁家。就此几条更详的记载，丁次卿似乎应是汉顺帝时人，本为辽东丁家佣作，曾卖刀于市，也曾娶妇成家，颇有一些令人不解的神奇举止。用"还峨眉山"加以表述，似乎本是峨眉山方士，游方于外而已。

---

① 李昉等：《太平御览》卷七六六，北京：中华书局，1985，3399页。

曹学佺《蜀中广记》卷七四引《太平寰宇记》：

> 瞿君，字鹊子，后汉犍为人。入峨眉山四十年得仙，乘白龙还家，于平冈治白日上升。有系龙桥，在新津县东七里。会安乡尚存记称：瞿君得仙，与家人别，乘龙于此。按：《新津志》谓：鹊子上升在县东南雪峰顶，今太清宫是其处。又按：系龙潭在彭山县北四里。旧经以为瞿君武也。

按乐史《太平寰宇记》卷七四："系龙桥，《周地图记》云：彭山县北四里有治水，西有系龙桥，仙人瞿君乘龙从峨眉山来往，以龙系桥。"同书卷七五复称："系龙桥，在县东七里会安乡，其桥见在。李膺记云：《神仙传》：瞿鹊子系龙于此。按：《川中图经》，非此一处。……瞿君祠，在县东六里。《图经》：瞿君，子鹊子，后汉犍为人。入峨眉山四十年，得仙，乘白龙还家而去。乡人为置祠焉，今废。"除了新津、彭山，成都也有类似传说和遗迹。乐史《太平寰宇记》卷七二："瞿君祠在（成都）县东六里，得仙与家人别，系龙于此。"故《太平寰宇记》卷七五引《川中图经》称川中"非此一处"，这应该是此一传说逐渐散播开后的结果。无论怎样扩散，其曾于峨眉山修仙的核心内容没有改变。王存《元丰九域志》卷七甚至言其曾在山中服食炼养，并获天真皇人授以仙诀：

> 瞿君祠，后汉瞿武七岁绝食，服黄精、紫芝，入峨眉山。天皇真人授以真诀，乘白龙而去。

文献虽称瞿君"字鹊子"，但很显然与《庄子》中"问乎长梧子"的瞿鹊子应该没有太大关系，两者年代相去实在太远。《周地图记》109卷，不著姓氏，按《隋书·经籍志》的排列，应是北周时期的作品。而《川中图经》《图经》等应即《新津县图经》《陵州图经》《夔州图经》之类，按专家学者的意见，基本上是唐代的作品。① 就以上文献提到的诸书，最关紧要的是李膺记所引的《神仙传》。葛洪《神仙传》并无"瞿（君）鹊子传"，说明李氏所引应非葛洪之书。参考前面山图传的情形，李氏所引应该就是《列仙传》。在这里，我们又看到了服食炼养道士的影响。

赵道一《历世真仙体道通鉴》卷一四《周义山》：

> 紫阳真人，姓周，讳义山，字季通，汝阴人也，周丞相勃之七世孙。……登峨眉山，入空洞金府，遇宁先生，授《大丹隐书》八稟十诀。

《历世真仙体道通鉴》的材料应该取自《真人周君传》(也作《真人周君内传》)，欧阳询《艺文类聚》卷七八引《真人周君传》：

> 紫阳真人周义山，字委（季）通，汝阴人也。闻有栾先生得道在蒙山，能读龙蹻经，乃追寻之。入山，遇羡门子，乘白鹿，执羽盖，佩青毛之节，侍从十余玉女。君乃再拜叩头，乞长生要诀。羡门子曰："子名在丹台玉室之中，何忧不仙？远越江河，来登此何？"

周氏是否曾至峨眉山访道，引文没有提及。"栾先生"即栾巴，传为东汉时期蜀人，有道术。文称其在蒙山得道，蒙山离峨眉山不远。又，《太平御览》卷六六九引《真人周君内传》：

> 紫阳真人周义山，字季通，汝阴人也，汉丞相勃七世孙。父浚，官至陈留内史。君年十六，随浚在郡，为人沉重，喜怒不形，好独坐静处，精思微密。常以平旦出日之初，而（面）东嗽日服气，旦旦如此。

由此可知，如果周氏确有其人，也被后世改造成了服食炼养道士。《旧唐书·经籍志》《新唐书·艺文志》并郑樵《通志》卷六七《艺文略》有《紫阳真人周君传》一卷，题为"华峤撰"。华峤为西晋时人，《晋书》卷

---

① 参见刘纬毅：《汉唐方志辑佚》，北京：北京图书馆出版社，1997，410—411页。

四四有传。那么，倘《历世真仙体道通鉴》的材料确实取自《紫阳真人周君传》，则周义山至峨眉山访道的传说至迟不晚于晋已经形成。值得注意的是，祝穆《古今事文类聚》前集卷三四《遇羡门子》引录同于欧阳询《艺文类聚》卷七八引后，自注其材料来于《列仙传》。此注不诬，则《紫阳真人周君传》的材料或也是取自《列仙传》，至少应是参考了此书。

除《列仙传》外，常璩《华阳国志》卷三《蜀志》：

> 南安县……南有峨眉山。山去县八十里，《孔子地图》言有仙药，汉武帝遣使者祭之，欲致其药，不能得。

以记汉武帝事推，《孔子地图》成书应在汉武帝后；而被常璩称引，则又必在东晋之前。其成书时代应与《列仙传》不相先后。书中称峨眉山有"仙药"，汉武帝还曾派人往祭取药，再一次将峨眉山与神仙修炼连接起来，且与道教所称之服食炼养一派关系最近。故刘琳先生判断《孔子地图》"可能是神仙家书，陶弘景《真诰》引道家书有《孔子福地记》，盖即其类"[1]。扬雄《蜀都赋》："南则有犍牂、潜夷，昆明、峨眉，绝限岷嶓，堪岩亶翔。"[2] 由此证实，峨眉山在汉武帝后的确已经很有声名。蜀汉灭亡，姜维劝说钟会功成身退："今公何不法陶朱泛舟绝迹、全功保身，登峨眉之岭而从赤松（子）游乎？"[3] 赤松子是传说中的上古神仙，登峨眉山而从赤松子游，说明峨眉山与神仙修炼的关联蜀汉之前已经成为共识。

至于葛洪《神仙传》、干宝《授神记》、皇甫谧《高士传》之类晋代以后的文献记载，留待后面的有关章节再做分析。

以上早期文献的记载揭示，远在汉晋时期，峨眉山即与神仙方士发

---

① 常璩撰，刘琳校注：《华阳国志校注》（修订版），成都：成都时代出版社，2007，146页。
② 扬雄：《扬子云集》卷五。
③ 赵蕤：《长短经》卷七《惧诫》。

生了联系，传说于此成仙得道者不止一二。这些成仙得道者大抵皆有服食炼养痕迹，我们推测，峨眉山最早应该是被以服食炼养为主的巴蜀仙道派开发出来的。

第二章　魏晋南北朝时的"仙山"

经过巴蜀仙道派的初步开发，至魏晋南北朝时，峨眉山已在全国颇有声誉，成为道教著名的"洞天福地"之一。与此相应，则是有关峨眉山的仙隐传说被进一步丰富与完善，道教来历不明的一些经典秘籍也被放在了峨眉山中。峨眉山逐步发展成了道教的一座"仙山"，并被众多期望得道成仙的人向往追逐。佛教虽有上山的痕迹，终因道教势力太大而发挥不出有效的影响。魏晋南北朝时期的峨眉山就是一座典型的道教名山。

一、作为"洞天福地"的峨眉山

汉顺帝时（126-144），沛国丰（今江苏丰县）人张陵来到成都，居于鹤鸣山中，在假借太上老君口谕造作道书的同时，广泛吸收川西少数民族的原始信仰，正式创立了道教。因从受道者出五斗米，俗称"五斗米道"；又因张陵自称"天师"，世称"天师道"。据称张陵在世时，设立了24个传道据点，合称"二十四治"。至张衡、张鲁时，随着五斗米道势力的扩张，又增加了四个别治、八个配治、八个游治，形成四十四治。在"八品游治"中，峨眉山被列为首位。① 按王纯五先生的意见："游治"是中央教区北迁汉中后，为保持对原有二十四治及新立别治的教权统属所设的"游动性巡察教区"。② 在东汉末年中央教区北迁汉中，故王氏推测"峨眉山道教始盛于三国时代"③。无论怎样，峨眉山在蜀汉时期已经成了颇为著名的道教名山，与青城山、太华山（即今华山）、平都山（在今丰都）等早期道教名山齐名。

道教重心东移之后，复有"十大洞天""三十六小洞天""七十二福地"的说法。峨眉山为"三十六小洞天"中的"第七洞天"。《三皇经》云："人天中有三十六洞天，兹（峨眉山）当第七洞天，一名虚灵洞天，一名灵陵太妙洞天。"《三皇经》相传是汉代出现的一部道教经典，在东晋末年由于道教"三洞"理论的需要而极受推崇。"三洞"者即是指洞真、洞玄、洞神，而洞神经者则以三皇经为主。故骆坤琪认为《三皇经》最晚应为晋代的经典，并由此推测峨眉山在晋代以前就有修道的隐士。④ 到了东晋，葛洪在《抱朴子内篇·金丹篇》中列举各地"合作神药"之处：

> 是以古之道士，合作神药，必入名山，不止凡山之中……又按《仙经》，可以精思合作仙药者，有华山、泰山、霍山……青城山、娥（峨）眉山、绥山、云台山、罗浮山……此皆是正神在其山中，其中或有地仙之人。上皆生芝草，可以避大兵大难，不但于中以合药也。若有道者登之，则此山神必助之为福，药必成。⑤

不仅峨眉山，绥山（即二峨山）也被列名其中，说明以峨眉山为中心的

---

① 参见陈国符：《道藏源流考》，北京：中华书局，1963，330-331 页。
② 王纯五：《天师道二十四治考》，成都：四川大学出版社，1996，299 页。
③ 王纯五：《天师道二十四治考》，310 页。
④ 参见骆坤琪：《峨眉山宗教历史初探》，载《宗教学研究》，1984（5）。
⑤ 葛洪著，王明校释：《抱朴子内篇校释》，北京：中华书局，1985，85 页。

传说中的峨眉山"灵陵太妙洞天"（采自《峨山图志》）

广大地区都被认为宜于合药修道。这当然与巴蜀仙道派的早期开发有关，故能被列入"三十六小洞天"之中。较之"游治"的巡察教区特色，作为"三十六小洞天"之一的峨眉山又回到了仙道的传统之上，被人视为修道成仙的绝佳场所。初唐道士司马承祯所著《天地宫府图》称："三十六小洞天，在诸名山之中，亦上仙所统治之处也。"第七洞天峨眉山洞，"周回三百里，名曰虚陵洞天，在嘉州峨眉县，真人唐览治之"①。按陶弘景《真灵位业图》，"地仙散位"中有唐览之名，称其隐于华山，本与峨眉没有关系。但其《真诰》卷十复称："唐览，今在华阳得虹丹法，合服得不死。"华阳旧为成都属县，则唐览得道成仙传说是在成都一带。故我们怀疑，唐初言其治峨眉山或是由此演绎而来。唐末五代，杜光庭《洞天福地岳渎名山记》言"洞天福地"，在"三十六洞天"中，也把峨眉山列为"第七洞天"："峨眉山虚陵太妙洞天，三百里，在嘉州峨眉县。"宋元而下，峨眉山虽已转型成为佛教名山，但"灵陵太妙洞天"的说法仍然时常被人记起。明万历年间（1573-1620），郭子璋游峨眉山，于大峨寺题写"灵陵太妙之天"，还在认同道教的此一说法。

在"洞天福地"的框架上，后期道教又有将之相互连接的努力。《太平御览》卷六六三引《名山记》："（青城山）北接嶓塚，南接峨眉，东至成都，山形似九重，山有赤壁，张天师所治处，今遗迹犹存。"这样，峨眉山被有效地连接在了以青城山为中心的巴蜀仙山系统内，借此昭示出巴蜀道教的中心所在。不仅如此，以句曲洞天为中心，峨眉山复被连接在全国的"洞天福地"网络中。陶弘景《真诰》卷一一："句曲洞天，东通林屋，北通岱宗，西通峨眉，南通罗浮，皆大道也。"又，也有将句曲洞天换为洞庭山的。任昉《述异记》卷上："洞庭山有宫，五门，东通林屋，西达峨眉，南接罗浮，北达岱岳。"经过如此这般的打造，峨眉山即

---

① 张君房撰，蒋力生等校注：《云笈七签》卷二七，北京：华夏出版社，1996，154页。

不再是一座孤立的名山，而变成了道教宇宙模式中的重要构成。

由上可知，在巴蜀仙道派初步开发的基础上，峨眉山首先是在汉魏之际被纳入了五斗米道的"八品游治"之中，延及魏晋南北朝，更被道教列名在"洞天福地"之内，变成了一座实实在在的道教名山。

二、魏晋南北朝时的仙隐传说

天真皇人作为传说中最早的峨眉开山祖师，魏晋以降，被历代道士进一步加以丰富，不仅将其于峨眉山隐修的地点落实，而且为之赋予了许多诡异神奇的活动。东晋末年形成的《五符经》已称"皇人在峨眉山北绝岩之下，苍玉为屋"，再到后来，有人在峨眉山得入天真皇人所居山洞，演绎成了一个细节完备的传说。《云笈七签》卷一一二上引《神仙感遇传》：

僧悟玄，不知何许人也。虽寓迹缁褐，而潜心求道，自三江五岭，黔楚诸名山无不游历。每遇洞府，必造之焉。入峨眉山，闻有七十二洞，自雷洞外，诸崖石室邃穴之间无所遗焉。偶歇于巨木下，久之，有老叟自下而上，相挹而坐，问其所诣。悟玄具述寻访名山灵洞之事。叟曰："名山大川，皆有洞穴，不知名字，不可辄入访。须得《洞庭记》《岳渎经》审其所属，定其名字，的其里数，必是神仙所居与经记相合，然后可游耳。不然，有风雷洞、鬼神洞、地狱洞、龙蛇洞，误入其中，害及性命，求益反损，深可戒也。"悟玄惊骇，久之，谢教，因问曰："今峨眉洞天，定可游否？"叟曰："神仙之事，吾不敢多言。但谒洞主，自可问耳。"悟玄又问："洞主为谁？"叟曰："洞主姓张，今在嘉州市门，屠肉为事，中年而肥者是也。"语讫别去。悟玄复至市门求之，张生在焉。以前事告之，张曰："无

峨眉山佛教史
26

多言也。"命其妻烹肉，与悟玄为馔，以肉三器与之。悟玄辞以不食肉久矣。张曰："游山须得怎力，不致饥乏，然后可行。若不食此，无由得到矣。"勉之再三，悟玄亦心自计度，恐是神仙所试，不敢拒命，食尽二器，厌饮弥甚。张又劝之，固不能食矣。食讫求去，张俯地拾一瓦子以授之曰："入山至某峰下，值某洞门，有长松，下有回溪，上有峭壁，此天真皇人所居之洞也。以瓦扣之三二十声，门开则入。每遇门即扣之，则神仙之境可到矣。"依教入山，果得洞，与所指无异，以瓦扣之，良久，峭壁中开，洞内高广平稳，可通车马。两面皆青石莹洁，时有悬泉流渠，夹路左右。凡行十余里，又值一门，扣之复开，大而平阔，往往见天花夹道，所窥见花卉之异。人物往来之盛，多是名姝丽人、仙童玉女。时有仙官、道士、部伍、车骑，憧憧不绝。又遇一门，扣之弥切，瓦片碎尽，门竟不开。久之，闻震霆之音，疑是山石摧陷，惶惧而出，奔走三五十步，已在洞门外，无复来时景趣矣。复访洞主，已经月余。屠肆宛然，而张生已死十许日矣。自此志栖名山，誓求度世，入峨眉不知所之矣。

在此传说中，峨眉山似乎真有一个天真皇人的洞府，隐藏在一个不为凡人所知的地方，内里景物憧憧、别有世界。奈何悟玄究竟没有仙缘，已入而复"惶惧而出"。《神仙感遇传》传为杜光庭所著，是知南北朝至唐，峨眉山天真皇人的洞府已被打造得卓然有征了。许止净《峨眉山志》卷三：

> 授道台，在纯阳殿后，宋皇坪上。相传轩辕访道于天皇真人，授九仙三一五牙经处。旧有道纪堂，幽馆别室，三百五十间。台右有千人洞，名虚灵第七洞天。又有吕仙剑画十字洞。

以此记载，黄帝获见天真皇人的地方传在今峨眉山纯阳殿后，附近之千人洞（也即虚灵第七洞天）、十字洞，或者就是传说中的天真皇人洞府。同书同卷描写十字洞景色："此洞深广叵测，水自龙门对山飞作瀑布，尝见竹箓随水流出。"与悟玄传说中的天真皇人洞府亦颇相似。虽然住在峨眉山上，但天真皇人时时往来各处。曹学佺《蜀中广记》卷六引杜光庭《录异记》：

> 青城县西北二里有老君观，门东上有一泉，号马跑泉，水味甘美，四时不绝，春夏如冰，秋冬反温。昔老君与天真皇人会真之所。其泉是老君所乘马跑成，即冲妙观也。

以此传说，天真皇人曾至青城与老君相会，马跑泉即是其相会时留下的遗迹。与此同时，天真皇人与巴蜀地方历史的关系也都有了新的关联。曹学佺《蜀中广记》卷七一引《名号历劫记》："人皇之后，五龙氏兴焉。天真皇人降下开明之国，以《灵宝真文》《三皇内经》各十四篇授之。五龙氏得此经，以道治世，万二千岁，白日登仙。""开明之国"是古蜀的一个朝代，统治时间约相当于西周末期，后为秦惠文王所灭。天真皇人以道经授之，用以治国历万千岁，明显都是晋南北朝以降道人的附会。由此看出，作为道教尊奉的一尊大神，天真皇人已与四川地方有了更为紧密的联系。

关于葛由的传说，葛洪《神仙传》不列专传，仅在序中称"葛由策木羊于绥山"。干宝《搜神记》卷一有传，其文字几乎是全抄《列仙传》旧文，没有多少增益：

> 前周葛由，蜀羌人也。周成王时，好刻木作羊卖之。一旦，乘木羊入蜀中。蜀中王侯贵人追之，上绥山。绥山多桃，在峨眉山西南，高无极也。随之者不复还，皆得仙道。故里谚曰：得绥山一桃，虽不得仙，亦足以豪。山下立祠数十处。

不只《搜神记》，后来诸书言葛由者大抵皆不出此之表述。值得注意的是，人们开始在峨眉山一带附会出来一些葛由的遗迹。祝穆《方舆胜览》卷五二："中峨山（即二峨山），在峨眉县南二十里，又名覆蓬山。有葛仙洞一穴，初才容人，行数里，渐宽，洞中蝙蝠大如箕。"许止净《峨眉山志》卷三："葛仙洞，在二峨山白岩溪上。周成王时，羌人葛由骑木羊处。……上有天池，与李仙洞相对。"又称："天池……一在二峨山上，葛由洞侧。"

《列仙传》后，关于陆通的传说，葛洪《神仙传》仅在序中用"陆通匹遐纪于黄卢"一笔带过，未列专传，而晋皇甫谧《高士传》卷上汇集《论语》《庄子》《史记》等各种记载，演绎更为详细完整：

> 陆通，字接舆，楚人也，好养性，躬耕以为食。楚昭王时，通见楚政无常，乃佯狂不仕，故时人谓之楚狂。孔子适楚，楚狂接舆游其门曰："凤兮凤兮，何如德之衰也。来世不可待，往世不可追也。天下有道，圣人成焉；天下无道，圣人生焉。方今之时，仅免刑焉。福轻乎羽，莫之知载；祸重乎地，莫之知避。已乎，已乎！临人以德，殆乎，殆乎！画地而趋。迷阳迷阳，无伤吾行。却曲却曲，无伤吾足。山木，自寇也；膏火，自煎也。桂可食，故伐之；漆可用，故割之。人皆知有用之用，而不知无用之用也。"孔子下车，欲与之言。趋而避之，不得与之言。楚王闻陆通贤，遣使者持金百镒、车马二驷，往聘通曰："王请先生治江南。"通笑而不应。使者去，妻从市来，曰："先生少而为义，岂老违之哉？门外车迹何深也。妾闻义士非礼不动。妾事先生，躬耕以自食，亲织以为衣，食饱衣暖，其乐自足矣。不如去之。"于是夫负釜甑，妻戴纴器，变名易姓，游诸名山。食桂栌实，服黄菁子，隐蜀峨眉山，寿数百年，俗传以为仙云。

经此丰富，不独陆通事迹更加清晰，即其作为"楚贤"何以隐居在峨眉山也都有了清楚的交待——避楚王请。曹学佺《蜀中广记》卷一一引费士戣《歌凤台记》："按晋皇甫谧《高士传》、葛洪《神仙传》、宋刘孝标注《世说新语》，皆以接舆为避楚入蜀，隐于峨眉，不知所终也。"所列晋南北朝诸书并言陆通隐于峨眉，说明《列仙传》之说已经广为世人接受。费文虽称"隐于峨眉，不知所终"，《列仙传》却明确言其在峨眉山上"世世见之"，《高士传》更直接称其"俗传以为仙云"。既已成仙，当然能在峨眉山上"世世见之"。许止净《峨眉山志》卷三："歌凤台，在大峨石前，楚狂旧庐。明弘治间，督学王敕改今名。"那么，陆通隐居峨眉山的地点，传说似在圣水阁一带。曹学佺《蜀中广记》卷一一一引《碑目》："宋太宗峨眉山普贤殿简版，书天真皇人论道之地、楚狂接舆隐迹之乡。"由此可知，天真皇人与陆通已经成了峨眉山仙道的代表性符号。明万历时，明光道人将普贤菩萨、广成子和接舆（陆通）共同奉祀在峨眉山报国寺的前身会宗堂中，取三教会宗之意。①

关于瞿武的传说，晋南北朝文献没有更多的记载。王存《元丰九域志》卷七言其曾在峨眉山获见天真皇人，授以仙诀。许止净《峨眉山志》卷三："升仙台，在吕仙十字洞右。后汉安汉元年，为瞿君武，字鹊子，入峨眉，师事天皇真人，得仙。乘白龙往来，每系龙于彭山黄龙镇滩上。"其见天真皇人的地点，也在纯阳殿附近。

曹学佺《蜀中广记》卷一〇一引《峨山记》："汉窦谊放浪不羁，月夜闻子规啼，曰：'竹裂，吾可归峨眉。'是夕竹裂，天明遁去。武帝三征之不起。"杜甫《玄都歌》："子规夜啼山竹裂，王母昼下云旗翻。"其前句即用此典。窦谊其人正史无传，而《峨山记》一书撰于何时也不得而知。尽管如此，从杜甫已用此典推测，窦谊归隐峨眉的传说至迟应不晚于唐代。

孙思邈《千金翼方》卷一三《高子良服柏叶法》称：庞伯宁、严君平、赵德凤、唐公房等修道于峨眉山时遭遇饥馑，仙人高子良、五马都以此告之，"皆如其言，尽共服之，卒赖其力，皆度厄"。似严君平曾经隐修峨眉山上，后来更有严君平治峨眉山的说法。但就我们目前掌握的材料，

---

① 参见《峨眉山佛教志》编纂委员会：《峨眉山佛教志》，乐山：乐山市新闻出版局，2003，1页。

此说还不足以证成信史。

《明一统志》卷七一："史通平，汉光武时自会稽来蜀。诣峨眉，出谒天皇真人，授以三一之法及五符诀。遂居青神县地，置茅庐，炼太丹，龙虎成形，饵之。又广行阴德，功满，白日升天。"按曹学佺《蜀中广记》卷七四称引，其材料来自《青神志》。无论怎样，此一传说应该是丹道盛行之后才产生出来的，时间当不早于魏晋。

王纯五先生引《峨眉县志》称："东汉末年道士左慈曾在峨眉山隐居，山中有'左慈洞'及'左慈墓'。"① 然葛洪《神仙传》与干宝《搜神记》之《左慈传》并无此说，仅有缩地至蜀买姜事。曹学佺《蜀中广记》卷一七引旧志称：荣昌县东有葛仙山，"相传汉葛孝先受左慈术，于此修炼"。即使如此，也是葛玄入蜀修炼，而非左慈。故此传说出现的时间不会很早。虽然如此，此之传说却被许止净《峨眉山志》卷六接受：

> 左慈，字元放，号乌角先生，隐峨眉山。后游邺下，曹操出郊，慈赍酒一升，脯一斤，亲手斟酌，众官皆醉饱。操怪，行视诸垆，悉亡其酒。操怒，欲因座上杀之。慈却入壁中，或见于市。慈眇一目。操令人捕之，便见市中眇一目者无数。后又遁群羊中，旋杀旋活，终不能害。

种种神奇之事并见《神仙传》与《搜神记》，唯于峨眉山隐修不见二书。但在许氏书中，我们没有发现关于左慈洞、左慈墓的记载。

许止净《峨眉山志》卷六："谯秀，南充人，（谯）周之孙，隐居高尚。李雄征之不应，逃入峨眉山中。"谯秀其人，《晋书》卷九四有传，字元彦，巴西人，"以儒学著称，显名蜀朝"。及李雄据蜀，略有巴西，屡征不应，躬耕山薮。后值范贲、萧敬作乱，避难宕渠，"乡里宗族依凭之者以百数"，年逾九十而卒。查遍诸书，未见隐于峨眉的记载，许氏材料取

---

① 王纯五：《天师道二十四治考》，312页。

自胡世安《译峨籁》，而胡氏材料取自何处不详。

许止净《峨眉山志》卷六："陈芳庆，汉季好道，隐东武山，后入峨眉，不知所终。即子昂始祖，得墨子五行秘书，通白虎七变法。"按，祝穆《方舆胜览》卷六二："东武山，在射洪县东十里，唐《陈伯玉集》云：陈方庆好道，隐于此。有唐朝道观遗址。"曹学佺《蜀中广记》卷二九："陈子昂故宅，在东武山下。本集云：子昂四世祖陈方庆好道，隐于此。有唐朝道观址，而真谛寺在其左。"同书卷九四《墨子秘书》："梁陈方庆，梓州射洪人，好道术。得墨子五行秘书，及白虎七变之法，隐于郡之武东山。大同中，仕至新城郡司马，即子昂远祖也。见本集。"由诸书可知，许止净《峨眉山志》的材料取自陈子昂的《陈伯玉集》。然原文本无入峨眉修道云云，许氏依据何在，待考。

王纯五先生引《玄品录》称："东晋道士陆修静'好方外游，南诣衡山九嶷，访南真之遗迹；西至峨眉，访清虚之高躅'。"文见张天雨《玄品录》卷三，其原文曰："陆修静，字元寂，吴兴东迁人。……及长，好方外游。南诣衡湘、九嶷，访南真之遗迹；西至峨眉、西城，寻清虚之高躅。"张天雨为元人，故陆修静曾至峨眉游历的传说至迟在宋已经有了。

张君房《云笈七签》卷一一〇引《洞仙传》：

董幼者，海陵人也，兄弟三人，幼最小。早丧父，幼母偏念其多病，不能治家。年十八，谓母曰："幼病困不可卒愈，徒累二兄，终不得活。欲依道门，洒扫以度一世。"母许之。幼在师家，恭谨勤修，长斋笃学，未尝暂息，遂洞明道术。年四十一，夜有真人降，授幼水行不溺之道，以一马鞭与幼，令幼以鞭水行于水上，如行平地。晋义熙中，幼还家辞母，云："幼已得道，不复留人间，今还与家别。"母曰："汝应往何处去？复几时可还？"幼曰："应往峨嵋山更受业，未有归期。"中表乡邻共送幼至区阳西江，见幼鞭水而行，渐渐而远。顾谓二兄曰："世世传道业矣。"

按《〈四库全书〉提要》的考辨，《洞仙传》应为"宋以前人所作也"。那么，董幼往峨眉山更受道业的传说，也应在唐代乃至更早已经有了。

不排除以上的某些传说兴起更晚，但魏晋南北朝绝对是一个非常重要的时期。这些传说与峨眉山作为道教名山的事实相得益彰，强化了其在道教信众中的影响。故至唐代，道教信众普遍相信峨眉山上住了无数神仙真人。《太平广记》卷二四引《仙传拾遗》称："峨眉山中神仙万余人，自皇人统领，置官府，分曹属，以度于人。"

从上面的考述不难看出，可以落实的早期仙隐传说的地点，基本上是在从伏虎寺至清音阁一线，尤以纯阳殿至圣水阁一带最为密集，推测早期道教开发峨眉山应该主要是在低山一带。

在《蜀中广记》卷一一中，曹学佺录有自作的两首《游峨眉山歌》，其后之《游峨眉山歌》曰：

君不见轩辕氏跪谒皇人叩玄旨，又不见鬼谷子著书《珞琭》藏洞里。陇西仙人宿山图，采药山中颜色殊。葛由卖羊从此去，接舆歌凤胡为乎？君不见子规啼处窦谊悲，夜啼竹裂人不归。又不见昆仑伯仲未可分，逸少曾询周抚军。唐家子昂称词伯，青莲居士李太白，往往见诸吟咏间，白头欲返青山宅。

"轩辕氏跪谒皇人"用的是黄帝拜谒天真皇人的传说，"鬼谷子著书《珞琭》"用的是鬼谷子于峨眉山著《珞琭子》一书的传说，以及山图采药、葛由卖羊、接舆隐遁、窦谊悲归，都是关于峨眉山仙隐的传说；而"昆仑伯仲未可分，逸少曾询周抚军"，用的是王羲之《与谢安书》中"蜀中山水，如峨眉山，夏含霜雹，碑板之所闻，昆仑之伯仲也"[①] 的典故；子昂、李白二句，则是就其吟咏峨眉山的诗歌而言。由此看出，一直到了明代，曹学佺吟咏峨眉山，其代表性符号仍然全是道教方面的，说明早期道教对峨眉山的影响之深远。

三、传说出于峨眉山中的道经

与峨眉山成为道教名山的身份相符，许多来历不明的道经也被认为出在峨眉山上。其中，天真皇人是一最被依托的仙真。《隋书》卷三五《经籍志》言道经起始：

> 道经者，云有元始天尊，生于太元之先，禀自然之气，冲虚凝远，莫知其极。所以说天地沦坏，劫数终尽，略与佛经同。以为天尊之体，常存不灭。每至天地初开，或在玉京之上，或在穷桑之野，授以秘道，谓之开劫度人。然其开劫非一度矣，故有延康、赤明、龙汉、开皇是其年号。其间相去经四十一亿万载，所度皆诸天仙上品，有太上老君、太上丈人、天真皇人、五方天帝及诸仙官，转共承受，世人莫之豫也。所说之经，亦禀元一之气，自然而有，非所造为，亦与天尊常存不灭，天地不坏，则蕴而莫传。劫运若开，其文自见，凡八字尽道体之奥，谓之天书。字方一丈，八角垂芒，光辉照耀，惊心眩目。虽诸天仙，不能省视。天尊之开劫也，乃命天真皇人改啭天音而辩析之。自天真以下，至于诸仙，展转节级，以次相授。诸仙得之，始授世人。然以天尊经历年载始一，开劫受法之人，得而宝秘，亦有年限。方始传授，上品则年久，下品则年近。故今授道者，

---

① 严可均校辑：《全上古三代秦汉三国六朝文》卷二二，北京：中华书局，1987，1582页。

经四十九年始得授人。

天真皇人不仅是元始天尊所度的首批"天仙上品"之一，而且是受命将道经"改啭天音而辩析"授人之人，故将许多道经托付其名应不奇怪。

《四库全书总目》卷一四七子部道教类有《阴符经三皇玉诀》三卷，"其书述黄帝得《阴符经》，问于广成子及天真皇人，皆称黄帝问而二人答，词旨鄙浅。前有黄帝御制序一首，文尤谬陋，盖粗知字义道士所为也。然金明昌中范怿作《阴符经注序》已引之，则其伪亦久矣"。其经当系道士伪托可以肯定，而托名天真皇人，则将此经变成了黄帝于峨眉山问道的实录。

王尧臣等《崇文总目》卷九"道书类"有《天真皇人经》一卷，著录为"阙"；复有《天真皇人九仙经》一卷，称"天（真）皇人为黄帝说，一行、罗公远、叶法静注"，"论水火龙虎造金丹之术"。郑樵《通志》卷六七《艺文略》著录同此，但赵希弁《郡斋读书后志》卷二与《宋史》卷二五《艺文志》则仅录《天真皇人九仙经》一卷。《天真皇人经》与《天真皇人九仙经》并为一卷，我们怀疑二者或为一书，后人不察而误为二书。① 赵希弁《郡斋读书后志》卷二引《九仙经兴废记》称："此经黄帝留峨眉山石壁，汉武帝时得之，大中尝禁绝。""汉武帝时得之"绝是假托，但唐代已极流行必是事实。以大中年间（847–859）曾遭禁绝推测，一行为唐初人，罗公远、叶法静稍晚，《天真皇人九仙经》果有诸人所注，则此经之出必在唐初乃至更早。而其传为黄帝留于峨眉山石壁，也应不晚于唐初甚至更早。

张君房《云笈七签》卷三："今传《灵宝经》者，则是天真皇人于峨眉山授予轩辕黄帝。"前引陈国符先生考订已明，古《灵宝经》即《五符

---

① 按，罗清华《峨眉山书目文献考述》（载《四川师范大学学报》2003年第1期）称《天真皇人九仙经》为《九仙经》，"天真皇人"四字名其著者而非书名。

经》，大约产生于东晋末年。孙毂《古微书》卷六言此经乃"人身包含天地无所不法"之书，但就早期各书称引分析，更像是一部主讲服食的道书，是故《太平御览》卷六六九将其置于"服饵"之中。

《三一经》，亦作《皇人守三一经》，三卷。[1]曹学佺《蜀中广记》卷九五引《元气论》称："黄帝求道于皇人，皇人问所得者，凡一千二百事。乃曰：'子所得皆末事也。子欲长生，三一当明。夫三一者，乃上皇黄箓之首篇也。能知之者，万祸不能干矣。'"很明显，此经亦是后人根据天真皇人向黄帝传授"三一之道"的传说演绎而成。

以上诸经并托黄帝问道于天真皇人的传说，时间则在南北朝至隋唐之间。除此而外，文献尚有天真皇人授命传法、解经的种种记载。张君房《云笈七签》卷三《天尊老君名号历劫经略》：

> 又至上皇三年七月二十九日壬子，天真皇人下授黄帝六壬式图六甲三元遁甲造式之法。法威天下，流传子孙也。故黄帝以道治世一百二十年，于鼎湖山白日升天，上登太极宫，号曰中黄真人。

此之传说，将六壬六甲之类道术一并归到了天真皇人的名下。同书卷七引《诸天内音经》：

> 忽有天书，字方一丈，自然见空，其上文彩焕烂，八角垂芒，精光乱眼，不可得看。天真皇人曰："斯文尊妙，不譬于常，是故开大有之始而闭天光明，以宝其道而尊其文。其字宛奥，非凡书之体，盖贵其妙象而隐其至真也。"

所谓"天书"，应即《玉字经》，故同书同卷复引《内音玉字经》称：

> 天真皇人曰："诸天内音，自然玉字。字方一丈，自然而见，空玄之上，

---

① 郑樵：《通志》卷六七《艺文略》。

八角垂芒，精光乱眼。灵书八会，字无正形，其趣宛奥，难可寻详。皆诸天之中，大梵隐语，结飞玄之气，合和五方之音，生于元始之上，出于空洞之中，随运开度，普成天地之功。"天尊命天真皇人注解其正音，使皇道清畅，泽被十方。皇人不敢违命，按笔注解之曰："形魂顿丧，率我所见，聊注其文五合之义，其道足以开度天人也。和合五方无量之音，以成诸天内音，故曰五合之义也。"

按此传说，作为"天书"的《内音玉字经》虽不出自天真皇人，却是因其注解始得流传世间的。故《太平御览》卷六七三引《太微黄书经》称："其灵书八会，字无正形，趣究乎奥，难可寻详，得为天书自然之真。斯八会之气，全五和之音，非浅近者所能洞明。天真皇人竭其所见，注解其意。"又，《云笈七签》卷四一引《沐浴身心经》："沐浴，内净者，虚心无垢；外净者，身垢尽除。存念真一，离诸色染，证入无为，进品圣阶。诸天纪善调汤之人，功德无量。天真皇人复白……"此一关于沐浴的说辞，也假托了天真皇人的解释，且连《沐浴身心经》都有可能是托名天真皇人的伪作。以上诸条虽未明言其与峨眉山的关系，但若认定峨眉山就是天真皇人的居所，则其种种传法、解经的传说都应与峨眉山有某种神秘的关系。南北朝时，假托天真皇人之名解经，甚至有了某种权威的意义。例如，甄鸾《笑道论》就道士造老子像以观音为侍曾引所谓天真皇人的注解为"笑"（批判）："梵形者，元始天尊于龙汉之世号也。至赤明年，号观音矣。"又曾就《诸天内音第三宗飘天八字文》之"泽落觉菩台缘大罗千"引天真皇人的注解为"笑"："泽者，天中山名，众龙所窟。落觉者，道君之内名。菩台者，真人之隐号。玉台处泽山之阳，三万日月，明其左右。罗汉月夫人大劫既交，诸天日月会玉台之下，大千世界之分。天下改易，大千洞然。"[1]

---

[1] 道宣：《广弘明集》卷九。

张宇初《岘泉集》卷四《授法普说》：

> 吾道玄元之宗，由元始天王于开皇之后，以灵宝大乘之道、紫微飞天十部之书，授玉宸大道君暨神霄九宸上帝，后降峨眉山授天真皇人，是出炼度之法。龙汉之初，九阳自然之气，元始命天真皇人按笔成文，秘之于洞阳之馆。及开朱陵火府，遂以起死回生之文付之，是以黍珠经法，演成炼度之文。

按此说法，元始天尊不仅将"灵宝大乘之道、紫微飞天十部之书"授予"玉宸大道君暨神霄九宸上帝"，还将"炼度之法"授予天真皇人，转而流布世间。这和托名天真皇人的经典大抵与服食炼养有关的情形一致。

《太平御览》卷六七三引《飞行羽经》："峨眉之山，金台之室，《飞玄羽经》秘其内。"郑樵《通志》卷六七《艺文略》著录《飞行羽经》两种：一为《太上回元九道飞行羽经》，一卷；一为《太上洞真飞行羽经》，一卷。而按王尧臣《崇文总目》卷九、卷十的记载：《太上回元九道飞行羽经》一卷宋代已阙，唯《太上洞真飞行羽经》一卷尚存。《太平御览》卷六六四引《琼文四纪篇》："得《九真中经》者，谓之白日尸解，或曰《飞行羽经》，轻也。"是知《飞行羽经》是一种教人尸解成仙的道经。除上引《太平御览》并曹学佺《蜀中广记》外，古人称引概为《飞行羽经》，且目录学书并无《飞玄羽经》的著录，故罗清华先生以为《飞玄羽经》当为《飞行羽经》之误[1]。

罗泌《路史》卷三二引《三洞叙目》："小有《三皇文》本出，大有天皇、地皇、人皇各一卷，上古三皇所受之书也。字似符篆，藏在名山，多不具足，惟峨眉山备有之。"陈国符先生认为《三皇文》即《三皇经》，"后人增其他道经及斋仪编成洞神经"[2]。葛洪《抱朴子·暇览篇》称："道经有

---

[1] 罗清华：《峨眉山书目文献考述》，载《四川师范大学学报》，2003（1）。
[2] 陈国符：《道藏源流考》，71页。

《三皇内文》，天地人三卷。"①《三皇文》应该就是《三皇内文》的省称。《御定渊鉴类函》卷三四六："蜀郡峨眉山石室，旧有《三皇文》。此文不与天下众文同，百万人中未有一得者。"《三皇经》作为较早的道经之一，"惟峨眉山备有之"，"不与天下众文同"，抬高了峨眉山在道教中的地位。

曹学佺《蜀中广记》卷九五：

《峨眉山洞石经》二十字。《云笈七签》：峨眉山北洞中石室，户枢刻石书字"郁仪引日精，结璘致月神，得道处上宫，位称大夫真"，凡二十字，不解其意义是何等事。如此仙人不见其篇目者多矣，皆不得飞行上清。欲行此道，不必贤愚，但地上无此文。

此之刻于峨眉山洞的石经虽仅二十字，但对修仙者而言却非常重要，没见过它就"不得飞行上清"、成仙了道。故《九真中经》卷下称："真官玄法启誓，乃传有道而行，位为上真，乃乘八景琼轮，游行九晨，诣太素宫，见太一帝君，俱朝元晨。故秘言曰：'子得郁仪结璘，乃成上清之真。不修上道，不得见三元君。'"

又，曹学佺《蜀中广记》卷九五称：

《三十九章经》。《七签》云：太无晨中君刊此峨眉山中洞宫玉户，曰太无在洞景之表，太素在幽玄之上，九宫列金门于太素之表，丹楼沓七重于太无之庭，乃三元君所游也。

按，《云笈七签》卷八为"太素君曰"，而《上清大洞真经》卷六为"太元晨中君峨眉洞室玉户太素君道经"。《云笈七签》卷四二："读太元晨中君刊峨眉山中洞宫玉户太素君道经，当思帝卿肇勒（勤），精绛宫中，一辅卿中，光坚黄庭，下弼卿缘，上明三真之气，混合青白黄三色之云，从兆泥丸中入，下布兆身，三宫本命，帝室毕微。"则《三十九章经》也

_____

① 葛洪著，王明校释：《抱朴子内篇校释》，333页。

称太素君道经，应是一种有关炼养的道经。《太平御览》卷六六〇引《大洞玉经》：“大无山中有洞宫玉户，在峨眉山之上，诸得道真仙之名刊列此宫也。”此《大洞玉经》也被刊刻于峨眉山中洞宫玉户，内容则是得道真仙的名录。

曹学佺《蜀中广记》卷九五：

> 《八道命籍》。《七签》云：东海小童、四极真人、西城王君封此籍于峨眉山西室中，万劫一传，有“玄名帝简紫字青宫玉藏”之文。千年之内，听得三传。上学不得此文，虚困山林，终不得道。

此《八道命籍》，《宋史》卷二〇五《艺文志》有录，全名《太上八道命籍》，二卷。《云笈七签》卷五一：

> 《八道命籍》，一名《八间》，一名《八达》，又名《八解》，缠绵释结谢罪延福妙经，太素三元君受于自然之章，封于太上灵都紫房之内，金章玉华，三百人侍卫典香，东海小童、四极真人、西城王君封于峨嵋之山西室之中，万劫一传。有玄名帝简紫字青宫玉藏之人，千年之内，听得三传。上学之子，不得此文，虚困山林，终不得道。所谓八道者，日月四时八节所行也。日行赤道，月行黄道，黄赤二道阴阳之所恒行。至于立春、春分，日月行青道二（出黄道东）；立夏、夏至，日月行赤道二（出黄道南）；立秋、秋分，日月行白道二（出黄道西）；立冬、冬至，日月行黑道二（出黄道北）。此八道也。日月行八道之日各有变化。翻飞蠕动含炁之流，草木飞沉，随缘感应，改故易新。轻者或更重，重者或更轻，善恶回换，气象之运，自然而然。上学真人，因变行化，习吉除凶，进善黜恶，申明弃暗，入正治邪，炼伪成真，厉思登圣，其法高妙。兹道玄通，故曰《八达》，至极无穷矣。

曹氏摘录此文，将“有玄名帝简紫字青宫玉藏之人”误为“有玄名帝简紫字青宫玉藏之文",因而错成经文藏记。按《云笈七签》的记述,此应是一部"缠绵释结谢罪延福"道经,教人于四时八节"随缘感应"修道。

曹学佺《蜀中广记》卷九五又记《黄表丹经》一通,引《神仙传》称:"阴长生裂黄表写《丹经》四通,其一通以黄金之简刻而书之,封以白银之函,置蜀绥山。""绥山"即二峨山。查葛洪《神仙传》卷五《阴长生传》:

> 于是,阴君裂黄素写《丹经》,一通封以文石之函,着嵩山;一通黄柜简漆书之,封以青玉之函,置大华山;一通黄金之简刻而书之,封以白银之函,着蜀经山;一通白缣书之,合为一卷,付弟子,使世世当有所传付。

并没有藏于峨眉山系的文字,我们怀疑,"绥山"或是"经山"传抄之误。根据《神仙传》的叙述,阴长生即合丹服之而得长生的。所以,《丹经》当是一本典型的丹道之书。

曹学佺《蜀中广记》卷九四引《大峨志》:"山有鬼谷洞,相传(鬼谷)先生于其中著《珞琭子》,而上升去。《通考》以为即今禄命之书。"赵希弁《郡斋读书后志》卷二:"《珞琭子三命》一卷,右李献臣云:珞琭者,取珞珞如玉、琭琭如石之义,推人生休咎否泰之法。"假托鬼谷子的《珞琭子》应是一部卜算之书,陈振孙《直斋书录解题》卷一二甚至毫不客气地称:"此书禄命家以为本经,其言鄙俚,闾巷卖卜之所为也。"据释昙莹《珞琭子赋注》载颐养正序称,陶弘景已就《珞琭子》书名发表过意见,说明此书南北朝时应已流行。今峨眉山雷洞坪下的鬼谷洞,传说即鬼谷子隐居著《珞琭子》处。

另外,嘉庆《峨眉县志》"典籍"部分称张道陵著有《峨眉山神异记》三卷,我们已在前面有过辨正,推测此书应是一部讲述服食炼养的道经。蒋超《峨眉山志》称严君平曾隐峨眉著《老子指归》,因《枕中书》言君平治峨眉。罗清华先生考订认为，此说"尤乖旧闻"，不可凭信。[1]

如上种种为传说与后人依托，不必真信。而其透露出来的，则是峨眉山作为道教名山已在道教信众中很有地位，不仅位列"洞天福地"，出过众多仙真，而且出过一批神秘的道经。道教信众相信，这些神秘的道经曾经引导过很多道士飞升成仙。其典型的例子，见于赵道一《历世真仙体道通鉴》卷九《尹澄》：

> 太微真人尹澄，字初默，汾阳人也，年二十八，以周安王三年壬午（前399）冬十月于楼观寄慧炼神……后于峨眉山中遇仙人宋君，授以《三皇内文》及《九丹秘诀》。澄修之大验，遂能封山掌岳，生骸护病。曾临水以投符，符水逆流数步，洪涛顿绝。以药救暴死，皆得生，活数年。有血食鬼神，劾之，皆自缚而来，或击杀者，或自求哀放者。及有遭疾风坏其林屋，为制之，他处皆被飞扬，其家独免。曾行，逢山崩木折，奔坠溪谷，以符法封之，应手而止。年三百四十余岁，以汉昭帝始元年乙未（前86）六月间，太微帝君遣仙官下迎，授书为"太微真人"，上游九天矣。

尹澄虽然好道，但其关键的转变，则是在峨眉山上得到了仙人宋君授予的《三皇内文》与《九丹秘诀》，据此修炼成仙，"封山掌岳，生骸护病"，号曰"太微真人"。唐人王松年《仙苑编珠》卷下有一段近似的传说：

> 尹澄，字初默，汾阴人，年二十八，恒市香灯列于坛静，一旦，香尽灵熏自生，油尽玄光自照。曾入山遇鹿伤足，乃为合药与封。后入山遭滞两（而）绝食，忽有群鹿相依，饥则吮其乳，寒则卧其身，累日得返。又入山，遇野火飞飙，满谷欲避无路，有群猿连臂而下，携至山顶。又入山，遇石芝有光，服方寸已，乃日行六七百里。又入山，遇仙人宋君，授《三皇文》《九丹诀》。年三百四十岁，以汉昭帝时，仙官下迎，受书为太清仙人。

---

[1] 罗清华：《峨眉山书目文献考述》，载《四川师范大学学报》，2003（1）。

显然，《历世真仙体道通鉴》应是《仙苑编珠》传说的改写，但《仙苑编珠》言其号曰"太清真人"，且不言其获授道经之处即峨眉山。到了宋代，陈葆光《三洞群仙录》卷三引《丹台新录》，称尹澄即陶弘景《真诰》卷四中的尹林子，秦始皇累诏不起，"汉末入茅山，今以为真人矣"。由茅山转到峨眉山，又是更晚的改编，以与《三皇经》出峨眉山中的传说一致。抛开此则传说的不断改写，是否真有尹澄其人并不重要，重要的是道教信众相信出自峨眉山中的道经能够引导人修炼成仙。

不止道经，陶弘景《古今刀剑录》还称，汉安帝元初六年（119）曾铸一剑藏峨眉山（此剑必非凡剑，应与仙道有关）。以如此深厚的道教影响，佛教即使曾经传播到峨眉山上，也很难在较短的时间内打开局面。整个魏晋南北朝时期，峨眉山就是一座道教名山，对全国的影响几乎都在道教方面。

第三章　隋唐五代的道佛共存与转化

承继前代的发展，隋唐时期，道教在峨眉山上仍有不可动摇的地位。与此同时，佛教的影响也在峨眉山上逐步推开，形成了道佛共存的局面。这种局面发展到唐末五代，伴随普贤信仰的日渐兴盛，峨眉山作为普贤道场的慢慢确立，道佛共存的局面逐步发生倾斜，峨眉山开始朝着佛教名山的方向转化。在峨眉山佛教发展史上，隋唐五代是一个至关重要的过渡时期。

一、隋唐五代的峨眉山道教

借助前代的发展，外加李唐王朝对道教的推崇，隋唐时期峨眉山道教依旧兴盛，涌现了一批在道教史上颇有地位的道士。蔡玮《唐东京道门威仪使圣真玄元两观主清虚洞府灵都仙台贞元先生张尊师遗烈碑》称：

十年（722），朝廷增崇大圣祖元元庙，祠庭有俪，密迩宫垣，择贤才以时禋洁。天子精选黄褐，亲垂紫书，先生与峨眉王仙卿、青城赵仙甫、汉中梁虚舟、齐国田仙寮等，允膺宸鉴。①

将峨眉王仙卿与青城赵仙甫、汉中梁虚舟、齐国田仙寮相提并论，用以比拟东京道门威仪使张贞元，足证王仙卿是盛唐极有影响的道士之一。关于王仙卿其人，文献缺乏详细记载。开元十二年（724），因青城山道士告飞赴寺僧侵占山中道观，唐玄宗令益州长史张敬忠处置。张敬忠《准敕勘复蜀州青城山常道观奏》叙其原委：

> 伏奉闰十二月十一日墨敕，蜀州青城先有常道观，其观所置，元在青城山中，闻有飞赴寺僧夺以为寺。州既在卿节度，检校勿令相侵，观还道家，寺依山外旧所，使道佛两所各有区分者。臣差判官、宣义郎、彭州司仓参军杨瓒往青城山准敕处置。其飞赴寺佛事及僧徒等，以今月九日并移于山外旧所安置讫，又得常道观三纲甘道荣等状称，奉敕移飞赴寺依山外旧所，观还道家。今蒙使司对州县官及僧等准敕勒还观讫，更无相侵者。其山中先缘寺界所有竹木等，寺既出居山外，观今置在山中，务使区分，不令侵竞，臣已牒所管州县，亦许观家收领讫。②

值得注意的是，受敕前往处理此事的还有"内品官毛怀景、道士王仙卿等"③，由此亦见王仙卿在盛唐道门中的确很有地位。开元十八年（730），王仙卿复再奉敕往青城山投龙璧。韦绍《青城山投龙璧记》称：

> 金紫光禄大夫、行太常少卿、专知礼仪集贤院修撰、上柱国、沛郡开国公韦绍，中大夫、行内给事、上柱国张奉及等，并亲奉圣旨，令检校内供奉、精勤道士、东明观主王仙卿，就此青城丈人灵山修斋设醮，并奉龙璧，庚午岁开元十八年六月七日庚申，入净斋醮，十一日甲子，敬投龙璧

---

① 《全唐文》卷九二七。
② 《全唐文》卷二七七。
③ 《全唐文》卷二七七。

礼一。①

此时，王仙卿为内供奉、东明观主，再次证实了其御用道士的身份，故虽两次出使青城山，却并未如后世材料所称的于青城山上隐居下来。无论怎样，以蔡玮碑记的叙述，王仙卿这位扬名盛唐的道士应是在峨眉山上修炼成名的。有文章称王仙卿曾借出使青城山回过峨眉，并在山上广招门徒、扩建道观②，只是还没有找到可以信赖的材料予以证实。

李唐王朝崇奉道教，而文人墨客也大多喜欢同道士交往，一些峨眉山的道士名字我们未必能在史册中发现，但在这些文人墨客的诗中却可以发现他们的名字，如司空曙诗中就有一首《送张炼师还峨眉山》：

> 太一天坛天柱西，垂萝为挽石为梯。
>
> 前登灵境青霄绝，下视人间白日低。
>
> 松籁万声和管磬，丹光五色杂虹霓。
>
> 春山一入寻无路，鸟响烟深水满溪。③

唐宋时期，道教修行的道士亦多被称为"炼师"④。这位隐于天柱山的张炼师，从题名的"还"字可以断定是从峨眉山出来的道士，而从诗中"丹光五色"则可断定是一位丹道派道士。关于这位峨眉山张炼师的详细情形，文献没有记载。但司空曙被誉为"大历十才子"之一，其诗作主要集中于大历年间（766-779），由此可以判断张炼师为唐中后期人。皎然有《奉和袁使君高郡中新亭会张炼师昼会二上人》《冬日天井西峰张炼师

---

① 《全唐文》卷三〇七。

② 参见魏奕雄：《佛教名寺报国寺为何挂道教匾》，载《科技日报》，2004-5-29。

③ 《文苑英华》卷二二八。

④ 吴曾《能改斋漫录》卷七《炼师练师》："然则称道士而以炼师，其来久矣，不始于唐也。……按《唐六典》云：道士修行，其德高思精谓之练师。乃知练师之名，其来甚久，但'练'字从系。"

所居》①，权德舆有《戏赠张炼师》②，刘禹锡有《赠东岳张炼师》③，施肩吾有《同张炼师溪行》④，温庭筠有《赠张炼师》⑤，除温庭筠年代稍晚外，其余诸人皆与峨眉山张炼师同时。那么，这些为"张炼师"而作的诗即皆有可能是写峨眉山张炼师的了。果然如此，此张炼师在峨眉山修炼成名后，曾经周游栖隐中原各地，最后又回到了峨眉山。元和（806-820）进士出身的鲍溶有诗《与峨眉山道士期尽日不至》：

> 倾景安再中，人生有何常？
>
> 胡为少君别，风驭峨眉阳。
>
> 结我千日期，青山故人堂。
>
> 期尽师不至，望云空烧香。
>
> 顾惭有限身，易老白日光。
>
> 怀君屡惊叹，支体安能强。
>
> 往闻清修篆，未宪服食方。
>
> 瑶田有灵芝，眼见不得尝。
>
> 玉壶贮天地，岁月亦已长。
>
> 昔用壶中景，东溟又堪伤。
>
> 寄言赤玉箫，夜夜吹清商。⑥

这是一首期会峨眉山道士不果的诗。此道士与诗人约定千日之后相会，至期道士却没有如约前来，致使诗人倍感怀念与伤情。从诗中"往闻清修篆，未宪（《全唐诗》作'究'）服食方""瑶田有灵芝，眼见不得尝"

---

① 皎然：《杼山集》卷三。
② 洪迈：《万首唐人绝句》卷二八。
③ 刘禹锡：《刘宾客文集》卷二四。
④ 洪迈：《万首唐人绝句》卷三四。
⑤ 《全唐诗》卷五七九。
⑥ 鲍溶：《鲍溶诗集》卷二。

等判断，这位峨眉山道士或是一位服食炼养派道士。鲍溶另有《寄峨眉山杨炼师》一诗：

> 道士夜诵蕊珠经，白鹤下绕香烟听。
> 夜移经尽人上鹤，仙风吹入秋冥冥。①

诗题明确宣称其所吟之杨炼师为峨眉山道士，且由"寄"字可以断定杨炼师当时在峨眉山。很可能，此杨炼师就是前诗所谓的"峨眉山道士"。诗人以想象的笔调再次表达了对杨炼师的深切怀念，证实与杨炼师具有非同一般的关系。此外，鲍溶诗中还有《赠杨炼师》《杨真人篆中像》二诗：

> 赠杨炼师
> 紫烟衣上绣春云，清隐山书小篆文。
> 明月在天将凤管，夜深吹向玉晨君。
> 杨真人篆中像
> 画中留得清虚质，人世难逢白鹤身。
> 应见茅盈哀老弟，为持金箓救生人。②

一是怀赠之作，一是咏画之作，应都是吟咏峨眉山杨炼师的。毫无疑问，这位杨炼师也是唐中后期峨眉山的著名道士。施肩吾《天柱山赠峨眉田道士》：

> 古称天柱连九天，峨眉道士栖其巅。
> 近闻教得玄鹤舞，试凭驱出青芝田。③

---

① 鲍溶：《鲍溶诗集》卷六。
② 鲍溶：《鲍溶诗集》卷四、卷六。
③ 《全唐诗》卷四九四。

天柱山在今安徽潜山，被道家列为第十四洞天、第五十七福地。从题名可知，这位隐修于天柱山的田道士应是从峨眉山走出的道士。此外，李宣古《听蜀道士琴歌》[①]吟咏一位来自巴蜀的道士弹琴的情形，从其诗中"忽逢羽客抱绿绮，西别峨眉峰顶云"推断，当是一位来自峨眉山的道士。陆龟蒙《高道士》：

> 峨眉道士风骨峻，手把玉皇书一通。
>
> 东游借得琴高鲤，骑入蓬莱清浅中。[②]

这位"高道士"的名号虽然不得而知，但他是"峨眉道士"则无疑义。而且，以陆氏的描写，风骨俊爽，手持道经，颇有一番高道的风貌。又，韦庄《赠峨眉山弹琴李处士》[③]中那位"峨眉山下能琴客""似醉似狂人不测"的李处士，有学者认为也是唐代峨眉山的道士[④]。但"处士"一词用于道教，始于宋徽宗时，断言此李处士为道士的依据尚不充分——他很可能只是峨眉山的一位隐士。

除了文人墨客诗中提及的峨眉山道士外，唐宋文献中还有一些关于峨眉山道士的记载。封演《封氏闻见记》卷五：

> 天宝（742-756）末，有峨眉山道士姓陈，来游京邑。善长啸，能作雷鼓辟历之音。初则发声调畅，稍加散越，须臾穹窿硡磕，雷鼓之音，忽复震骇，声如辟历，观者莫不倾悚。

长啸本是古代名士的一种风雅习俗，与道教的行气修炼结合，便有了峨眉山陈姓道士别具一格的长啸，或如雷鼓，或如霹雳。又，陈田夫《南

---

① 韦縠：《才调集》卷七。

② 陆龟蒙：《甫里集》卷一二。

③《全唐诗》卷七〇〇。

④ 参见李桂红：《佛教四大名山中的道教文化现象》，载《天津市社会主义学院学报》，2006（1）。

岳总胜集》卷中：

> 天宝初，蜀人薛季昌昔在峨眉山注《道德经》二卷，后隐居衡岳华盖峰，撰《玄微论》三卷，并《大道颂》一首及注，得司马弟子王仙峤写进。

按《山西通志》卷一六〇的记载，薛季昌并非蜀人，而是河东（今山西）人，为著名道士司马承祯的弟子，曾被唐玄宗召入禁中问道。《南岳总胜集》称其曾在峨眉山注释《道德经》，说明他也到过峨眉山修道。《太平广记》卷四〇《许碏》：许碏，高阳（今河南杞县高阳镇）人，屡举不第，晚年于王屋山学道，遍游五岳名山洞府，"后从峨眉山，经两京复自襄汴，来抵江淮，茅山、天台、四明、仙都、委羽、武夷、霍洞、罗浮，无不遍历"。所到之处，常于悬崖峭壁题写"许碏自峨眉山寻偃月子到此"。他来峨眉山显然应与修道有关，而题字强调"自峨眉山"，说明峨眉山对于其修道意义十分特别。又，《太平广记》卷一三〇《严武盗妾》称：西川节度使严武年轻时曾拐带一邻女，为躲官府追捕，将其杀害。后病，"有道士至衙门，自云从峨眉山来"，欲为严武禳解此祸，未果，次日黄昏而卒。邓牧《洞霄图志》卷五《夏侯天师》：

> 夏侯子云，不详其字，从峨眉山来，年二十，状貌甚古。投司马天师门下，夙兴夜寐，勤侍巾盥，凡十数年，未尝一日怠缺。与物无竞，不屑世务，其师爱之如子。及师羽化，乃于大涤山中筑药圃，种芝术之属。……好作诗，辄弃其稿，故罕有传者。或纵神游目，熙熙自得。归院则掩户，经日寂无所闻。有邻院道士，窥见一草衣人同坐，亦瞑目不语。至暮启关伺之，则无所见。天复（901—904）中，乘异兽归隐东峰，不知所在。赞曰："司马之门，入室者希，峨眉山人，状貌魁奇。赪甲绀芽，黄精紫芝，采采余闲，临流咏诗。异兽可驭，东峰何之！千古莫识，谁为草衣？"

这位号称"天师"的夏侯子云也是"峨眉山人"，故虽投师司马天师门下，却仍保留着峨眉山服食炼养道士的某些特色，格外重视黄精、紫芝之类的助仙功用。直到五代时期，还有"淄齐间道士"杨仙公"来蜀，居峨眉山，后不知所终"。①

从唐初的高道王仙卿，到中晚唐的张炼师、杨炼师、田道士，再到陈道士、薛季昌、夏侯子云、杨仙公等，如此之多的著名道士出自峨眉山，证实隋唐时期峨眉山仍然是道教理想的修炼场所。同时，这些道士出名之后，大抵皆有外出云游的经历，有的后来移住别的道教名山，有的最后又返回了峨眉山。他们在域外的经历证实，隋唐时期峨眉山在一般人的心中也还仍然与道教存在密切的联系。

除道士外，官贵文人来峨眉山隐居读书者亦不乏其人。中唐诗人吕温写过一首《所居寺院凉夜书情呈上吕和叔温郎中》，其自注称是写给"峨眉山人何玄上（郎中）"的，诗中言其养病于峨眉山上。②《新唐书》卷二〇〇《啖助传》："子陵，蜀人，好古学，舍峨眉山，举贤良方正，擢太常博士，通后苍、大小戴《礼》。"子陵姓仲，"大历十三年（778）举进士甲科"③，为儒学高士啖助弟子，长于"礼"学，隐于峨眉山当为出仕之前。此子陵虽然不是道士——至多可以算是一位处士，但其隐于峨眉山读书修学颇可与薛季昌注《道德经》一体看待。冯涓，字信之，大中（847-860）博学宏词科进士，曾任京兆府参军，后隐商山。唐昭宗时起复为祠部郎中，寻擢眉州刺史。王建称帝，以之为翰林学士、御史大夫，有《南冠集》《龙吟集》《长乐集》等书传世。④胡世安《译峨籁》卷五言其"喜峨眉之胜，每岁一游"，不知所本。然其长期任职巴蜀，死葬蓬溪，于峨眉山别有情怀应不意外。胡氏《译峨籁》卷五又有胡份其人，"尝隐

---

① 吴任臣：《十国春秋》卷五七《杨仙公传》。
② 吕温：《吕衡州文集》卷一。
③ 李昉等：《文苑英华》卷九四一权德舆《尚书司门员外郎仲君墓志》。
④ 吴任臣：《十国春秋》卷四〇《冯涓传》。

庐山，李腾弓旌之，逃入峨眉，隐九老洞"。毛德琦《庐山志》卷一引《唐诗纪事》：

> 胡份，不知何许人，常隐庐山，苦吟工诗。其《桑落洲》诗云："莫问桑田事，但看桑落洲。数家新住处，昔日大江流。古岸崩欲尽，平沙长未休。想应百年后，人世更悠悠。"（胡）份与李腾友善，（李）腾廉问江西，弓旌不至。

胡氏材料本自《唐诗纪事》应无问题，但《唐诗纪事》并无"逃入峨眉，隐九老洞"之说，或当是一种后起的传说。无论怎样，因独特的幽隐环境，峨眉山对一般文人学士也有很强的吸引力。

峨眉山的道教仙隐传说延至隋唐，依然十分兴盛。据传唐初时候，"药王"孙思邈为避太宗、高宗之邀曾隐居于峨眉山中。段成式《酉阳杂俎》记载：

> 玄宗幸蜀，梦思邈乞武都雄黄，乃命中使赍雄黄十斤，送于峨眉顶上。中使上山未半，见一人幅巾披褐，须鬓皓白，二童青衣丸髻，夹持立屏风侧，以手指大盘石曰："可致药于此，上有表录上皇帝。"中使视石上朱书百余字，遂录之，随写随灭。写毕，石上无复字矣。须臾，白风漫起，因忽不见。[①]

据《旧唐书》卷一九一《孙思邈传》称，孙思邈卒于永淳元年（682）。而唐玄宗入蜀在天宝十五载（756），孙思邈应早已去世了。但这是历史叙事，在传说叙事里，作为一个著名的道士，孙思邈最后是成了长生久视的神仙。段成式《酉阳杂俎》所记的孙思邈，已经是被视为神仙的孙思邈了，故而可以跨越世俗的年龄。雄黄本是道教炼丹常用的药材，当然也是常见的中药。作为一位著名的医药学家，孙思邈或许真的来过峨

[①] 段成式：《酉阳杂俎》前集卷二《玉格》，北京：中华书局，1981，19页。

眉山采药。但在此传说中，雄黄显然是与炼丹连在一起，辅以石上书写表录的神奇经历，峨眉山再次被涂上了一层很浓的道教色彩。至今峨眉山牛心寺旁还有传为孙思邈的炼丹炉，说明此一传说影响十分深远。范成大《吴船录》卷上："牛心（寺），本孙思邈隐居，相传时出诸山，寺中人数见之。"由此可知，唐宋时期，人们已经相信作为神仙的孙思邈长住于峨眉山中了，是以"时出诸山"。游隐峨眉山的当然不止孙思邈一人，唐末杜光庭《仙传拾遗》称："许老翁者，不知何许人也，（唐天宝中）隐于峨眉山。"[1]

隋唐时期，峨眉山的道教奇遇故事还在持续产生与流传。杜光庭《神仙感遇传》称：眉山彭山（今四川彭山）人宋文才曾在峨眉山遇到仙人，并得游览仙洞，故事中还详细描述了峨眉山仙洞的种种景象，"广陌平原，奇花珍木"，"玉砌琼堂，云栖霞馆，非世人所睹"，"清渠濑石，灵鹤翔空"，"道士弈棋，青童采药"。[2]《神仙感遇传》又称，"潜心求道"的僧人悟玄也曾"入峨眉山"，得神人指引入游"天真皇人所居之洞"。悟玄先是在山中瞎撞，"自雷洞之外，诸崖石室邃穴之间无所遗焉"。后遇一老叟告诫他，名山之中的洞穴不可随便乱闯，"误入其中，害及性命"。峨眉山的洞穴很多，祝穆《方舆胜览》卷五二称："大峨山在峨眉县西南一百里，周千里，有石龛一百十二、大洞十二、小洞二十八，南北有台。"在如此之多的洞穴里寻找仙府，老叟告诉悟玄须得峨眉洞主的帮助，而这位峨眉山洞主竟是嘉州市门的一个"中年而肥"的张姓屠夫。得到他的帮助，悟玄终于叩开了天真皇人洞府的大门，获见了仙境的百般殊丽，"青石莹洁，时有悬泉流渠，夹路左右"，"大而平阔，往往见天花夹道"，"所窥见花卉之异，人物往来之盛，多是名姝丽人、仙童玉女"，"时有仙官、道士、部伍、车骑，憧憧不绝"。因此遭遇，悟玄后

---

① 李昉等：《太平广记》卷三一《许老翁》引，北京：中华书局，1961，197–198页。
② 杜光庭：《神仙感遇记》卷一《宋文才》，见《正统道藏》第18册，348页。

来竟入隐于峨眉山，不知所终。① 像前面所说，峨眉山天真皇人洞府的演绎完成，正是借此传说展示出来的。又，杜光庭《仙传拾遗》：

张殖，彭州导江人也。遇道士姜玄辨，以六丁驱役之术授之。大历中，西川节度使崔宁尝有密切之事，差人走马入奏。发已三日，忽于案上文籍之中，见所奏表净本犹在，其函中所封乃表草耳。计人马之力，不可复迫，忧惶不已，莫知其计。知殖术，召而语之。殖曰："此易耳，不足忧也。"乃焫香一炉，以所写净表置香烟上，忽然飞去。食顷，得所封表草坠于殖前。及使回问之，并不觉。进表之时，封题印署如故。崔公深异之，礼敬殊常。问其所受道之由，云："某师姜玄辨，至德中，于九龙观舍力焚香数岁，因拾得残缺经四五纸，是太上役使六丁法，咒术备足。乃选深山幽谷无人迹处，依法作坛持咒，昼夜精勤。本经云一十四日，玄辨为九日而应。忽有黑风暴雨，惊骇于人，视之雨下，而坛场不湿。又有雷电霹雳，亦不为惊惧。良久，见奇形异状鬼神绕之，亦不为畏。须臾，有铁甲兵士数千、金甲兵士数千瞰噪而下，亦不惊怖。久之，神兵行列，如有所候。即有天女，着绣履绣衣，大冠佩剑立，向玄辨曰：'既有呼召，有何所求。'玄辨以术数为请。六丁兵仗，一时隐去。自此每日有一丁侍之，凡所征求，无不立应。以术授殖，谓曰：'术之与道，相须而行。道非术无以自致，术非道无以延长。若得术而不得道，亦如欲适万里而足不行也。术者虽万端隐见，未除死箓。固当栖心妙域，注念丹华，立功以助其外，炼魄以存其内，内外齐一，然后可适道，可以长存也。峨眉山中神仙万余人，自皇人统领，置官府，分曹属，以度于人。吾与汝观道之纤芥，未造其玄微。龙蛇之交，与汝入洞府，朝真师，庶可以讲长生之旨也。'师玄辨隐去二十余岁，此年龙蛇之交，当随师登峨眉，入洞天，不久往矣。"是年大历十二年（777）

① 杜光庭：《神仙感遇记》卷五《僧悟玄》，见《正统道藏》第18册，373页。

丁巳，殖与玄辨隐去，不复见。①

彭州导江（今四川都江堰市东南导江镇）人张殖受道于姜玄辨，是一位精熟道教六丁驱役之术的道士。在此传说中，除了展示自己的六丁驱役之术外，张殖还转述了师父关于峨眉山为天真皇人洞府的宣说，强调了长生修炼必朝峨眉山真师的重要。元和十三年（818），有倭国僧人金刚三昧、峨眉僧人广昇，"与邑人约游峨眉（山），同雇一夫负笈，荷糗药"，文献记称：

> 山南顶径狭，俄转而待，负笈（者）忽入石罅。僧广昇先览，即牵之，力不胜。视石罅甚细，若随笈而开也。众因组衣断蔓，厉其腰肋出之。（负）笈（者）才出，罅亦随合。众诘之，（负笈者）曰："我常薪于此，有道士住此隙内，每假我春药。适亦招我，我不觉入。"②

已经到了佛教有相当影响的时候，慕名前来峨眉山的僧人还会在山上遭遇神真。类似传说揭示，隋唐时期道教在峨眉山还有相当影响，峨眉山仍被视为一处能够偶遇神仙的地方。

正是因为道教仍然存在的影响，隋唐时期，峨眉山一如既往地吸引着许多道教信徒前来修仙访道。李源与圆观"为忘形之友"，"（李）源好服食，忽约（圆）观游蜀青城、峨眉等山洞求药"，后因入蜀路线未能达成一致，不果。③两人为三生石传说的主角，曾经相约来峨眉山访仙求药，峨眉山在信道人士中的影响之大不难想见。李德裕《李卫公别集》卷一《黄冶赋并序》称："蜀道有青城、峨眉山，皆隐沦所托，辛亥岁（831）有以铸金术千余者。"至中晚唐，青城山、峨眉山修炼金丹者有"千余"

---

① 李昉等：《太平广记》卷二四《张殖》引，161-162页。
② 段成式：《酉阳杂俎》续集卷二《支诺皋中》，北京：中华书局，1981，208页。
③ 释赞宁撰，范祥雍点校：《宋高僧传》卷二〇《唐洛京慧林寺圆观传》，北京：中华书局，1987，518页。

之多，足证峨眉山作为丹道派的修炼场所依旧非常兴盛。这与马永易《实宾录》卷六称长于炼金术的王处士（四郎）初居王屋山，后迁往峨眉山，正好可以相互印证。

据骆坤琪先生考证：唐代道士曾在九老洞供赵公明像，在九岭岗建玉皇楼，在弓背山修玉皇观，在雷洞坪筑雷神祠。[①] 另据《峨眉县志》记载，唐末还有道士在授道台的位置修建静室305间。但这些结论多数源于后期的传说，需要进一步的历史和考古证据将其落实。尽管如此，隋唐五代时期峨眉山上曾有很多道教宫观应是事实。这些宫观的分布，有学者认为大多应在高山部分，并引施肩吾《天柱山赠峨眉田道士》诗中的"古称天柱连九天，峨眉道士栖其颠"作为证据。[②] 但授道台在纯阳殿后、宋皇坪上，还是在低山段内？我们推测隋唐五代时期道教宫观或许已向中山段展开，但还不至于到了高山段部分。直到宋代，在范成大的游记里，也都还没有在高山段内看到道教的活动场所。

二、隋唐五代的峨眉山佛教

根据乐山、彭山、什邡、绵阳、忠县、丰都等地发现的佛教遗物推测，佛教在东汉中后期应已在巴蜀一带推开。[③] 但文献有明确记载的高僧活动，却是晋代以降的事。佛教与峨眉山的关系，一般也以此后作为发轫。

东晋时期，名僧慧远之弟慧持，十八出家，"与兄共伏事道安法师，遍学众经，游刃三藏"。后随兄迁往庐山，学识与慧远不相上下，"庐山

---

① 参见骆坤琪：《峨眉山宗教历史初探》，载《宗教学研究》，1984（5）。
② 参见张妙：《唐宋峨眉山研究》，四川大学硕士学位论文，2007，28页。
③ 参见段玉明：《从出土文物看巴蜀早期佛教》，载《四川文物》，2008（3）。

徒属，莫匪英秀，往反三千，皆以（慧）持为称首"。后来，"闻成都地沃民丰，志往传化，兼欲观瞩峨眉，振锡珉（岷）岫，乃以晋隆安三年（399）辞（慧）远入蜀"①。慧持入蜀的直接动机，一欲"观瞩峨眉"，二欲"振锡岷岫"。前者乃是慕峨眉山之盛名，后者则是应"志往传化"之意愿。更进一步，行至荆州时，名士桓玄苦欲相留，慧持曾称："本欲栖病峨眉之岫，观化流沙之表，不能负其发足之怀，便束装首路。"由"本欲栖病"推测，慧持"观瞩峨眉"还与其身体不适存在某种关系，希望借峨眉山的独特环境加以疗养。这中间应该包含了峨眉山作为道教炼养圣地的信息。也就是说，在慧持看来，此时的峨眉山或许还更是一处可以休生养息的道教圣地。而"观化流沙之表"则是"振锡岷岫"的拓展，说明慧持入蜀不仅仅是想将佛教在巴蜀进一步推开，同时还有远走"流沙"的宏愿。"流沙"泛指沙漠，《尔雅翼》卷二二《驼》："青海西北有流沙，数百里，夏有热风，伤毙行旅。"我们知道，西域经青海而入巴蜀有一条古道——"青海道"。南北朝时，刘宋封吐谷浑慕容延为河南王，复称"河南道"。接"河南道"，则为"岷山道"（俗称"羌中道"）。晋南北朝时，北方战争频繁，借此"河南道"与"岷山道"，巴蜀成了西域通向江南的必经之地，西域僧人和江南僧人频繁往来于此。②很可能慧持起初曾设想从这条古道远走西域。然其入蜀之后，止于成都龙渊精舍，"大弘佛法，井络四方，慕德成侣，刺史毛璩雅相崇挹"，弘法事业蓬勃。中经谯纵之乱，避难郫县中寺，后再返回成都龙渊精舍，东晋义熙八年（412）示寂寺中。③那么，很显然，慧持最后没有去成西域。但他是否来过峨眉山，学术界有正反两种意见。正方认为，既然来峨眉山是慧持入蜀的目

① 释慧皎撰，汤用彤校注、汤一玄整理：《高僧传》卷六《释慧持传》，北京：中华书局，1992，229-230页。

② 参见龙显昭主编：《巴蜀佛教碑文集成》前言，成都：巴蜀书社，2004，3页。

③ 释慧皎撰，汤用彤校注、汤一玄整理：《高僧传》卷六《释慧持传》，230-231页。

的之一，他理所当然应该到过峨眉山，传说峨眉山最早的寺院之一——普贤寺（现在的万年寺）就是慧持来峨眉山时兴建的。[1] 干树德先生在其《峨眉山普贤道场的形成》一文中即称：慧持在"本欲栖病峨眉之岫"的驱动下上峨眉山并修建佛寺是情理之中的事，同时由于慧持的名声远播，筹集资金修建佛寺亦非难事。[2] 但反方对此表示怀疑，认为没有充足的证据，虽然慧持的确曾有来峨眉山的意愿。杨耀坤先生更进一步指出：修建佛寺当是大事，史籍没有记载是不合常理的事情。[3] 我们的意见，既然来峨眉山是其入蜀的目标，慧持在成都弘法期间，应该是来过峨眉山的。但他在峨眉山是否有弘法活动，则是需要证据才能证实的事。按照杨耀坤先生的意见，慧持可能只是上过峨眉山，但没有什么具体的宗教活动。其于峨眉山兴修普贤寺，则更是无法确定的事了。谭洁女士通过详细的考证更明确地认为："晚近地方志书中释慧持创建峨眉山普贤寺的提法……与史实不符。"[4] 尽管如此，慧持来峨眉山的影响却很深远，直到宋代还有峨眉山老僧树中发现其入定的传说[5]。

千岁宝掌禅师曾礼峨眉的传说前面已有分说。除宝掌外，相关文献又有西域梵僧阿罗婆多来峨眉山建殿的记载。许止净《峨眉山志》卷五：

晋阿罗婆多尊者，西域圣僧也。来礼峨眉，而观山水环合，颇同西域化城寺地形，遂依此而建道场。山高无瓦埴，又雨雪寒严，多遭冻裂，故以木皮盖殿，因呼为"木皮殿"。

---

① 参见《峨眉山佛教志》编纂委员会：《峨眉山佛教志》，113页。
② 干树德：《峨眉山普贤道场的形成》，载永寿主编：《峨眉山与巴蜀佛教》，成都：四川人民出版社，2012，79-84页。
③ 杨耀坤：《魏晋南北朝时期的巴蜀佛教及峨眉山僧侣》，载永寿主编：《峨眉山与巴蜀佛教》，64-78页。
④ 谭洁：《释慧持与蜀地佛教及峨眉山因缘考》，载峨眉山佛教协会编：《历代祖师与峨眉山佛教》，成都：四川人民出版社，2012，106-118页。
⑤ 志磐：《佛祖统纪》卷四六，《大正藏》第49册，419页下-420页上。

晋南北朝时，有很多西域、印度高僧来到巴蜀传教，见于文献记载者如昙摩密多、畺良耶舍、明达、阇那崛多等，但阿罗婆多不见记载。此材料转抄于蒋超《峨眉山志》卷四，而蒋志材料又是取自明末胡世安的《译峨籁》与曹学佺的《蜀中广记》。但在曹学佺《蜀中广记》卷八五中，"阿罗婆多"作"阿婆多"，也在各种文献里不见记载。名字尚可随意增减，说明此僧的来历颇为恍惚。《峨眉山佛教志》宣称他是"尼泊尔高僧"，并沿用新版《峨眉县志》的说法，认定其来华的时间在南北朝时。[①] 然其依据不获知晓，至少在各种僧传文献里我们没有找到证据。无论怎样，作为一个实实在在的历史人物，阿罗婆多尚是一个需要进一步证实的早期梵僧。虽然如此，文献称其曾在峨眉山上建"木皮殿"，以树皮为之，说明此殿极其简陋，符合峨眉山早期寺殿的情形。所以，具体建殿者虽有疑问，但晋南北朝时峨眉山上已有佛殿则不可以被轻易否定。

许止净《峨眉山志》卷五：

> 晋释明果，资州人，幼剃发龙游山，谒秦竺法护于大兴善寺。一日闻护开示"如来座者，一切法空是"，顿悟厥旨。回蜀，就宝掌峰，卓锡中峰（寺），始号乾明观。彼中道士，每于三月三日效翟武升仙之法，岁以为常。师闻，知是妖孽，请让先升。阶伏猎人，箭缀丝纶，果中之，一白蟒也。寻理其处，乃见冠簪白骨满窟。羽人悔悟，即观改为中峰寺，迎师承事焉。

同样，此材料也转抄于蒋超《峨眉山志》卷四，然蒋志言其为"汉中峰明果大师"，并称其材料来于《杂集》。虽称汉僧，蒋氏却将其置于"晋释"慧持之后，即许止净转抄时将其改为"晋释"的缘由。此明果的来历也很蹊跷，不获见于任何僧传和别的早期材料。据李芳民先生考证，兴善寺在长安靖善坊，始建于隋文帝时。[②] 竺法护，又称支法护，是西

晋时期著名的译经高僧，虽曾居于长安翻译佛经，但不可能驻锡于隋时才有的兴善寺。故此记载明显存在问题，是以"汉释""晋释"都难确认。曹学佺《蜀中广记》卷八五的记载没有蒋、许《峨眉山志》复杂："中峰寺明果大士化道于此。《杂集论》云：明果，资州人，自幼出家于龙游山，后居峨眉中峰寺。"《杂集论》应即《大乘阿毗达磨杂集论》（略称《阿毗达磨杂集论》），安慧菩萨糅著、玄奘法师译。关于明果大士的记述不太可能出自该论，而应出自窥基、信培、玄范、灵携等人的疏记之中。蒋氏将《杂集论》省为《杂集》，而更增衍出与乾明观道士斗法的情节，依据何来不得而知。曹氏资料取自更早的"峨眉本传"，其言明果为资州人当有依据。但曹氏将明果列于唐释之间，提前为"汉释""晋释"，是蒋氏、许氏《峨眉山志》的改动。而且，后面的考证告诉我们，有关峨眉山中峰寺的记载始见于唐。这与曹氏并之前的材料将明果列为唐释的情形一致。所以，如果"明果"真有其人，那应该是唐代的峨眉山高僧才合情理。蒋志增补的情节，很像是佛道斗法的象征性表述，最后的结果是道教输给了佛教，并将乾明观改作了中峰寺，复与唐代中后期峨眉山道教与佛教势力此消彼长的史实吻合，侧面证实了所谓"明果"应为唐代高僧的事实。①

　　蒋超《峨眉山志》卷四、许止净《峨眉山志》卷五又将南北朝时的宝象列为峨眉山高僧，以其"道张井络，风播岷峨"。宝象（512-561），俗姓赵，安汉（今四川南充）人，后移居绵州昌隆（今四川江油），初为道士童子，后投师于慧韶门下，"偏穷旨趣"。先还涪川（今四川绵阳）开化道俗，再受邀开讲于成都武担寺，北周保定元年（561）示寂于潼州（治今四川绵阳涪江东）光兴寺，未见前来峨眉山的记载。② 所谓"风播岷峨"之"岷峨"，乃是借岷山与峨山代指巴蜀——这在晋唐文献中较为

----

① 按，宋初的茂真和尚示寂后谥"明果"，不知是否与此有关，抑或有相互混融的影子。
② 道宣：《续高僧传》卷八《释宝象传》，《大正藏》第50册，486页下-487页中。

常见，不可确认为真的来过峨眉山。

宋时，慧宝注神清《北山录》卷三卫元嵩建议灭佛："元嵩，蜀新繁县人，出家于峨眉山黑水（寺）也。"[①] 但这显然是后人的附会，卫元嵩出家于峨眉山黑水寺不见于宋前的任何记载，且此寺是唐末方才修建起来的。

由上看到，晋南北朝时佛教虽与峨眉山有了关系，然其影响十分有限，故被列入峨眉山"历代高僧"的几位祖师，是否来过峨眉山尚不能确定，或者人物本身就很扑朔迷离。佛教在峨眉山上发生较为明显的影响，应是隋唐以降的情形。

蒋超《峨眉山志》卷四：

> 隋智者大师、台宗元祖，因礼愿王，住中峰寺。后于龟子石建呼应庵，日游神水，夜宿于斯。三年，徐步威仪不缺，内净其心，外净其行。一日入定，内外皆空，了无一物。出三昧已，见一老人，来求师授戒。后师离此山，于玉泉建道场，入定，知神水来自西域。一日偶病，思饮此水，倏忽之间，见老人自称龙王，愿取水至。师曰："吾有钵盂、锡杖，寄中峰，同与俱来，乃可信也。"龙王遂引神水浮钵杖，于玉泉洞口流出，出之不远，复入于地。师曰："为道者，可以漏尽，使鬼神莫测。如我一思，被龙王觑破去在。吾佛有言，神有五通，罗汉有六通，菩萨十通。若不漏尽，何以超越鬼神？"一云取水供师乃玉泉龙女故事，玉泉神水同源，故后人题曰"通楚"。

此条记载未被许止净《峨眉山志》收入，因印光大师在《重修峨眉山志流通序》里专门做了辨证，认为智顗（智顗，也称智者大师、天台大师）"于一生不至西蜀"。正像蒋志自己的怀疑，龙王供水的传说应是玉泉龙女故事的改造。而峨眉连楚是巴蜀道教一贯的认识，附会峨眉山神水处后人所

---

① 《大正藏》第52册，592页中。

书"神水通楚"四字，（当阳）玉泉与（峨眉山）神水相通自不奇怪，于是有了智顗来峨眉山修行及龙王皈依的传说，并对玉泉龙女的故事做了移花接木的改造。曹学佺《蜀中广记》卷八五有此记载，说明智顗来过峨眉山的传说已经见于其前的"峨眉本传"，此传说当有很久的历史。现今峨眉山神水阁，传说就是当年智顗大师隐修的地方，且有智顗大师衣钵塔在。

　　许止净《峨眉山志》卷三又称：隋时，"有茂真尊者，日游呼应，夜宿棋盘。二处古迹见存"。呼应峰在今中峰寺后，"下有茂真尊者庵，庵前有温凉泉、三仙洞、雄黄石"。"日游呼应，夜宿棋盘"的茂真很像是一位道士而非僧人。蒋超《峨眉山志》卷二："智者大师道场下，有茂真尊者庵，孙真人隐峨眉时，与大师、尊者常相呼应，故名（呼应峰）。寺后有棋盘石，相传三人弈棋于此。"常与孙思邈往来，也说明其道士的痕迹很重。甚至更将智顗大师拉拢进来，声称三人每相呼应弈棋。故印光大师《重修峨眉山志流通序》批评说："于一生不至西蜀的智者大师，亦为立传，且日与茂真尊者、孙真人弈棋于呼应峰下之棋盘石上，又建呼应庵以居，均以相呼应以弈棋，为峰名庵名。作此说者，不但不知智者，且绝不知佛法。"倘此"茂真"果有其人，当区别于宋初之僧人茂真，而为道士的可能性极大。但其实，此"茂真"是否真实存在过还是一个有待进一步证实的问题。

　　传说玄奘法师前往西天取经求法时曾路过峨眉山，并在九老洞得圣真所化老僧"言穷西域所有境界"与传授佛经，赐其偈曰："付汝般若舟，慈悲度一切。普贤行愿深，广利无边众。"[1]有学者认为，正是此一经历"坚定了（玄奘）赴西天求法取经的信念"。[2]但正像印光大师《重修峨眉山志流通序》所说，作为中国佛教史上的一代高僧，玄奘一生履迹昭

----

① 曹学佺：《蜀中广记》卷八五。
② 张泽洪：《唐宋峨眉山与成都佛教》，载永寿主编：《峨眉山与巴蜀佛教》，187-195页。

昭，"何得有履西域至峨眉九老洞，值圣真说偈授经之事乎？但以世远人亡，屡经沧桑，志乘佚失，无所依据，遂致以讹传讹，无由考证，故致然也"。九老洞本是峨眉山上的道教仙洞，胡世安《登峨山道里纪》："最奇者，莫如九老仙人洞。昔黄帝访广成子、天真皇人，游此，遇一叟于洞外，询有侣乎，答以九人。"因此传说，后人即将此洞称为"九老洞"。以玄奘之盛名，得受九老洞圣真所化老僧说法授经，其中有很浓的峨眉山佛道交涉痕迹。道教圣真需要化为老僧，是峨眉山道教影响退缩后的无奈之变。玄奘需要道教圣真指点始得坚定西行，则是道教影响退缩后挽回颜面的一种曲笔。由此看来，此一传说也是峨眉山道教与佛教此消彼长后的产物。更进一步，有学者甚至认为它反映出唐代佛教在峨眉山传播过程中或多或少地受过道教的影响。[1]

峨眉山神水阁"神水通楚"碑（段玉明摄）

---

[1] 参见张妙：《唐宋峨眉山研究》，载《中国西南文化研究》第十二辑，149-206页。

无论怎样，隋唐时期来过峨眉山的名僧的确不少。后面的考述将会告诉我们，在崔颢、李白诗中就有一些峨眉山僧的影子。佛教文献记载，唐代五台山名僧澄观也曾到过峨眉山。澄观（738-839），俗姓夏侯，浙江绍兴人，少年出家，受具足戒后，遍参大江南北圣迹：

> 大历十一年（776年），誓游五台，一一巡礼，祥瑞愈繁。仍往峨眉，求见普贤，登险涉高，备观圣像。却还五台，居大华严寺，专行《方等》忏法。①

澄观回到五台山后，感慨"华严旧疏，文繁义约"，认为："文殊主智，普贤主理，二圣合为毗卢遮那，万行兼通，即大《华严》之义也。吾既游普贤之境界，泊妙吉之乡原，不疏毗卢，有辜二圣矣。"由是作了一系列的《华严经》注疏。《华严经》全名《大方广佛华严经》，是佛成道后在菩提场等处"借普贤、文殊诸大菩萨显示佛陀的因行果德如杂华庄严、广大圆满、无尽无碍妙旨的要典"②，为华严宗崇奉的根本典籍之一。澄观朝峨眉山后潜心注疏该经，说明峨眉山普贤信仰已经颇有影响，以至于不如此则"有辜二圣"③。故王赐川先生认为，朝峨眉山是澄观弘扬《华严》学说、推学普贤的起点。④澄观之后，礼拜峨眉山的名僧还有行明。行明，俗姓鲁，吴郡长洲（今属江苏苏州）人，后游方问道，"初历五台、峨嵋，礼金色、银色二世界菩萨，皆随心应现"⑤。根据自然景观不同，五台山和峨眉山分别被佛教徒称为"金色世界"和"银色世界"。所谓"金色、银

---

① 释赞宁撰，范祥雍点校：《宋高僧传》卷五《唐代州五台山清凉寺澄观传》，北京：中华书局，1987，105页。
② 中国佛教协会编：《中国佛教》（三），上海：知识出版社，1989，3页。
③ 参见张妙：《唐宋峨眉山研究》，载《中国西南文化研究》第十二辑，149-206页。
④ 参见王赐川：《清凉澄观之峨眉法缘及其学说》，载峨眉山佛教协会编：《历代祖师与峨眉山佛教》，120-132页。
⑤ 释赞宁撰，范祥雍点校：《宋高僧传》卷二三《唐南岳兰若行明传》，591页。按，蒋超、许止净《峨眉山志》并将其列为宋僧，显误。

色二世界菩萨"，即文殊、普贤二菩萨；所谓"随心应现"，即普贤菩萨随其心念而现瑞相。知玄（809-881），俗姓陈，字后觉，赐号"悟达国师"，眉州洪雅人，为晚唐著名的义学高僧。曹学佺《蜀中广记》卷十二引《碑目》称：彭山县北四十里有古塔，上刻"唐中和三年（883）浴佛日知玄禅师自成都游峨眉还至此山，爱其幽僻，遂立庵于上，名曰知玄庵"。但知玄示寂于中和元年，至多可以被延迟到二年，三年犹朝峨眉之说不太可信。五代时期，有终南山僧善静来峨眉"礼普贤银色世界"[1]，又有成都净众寺僧僧缄朝礼峨眉且"结夏于黑水（寺）"[2]。元和十三年(818)，有日本僧人金刚三昧慕名来峨眉山，与峨眉僧人广昇并"邑人"一道游峨眉山。[3] 光天元年（918）三月，复有西域番僧满多三藏来峨眉山朝拜，"却归西国"[4]。由此证实，唐中后期峨眉山在佛教界已经颇有名气，以至于外国僧人频来朝礼。

许止净《峨眉山志》卷五：

> 唐黄蘗老人礼峨眉，至睹佛台，雾气澄霁。曰："云何不见？"僧问："不见甚么？"蘗云："不见普贤。"

蒋超《峨眉山志》卷四、曹学佺《蜀中广记》卷八五并见此条，应皆出自"峨眉本传"。"黄蘗"即黄蘗希运（？-850），福州闽县（今福建福州）人，幼出家于洪州黄蘗山，后从百丈怀海得其心印。关于《峨眉山志》称其来峨眉山事，王荣国先生以为可以信赖，并将时间推定在贞元十四年至十八年（798-802）之间。[5] 但"睹佛台"之称在唐宋文献里不见

---

① 释赞宁撰，范祥雍点校：《宋高僧传》卷一三《晋永兴永安院善静传》，312页。
② 释赞宁撰，范祥雍点校：《宋高僧传》卷二二《周伪蜀净众寺僧缄传》，567页。
③ 段成式：《酉阳杂俎》续集卷二《支诺皋中》，312页。
④ 勾延庆：《锦里耆旧传》卷二。
⑤ 参见王荣国：《黄蘗希运与峨眉山——黄蘗希运生平考证四题》，载峨眉山佛教协会编：《历代祖师与峨眉山佛教》，133-152页。

记载，代之而称"光明岩"，其后始有"放光台""光相台"之称，"睹佛台"应是元明以后才有的称呼。而带有禅意的"不见普贤"化于"普眼不见普贤"，本是《华严经》中著名的典故，最先被智门光祚（928-998）打造成为禅宗公案①，复被天童正觉（1091-1157）推成经典②，后即频繁见于南宋以降的禅师语录中。如此，希运时代是不太可能运用此一公案的。许止净《峨眉山志》卷五又称：

> 唐南泉老人礼峨眉，观白云光紫，曰："还有这点霞气在。"僧问："和尚是那一点？"泉云："东则东，北则北。"僧便礼拜。

这也是见于蒋超《峨眉山志》卷四与曹学佺《蜀中广记》卷八五的记载，出自"峨眉本传"。"南泉"即南泉普愿(748-834)，俗姓王，郑州新郑（今河南开封新郑）人，十岁出家，受业于大隈山大慧，后从马祖道一得其心印。普愿一生，也没有材料证实其来过峨眉山。"霞气"应即"云霞气候"的省略，《华严经》中善财童子广参诸方，每用"鸟兽音声、云霞气候"等显扬"菩萨咸能随方摄护"；"且道是那一点"则是罗山道闲（887-928)的公案③，元明以后屡屡见于禅师的机锋之中。如果说希运是否真的到过四川尚有待证实的话④，则普愿没有到过四川可以基本肯定。他们与峨眉山拉上关系，应是得益于民间传说。许止净《峨眉山志》卷五：

> 唐赵州礼峨眉于放光台，不登宝塔顶。僧问："和尚云何不到至极处？"州云："三界之高，禅定可入；西方之旷，一念而至。惟有普贤，法界无

---

① 赜藏主、萧萐父等点校：《古尊宿语录》卷三九《智门（光）祚禅师语录》，北京：中华书局，1994，731页。
② 净符：《宗门拈古汇集》卷三九，《卍续藏经》第115册，972页上。
③ 《万松老人评唱天童觉和尚颂古从容庵录》卷三《第四十三则罗山起灭》，《大正藏》第48册，254页下。
④ 按，赞宁《宋高僧传》卷二〇《唐洪州黄檗山希运传》中有一首裴休写给希运的诗，中有"挂锡十年栖蜀水，浮杯今日渡漳滨"两句。希运是否真在巴蜀驻锡十年，尚待发现别的材料予以证实。

边。”

此条也是出于"峨眉本传"记载，同样见于蒋超《峨眉山志》卷四、曹学佺《蜀中广记》卷八五。"赵州"即赵州从谂（778-897），俗姓郝，曹州郝乡（一说青州临淄）人，幼年于曹州扈通院（一说青州龙兴寺）出家，后往池阳参谒南泉普愿，深为器重。历参黄檗、宝寿、盐官、夹山、五台等诸高僧，80岁时应请驻锡赵州城东观音院，"凡所举扬，天下传之，号赵州法道"①。就从谂来峨眉山的记载，学者多数深信不疑，并引此以证唐代峨眉山普贤道场确立的事实。例如，干树德在其《峨眉山普贤道场的形成》一文中即称："这是较早谈到'普贤光明'的材料。"②张妙在其《唐宋峨眉山研究》一文中也称："赵州所谓'普贤法界无边'，进一步肯定了中唐以后峨眉山普贤道场确立的事实与影响。"③然仔细检讨此一传说，却有许多经不住推敲的地方。就目前所见的材料，从谂虽曾"自携瓶锡，遍历诸方"，但至今没有发现其与四川有关的蛛丝马迹，推测其应未到过四川，也即不太可能礼峨眉山。而且，像前面所说，"放光台"一称起始较晚，在范成大的《峨眉山行记》里尚被称为"光明岩"，峨眉山顶也还非常简陋，光相寺"仅板屋"数间，无人居住；殿堂均称"小殿"，"木皮盖之"，颇有些许荒凉的印象。所谓赵州不登之"宝塔"，自然更是毫无踪影。殿堂密布、热闹有加的金顶，主要是明代以后建成的。赵州富有禅机的对话，则可在《华严经》中找到相似的意思。

　　联系到上面关于希运、南泉的考述，此数人来峨眉山的传说应该都

---

① 道原：《景德传灯录》卷一○《赵州观音院从谂禅师》，《大正藏》第51册，276页下-278页中；惠通：《赵州真际禅师行状》，转见张勇：《赵州从谂研究资料辑注》，成都：巴蜀书社，2006，9-12页；静、筠禅僧编，张华点校：《祖堂集》卷一八《赵州和尚》，郑州：中州古籍出版社，2001，586-594页；释赞宁撰，范祥雍点校：《宋高僧传》卷一一《唐赵州东院从谂传》，258页。

② 参见干树德：《峨眉山普贤道场的形成》，载永寿主编：《峨眉山与巴蜀佛教》，79-84页。

③ 参见张妙：《唐宋峨眉山研究》，载《中国西南文化研究》第十二辑，149-206页。

是禅宗与华严义理融合之后的产物。华严禅之源头固然可以上溯到圭峰宗密那里，但真正广为学人所接受却是宋代以后，如明教契嵩、张商英、圆悟克勤、大慧宗杲等人都在此一方面颇有建树。那么，原本并非华严禅僧的普愿、希运、从谂等被加载了华严禅僧的形象，也应该是宋代以降的事，而非真的亲自到过峨眉山。①

虽然希运、普愿、从谂等禅宗高僧未必真的来过峨眉山，但峨眉山的确曾是唐五代巴蜀禅宗的中心之一。② 晚唐五代时期，"青原下四世"夹山善会门庭极盛，弟子白水和尚得心印后，返回巴蜀，驻锡于峨眉山白水寺传法。③ 同门师兄洛浦元安，有嗣法弟子戒定与慧通。戒定，俗姓严，绥山（今属四川乐山）人，得心印后，回巴蜀洪雅洞溪山传法。④ 蒋超、许止净《峨眉山志》称其"又忆普贤，回峨眉"，但曹学佺《蜀中广记》卷八五原文则是：

一日，（乐）普问曰："为什么被蛇吞去了也？"师曰："几度扣关抵不出。"持锡便行。普曰："善哉，去一普贤！"回峨眉观音寺居。

"乐普"即洛浦元安。由此可知，"去一普贤"本是洛浦夸赞戒定的话，蒋、许《峨眉山志》抄录省减不当，又擅自改"一"为"忆"，遂误会成"又忆普贤，回峨眉"。尽管如此，戒定回巴蜀后曾经在峨眉山传法则无

① 参见段玉明：《赵州朝峨眉山事疑》，载《宗教学研究》，2011（3）。
② 参见段玉明：《唐五代时期南宗禅在巴蜀的传播》，载四川博物院编：《博物馆学刊》第一辑，成都：四川人民出版社，2011。
③ 道原：《景德传灯录》卷一六《嘉州白水寺和尚》，《大正藏》第51册，333页中；许止净：《峨眉山志》卷五，202页。
④ 普济著，苏渊雷点校：《五灯会元》卷六《洞溪戒定禅师》，北京：中华书局，1984，344页；许止净：《峨眉山志》卷五，202页。

异议。慧通，江陵（今湖北江陵）人[①]，得心印后，住峨眉黑水寺传法。[②]

许止净《峨眉山志》卷五：

> 唐僖宗（874—888）时游峨眉，望山峰奇异，有古肇公道场。欲往履之，
> 溪水泛涨。偶感一虎至，即骑虎跳过溪流，故名虎渡桥。厥后通闻朝廷，
> 重兴六寺，以山象火，遂改三云二水压抑火星。迄今全身供黑水祖堂。

"厥后通闻朝廷"，蒋超《峨眉山志》卷四为"厥后道闻于朝"，曹学佺《蜀
中广记》卷八五不载，说明此前之"峨眉本传"尚无慧通。传说僧肇曾
经在峨眉山修行，故有所谓"古肇公道场"。但这只是传说，不是事实。
雍正《四川通志》卷二二下："虎渡桥，在峨眉县西南四十里，跨黑水。"
许止净《峨眉山志》卷三："虎跳溪，一名虎溪桥。晋僧慧通禅师初游黑
水，因水暴涨，良久，俄有虎伏于前，师因骑而渡，故名。""晋僧"为"唐
僧"之误，应是许氏编校不精所致，但"跨黑水"的"虎渡桥"被附会给
慧通则应传说已久。所谓"道闻于朝"，是说慧通之名被朝廷所知晓，受
到了朝廷的特别赏识。蒋超《峨眉山志》卷三："唐僖宗间，高僧慧通住
锡，道闻朝廷，敕建永明华藏寺（即黑水寺），又赐无缝衣、玉环、供器。"
由此看到，慧通确实是得到了唐僖宗的赏识，并受命修建了永明华藏寺。
以华藏寺的修建为契机，复有"重兴六寺"的大规模举动，改华严寺为
归云寺，改中峰寺为集云寺，改牛心寺为卧云寺，改普贤寺为白水寺，
改华藏寺为黑水寺，形成了所谓"三云二水压抑火星"的峨眉山寺院布
局。在峨眉山佛教发展史上，慧通是一位厥功至伟的人物，其功不仅在
夹山系禅法的弘扬上，更在峨眉山佛教寺院的建设上。与戒定、慧通同

[①] 按，冯学成等《巴蜀禅灯录》（成都：成都出版社，1992）第58页称其为"嘉州（今乐山
市）"人，不知何据。
[②] 道原：《景德传灯录》卷二〇《乐普山元安禅师法嗣》，《大正藏》第51册，361页中；
许止净：《峨眉山志》卷五，205页。

门的青峰传楚，复有弟子灵龛，得心印后，在成都一带弘扬夹山禅法。①
按蒋超、许止净《峨眉山志》的记载，灵龛似还驻锡过峨眉山灵岩寺："唐
灵龛和尚，成都人，参陕西青峰禅师，回峨眉，住灵岩寺。"曹学佺《蜀
中广记》卷八五又称："峨眉古佛坪下有贤圣窟，是其悟道处。"说明其在
峨眉山上的遗迹不止一处。与此同时，"青原下四世"德山宣鉴门下有嗣
法弟子岩头全豁，传法怀州玄泉，经黄龙诲机，再传继达、山澄、黑水、
达道，除山澄在兴元府（治今陕西汉中）外，其他人以峨眉山为弘法基地。
其中，继达与达道本眉州（今四川眉山）人，得心印后，分别驻锡于峨眉
山光相寺（唐称普光殿，此沿宋初的称呼）与华严寺；而黑水和尚则是峨
眉本地人，得心印后，驻锡于峨眉黑水峰下。②另外，也属"青原下四世"
的投子大同门下有嗣法弟子香山澄照，西川青城（今属四川都江堰）人，
得心印后，"回蜀，住白水寺，每日六时，朝礼普贤大士"③。此外，诸种
《峨眉山志》并称有慧觉禅师，为罗山道闲弟子，曾参台州胜光和尚：

　　慧觉禅师谒台州胜光和尚，值光在绳床上坐，师直到身边，叉手立。
光问："甚么处来？"师云："犹待客话在。"便下去。光乃拈拂子，下僧堂前，
见师提起拂子问云："阇黎唤这个做甚么？"师云："敢死喘气。"光低头便归
方丈。师初参罗山，才礼拜起，山云："甚么处来？"师云："远离西蜀，近
发开元。"却近前云："即今事作么生？"山揖云："吃茶去。"师拟议间，山
云："秋气稍暖，出去。"师到法堂上，自叹云："我在西川峨眉山脚下，拾
得一枝蓬蒿箭，拟拨乱天下。今日到福建道陈老师寨里，弓折箭尽去也。
休！休！"山明日升堂，师又出问："豁开户牖，当轩者谁？"山便喝。师无

① 道原：《景德传灯录》卷二三《西川灵龛和尚》，《大正藏》第51册，396页下。
② 道原：《景德传灯录》卷二四《眉州黄龙继达禅师》《嘉州黑水和尚》《眉州昌福达和
尚》，《大正藏》第51册，404页下-405页上；许止净：《峨眉山志》卷五，201、204-205
页。
③ 道原：《景德传灯录》卷一五《西川青城香山澄照大师》，《大正藏》第51册，324页
下；曹学佺：《蜀中广记》卷八五。

对。山云:"羽毛未备。且去!"后还蟠龙寺住。①

曹学佺《蜀中广记》卷八五与此全同,应都源自更早的"峨眉本传"。然查禅宗灯录,并无"慧觉",而此行迹禅对则与普济《五灯会元》卷八《西川定慧禅师》全同,只是前后次序有所变动而已:

> 初参罗山,山问:"甚么处来?"师曰:"远离西蜀,近发开元。"却近前问:"即今事作么生?"山揖曰:"吃茶去。"师拟议,山曰:"秋气稍热去。"师出至法堂,叹曰:"我在西蜀峨嵋山脚下拾得一只蓬蒿箭,拟拨乱天下,今日打罗山寨,弓折箭尽也。休! 休!"乃下参众。山来日上堂,师出问:"豁开户牖,当轩者谁?"山便喝。师无语。山曰:"毛羽未备,且去。"师因而抠衣,久承印记。后谒台州胜光,光坐次。师直入身边,叉手而立。光问:"甚处来?"师曰:"犹待答话在。"便出。光拈得拂子,趁至僧堂前,见师乃提起拂子曰:"阇黎唤这个作甚么?"师曰:"敢死喘气。"光低头归方丈。②

由此可以肯定,诸种《峨眉山志》所谓的"慧觉"应是"定慧禅师",道原《景德传灯录》卷二三简称为"慧禅师"③。"犹待客话在"当是"犹待答话在"的抄误,前后次序相反则应是早期《峨眉山志》的编者突出定慧本事的一种策略。事实上,正是因为在罗山道闲处吃了大亏,就同样的"甚么处来"问话,定慧参胜光时方才得了便宜。依据诸种文献的记载,定慧本为峨眉山僧,自以为禅学功夫了得之后,外出行脚参访,在与罗山道闲的禅对中败下阵来。从罗山道闲处获其心印后,复参台州胜光,与其禅对大展雄风。诸种《峨眉山志》称其后来还峨眉山,驻锡于

---

① 蒋超:《峨眉山志》卷四。
② 普济著,苏渊雷点校:《五灯会元》卷八《西川定慧禅师》,443页。
③ 《大正藏》第51册,393页上、中。按,冯学成等《巴蜀禅灯录》第60页称其为"慧觉定慧",应是糅合两种文献的结果。

蟠龙寺。罗山道闲为怀州玄泉同门，故定慧禅法也应是岩头全豁的路数。

禅宗分宗以后，有布水岩和尚，益州（今四川成都）人，嗣法曹山本寂，得心印后还蜀，住峨眉山白岩寺传法。[①]同为曹山本寂嗣法弟子的西禅和尚，许止净《峨眉山志》卷五：

> 西禅和尚问："佛是摩耶降，未审和尚是谁家子?"（昌福）师曰："水上。"问："如何是密室中人?"师曰："非男非女相。"问："国内按剑者谁?"师曰："昌福。"曰："忽遇尊贵时如何?"师曰："不贵。"

能与昌福达道相互问答，说明其得心印后也驻锡于峨眉山，并说明峨眉山禅僧的门户之见并不很深，相互之间每有机锋相触。曹学佺《蜀中广记》卷八五称西禅为"本州参学"，说明其或者就是嘉州本地人。但此一段机锋问答明显是被汇抄出来的，且在汇抄过程中移花接木之处很多。道原《景德传灯录》卷二〇《蜀川西禅和尚》：

> 问："佛是摩耶降，未审和尚是谁家子?"师曰："水上卓红旗。"问："三十六路，阿那个一路最妙?"师曰："不出第一手。"曰："忽被出头时如何?"师曰："脊着地也不难。"[②]

由此可知，关于"佛是摩耶降"的问话本是别人问西禅和尚的，但在曹氏、蒋氏、许氏的记载中都变成了西禅和尚问昌福达道，本是西禅的回答自然也被移给了昌福达道，且又将"水上卓红旗"略成"水上"，使其意义更加含糊难懂。同书卷二六《眉州黄龙二世》：

> 僧问："如何是密室?"师曰："斫不开。"曰："如何是密室中人?"师曰："非男女相。"问："国内按剑者是谁?"师曰："昌福。"曰："忽遇尊贵时如何?"

---

① 普济著，苏渊雷点校：《五灯会元》卷一三《益州布水岩和尚》，823页；许止净：《峨眉山志》卷五，204页。
② 《大正藏》第51册，365页上。

师曰："不遗。"①

"不遗"，蒋、许《峨眉山志》作"不贵"（即不尊贵），应是。显然，西禅和尚与昌福达道问对的后半，本是黄龙二世与学僧的问对。黄龙二世为黄龙继达法嗣，得心印后，驻锡于眉州昌福院。其以"昌福"回答僧问"国内按剑者是谁"，是以寺院之名自代的一种表述，并非是指昌福达道。所以，蒋、许《峨眉山志》并曹氏《蜀中广记》关于西禅的记载很有问题。虽然如此，黄龙二师既然是黄龙继达的法嗣，曾来峨眉山向继达学习禅法则是肯定的事。嘉州东汀和尚，为曹洞慧霞了悟禅师法嗣，得心印后还蜀，驻锡于峨眉山棋盘寺。②曹洞而外，云门文偃有嗣法弟子青城大乘，道原《景德传灯录》卷二三《西川青城大面山乘和尚》：

> 僧问："如何是相轮峰？"师曰："直耸烟岚际。"曰："向上事如何？"师曰："入地三尺五。"问："如何是佛法大意？"师曰："兴义门前冬冬鼓。"曰："学人不会。"师曰："朝打三千，暮打八百。"③

普济《五灯会元》卷一五《西川青城大面山乘禅师》与此同，但均不言其籍贯归宿。既称"青城大乘"，按照禅师称名的习惯，其得心印后应是驻锡于青城山寺传法。"大面山"即青城山之赵公山，也说明大乘还蜀后应该驻锡于青城山。然曹学佺《蜀中广记》卷八五却称："大乘和尚，青神（今四川青神）人，初参云门，回峨眉，住龙池四面峰。"此条来自"峨眉本传"的材料，说明在曹氏以前已将大乘和尚与峨眉山联系起来。"龙池"在今都江堰市，"四面"或为"大面"之误，故此记载很可能是误读《传灯录》材料敷衍出来的。与大乘和尚同为云门文偃嗣法弟子的香林

---

① 《大正藏》第51册，421页中。
② 普济著，苏渊雷点校：《五灯会元》卷一四《嘉州东汀和尚》，851—852页；许止净：《峨眉山志》卷五，205页。
③ 《大正藏》第51册，390页下。按，冯学成等《巴蜀禅灯录》第118页言此见于《天圣广灯录》，当误。

澄远，再传罗汉和尚，灌州（今四川都江堰）人，道原《景德传灯录》卷二四《灌州罗汉和尚》：

> 僧问："如何是佛法大意？"师曰："井中红焰，日里浮沤。"曰："如何领会？"师曰："遥指抟桑日那边。"问："如何是罗汉境？"师曰："地连香积水，门对圣峰山。"问："既是罗汉，为什么却受人转动？"师曰："换却眼睛，转却髑髅。"①

普济《五灯会元》卷一五《灌州罗汉和尚》记载略有不同：

> 僧问："如何是佛？"师曰："牛头阿旁。"曰："如何是法？"师曰："剑树刀山。"问："如何是佛法大意？"师曰："井中红焰，日里浮沤。"曰："如何领会？"师曰："遥指扶桑日那边。"问："如何是本来心？"师曰："蹉过了也。"②

由此看出，宋时关于罗汉和尚的记载已经很不统一了。曹学佺《蜀中广记》卷八五亦称："罗汉和尚，初参香林澄远禅师，回峨眉延福院，住右边一小洞，常现禅定。"但按禅师称名习惯，罗汉和尚回蜀后似也应该驻锡于灌州某寺，因此，他是否真来峨眉山住过，还需要别的材料予以证实。云门德山缘密门下有嗣法弟子承璟，得心印后，驻锡于峨眉山黑水寺传法，影响巨大，有禅对数则传世。③弟子黑水义钦，得心印后，驻锡于峨眉山黑水寺传法，也有禅对数则传世，而以"大地百杂碎"最为知名。④诸种《峨眉山志》又有正性和尚，驻锡于峨眉山华严寺，曾经重修前朝云篆殿。但后面的考订将会证实，此"正性"应为"士性"之误，为宋代峨

---

① 《大正藏》第51册，404页下。
② 普济著，苏渊雷点校：《五灯会元》卷一五《灌州罗汉和尚》，977页。
③ 李遵勖辑：《天圣广灯录》卷二一《峨眉山黑水寺承璟禅师》，《卍续藏经》第135册，805页下–806页上。
④ 李遵勖辑：《天圣广灯录》卷二三《峨眉山黑水寺义钦禅师》，《卍续藏经》第135册，832页下–833页上。

眉山僧。

毫无疑问，到晚唐五代峨眉山已经成了巴蜀禅宗的中心之一，吸引过很多学有所成的禅宗高僧驻锡弘法。柳本尊（855-907）[1]，本名柳居直（"本尊"是信众对其的尊称），嘉州龙游（今四川乐山）玉津镇天池坝人，为柳本尊密教的创始人。据相关文献记载，其修炼大轮五部密法期间，曾到峨眉山绝顶，于大雪中凝然端坐昼夜，以效释迦牟尼六年雪山修行，后以"立雪"之名被纳入柳氏著名的"十炼"之中。[2] 由此看到，晚唐五代峨眉山不仅是禅僧喜爱的驻锡之地，同时还是其他佛教宗派喜爱的修炼之所。

如上种种证实，晚唐五代时期峨眉山的佛教影响逐步盖过道教，将其从一座道教仙山转变成了一座佛教圣地。宋人邵博认为："李太白峨眉山诗言仙而不言佛，《华严经》以普贤菩萨为主，李长者合论言五台山而不言峨眉山，又山中诸佛祠，俱无唐刻石文字。"[3] 以此证实峨眉山佛教"在唐无闻"，绝对只是一孔之见。

隋唐五代时期峨眉山上的寺院，从上面的考证至少可以清理出华严寺（后改归云寺，达道、正性、璀公曾经驻锡）、中峰寺（后改集云寺）、牛心寺（后改卧云寺，谭云曾经驻锡）、普贤寺（后改白水寺，澄照曾经驻锡）、华藏寺（后改黑水寺，慧通、黑水、承璟、义钦、僧缄曾经驻锡）、普光殿（继达曾经驻锡）、灵岩寺（灵龛曾经驻锡）、蟠龙寺（定慧曾经驻锡）、白岩寺（布水岩曾经驻锡）、棋盘寺（东汀曾经驻锡）等。其中，普贤寺即今万年寺，牛心寺在牛心岭上，并在中山段；华严寺在玉女峰下，

① 关于柳本尊的生卒年代，文献记载有不同说法，经龙晦、陈典等先生考订，当以大中九年（855）与天复七年（907）为准（参见龙晦《〈柳本尊行化图〉的研究》、陈典《我对宝顶〈十炼图〉天福纪年的研究》，并载《大足石刻研究论文集》第5辑，重庆：重庆出版社，2005）。

② 祖觉：《唐柳本尊传》，龙显昭主编：《巴蜀佛教碑文集成》，159-163页；陈明光：《宋刻〈唐柳本尊传〉碑校补》，载《世界宗教研究》，1985（2）。

③ 邵博：《邵氏闻见后录》卷二八，北京：中华书局，1983，220页。

中峰寺在白云峰下，属低山段；华藏寺在接近山顶的位置，在高山段。龙晦先生认为，在大量关于峨眉山的佛教史籍中，似乎到了僧缄时期才有关于峨眉山寺庙的确切记载，时间已在唐末五代，由此推断唐末五代时期峨眉山的寺院并不太多。[①]寺院多少或可再议，但僧缄之前没有记载则或未必了。灯录世谱中所谓"白水和尚"之"白水"、"黑水慧通"之"黑水"，按照禅宗称名的习惯，即都应该是他们驻锡寺院的名称。五代敦煌写本《诸山圣迹志》称："俄嵋（峨眉）山，在嵋（眉）州，其山周围五百里，寺院五十余所，僧尼一千余人。"[②]五代时期峨眉山是否真有如此众多的寺院与僧尼，有待别的材料予以辅证。但此一时期峨眉山佛教寺院与僧众快速增长，则是可以成立的推测。

三、隋唐五代的峨眉山诗文

隋唐时期，峨眉山既是道教的仙山，又是佛教的圣地，正值由道转佛的过渡时期。由上面的考述可以看出，这个转变的关键时节是在中、晚唐之际。因此，在隋唐时期文人雅士的诗文里，峨眉山呈现或道或佛的色彩应在情理之中，中唐之前或更偏于道，中唐以后则更偏于佛。

在隋唐时期的峨眉山诗文里，诗歌占有很大的比重。不仅如此，就目前掌握的资料，以峨眉山为吟咏对象也是从诗歌这一形式开始的。早在唐初，传为李世民所作的《秋日二首》[③]就已经有了"还似成都望，直见峨眉前"的诗句，成都、峨眉被用来表述秋到天下的极阔，当然也有

---

① 参见龙晦：《峨眉山与普贤崇拜》，载永寿主编：《峨眉山与巴蜀佛教》，85-92页。
② 郑炳林：《敦煌地理文书汇辑校注》，兰州：甘肃教育出版社，1989，266-306页。
③ 《全唐诗》卷一。

天下一统的暗示。在其《度秋》[①]诗中，复用"峨眉岫初出，洞庭波渐起"表述秋色生起，峨眉山还是一个地域山川的代指。

骆宾王《畴昔篇》是一组怀古之作，其第九首云：

> 华阳旧地标神制，石镜娥眉真秀丽。
>
> 诸葛才雄已号龙，公孙跃马轻称帝。
>
> 五丁卓荦多奇力，四士英灵用文艺。
>
> 云气横开八阵形，桥影遥分七星势。[②]

"华阳"为成都别称，"娥眉"为峨眉异写[③]；"诸葛"即诸葛亮，号称"卧龙"，曾辅佐刘备于成都建立"蜀汉"；"公孙"即公孙述，西汉末于巴蜀割据称帝，国号"大成"；"五丁"传为古蜀国的五位大力士，曾奉命开凿金牛道；"四士"即司马相如、严君平、王褒、扬雄四子，并为巴蜀汉代著名的文人雅士；"八阵"即八阵图，传为诸葛亮所安布；"七星"即七星桥，是古时成都二江上的七座桥。由此看到，骆宾王整首诗都是对巴蜀古史的怀想，峨眉山在其中只是天神地秀的一个符号而已。更进一步，我们甚至怀疑此之"娥眉"不是峨眉的异写，而应是形容女性美丽的词语。诗中所谓"石镜"，在成都武担山上。常璩《华阳国志》卷三《蜀志》：

> 武都有一丈夫化为女子，美而艳，盖山精也，蜀王纳为妃。不习水土，欲去。王必留之，乃为东平之歌以乐之。无几，物故。蜀王哀念之，乃遣五丁之武都担土为妃作冢，盖地数亩，高七丈，上有石镜，今成都北角武担是也。[④]

---

① 《全唐诗》卷一。

② 骆宾王：《骆丞集》卷二。

③ 按，《文苑英华》卷三四八乃至直接将"石镜娥眉偏秀丽"改为"石镜峨眉偏秀丽"。

④ 常璩撰，刘琳校注：《华阳国志校注》（修订版），成都：成都时代出版社，2007，96页。

那么，"石镜"与"娥眉"相连，即都应与女性有关了。骆氏此处或是在借用古蜀王妃的典故，与公孙述的大成政权、刘备的蜀汉政权联系起来，喻示虽然拥有人杰地灵的优势，但历代巴蜀割据不能久成。果如此，则将之视为峨眉山诗歌加以介绍就不妥当了。

就目前所见的材料，直接吟咏峨眉山的诗文可以追到陈子昂处。蒋超《峨眉山志》卷一三收录陈子昂《感遇》二首：

其一

金鼎合神丹，世人将见欺。

飞飞骑羊子，胡乃在峨眉。

变化固非类，芳菲能几时？

疲疴苦沦世，忧悔日侵淄。

眷然顾幽壑，白云空涕洟。

其二

浩然坐何慕？吾蜀有峨眉。

念与楚狂子，悠悠白云期。

时哉悲不会，涕泗久涟洏。

梦登绥山穴，南采巫山芝。

探元观群化，遗世从云螭。

婉娈时永矣，感悟不见之。

此二首诗实是陈氏《感遇三十八首》之第三十三首与第三十六首，均为陈氏怀才不遇后的慕仙之作，峨眉山在其诗中不过是一处退隐的理想之地而已。"飞飞骑羊子"用葛由骑木羊的传说，"念与楚狂子"用陆通隐峨眉山的传说，都在渲染峨眉山宜隐的仙山特征。蒋志注称："白玉（陈子昂字）有远祖名芳庆者，汉季好道术，得墨子五行秘书及白虎七变之法，隐于东武山，后入峨眉，不知所终。二诗岂念厥祖而云然乎？"认为陈氏二诗或是怀念远祖芳庆之作。陈芳庆与陈子昂是否存在直接的血缘关系，是一个需要证实的问题。但在此二首诗中，峨眉山实在只是一个与道相关的符号，借以表述陈氏意欲退隐的内心想法而已。

盛唐著名道士吴筠有一首《楚狂接舆夫妻》，专吟峨眉山传说的两对仙真：

> 接舆耽冲玄，伉俪亦真逸。
>
> 傲然辞征聘，耕绩代禄秩。
>
> 凤歌诚文宣，龙德遂隐密。
>
> 一游峨眉上，千载保灵术。①

"冲玄"为道教术语，意为冲淡沉静；"真逸"即真正隐逸，意即真正的仙真。全诗除了重新将两对仙真的传说吟咏一次外，另向我们揭示了盛唐时期峨眉山主要还是一座道教名山的形象。

崔颢《赠怀一上人》②是一首很长的五言古诗，铺叙一位名叫怀一的僧人受敕入京及往各地弘法的事迹：

> 法师东南秀，世实豪家子。
>
> 削发十二年，诵经峨眉里。
>
> ……
>
> 一朝敕书至，召入承明宫。
>
> 说法金殿里，焚香清禁中。
>
> ……

从"法师东南秀，世实豪家子"推测，此"怀一上人"应出生于东南富豪之家。翻检佛教文献，扬州龙兴寺法慎门下有上首弟子"闽僧怀一"，

---

① 吴筠：《宗玄集》卷下。

② 《全唐诗》卷一三〇。

而在另一处则称"闽川怀一"(说明其与福建、四川都有关系)①，诗中的怀一或者就是此僧。怀一出家后，居于峨眉山上修行12年，名声大振——"自此照群蒙，卓然为道雄"，被唐玄宗召入京城讲法，"传灯遍都邑，杖锡游王公"，后又奉敕前往蕲春，"更出淮楚间，复来荆河口"，在江南一带很有名望。后来应该是回了福建，有嗣法弟子福州法华院智恒②。根据诗中偶尔提到的佛教名相，诸如"观生尽入妄，悟有皆成空，净体无众染，苦心归妙宗"，"我法本无着，时来出林壑，因心得化城，随病皆与药"，此怀一上人的确应有很高的佛学水准，是峨眉山早期佛教僧人中较为难得的高僧。就艺术成就而言，崔颢此诗算不上是唐代诗歌的精品，但就史料价值而言，它揭示了盛唐时期峨眉山佛教已经颇有影响的事实。

根据学者研究，李白年轻时候曾经两次游峨眉山：一次是在开元八年（720），李白离开故乡出游成都，并游峨眉；一次是在开元十二年（724），李白离开巴蜀，顺道再游峨眉，然后买舟东下。其与峨眉山有关的诗歌，蒋超《峨眉山志》卷一三收有《登峨嵋山》《听蜀僧弹琴》《峨眉山月歌》《上皇西巡歌》《峨眉山月歌送蜀僧晏入中京》五首。除《上皇西巡歌》外，其他几首均常见于各种唐诗选集别裁之中。《登峨嵋山》应是李白第一次登峨眉山时的作品：

> 蜀国多仙山，峨眉邈难匹。
>
> 周流试登览，绝怪安可息。
>
> 青冥倚天开，彩错疑画出。
>
> 泠然紫霞赏，果得锦囊术。
>
> 云间吟琼箫，石上弄宝瑟。

---

① 释赞宁撰，范祥雍点校：《宋高僧传》卷一四《唐扬州龙兴寺法慎传》、卷一五《唐常州兴宁寺义宣传》，347、363页。
② 释赞宁撰，范祥雍点校：《宋高僧传》卷一九《唐福州爱同寺怀道传》，494页。

平生有微尚，欢笑自此毕。

烟容如在颜，尘累忽相失。

倘逢骑羊子，携手凌白日。

"邈"者，远也；"青冥"者，青而暗昧；"泠然"，水声、风声；"紫霞"，紫色的烟霞；"锦囊书"，意指成仙之书；"微尚"，微小的志愿（指其隐居求仙的愿望）；"烟容"，烟霞之容（即超凡脱俗的容颜）。诗里着重描写了峨眉山的奇绝难匹、静闲幽深，并通过"倘逢骑羊子，携手凌白日"的想象表达了对峨眉山作为一座道教仙山的认同。这首以描写峨眉山风貌为主的诗，被学者誉为"历史上第一首正面描写峨眉山的千古绝唱"[①]。《峨眉山月歌》作于李白第二次登峨眉山后前往渝州的路上，是李白峨眉山诗中被传唱最广的一首：

峨眉山月半轮秋，影入平羌江水流。

夜发清溪向三峡，思君不见下渝州。

此诗历来被人称道之处在于短短28字含有地名5处而不露痕迹，"古今目为绝唱"[②]。乘船从水路出发，于船上回望峨眉山尖的半圆秋月，山月的影子映在平羌江水之中，月影随江而流；夜里船从清溪驿出发，驶向三峡，转入渝州以后，月亮便被高山所遮不能再见。诗中以峨眉山月为意象，通过峨眉山、平羌江、清溪、三峡、渝州的地名迁移，传达出一种很浓的对家乡山水恋恋不舍的情绪。其意境可与《峨眉山月歌送蜀僧晏入中京》相互参读：

我在巴东三峡时，西看明月忆峨眉。

月出峨眉照沧海，与人万里长相随。

---

① 明月：《峨眉山诗词楹联赏析》，载《佛教文化》，2009（5）。
② 王琦：《李太白集注》卷八。

黄鹤楼前月华白，此中忽见峨眉客。

峨眉山月还送君，风吹西到长安陌。

长安大道横九天，峨眉山月照秦川。

黄金狮子乘高座，白玉麈尾谈重玄。

我似浮云滞吴越，君逢圣主游丹阙。

一振高名满帝都，归时（来）还弄峨眉月。

"中京"，指长安；"巴东"，巫峡下游；"沧海"，即大海，《十洲记》称"水皆沧沧，仙人谓之沧海"；"黄鹤楼"，在今湖北武汉，旧传费祎登仙，每乘黄鹤于此楼憩驾；"九天"，指天的中央和八方，泛言广阔天空；"秦川"，代指陕西，因号称"八百里秦川"或"秦川八百里"，故称陕西为秦川；"高座"，《法苑珠林》记"龟兹王造金狮子座，以大秦锦褥铺之，令鸠摩罗什说法"；"白玉麈尾"，"麈"为兽，似鹿而体大，以其尾制拂尘，柄镶白玉；"重玄"，《老子》"玄之又玄，众妙之门"，谓理之深奥者；"丹阙"，红色宫阙，代指宫殿。据学者考证，唐肃宗上元元年（760）李白六十岁时，"返洞庭，旋又返江夏"，于武昌黄鹤楼巧遇将入中京的蜀僧，勾起了他对家乡的思念之情，于是创作了此诗。[1] 此诗的艺术成就，清代学者王琦引严羽的评价说："是歌当识其主伴变幻之法。题立峨眉作主，而以巴东、三峡、沧海、黄鹤楼、长安陌、秦川、吴越伴之，帝都又是主中主。题用月作主，而以风云作伴，我与君又是主中主。回环散见，映带生辉，真有月映千江之妙，巧转如蚕，活变如龙，回身作玺，嘘气成云，不由思议造作。"[2] 承接《峨眉山月歌》，此诗继续以峨眉山月作为符号，通过回忆早年离开巴蜀时的情景，并借助"与人万里长相随"的讴吟，把怀乡情结的不离不弃婉转地表达出来，同时带出来一种半世沧桑

---

① 参见安旗、薛天纬：《李白年谱》，济南：齐鲁书社，1982，107-108页。

② 王琦：《李太白集注》卷八。

的凄清之怨与峨眉山月相随相伴的温暖之情。在这里，峨眉山月作为一种意象，已经成了李白苦难历程中永远的慰藉。又是在月华吐白的时刻，又是偶遇峨眉山僧，时光流转，青春不再，唯有峨眉山月既送当年的诗人，又送如今的山僧，月华依旧，情谊不改。笔锋转到峨眉山僧受邀将入长安，或许从此一振高名，诗人则或像浮云一般浪迹吴越，二人境遇虽然不同，结果应该都是归时"弄峨眉月"——现实的境遇皆如烟云，唯有峨眉山月与人长随。在这里，峨眉山月被赋予了一种不离不弃的文化意象，那是一种超凡脱俗的意象，也是一种有情有义的人文品格。[1]《听蜀僧弹琴》也作《听蜀僧浚弹琴》，是李白听峨眉山僧浚公弹琴之后的作品[2]：

> 蜀僧抱绿绮，西下峨眉峰。
>
> 为我一挥手，如听万壑松。
>
> 客心洗流水，余响入霜钟。
>
> 不觉碧山暮，秋云暗几重。

"绿绮"，琴名，传为司马相如之琴；"流水"，曲名，古曲《高山流水》的省称；"霜钟"，《山海经》称"丰山有钟九耳，是知霜鸣"，郭璞注言"霜降则钟鸣，故言知也"。在这首描写峨眉山琴僧弹琴的诗里，除了对其高超琴技的刻画外，李白还传达出一种超凡脱俗的境界——在《高山流水》的演奏中，消除了一切烦恼忧愁。最后，借助"不觉碧山暮，秋云暗几重"的推进，带出来一种不忍分别的情绪。这种情绪既有对琴僧杰出表演的不舍，也有对峨眉山、对家乡的一份乡愁。在骨子里，峨眉山还成了李白心中超凡自在的理想家园。在《峨眉山月歌送蜀僧晏入中京》和

---

① 参见钱秋伶：《峨眉山文人诗文研究》，成都：四川大学硕士学位论文，2012，25页。
② 按，中国社会科学院文学研究所编《唐诗选》（北京：人民文学出版社，1978）认为此"蜀僧浚"即李白《赠宣州灵源寺仲浚公》诗中所云浚公（189页）。

《听蜀僧浚弹琴》诗中，两次提到了"峨眉僧"，证实宋人邵博所谓"李太白峨眉山诗言仙而不言佛"绝对是一种错误。在李白后期的诗中，峨眉山已经超越了道、佛的分别，成为一种乡愁、一个理想家园的文化符号。相传李白游峨眉山时住在白水寺毗卢殿，后人在白水池畔建立廊亭以示纪念，其上置"唐李白听广浚禅师弹琴处"木牌。但李白听琴本在省外，此举仅可视为后人于此的怀念。《上皇西巡歌》全名《上皇西巡南京歌》，共十首，蒋志所录为第七首：

> 锦水东流绕锦城，星桥北挂象天星。
> 四海此中朝圣主，峨眉山上列仙庭。

《上皇西巡南京歌》围绕唐玄宗避难入蜀反复铺陈讴吟，此首不过是其中的又一讴吟而已，峨眉山与锦水、星桥等一道烘托了天府之国迎接圣驾的荣耀。在此诗里，不难看出峨眉山作为一座道教仙山在李白心中的印象之深。许止净《峨眉山志》没有收录《峨眉山月歌》与《上皇西巡南京歌》，前者或是因其不涉僧道，后者则或因其只是借名。此外，李白诗中与峨眉山有关的句子尚多，已有学者将其分别摘录于后："樊山霸气尽，寥落天地秋。江带峨眉雪，川横三峡流。"（《太守良宰》）"峨眉高出西极天，罗浮直与南溟连。名公绎思挥彩笔，驱山走海置眼前。"（《当涂赵炎少府粉图山水歌》）"仆在雁门关，君为峨眉客。心悬万里外，影滞两乡隔。"（《寄丹丘子》）"西当太白有鸟道，可以横绝峨眉巅。地崩山摧壮士死，天梯石栈相钩连。"（《蜀道难》）"君王纵疏散，云壑借巢夷。尔去之罗浮，我还憩峨眉。"（《江西送友人之罗浮》）"灵心圆映三江月，彩质叠成五色云。中藏宝诀峨眉去，千里提携长忆君。"（《训宇文少府见赠桃竹书筒》）"登岳眺百川，杳然万恨长。却恋峨眉去，弄景偶骑羊。"（《留别

曹南群官之江南》）^①

蒋超《峨眉山志》卷一三收录了杜甫涉及峨眉山的诗歌三首，分别为《赠别郑练赴襄阳》《寄司马山人十二韵》与《漫成》。杜甫自乾元二年（759）入川至大历三年（768）出川，在巴蜀生活了近十年，先后游访过巴蜀的许多地方。^②《赠别郑练赴襄阳》是一首友人出蜀的别赠作品：

> 戎马交驰际，柴门老病身。
>
> 把君诗过目，念此别惊神。
>
> 地阔峨眉晚，山高岘首春。
>
> 为于耆旧内，试觅姓庞人。

所谓"戎马交驰际"，指宝应元年（762）史朝义陷营州、羌浑奴刺陷梁州，河东、河中军皆乱之时；"柴门"，是杜甫在成都浣花溪住处的代称；"岘首"，指岘山，在襄阳东南九里；"姓庞人"，指庞德公，隐于襄阳鹿门山。清人仇兆鳌阐释此诗："当戎马交驰之际，有此柴门老病之身，无可销愁，惟把君诗以过日耳。今又远去，能不念此别而神惊乎？自兹一别，我在峨眉，君在岘首，地阔天高，何由会面，所以惊神也。倘耆旧中有如庞德公，觅以相报，吾亦将与之偕隐襄阳矣。把君诗，念此别。"^③诗中以峨眉代指自己，以岘山代指郑练，并有乱世归隐之劝。根据"关内昔分袂，天边今转蓬"推测，《寄司马山人十二韵》"当是广德二年（764）未归成都作"^④：

> 关内昔分袂，天边今转蓬。
>
> 驱驰不可说，谈笑偶然同。

---

① 参见汤明嘉：《历代峨眉山诗词欣赏》（唐一），见http://blog.sina.com.cn/s/blog_506b9416010083wv.html。

② 参见曾枣庄：《杜甫在四川》"前言"，成都：四川人民出版社，1983，1页。

③ 仇兆鳌：《杜诗详注》卷一〇。

④ 黄希原注，黄鹤补注：《补注杜诗》卷二六。

道术曾留意，先生早击蒙。

家家通蓟子①，处处识壶公。

长啸峨眉北，潜行玉垒东。

有时骑猛虎，虚室似仙童。

发少何劳白，颜衰肯更红；

望云悲轞轲，毕景羡冲融；

丧乱形神役，凄凉信不通；

悬旌要路口，倚剑短亭中；

永作殊方客，残生一老翁；

相哀骨可换，亦遣驭清风。

"关内"指长安，"天边"指成都；"击蒙"出自《易·蒙卦》上九（意上下顺），"蓟子"指《搜神记》所载"蓟先生"（一神仙）。"壶公"出自《后汉书·费长房传》："费长房者，汝南人也，曾为市掾。市中有老翁卖药，悬一壶于肆头，及市罢，辄跳入壶中。……长房旦日复诣翁，翁乃与俱入壶中。""玉垒"指玉垒山，在今都江堰市至汶川之间。"望云悲轞轲，毕景羡冲融"用的是"望云霄则悲已沦落，当暮景则羡彼冲和"②之典，"悬旌"用的是《史记·苏秦传》"心摇摇如悬旌，而无所终薄"之典。"短亭"谓路上停歇之处，古有"十里一长亭，五里一短亭"③之说。"相哀骨可换"指道教修行能"脱胎换骨"，"亦遣驭清风"用列子御风而行的典故。总体而言，杜甫此诗以赞叹、羡慕在峨眉山修行的司马山人为诗面，传达出一种郁郁不得志而欲追慕仙真的心情。故有学者认为："子美自云'道术曾留意，先生早击蒙'，又乞哀于山人云'相哀骨可换，亦遣驭清风'，

---

① 按，蒋超《峨眉山志》卷一三为"家家迎苏子"，"迎"为"通"误，"苏"为"蓟"误。
② 仇兆鳌：《杜诗详注》卷一三。
③ 祝穆：《古今事文类聚》续集卷六。

然则子美亦尝于仙术留意耶！子美于仙佛皆尝留意，但不知其果有得否？尔云'有时骑猛虎，虚室使仙童'，恐未必实录也。"①《漫成》本二首，诸种《峨眉山志》选择的是其中第二首：

> 江皋已仲春，花下复清晨。
>
> 仰面贪看鸟，回头错应人。
>
> 读书难字过，对酒满壶倾。
>
> 近识峨眉老，知余懒是真。

根据"江皋已仲春，花下复清晨"推测，此诗应作于上元二年（761）。②所谓"漫成"，仇兆鳌认为是"格调疏散，非经营结构而成"③之意；所谓"江皋"，用《楚辞》"秣余马兮江皋"之典，"皋，缓也。江岸土性缓，故曰江皋"。④此诗总体上似在抒发出一种懒懒的情怀，"读书难于字过，老年眼钝也；对酒不觉频倾，借酒怡情也"⑤。值得注意的是，此诗最后用"识峨眉老"托出"懒是真"，以表达其"总不欲与俗物为缘"的情怀，重复了峨眉山在一般文人雅士心中超凡脱俗的意象。蒋志按称："子美（杜甫字）避地西川，咫尺峨眉，未经展齿一过，识者以为千古缺陷。今特录公诗及此山者三首，亦见此老胸中倾倒极至，但为戎马间隔，未遂右军汶岭之愿耳。"⑥杜甫虽然没有亲自到过峨眉山，但峨眉山在其心中的意象却是非常鲜明，由此看出盛唐时期峨眉山在文人雅士心中已经变成了某种文化意象。

岑参于大历元年（766）随宰相杜鸿渐入蜀，二年（767）任嘉州刺史，

---

① 张戒：《岁寒堂诗话》卷下。
② 黄希原注、黄鹤补注：《补注杜诗》卷二二。
③ 仇兆鳌：《杜诗详注》卷一〇。
④ 仇兆鳌：《杜诗详注》卷一〇。
⑤ 仇兆鳌：《杜诗详注》卷一〇。
⑥ 蒋超：《峨眉山志》卷一三。

峨眉山在其管辖范围，日日与其相亲相近。蒋超《峨眉山志》卷一三收录岑参涉及峨眉山的诗歌三首，分别为《望峨眉》《峨眉东脚临江听猿怀二室旧庐》与《江行夜宿龙吼滩临眺思峨眉隐者兼寄幕中诸公》。其中，《望峨眉》原名《题华严寺瓒公禅房》，作于天宝十二载（753），此华严寺为樊川华严寺，而非峨眉山华严寺。[①] 蒋《志》或者更早的峨眉文献收录该诗且更改诗名，应是就"华严寺"之名的望文生义。《峨眉东脚临江听猿怀二室旧庐》作于大历二年(767)[②]，曹学佺认为是岑参"在郡邸听猿"所写之作[③]：

> 峨眉烟翠新，昨夜风雨洗。
> 分明峰头树，倒插秋江底。
> 久别二室间，图他五斗米。
> 哀猿不可听，北客欲流涕。

所谓"二室"，指中岳嵩山的东峰太室和西峰少室；所谓"旧庐"，则是指自己的故居；"图他五斗米"反用陶渊明"不为五斗米折腰"典故（表述汲汲于生计之意），"哀猿不可听"指山中猿猴的叫声凄凉清冷。这是一首典型的怀乡诗，诗中的峨眉山被用来勾起作者的怀乡情结，故越是烟翠清新、秋色无边，越是让岑参这位"北客"生起浓浓的乡愁。这与我们前面提到的李白诗歌颇有一脉相承之处。《江行夜宿龙吼滩临眺思峨眉隐者兼寄幕中诸公》也是岑参在嘉州任职时的作品，但从"异乡何可住，况复久离群"推测，当时或者未在幕府之中[④]：

> 官舍临江口，滩声人惯闻。

① 岑参著，陈铁民、侯忠义校注：《岑参集校注》卷二，上海：上海古籍出版社，1982，120页。
② 岑参著，陈铁民、侯忠义校注：《岑参集校注》卷二，358页。
③ 曹学佺：《蜀中广记》卷五九。
④ 按，周弼编《三体唐诗》卷六称龙吼滩"俗呼龙爪滩，在眉州"，则岑参或者时在眉州。

水烟晴吐月，山火夜烧云。

且欲寻方士，无心恋使君。

异乡何可住？况复久离群。

因其官舍临江，滩声入耳，云霞夜月，峨眉在怀，仕途劳碌奔波的岑参忽然非常羡慕峨眉隐者的逍遥自在，隐隐地甚至愿意放弃"使君"之职而相追随。在此诗中，出现在李白诗里的乡愁与仙隐再次成了岑参的吟咏主题，潜藏着一种出世与入世的徘徊。由此看到，岑参涉及峨眉山的诗歌也都不是正面描写，只是借用峨眉山已成的文化意象而已。

　　钱起为"大历十才子"之一，其《送裴頔侍御使蜀》[①]一诗中有"锦水繁花添丽藻，峨眉明月引飞觞"对句，用"锦水繁华""峨眉明月"表示裴頔所到之处的风华绝丽。"峨眉明月"的意象来自李白，本是乡愁的符号，但被钱氏转成了及时行乐的劝勉。以"锦水""峨眉"指代巴蜀，就像早期喜用"岷峨"一样，无论在钱氏之前还是之后的诗歌中都较容易见到。

　　薛涛是唐代著名的女诗人，因父亲做官而迁来蜀地，后即定居于成都，与当时的文人雅士常有诗文往来。辛文房《唐才子传》卷八载元稹有《寄赠薛涛》一诗，中有"锦江滑腻峨眉秀，幻出文君与薛涛"[②]句，似元稹曾用锦江、峨眉盛赞巴蜀的钟灵毓秀。然《全唐诗》卷四二三为"锦江滑腻蛾眉秀，幻出文君与薛涛"，"蛾眉"为女性的代称，由此引出文君、薛涛似更符合诗人的思路。"峨眉"应是"蛾眉"之误，将之纳入隋唐峨眉山诗歌之中应不恰当。但元稹另有一首《好时节》[③]诗，其中"身骑骢马峨眉下"倒是真正借用了峨眉山的符号意象。白居易《白香山

---

① 钱起：《钱仲文集》卷九。

② 按，陈耀中《天中记》卷二〇、《御定渊鉴类函》卷二四八为"锦江滑腻岷峨秀，幻出文君与薛涛"。

③ 元稹：《元氏长庆集》卷一七。

诗集》卷三九也有一首《赠薛涛》：

> 峨眉山势接云霓，欲逐刘郎北路迷。
> 若似剡中容易到，春风犹隔武陵溪。

"欲逐刘郎北路迷"也作"欲逐刘郎此路迷"，用刘阮天台遇仙的典故表示追慕薛涛的含义。诗中的峨眉山既是巴蜀的象征，也是超凡脱俗的象征，与天台、剡溪、武陵等隐逸胜地连在一起。薛涛自己则有一首《乡思》，也采用了峨眉山作为乡愁的寄托：

> 峨眉山下水如油，怜我心同不系舟。
> 何日片帆离锦浦，棹声齐唱发中流。[①]

这种乡愁的寄托与李白诗中的传统是一脉相承的。

贾岛（779-843），字浪（一作"阆"）仙，幽州范阳（今河北涿州）人，早年出家为僧，号无本，自号"碣石山人"。因其早年行迹率不可知，有网文将其出家之地定于峨眉，称其"是峨眉山中最负盛名的诗人"，并称其诗作中的相当一部分是写峨眉山与佛家生活的，如《送僧》《赠僧》《送卧云庵僧》《送金州鉴周上人》等，乃至著名的《题李凝幽居》都是在峨眉山中写成的。[②]但除了诗歌中屡屡提到的峨眉山外，没有可信的证据证实此说，应为一种小说家言。元和五年（810），贾岛入长安，先后结识张籍、韩愈，得其激赏，于是还俗应举，皆不得志。唐文宗时，贬长江（今四川蓬溪）主簿，再迁普州（今四川安岳）司仓参军，会昌三年（843）卒于普州。那么，即使贾岛出家之地不在峨眉，其在巴蜀的时间也应不短，而其关于峨眉山的诗作则多数应是此时的作品。蒋超《峨眉山志》

---

① 《全唐诗》卷八〇三。
② 参见三江纤夫：《贾岛峨眉山中苦行吟》，http://bbs.tianya.cn/post-no16-86599-1.shtml。

卷一三收录其《送卧云庵僧》一首：

> 下视白云时，山房盖树皮。
>
> 垂枝松落子，侧顶鹤听棋。
>
> 清净从沙劫，中终未日歆。
>
> 金光明本行，同侍出峨眉。

此诗又名《送谭远上人》，推测此卧云庵僧即谭远。如前所述，唐代峨眉山之卧云庵（寺）即牛心寺，而非今天的金顶卧云禅院。某些论著将其用来证实唐代金顶的寺院建设，应是对峨眉山寺院发展历史的想当然耳。按照此诗的描写，当时的卧云寺还是树皮为顶，十分简陋。尽管如此，环境却是非常清幽，闲看白云飞，静听松子落，峨眉山不愧为著名的宗教名山。居此山中，以"清净"之心任世事劫转，看朗日经天，是何等闲云野鹤的日子！除此而外，另有《送金州鉴周上人》：

> 池必寻天目，溪仍住若耶。
>
> 帆随风便发，月不要云遮。
>
> 极浦浮霜雁，回潮落海查。
>
> 峨眉省春上，立雪指流沙。①

全国曾名"金州"的地方很多，然皆不在巴蜀，故此鉴周上人应不是巴蜀僧人，而是一位游方入巴蜀者。贾岛在诗中历数了天目山、若耶溪、峨眉、流沙（西域）等地，用以表述鉴周上人游方天南海北，不辞辛苦。峨眉山在诗中仅仅是作为一个地名而被使用，故在诸种《峨眉山志》中没有选录此首。《送僧》是一首送别之作：

> 出家从卯岁，解论造玄门。

---

① 贾岛：《长江集》卷六。按，以下几首贾岛的诗并出此书，恕不另注。

不惜挥谈柄，谁能听至言。

中时山果熟，后夏竹阴繁。

此去逢何日，峨眉晓复昏。

"卯岁"指幼时，"玄门"代佛教，共为贾岛幼时出家的自述。山中果熟，夏竹繁阴，是出家人修行的自得之趣。最后，诗人与客僧相期会于峨眉，从早至晚高谈阔论，借此传达出一种不舍的情绪。在这里，峨眉山虽然是贾岛与客僧相期再会的地方，但很大程度上还是一种地名的借用，只是其借用的宗教色彩更为突出而已。此诗也未被诸种《峨眉山志》选录其中。至于网文提到的《赠僧》一诗，则从头至尾皆与峨眉山毫无关系，将其与白龙洞白莽修行传说联系起来，当是就诗中"里有灵蛇藏"的附会。①

施肩吾《吴中代蜀客吟》是一首纯粹的思乡之作：

身狎吴儿家在蜀，春深屡唱思乡曲。

峨眉风景无主人，锦江悠悠为谁绿？②

此吴中蜀客因"家在蜀"，故春深时节屡有思乡之情，"峨眉风景"与"锦江春水"便都成了乡愁的寄托，像我们在很多峨眉山诗中看到的一样。

蒋超《峨眉山志》卷一三收录薛能《峨眉圣灯》一首：

莽莽空中稍稍灯，坐看迷浊变清澄。

须知火尽烟无益，一夜阑边说向僧。

洪迈《万首唐人绝句》卷四八题为《圣灯》，杨慎《全蜀艺文志》卷一四则题为《灵灯寺》。薛能为晚唐诗人，写过很多与巴蜀有关的诗歌。洪迈

① 参见三江纤夫：《贾岛峨眉山中苦行吟》，http://bbs.tianya.cn/post-no16-86599-1.shtml。
② 《全唐诗》卷四九四。

《万首唐人绝句》列薛能之诗，从《游嘉州后溪》《监郡犍为将归使府登楼寓题》《过象耳山》再到《圣灯》，应该都是其咸通年间（860-874）摄嘉州刺史时的作品。毫无疑问，薛能绝对是上过峨眉山，也是亲眼看见过圣灯的。因此，《峨眉圣灯》是一首极为珍贵的关于峨眉山圣灯的早期诗作。圣灯若隐若现在莽莽空中，由"迷浊"到"清澄"，其神奇莫测、无凭无依，让薛能想到了佛教关于烟火依存的争论，竟与山僧分说了一夜。薛能另有两首不为诸种《峨眉山志》收录的诗歌，一名《留题》，一名《雨霁北归留题三学山》。《留题》是一首自吟闲情逸致的诗作：

> 茶兴复诗心，一瓯还一吟。
>
> 压春甘蔗冷，喧雨荔枝深。
>
> 骤去无遗恨，幽栖已遍寻。
>
> 峨眉不可到，高处望千岑。①

诗中表现出来的随性放达、知足常乐，让作者害怕登峨眉山后望尽千岑的灰心，峨眉山意象被其反用来衬托既得的满足。与此相反，《雨霁北归留题三学山》则是一首不无灰心的诗作：

> 远树平川半夕阳，锦城遥辨立危墙。
>
> 闲思胜事多遗恨，却悔公心是谩忙。
>
> 灌口阙寻惭远客，峨眉乖约负支郎。
>
> 灵龛一望终何得，谬有人情满蜀乡。②

"远客"即远行之客，指那些放下俗务的旅行者；"支郎"即支道林，借用其与谢安相约论道的典故。欲于灌口（在今都江堰市）追随远行之客不能，当于峨眉相会有道高僧无暇，谬有满蜀人情，到底不能远离庸碌，诗中

---

① 《全唐诗》卷八二。

② 《全唐诗》卷五六〇。

充斥着一种浓浓的怨艾情绪。在此诗中，灌口与峨眉都成了诗人意欲远离庸碌的表征。

蒋超《峨眉山志》卷一三收有晚唐诗人曹松的《送峨僧归》一首，原名《送僧入蜀过夏》：

> 师言结夏入巴峰，云水回头几万重。
>
> 五月峨眉须近火，木皮岭上只如冬。

《全唐诗》卷七一七"木皮岭上只如冬"为"木皮领重只如冬"，洪迈《万首唐人绝句》卷六七为"木皮愿重只如冬"。诗中所送之"僧"未必即"峨僧"，只是准备来峨眉山结夏罢了，诸种《峨眉山志》将其定为"峨僧"似嫌武断。虽然五月峨眉天气转夏，但山中寺殿应仍然是冷冽如冬，喻示山中结夏必能使其心地澄净凉爽。由此诗获知，峨眉山至晚唐已经成了某些僧人结夏闭关的选择。

前面说过，韦庄《赠峨眉山弹琴李处士》之"李处士"或许不是道士，但为"峨眉山下能琴客"则无可疑。联系到李白《听蜀僧浚弹琴》、李宣古《听蜀道士琴歌》等诗，峨眉山或有一派琴技广为流传。此外，韦庄另有《奉和观察郎中春暮忆花言怀见寄四韵之什》一首：

> 天畔峨眉簇簇青，楚云何处隔重扃。
>
> 落花带雪埋芳草，春雨和风湿画屏。
>
> 对酒莫辞冲暮角，望乡谁解倚南亭。
>
> 惟君信我多惆怅，只顾陶陶不愿醒。①

在这首作于暮春的感时怀乡诗里，峨眉山郁郁葱葱的景象成了勾起诗人怀乡情结的触机，带出来一种十分厚重的哀怨。

---

① 韦庄：《浣花集》补遗。

蒋超《峨眉山志》卷一三收录晚唐诗人郑谷《峨眉山》一首，来自郑谷《云台编》卷下：

> 万仞白云端，经春雪未残。
>
> 夏消江峡满，晴照蜀楼寒。
>
> 造境知僧熟，归林认鹤难。
>
> 会须朝阙去，只有画图看。

有学者认为，郑谷于中和元年至光启二年（881-886）滞蜀，曾在峨眉山下的净众寺七祖院住过。[1]郑谷确曾避乱入蜀，也确实滞留了六七年，曹学佺《蜀中广记》卷八引唐《郑谷集》："谷自乱离之后，在西蜀半纪余，多寓止精舍。"但是否住过峨眉山净众寺，峨眉山又是否有净众寺，则需要进一步证实。事实上，郑谷诗中所吟净众寺在成都，而不在峨眉。无论如何，这首《峨眉山》诗极大可能是郑谷在峨眉山时所作。诗中描写了峨眉山上春寒清明、僧闲鹤淡的景色，烘托出一个超然世外的理想境界，复又以"会须朝阙"的无奈，也就只有视如画图，带出一种想要离尘去俗都不可能的感叹。郑谷另有《七祖院小山》一诗，也作《西蜀净众寺七祖院小山》：

> 小巧功成雨藓斑，轩车日日扣松关。
>
> 峨眉咫尺无人去，却向僧窗看假山。[2]

在这首描写成都净众寺七祖院假山的诗中，峨眉山被作为一种反衬来讽刺世人放却真山不看而看假山的怪诞，内里包含了对世人不朝真佛朝假佛的埋怨。

---

① 参见汤明嘉：《历代峨眉山诗词欣赏》（唐三），http://blog.sina.com.cn/s/blog_506b9416010083x7.html。

② 《全唐诗》卷六七五；郑谷：《云台编》卷中。

唐末五代的隐逸诗人唐求（球），人称"一瓢诗人"，临死时将其平生所作诗歌尽数抛于江中，被识者发现捞起，已多浸坏，仅留得30余首。① 蒋超《峨眉山志》卷一三收录之《赠伏虎僧》，原名《赠行如上人》：

> 不知名利苦，念佛老岷峨。
>
> 衲补云千片，香烧印一窠。
>
> 恋山人事少，怜客道心多。
>
> 日日斋钟后，高悬滤水罗。②

"香烧印一窠"也作"香焚篆一窠"，都是香烟上升如道教所谓"云篆"的意思。将行如上人定为峨眉山伏虎寺僧，是诸种《峨眉山志》所为，其依据何在，不得而知。据现有的材料，峨眉山伏虎寺的兴建似不太可能早到唐末五代。这是一首描写行如上人修道生活的诗作，恬淡自如，心净意闲，恰与世人的浮华烦躁、庸碌奔波形成了鲜明对照。

　　贯休是五代时期著名的高僧，号称"禅月大师"，其《蜀王登福感寺塔三首》之第二首也用了峨眉山意象：

> 似圣悲增道不穷，忧民忧国契尧聪。
>
> 两鬓有雪丹霄外，万里无尘一望中。
>
> 南照微明连莽苍，峨眉拥秀接崆峒。
>
> 林增岁月知何幸，还似支公见谢公。③

在这首随蜀王登成都福感寺塔的感怀诗中，贯休将峨眉山与崆峒山连接，意在强调峨眉山的世外特性，最后结至"林增岁月知何幸，还似支公见谢公"——眼见岁月徒增，所幸的是还能如支道林与谢安一样有道可谈、有

---

① 黄休复：《茅亭客话》卷三。
② 《全唐诗》卷七二四。
③ 贯休：《禅月集》卷一九。

佛可修。这样，虽然聪明如尧而于国于民无补、"两鬓有雪"至于"悲增"，却终幸其"道未穷"、心有归。

在隋唐五代涉及峨眉山的诗歌中，唐末五代诗人齐己作品最为丰富，分别有《思游峨眉寄林下诸友》《酬西川楚峦上人卷》《寄贯休》《送朱侍御自洛阳归阆州宁觐》《酬西蜀广济大师见寄》《送白处士游峨眉》等。《思游峨眉寄林下诸友》是一首意欲朝礼峨眉山的诗作：

> 刚有峨眉念，秋来锡欲飞。
>
> 会抛湘寺去，便逐蜀帆归。
>
> 难世堪言善，闲人合见机。
>
> 殷勤别诸友，莫厌楚江薇。①

一"飞"一"归"，把齐己意欲朝礼峨眉山的急迫以及将峨眉山视为归属的心情表现得非常充分。另一首《送白处士游峨眉》则是一首想象白处士游峨眉山的诗作：

> 闲身谁道是羁游？西指峨眉碧顶头。
>
> 琴鹤几程随客棹，风霜何处宿龙湫。
>
> 寻僧石磴临天井，斸药秋崖倒瀑流。
>
> 莫为寰瀛多事在，客星相逐不回休。②

诗中把游峨眉山视为解脱羁绊的行程，琴心鹤友，风餐露宿，在山中寻僧闲聊，看老人采药挂崖，都应是一种让人快意放下的经历。其他诗中关于峨眉的诗句如"玉垒峨眉秀，岷江锦水清"（《酬西川楚峦上人卷》）、"锦水流春阔，峨眉叠雪深"（《寄贯休》），"已过巫峡沉青霭，忽认峨眉在翠微"（《送朱侍御自洛阳归阆州宁觐》），"卷开锦水霞光烂，吟入峨

---

① 齐己：《白莲集》卷二。
② 齐己：《白莲集》卷七。

眉雪气清"（《酬西蜀广济大师见寄》）①等，多与锦水联袂表述巴蜀山水的秀丽绝尘，与其前辈诗中的用法相同。而在齐己好友与其往还的诗中，峨眉山类似意象也被用来表达友人对其的深切怀念与追慕，如在虚中的《赠齐己》与昙域的《怀齐己》诗中，就分别有"老负峨眉月，闲看云水心""峨眉山色侵云直，巫峡滩声入夜长"等句②，"负峨眉月"是仰慕，"看云水心"是恬然，"山色侵云"是高孤，"滩声入夜"是怀想，峨眉山以一种孤标傲世的姿态构成了诗人对齐己的印象。

此外，前面引述过的司空曙《送张炼师还峨眉山》、鲍溶《与峨眉山道士期尽日不至》《寄峨眉山杨炼师》、施肩吾《天柱山赠峨眉田道士》等，都是隋唐五代时期涉及峨眉山的诗歌，因在前面已经详细做过引介，此不赘说。

蒋超《峨眉山志》卷一三收有吴钧《慈竹赋》一文。吴钧，曹学佺《蜀中广记》卷六三作"吴筠"，字贞节（一作"正节"），为盛唐著名道士，与李白等人交往甚密。然查相关文献，此篇《慈竹赋》本为王勃所作③，乃就广汉山谷慈竹"生必向内，示不离本"加以申发，实与峨眉山没有直接关系，故许止净《峨眉山志》将其删去了。又有乔琳《慈竹赋》一篇。乔琳为中唐时人，以文辞见长，此《慈竹赋》以慈竹"于灵台而莫非信性，彰慈孝而感通神灵"为申发，目的是借此而倡世道人伦，也与峨眉山没有直接的关系。所收苏颋《长乐花赋》，以蜀太守庭中之长乐花为赋，对其经霜不凋的品格大加赞颂，同样与峨眉山没有直接关系。故诸种《峨眉山志》所收有关峨眉山文，其实均与峨眉山没有太大关系，修志者何以将之收入理由不明。

在隋唐五代涉及峨眉山的诗文里，受到道、佛的双重影响，峨眉山

---

① 分见齐己《白莲集》卷二、卷四、卷七。
② 《全唐诗》卷八四八、卷八四九。
③ 王勃：《王子安集》卷二《慈竹赋并序》。

呈现出仙山与佛地的双重意象，并逐渐演变成为一种文本传统，用以表述超凡脱俗、远离尘嚣的理想境界。借此仙山、佛地的影响，作为海内名山的峨眉山再转而成为巴蜀地域的象征与乡愁的寄托，由是扩大了峨眉山既有的文学表现力。峨眉山已不止是一座道士、佛僧景仰的名山，同时还是文人雅士向往的一座名山。

四、峨眉山普贤道场的确立

作为佛教"四大名山"之一，峨眉山是普贤菩萨的道场。又因为普贤道场的确立，使得峨眉山在佛教信众中享有盛誉。

峨眉山普贤道场的确立，与一个被称为蒲公的采药老人在山上获见普贤的传说关系很紧密。曹学佺《蜀中广记》卷一一："（峨眉山）有蒲氏村，蒲人居之，云汉蒲公之后。"这些与蒲公有关的遗迹，说明峨眉山上确曾有蒲氏居住。

关于蒲公采药获见普贤的传说，最早见于志磐《佛祖统纪》卷四三：

> （乾德）四年（966）……敕内侍张重进往峨眉山普贤寺庄严佛像，因嘉州屡奏白水寺普贤相见也。《峨眉志》云："昔有蒲翁，因采药入山，望峰顶五色云放白光，忽一鹿前导至岩上，见普贤大士真相，自兹显迹。"[1]

其卷五三《名山胜迹》复云：

> 《峨眉山志》云："昔蒲翁入山，见普贤大士真相，自兹显迹。"宋太祖敕往峨眉山庄严佛像，因嘉州奏普贤见相。[2]

---

① 《大正藏》第49册，395页中。
② 《大正藏》第49册，468页上。

峨眉山传说中的"蒲公结庐处"（采自《峨山图志》）

因"嘉州屡奏"普贤示相，宋太祖即敕内侍"往峨眉山普贤寺庄严佛像"。志磐引《峨眉山志》蒲公采药获见普贤的传说注释"嘉州屡奏"，并有"普贤大士真相，自兹显迹"之说，证明此一传说的形成应与宋太祖敕内侍往峨眉山事相去不远，也即应在宋初，至早亦不会逾于五代。这与宋代以前的文献没有任何类似蒲公传说的记载相符。蒋超《峨眉山志》卷二称，蒲公获见普贤后，"归乃建普光殿"，时在东汉永平七年（64）。然普光殿的兴建不会如此之早，其与蒲公发生联系甚至更晚①。许止净《峨眉山志》卷四："万年寺即白水寺，昔蒲氏事佛旧址。寺创自晋时，唐慧通禅师精修，唐人有听浚禅师弹琴处，即此寺。"依此记载，蒲公所建寺址应在今万年寺一带。万年寺是否创自晋代无从考证，但唐代即已存在应无问题，时间比蒲公传说更早，其与蒲公传说的关系也就更远。

前引赞宁《宋高僧传》明确记载，中唐时期的澄观朝礼峨眉山乃是"求见普贤"，并在峨眉山上"备观圣像"，说明至迟在中唐时期峨眉山普贤道场已经显现端倪。澄观返回后，复借一系列的《华严经》注疏，把文殊、普贤作为"华严二圣"的观念进一步推开，五台山与峨眉山作为相对"二圣"的道场同时也被张扬出来。毫无疑问，在峨眉山普贤道场最终形成的过程中，澄观是一位厥功至伟的人物。其后，行明"历五台、峨眉，礼金色、银色二世界菩萨，皆随心应现"，说明其朝礼峨眉山时普贤道场不仅已经建立，普贤菩萨还时常显现瑞像，而将五台山和峨眉山相提并论，则沿袭了澄观开辟的意义思路，文殊—五台山与普贤—峨眉山作为一对特定概念（智—行）的体现，也被佛教界广为接受了。至于五代，终南山僧善静来峨眉山也是为了"礼普贤银色世界"。此外，诸种《峨眉山志》并称昌福达道曾就"普贤云何驾石船"回答学僧问话，"石船"指峨眉山牛心石下的石船子，故有学者也将此作为峨眉山普贤道场

---

① 参见干树德：《"蒲公"故事及其历史内涵》，载《宗教学研究》，1999（2）。

确立的证据。① 但查遍宋代以前的各种佛教文献，没有找到相似的记载，当是后人附会。虽然如此，早在蒲公传说形成之前，峨眉山普贤道场已经基本建立应是事实，蒲公传说只是在此基础上进一步扩大了它的影响。宋人邵博曾言："又峨眉普贤寺，光景殊胜，不下五台，在唐无闻。"② 其不确切是显而易见的。

峨眉山普贤道场确立的根本因由，被普遍认为与山顶的"佛光"景象有关。文献所谓"普贤祥瑞"，许多学者认为指的就是峨眉山"佛光"③。干树德先生更进一步解释说：由于"佛光"的发现，而将峨眉山比附于《华严经》的"光明山"，终于使峨眉山成为普贤道场。类似推测有一定道理，因《华严经·菩萨住品处》明确称：

> 西南方有处，名光明山，从昔以来，诸菩萨众于中止住。现有菩萨，名曰贤胜，与其眷属三千人俱，常在其中而演说法。④

这与峨眉山顶被称为"大光明顶"的情形吻合，而"大光明顶"又正是"佛光"显现的地方。此外，五台山文殊道场的确立也对峨眉山普贤道场的确立起了推波助澜的作用。在《华严经》义理中，"主智"文殊与"主理"普贤本是一对范畴。有文殊道场，则必有普贤道场。文殊道场既因清凉山之名而被定在了五台山，按佛经称，普贤所住的光明山在西南方，而峨眉山恰在五台山之西南，且有"佛光"奇迹，便很自然地成了普贤道场的首选之地。所以，我们看到最早至峨眉山朝礼普贤的僧人，不是五台山僧，即五台、峨眉并参。肯定的，这里面存在着许多中国人的理

---

① 参见张妙：《唐宋峨眉山研究》，四川大学硕士学位论文，2007，24页。
② 邵博：《邵氏闻见后录》卷二八，北京：中华书局，1983，220页。
③ 例如，干树德先生即认为"人们是以'普贤祥瑞'来解说'佛光'"，向世山先生也认为蒲公所见"祥瑞"应是峨眉山的"佛光"景象。参见干树德《峨眉山普贤道场的形成》、向世山《金顶三相与峨眉佛教名山的关联性分析》，并载永寿主编《峨眉山与巴蜀佛教》。
④ 《大正藏》第10册，241页中、下。

解与发挥。首先，如华方田先生所指出的，《华严经·菩萨住处品》所言光明山在西南方应以北印度为中心，实在摩揭提的西南。[①]以五台山为中心确定方位，明显应是五台山僧的理解。其次，经中所说光明山为"贤胜"住处，将普贤等同于"贤胜"也是中国人因"贤"而作的发挥。凡此种种，虽被印光指斥为"援经而深悖于经"[②]，但对中国信众而言则不是不可以接受的。

峨眉山自古即有许多奇珍异木。宋祁在其《益部方物略记》中提到有竹柏、娑罗花、木莲花、石瓜等：

娑罗花，生峨眉山中，类枇杷。数葩合房，春开，叶在表，花在中，根不可移，故（俗）人不得为玩。赞曰：聚葩共房，叶附华外，根不得徙，见伟兹世。

竹柏，生峨眉山中，叶繁长而箨似竹，然其干大抵类柏而亭直，叶与竹类，致理如柏，以状得名，亭亭修直。

木莲花，生峨眉山中诸谷。状如芙蓉，香亦类之。一云，叶似辛彝，木干，花夏开，枝条茂蔚，不为园圃所莳。赞曰：葩秀木颠，状若芙蕖。不实而荣，馥馥其敷。

石瓜，生峨眉山。树端挺，叶肥滑，如冬青，甚似桑，花色浅黄，实长不圆，壳解而子始见。以其形似瓜，故里人名之。煮为液黄能治痹。赞曰：修干泽叶，结实如缀，肤解核零，可用治痹。

这些奇珍异木不只仅见于峨眉山中，关键还在于它们多数还不可别移，"不为园圃所莳"，因此，人们把峨眉山的自然特性赋予了它们，它们同时也就有了"故（俗）人不得为玩"的神秘意义。许止净《峨眉山志》卷八：

---

① 参见华方田：《关于峨眉山普贤菩萨信仰的哲学诠释》，载永寿主编：《峨眉山与巴蜀佛教》，57–63页。

② 印光：《重修〈峨眉山志〉流通序》，载许止净：《峨眉山志》，2页。

黄精，峨山产者甚佳。韦应物诗："灵物出西川，服食采其根。九蒸换凡骨，经著上世言。"宿进游峨诗云："拾得黄精须烂煮，饭侬明日上峨眉。"

所引韦应物诗名《饵黄精》，全诗如下：

> 灵药出西山，服食采其根。
>
> 九蒸换凡骨，经著上世言。
>
> 候火起中夜，馨香满南轩。
>
> 斋居感众灵，药术启妙门。
>
> 自怀物外心，岂与俗士论。
>
> 终期脱印绶，永与天壤存。[①]

"西川"原文为"西山"，晚唐五代多指青城山。"九蒸换凡骨，经著上世言"是说服食黄精可以脱凡成仙，见于传统道经。"候火起中夜，馨香满南轩"言其煎煮黄精的过程。"终期脱印绶，永与天壤存"，即期盼自己最终脱去仕宦羁绊、飞升成仙。韦氏在这首歌颂黄精的诗里，完全相信服食黄精可以脱凡成仙。如果韦庄之诗所吟还是青城山黄精，宿进之诗即明确言是峨眉山黄精了，而且相信一旦"拾得"煮食，立马即可成仙——明日就可以在山上饭请朋友了。又，陈耀文《天中记》卷三引《江邻几杂志》："峨眉雪蛆，大治内热。""雪蛆"又称冰蛆、雪蚕，传说是一种生于雪山之上的虫，能治积热。陆游认为雪蛆出在茂州雪山之中[②]，但未必不出在峨眉山上，因两地同属高寒的气候。何宇度《益部谈资·卷上》解说此药："雪蛆产于岷峨深涧中，积雪春夏不消而成者。其形如猬，但无刺，肥白，长五六寸，腹中惟水，身能伸缩，取食之，须在旦夕间，否则化矣。"不仅雪蛆成药非常神秘，连服食雪蛆都被神秘化了。不仅花

---

① 韦应物：《韦苏州集》卷八。
② 陆游：《老学庵笔记》卷六。

木虫鸟，连峨眉山山水石岩也被赋予了许多不同于别处的特性，如王羲之《与谢安书》称，峨眉山水伯仲昆仑。昆仑山是中国传说中的著名神山，故此类比暗示了峨眉山具有非同一般的神秘意义。以此作为背景，峨眉山很早即被传说盛产仙药。常璩《华阳国志》卷三《蜀志》引《孔子地图》称，汉武帝时即曾遣人上山采药。因此之故，道教里相传有很多道士前来峨眉山采药，并最终在山中修炼成仙，如我们前面提到过的陆通、瞿武等。其中，"药王"孙思邈入山采药最有影响。

传说为避唐太宗和唐高宗之请，孙思邈最后是隐于峨眉山中了。《太平广记》卷二一《孙思邈》：

……及玄宗避羯胡之乱，西幸蜀。既至蜀，梦一叟，须鬓尽白，衣黄襦，再拜于前。已而奏曰："臣孙思邈也，庐于峨眉山有年矣。今闻銮驾幸成都，臣故候谒。"玄宗曰："我熟识先生名久矣。今先生不远而至，亦将有所求乎?"思邈对曰："臣隐居云泉，好饵金石药。闻此地出雄黄，愿以八十两为赐。脱遂臣请，幸降使赍至峨眉山。"玄宗诺之，悸然而寤。即诏侍臣陈忠盛，挈雄黄八十两，往峨眉宣赐思邈。忠盛既奉诏，入峨眉。至屏风岭，见一叟貌甚俊古，衣黄襦，立于岭下，谓忠盛曰："汝非天子使乎? 我即孙思邈也。"忠盛曰："上命以雄黄赐先生。"其叟俯而受，既而曰："吾蒙天子赐雄黄，今有表谢。属山居无翰墨，天使命笔札传写以进也。"忠盛即召吏执牍染翰，叟指一石曰："表本在石上，君可录焉。"忠盛目其石，果有朱字百余，实表本也，遂誊写其字。写毕，视其叟与石，俱亡见矣。于是，具以其事闻于玄宗。玄宗因问忠盛，叟之貌与梦者果同，由是益奇之。自是或隐或见。咸通末，山下民家有儿十余岁，不食荤血。父母以其好善，使于白水僧院为童子。忽有游客，称孙处士，周游院中讫，袖中出汤末以授童子，曰："为我如茶法煎来。"处士呷少许，以余汤与之，觉汤极美，愿赐一碗。处士曰："此汤为汝来耳。"即以末方寸匕，更令煎吃。因与同侣话之。出门，处士已去矣。童子亦乘空而飞。众方惊异，顾视煎汤铫子，已成金矣。其后亦时有人见思邈者。

《太平广记》的材料"出《仙传拾遗》及《宣室志》"，前者为杜光庭所撰，后者为张读所撰，并是晚唐著述。也就是说，孙思邈隐于峨眉山的传说在晚唐以前已经有了。峨眉山至今仍有很多与孙思邈相关的遗迹，曹学佺《蜀中广记》卷一一："孙思邈居于白水，今之万年寺即白水寺"；范成大《吴船录》卷上："背倚白崖峰，右傍最高峻者曰呼应峰，茂真尊者与孙思邈相呼应于此"，"牛心本孙思邈隐居，相传时出诸山寺，人数见之"，"有孙仙炼丹灶在峰顶"；胡直《衡庐精舍藏稿》卷一二："后牛心寺为孙山洞……孙思邈丹灶药炉，制甚古。"孙思邈是否真到过峨眉山姑置不论，在类似的传说里，他显然已被打造成了以服食炼养为特征的峨眉山道教的代表。在他身上，凝聚了自汉晋以来峨眉山服食炼养道士的种种元素。

晚唐以降，峨眉山孙思邈的传说逐步向民间泛开，并有日渐虚化的趋势。赞宁《宋高僧传》卷二二《周伪蜀净众寺僧缄传附大慈寺亡名传》称：

嘉州罗目县有诉孙山人，赁驴不偿直。乞追摄问，小童云："是孙思邈也。"县令惊怪，出钱代偿。其人居（峨眉）山下，及出县，路见孙公取钱二百以授之，曰："吾元伺汝于此，何遽怪乎？"

黄休复《茅亭客话》卷四：

伪蜀眉州下方坝民姓家氏，名居泰，夫妻皆中年，唯一男。既冠，忽患经年羸瘵，日加医药，无复瘳减。父母遂虔诚置《千金方》一部，于所居阁上，日夜焚香，望峨眉山告孙真人，祷乞救护。经旬余，一夕，夫妇同梦白衣老翁云："汝男是当生时，授父母气数较少，吾今教汝：每旦父母各呵气，令汝男开口而咽之，如此三日，汝男当愈。"夫妇觉而皆说，符协如一，遂冥心依梦中所教。初则骨木强壮，次乃能食，而行积年，诸苦顿愈。后冠褐入道，常事真人无怠焉。

张君房《云笈七签》卷六〇载有《服气胎息诀》一则，称是"昔峨眉山仙人幽秘法"，或者就是此类调理方法。在类似的传说中，孙思邈或者是一个平常老人的形象，或者是一个救死扶伤的药翁。再后的传说，干脆连名字也简约成了"老人"：

> 宋文才者，眉州彭山县人也。文才初与乡里数人游峨眉山，已及绝顶。偶遗其所赍巾，履步求之。去伴稍远，见一老人，引之徐行，皆广陌平原，奇花珍木。数百步乃到宫阙，玉砌琼堂，云楼霞馆，非世人所睹。老人引登莘台，顾望群峰，棋列于地，有道士弈棋。青童采药，清渠濑石，灵鹤翔空。文才惊骇，问老人曰："此为何处？"答曰："名山小洞，有三十六天，此峨眉洞，天真仙所居第二十三天也。"揖坐之际，有人连呼文才名，老人曰："同侣相求，不可久住，他年复求可耳。"命侍童引至门外，与同侣相见，回顾失仙宫所在。同侣曰："相失已半月矣，每日来求，今日乃得相见。"文才具述所遇之异焉。[1]

此一泛化、虚化几乎改变了孙思邈的神圣形象，以至于后人怀疑"峨眉山有两孙思邈，一唐初人，一宋人"[2]。这样，以其"山中老人""采药老人"的形象，孙思邈与"蒲公"已经没有多大分别。[3]

　　如前所述，自汉晋以来峨眉山一直是著名的道教名山，道教影响很大。佛教虽有可能在晋南北朝时已经上山，然其影响一直居于道教之下。

---

① 张君房撰，蒋力生等注：《云笈七签》卷一一二引《神仙感遇传》，北京：华夏出版社，1996，690页。
② 王士禛：《居易录》卷二七。
③ 参见张妙：《峨眉山蒲公传说及其相关问题》，载《宗教学研究》，2007（2）。按，本节参考此文甚多，专此注明。

中唐以降，随着普贤道场的确立，情况逐渐发生了改变。至晚唐五代，峨眉山的道教影响日渐萎缩，佛教影响日渐增大，峨眉山逐步转换成了中国著名的佛教名山。蒲公传说恰好从另一个方面印证了此一转换过程。当孙思邈脱胎而成蒲公，并在采药过程中因神鹿指引而见普贤时，其所暗示的正是晚唐五代峨眉山道教影响衰微、佛教影响增大，道教不得不屈服于佛教，以药、仙为特征的炼养道术不得不让位于无边的普贤法界的历史事实。

蒋超《峨眉山志》卷三记载了一个关于中峰寺来历的传说：

中峰寺，一名集云（寺），在白云峰下，一名白岩（寺），本晋乾明观。时道士惑于三月三日升仙之说，岁为毒蟒所食。有资州明果禅师至，暗伏猎人射杀之。道士感激，改观为寺，事焉。

中峰寺（孙明经摄于1938年，峨眉山佛教协会提供）

同书卷四言明果大师，又称：

> 中峰（寺），始号乾明观。彼中道士每于三月三日效翟武升仙之法，岁以为常。师闻，知是妖孽，请让先升，暗伏猎人，箭缀丝纶，果中之，一白蟒也。寻理其处，乃见冠簪白骨盈窟。羽人悔悟，即观改为中峰寺，迎师承事焉。

明果大师为唐代僧人，前面已有详考，故此则传说只可能形成于唐至五代。"翟武"为瞿武之误。"三月三日"传说是黄帝的诞辰，道士于此日仿效瞿武举行升仙仪式，应不奇怪。皆为巨蟒所食，不存尸骨，由是被解释成为飞升成仙了，也在情理之中。明果大师驻锡于此，不信此邪，最后探得巨蟒食人的真相。道士感佩，遂将其乾明观赠予明果，改名为中峰寺。此一则道、佛较量的传说，以僧人的完胜作为结局，道观被改成了寺院，道士则全部改信了佛教——"迎师承事焉"。其折射的，还是晚唐五代峨眉山由道转佛的历史事实。

开凿于唐长庆四年（824）的敦煌莫高窟第159窟，彩绘《普贤文殊赴会图》上有普贤居处峨眉山屏风两扇；被视为吐蕃统治敦煌时期密教遗迹的第361窟，亦有类似主题的画作。[①] 也就是说，还在唐武宗灭佛之前，峨眉山作为普贤菩萨的道场已经开始为人接受。之后，伴随唐僖宗避难入蜀，大量的佛教资源流入巴蜀，促进了晚唐巴蜀佛教的兴盛。前、后蜀相续，统治者继续支持和推行佛教，巴蜀佛教得以稳定持续地发展。已经转型成为普贤道场的峨眉山，借此迅速向民间推开，最终成了广大信众普遍认同的佛教圣地。据黄休复《益州名画录》卷下称：中和年间

---

① 参见赵晓星：《吐蕃统治敦煌时期的密教研究》，兰州大学博士学位论文，2007，116-123页。

（881-885），"（成都）大圣慈寺六祖院罗汉阁上，（画有）《峨眉山》《青城山》《罗浮山》《雾中（山）》四堵"①。由此可知，几乎是与《五台山图》的出现同时，单独的《峨眉山图》也已成了画家喜爱的主题。黄休复《益州名画录》卷中《李升传》：

> 李升者，成都人也，小字锦奴。年才弱冠，志攻山水，天纵生知，不从师授。……遂出意写蜀中境，山川平远，心思造化，意出先贤。数年之中，创成一家之能，俱尽山水之妙。每含毫就素，必有新奇。《桃源洞图》《武陵溪图》《青城山图》《峨眉山图》《二十四化山图》，好事得之，为箱箧珍；后学得之，为亡言师。②

李升是五代后唐时期的画家，其著名画作中也有《峨眉山图》。同书同卷《黄居寀传》：

> 居寀，字伯鸾，（黄）筌少子也。画艺敏赡，不让于父。……淮南通好之日，居寀与父同手画《四时花雀图》《青城山图》《峨眉山图》《春山图》《秋山图》，用答国信。③

如此众多的《峨眉山图》说明，峨眉山在晚唐五代已经成了时尚的绘画题材。这固然得益于峨眉山优美的景致，同时也与其佛教影响的增大有关。峨眉山已不仅仅是一座佛教名山，而且是普贤菩萨的道场，与五台山文殊道场共同构成了佛教理行并重的一对符号。故在五代敦煌写本《诸山圣迹志》里，已有五台山为"金色世界"、峨眉山为"白银世界"的对举，并称峨眉山"遍山总如银色，即普贤菩萨所居处也"。④

---

① 黄休复：《益州名画录》卷下《有画无名》，北京：人民美术出版社，1964，60页。
② 黄休复：《益州名画录》卷中《李升传》，27页。
③ 黄休复：《益州名画录》卷中《黄居寀传》，34页。
④ 郑炳林：《敦煌地理文书汇辑校注》，266-306页。

第四章　宋代峨眉山佛教的初次兴盛

纵观峨眉山佛教的发展历史，曾经有过两次兴盛的局面：第一次是在宋代，第二次则在明万历年间。顺应晚唐五代以来的发展趋势，两宋时期，峨眉山佛教有一个全面的资源整合，由此奠定了其后峨眉山佛教的基本格局。明代的第二次兴盛，事实上也是在此基本格局上的进一步发展。

一、宋代皇帝的重视与恩赐

公元960年，宋太祖赵匡胤夺取后周政权建立北宋。到太平兴国四年（979），宋太宗赵光义征服十国的最后一国——北汉，最终结束了五代十国的分裂局面，社会生活走上了安定的道路。得到历代帝王的扶持，峨眉山佛教迎来了它的初次兴盛。

第一，志磐《佛祖统纪》卷四三：乾德四年（966），宋太祖"敕内侍张重进往峨眉山普贤寺庄严佛像，因嘉州屡奏白水寺普贤相见也"①。乾德三年（965）后蜀被灭，巴蜀正式纳入宋朝版图。但灭蜀后，宋军欺压民众、滥杀降卒，导致巴蜀民众不满，先后爆发了蜀卒与民众的反抗。值此民怨沸腾之际，嘉州屡奏普贤示相于峨眉山中，深得宋太祖欢心，因其可以化解巴蜀民众的怨愤、肯定宋朝统治的顺天应人。于是，宋太祖立即派遣内侍张重进前往峨眉山修寺装像。当然，除了化解巴蜀社会矛盾的直接目的，宋太祖此举还有借此重建新朝佛教秩序的用意。虽然宋朝取自后周，但不同于后周的抑佛，宋太祖借对峨眉山等佛教圣地的推崇，内里含有支持佛教的新朝态度。于此特殊的政治形式下，峨眉山佛教顺天应人地开启了朝廷的宠渥之门。曾巩《隆平集》卷一："开宝五年（972），赐峨眉山新寺名光相。"说是"新寺"，其实是对旧有普光殿的扩建，竣工后将寺名赐改成了光相寺。按张妙的意见：自唐僖宗敕建黑水华藏寺之后，光相寺是由朝廷敕建的第二座寺庙，足见宋太祖对峨眉山佛教的格外推崇。②

宋太宗立，顺应民间菩萨信仰的兴起，接过前代文殊、普贤的对举，增强了对五台山与峨眉山的推崇。志磐《佛祖统纪》卷四三：

> （太平兴国五年，980年）正月，敕内侍张廷训往代州五台山造金铜文殊万菩萨像，奉安于真容院。诏重修五台十寺。……敕内侍张仁赞往成都铸金铜普贤像，高二丈，奉安嘉州峨眉山普贤寺之白水，建大阁以覆之。诏重修峨眉五寺。……（五月）敕内侍卫钦往泗州修僧伽大师塔，凡十三层。改普照王寺为太平兴国。③

除了以皇帝的名义肯定五台与文殊、峨眉与普贤的对应关系外，唐代以

① 《大正藏》第49册，395页中。
② 参见张妙：《唐宋峨眉山研究》，载《中国西南文化研究》第十二辑，149–206页。
③ 《大正藏》第49册，397页下–398页上。

山东兖州隆兴寺"安葬舍利"碑（采自《山东省兖州市佛教历史文化研究参考资料》）

来传为观音化身的僧伽大师也被宋太宗给予了特别推崇。太平兴国八年（983）六月，"泗州奏僧伽塔白昼放光，士民然顶臂香供养者，日千余人。敕内侍奉释迦舍利藏之塔下"①。至宋真宗，大中祥符六年（1013）八月，"诏谥泗州僧伽大士'普照明觉大师'，公私不得指斥其名"②。由此构成了佛教所谓的"三大士"组合（普陀山与观音对应虽然起于晚唐，但被稳定纳入"三大士"组合则在南宋以后）。欧阳修曾经撰有一篇《泗州塔下并峨眉山开启谢袷享礼毕道场斋文》③，由此揭示的也是如峨眉、泗州并

---

① 志磐：《佛祖统纪》卷四三，《大正藏》第49册，398页下-399页上。
② 志磐：《佛祖统纪》卷四四，《大正藏》第49册，404页下-405页上。
③ 欧阳修撰，李逸安点校：《欧阳修全集》卷八八，北京：中华书局，2001，1283页。

及五台已经成为国家佛教道场的事实。宋初，于阗僧人法藏携带佛顶骨入宋，奉敕"巡礼圣境"，"云游西川至峨眉、代州五台山、泗州，逐处斋僧一万人，各送金襕袈裟一条"[1]。其展示出来的，则是宋朝政府之于佛教的一次国家朝礼行为。黄启江先生认为：从宋太宗亲遣内侍负责五台、峨眉两山的寺院修建，借亲信内侍与寺院直接沟通，通过与僧侣的合作得到政治上的回报，可以看出宋代统治者更多的是想借用佛教达到其巩固政权的目的，而不是仅仅从崇佛的角度考虑。五台山和峨眉山梵刹的修建不过是宋太宗借佛教治理天下的一种表现罢了。[2]质言之，峨眉山被进一步推崇首先是宋初国家佛教政策的大势所然。正如美国学者詹姆斯·哈格特所言："如果不带着帝国的赞助与支持，峨眉山绝不可能变成一个主要的佛教中心。"[3]雍熙北伐（986）失败后，五台山大部分落入辽朝控制，加速了朝廷对峨眉山的推崇。[4]

第二，因为宋军的胡作非为，后蜀被灭很长一段时间后，巴蜀民众仍然对其怀念有加。[5]这让宋朝政府深感头痛，于是沿袭太祖做法，宋太宗时继续加恩于峨眉山。太平兴国七年（982）正月，嘉州通判王衮奏："近往峨眉提点白水寺修造，见瓦屋山皆变金色，中有丈六金身普贤。次日午中，见罗汉二身乘紫云行空中。"[6]八年（983）六月，"敕太原、成都铸铜钟赐五台、峨眉名山。遣挂之日，两山皆有梵僧十余空中奉迎其钟，

---

① 参见谭世宝：《兖州兴隆塔地宫宋嘉祐八年十月六日"安葬舍利"碑考释》，载《山东省兖州市佛教历史文化研究参考资料》，兖州：兖州宗教局编印，2009。

② 参见黄启江：《北宋佛教史论稿》，台北：台湾商务印书馆，1997，40页。

③ James M. Hargett, *Stairway to Heaven: A Journey to the Summit of Mount Emei*, Albany: State University of Ney York Press，2006. p.137.

④ 参见韩坤：《峨眉山及普贤道场研究》，四川省社会科学院硕士学位论文，2007，51页。

⑤ 参见吴天墀：《张咏治蜀事辑》，载《吴天墀文史存稿》，成都：四川大学出版社，1998；黄博：《甲午再乱：北宋中期的蜀地流言与朝野应对》，载《四川师范大学学报（社会科学版）》，2013（1）。

⑥ 志磐：《佛祖统纪》卷四三，《大正藏》第49册，398页上。

声闻百里"①。雍熙四年（987），"敕内侍送宝冠、璎珞、袈裟往峨眉普贤寺。是日，众见普贤大士乘紫云行空中，久之方没"②。端拱二年（989），"敕内侍谢保意领将作匠，赐黄金三百两，往峨眉饰普贤像、再修寺宇，并赐御制文集，令直院徐铉撰记"③。徐铉在其记文中称：巴蜀有很深的佛教根基，在"皇风初被，汙俗尚繁"的情形下，选择"独标殊胜"的峨眉山建寺造像，让"瞻之者耳目咸新，闻之者身心共肃"，"足以助王道之和平，致苍生于仁寿"，"使三蜀之地，一切有情，皆冲气以含和，尽革凡而成圣"。④中使此次至峨眉山，据说还在山上见到了已经仙去的陈抟。⑤如果注意到每次加恩行为之后，基本上都有类似普贤、罗汉"显圣"的情形，或如陈抟之类的仙真"现形"，就很好理解宋朝政府借此化解巴蜀社会矛盾的用意了。只是其效果未必如宋朝政府的预期，很快又爆发了王小波、李顺起义。事平之后，宋真宗继续了太宗以来的宗教化解策略。即位当年（997）十二月，宋真宗即"诏嘉州峨眉山白水普光王寺上下共六处寺院，每年承天节与度五人"⑥。承天节为宋真宗诞节，借此而给峨眉山六处寺院度人指标，目的当然是希望它们能够发挥佛教安定地方的作用。咸平三年（1000）正月，宋真宗遣中使至峨眉山进香，还至成都，遭遇王均兵变。⑦事平之后，咸平五年（1002）七月，宋真宗下诏"免嘉州峨眉山普贤寺田租"⑧。大中祥符二年（1009）三月，宋真宗又诏"嘉州白水普贤寺、黑水华藏寺、中峰乾明寺三寺，每年各度行者三

① 志磐：《佛祖统纪》卷四三，《大正藏》第49册，398页下。
② 志磐：《佛祖统纪》卷四三，《大正藏》第49册，400页上。
③ 志磐：《佛祖统纪》卷四三，《大正藏》第49册，400页中。
④ 徐铉：《骑省集》卷二五《大宋重修峨眉山普贤寺碑铭并序》。
⑤ 张辂：《太华希夷志》卷下。
⑥ 徐松辑：《宋会要辑稿·道释》一之一七。
⑦ 徐松辑：《宋会要辑稿·兵》一〇之一〇。
⑧ 李焘：《续资治通鉴长编》卷五二咸平五年六月庚子。

人"①；大中祥符四年(1011)三月，"诏赐黄金三千两，增修峨眉山普贤寺，设三万僧斋，岁度僧四人"②。至道年间（995-997），曾诏两浙、福建路"每寺三百人，岁度一人；尼百人，度一人"③。而当时的普贤寺、华藏寺、乾明寺应都没有三四百僧的规模，此类特许显然促进了峨眉山僧人数量的快速增长。直到天禧元年（1017）三月，宋真宗尤诏："自今游峨眉山，不得停止川峡。时有逾年不还，因而为盗，故条约焉。"④害怕官员以进香为名骚扰山寺和地方。在政府控制与地方民情的博弈中，峨眉山佛教的地位得到了前所未有的提升。

第三，峨眉山获得特别推崇，与一个名叫茂真（也作"茂贞"）的和尚有关。志磐《佛祖统纪》卷四三：

淳化五年（994），蜀民李顺反陷成都。上遣昭宣使王继恩攻破之，复命参知政事赵昌言充川陕路兵马都使。既行，时峨眉高僧茂贞赴召，谓上曰："昌言额绞有反相，不宜委以蜀事。"上方悔之。及昌言至凤翔，时寇准为守，密上书言："昌言有重名，无子息，不可授以兵柄。"上得疏，忆茂贞言，大惊，乃以昌言知凤翔，而召寇准参政事。⑤

此事亦见于李焘《续资治通鉴长编》卷三六"淳化五年九月"：

先是，有峨眉山僧茂贞者，以术得幸，尝言于上曰："赵昌言鼻折山根，此反相也，不宜委以蜀事。"于是，昌言行既旬余。或又奏："昌言素负重名，又无嗣息，今握兵入蜀，恐后难制。"上亟幸北苑，召宰相谓曰："昨遣昌言入蜀，朕徐思之，有所未便。盖蜀贼小丑，昌言大臣，不可轻动。宜令且驻凤翔，为诸军声援，但遣内侍押班卫绍钦，赍手书往指挥军事，

---

① 徐松辑：《宋会要辑稿·道释》一之二〇。
② 志磐：《佛祖统纪》卷四三，《大正藏》第49册，404页中。
③ 志磐：《佛祖统纪》卷五一，《大正藏》第49册，452页下。
④ 李焘：《续资治通鉴长编》卷八九天禧元年三月丁未。
⑤ 志磐：《佛祖统纪》卷四三，《大正藏》第49册，401页上、中。

亦可济矣。"昌言已至凤州，诏追及之，因留候馆。

茂真精通术数应无疑义，并以此颇得宋太宗的宠信。许止净《峨眉山志》卷五又称：

> 宋高僧茂真居白水寺，太平兴国五年（980）二月奉诏入朝。太宗赐诗美之，馆于景德寺。舒王元珍以梦兆语真，真曰："当有储嗣。"果育仁宗。既归，重兴五山六寺。后遣张仁赟赍黄金三千两，于成都铸普贤大士像，高二丈六尺，至今供奉。

依此记载，茂真首次"奉诏入朝"当在太平兴国五年，淳化五年再次"赴召"，说明其在宋太宗时往来京城十分频繁。此一情形应该一直延续到宋真宗时，李焘《续资治通鉴长编》卷七九"大中祥符五年（1012）十二月"：

> 辛巳，谥峨眉山僧茂贞曰"明果"。上语辅臣曰："茂贞修行精至，每见王公戚属，皆随其性劝导之，多云为善于身，尽忠于君，则可以保延福寿长守富贵。且预知将亡，趺坐而化，此亦可嘉也。"

以谥"明果"确定，茂真一定示寂于大中祥符五年。而从真宗语其辅臣之言可以证实，茂真的确深得真宗青睐。"元珍"为"元偁"之误，为宋太宗之子，与真宗为兄弟，初封安定郡王，真宗时进封舒王[1]。茂真解梦之事应在宋真宗时，即元偁进封舒王之后，以宋仁宗生于大中祥符三年（1010）四月判断，当以大中祥符二年（1009）年初为宜。许止净《峨眉山志》笼而统之的叙述，混淆了敕铸峨眉山普贤铜像与茂真解梦的前后顺序，留待后说。又，志磐《佛祖统纪》卷四四：

> （大中祥符）五年（1012）二月，诏嘉州峨眉山沙门茂贞入见，上赐以诗，馆于景德寺。舒王元偁梦青衣童持书以授中使，足蹈黄云，隐隐而没。

---

[1] 沈炳震：《廿一史四谱》卷一一。

王以问师，答曰："将有储嗣降孕之庆。"未几，仁宗生。^①

宋仁宗既生于大中祥符三年，茂真于大中祥符五年入朝解梦即明显滞后，逻辑上应不成立，故疑"大中祥符五年"应为"太平兴国五年"之误。无论怎样，得到太宗、真宗的格外看顾，茂真和尚在提升峨眉山佛教地位上确实功莫大焉。

凡此种种，已见峨眉山佛教在宋初的地位极重。而其标志性事件，即朝廷出资在成都为其铸造普贤巨像，明确表示了朝廷对峨眉山普贤道场的认同。太平兴国五年（980）正月，宋太宗在敕五台山造金铜文殊像的同时，亦令峨眉山造金铜普贤像。按胡昭曦等先生的考订，限于当时的铸造水平和交通状况，高7.4米、重62吨的普贤铜像不可能在当年完成，应该是在雍熙四年，也就是内侍送"宝冠、璎珞、袈裟"之时才铸造完成的。^② 故太平兴国七年、八年峨眉山所显祥瑞皆是罗汉、梵僧之类（不含瓦屋山普贤示现），而在雍熙四年普贤铜像铸成并安放峨眉山后，祥瑞变成了普贤示现。据志磐《佛祖统纪》卷四三称：铜像安立后，端拱二年，宋太宗又另拨黄金装饰铜像，连带安立的普贤寺也得到了"再修"，以不辜负此尊体量巨大、铸造精湛的铜像。^③ 从徐铉《大宋重修峨眉山普贤寺碑铭并序》中，我们可以窥见"再修"之普贤寺概貌：

> 耽耽正殿，辚辚飞甍，玉瓷丹楹，金铺琐闼。洞户顺阴阳之候，中宸变寒暑之威。揭以端闱，绕之周庑。铸洪钟之万石，贯猛虎之千钧。巇嶪凌空，铿訇震野。其后则层楼入汉，飞陛连云。彩槛离楼，冠余霞而上出；璇题玓瓅，缀列宿以旁回。神明之台，不足以语其高；天梁之宫，不足以矜其丽。烁金为字，写大藏之经秘于上，逾五百函；范铜为像，拟普贤之容

① 《大正藏》第49册，404页下。
② 参见胡昭曦等：《宋代蜀学研究》，成都：巴蜀书社，1997，365页。
③ 《大正藏》第49册，400页中。

设于下，高二十尺。味其文，则如来之宗旨可得而观；礼其相，则菩萨之威神于是乎在。①

因此之故，白水普贤寺在宋太宗时已经成了峨眉山上规模最为宏大的寺院。

虽然五台、峨眉同时开造应有特别的考虑，但茂真与宋太宗的特别关系，应在敕铸峨眉山普贤铜像中起了促进作用。不仅如此，茂真还应该是铸造此尊巨型铜像的直接督造人，甚至是再修普贤寺的负责人。因其如此，峨眉山文献总将该像的铸造与茂真联系起来，乃至将后来发生的入朝解梦变成了起因。在信众认同的神圣叙事里，峨眉山普贤铜像的铸造不应只是一桩偶然的历史事件。

宋真宗后，各代帝王沿袭宋初宗教政治的惯性，保持了对峨眉山普贤道场的特别恩宠。天圣元年（1023）六月，嘉州犍为县驻泊防遏边界公事王屺正请于长宁节（章献皇太后诞辰）、乾元节（宋仁宗诞辰）"就峨眉山设斋及备土贡，令子弟入献，仍请给馆券"，宋仁宗"从之"。② 作为一种政治传统，遣使至峨眉山进香也被宋仁宗沿袭，乃至考察蜀中官员德行也常借中使进香峨眉的机会。③ 此外，宋仁宗时还曾在峨眉山启建道场，为国祈福。欧阳修《泗州塔下并峨眉山开启谢袷享礼毕道场斋文》称：

兹者冬物告成，因飨亲而达孝；神里来觌，既均庆之以时。惟盛礼之弗违，荷巨慈之劳佑。即灵场而申报，冀冥鉴之孔昭。荐此诚明，期于福应。④

---

① 徐铉：《骑省集》卷二五《大宋重修峨眉山普贤寺碑铭并序》。
② 杨仲良：《通鉴长编纪事本末》卷二七。
③ 程颢、程颐：《二程全书》卷二一上。
④ 欧阳修撰，李逸安点校：《欧阳修全集》卷八八，1283页。

峨眉山万年寺宋铸普贤铜像（段玉明摄）

此行为后来也成定制，为之后的各代帝王所绍继。南宋淳熙十二年（1185），范成大游峨眉山，在白水普贤寺曾见太宗、真宗、仁宗三朝御赐宝物：

> 甲午，宿白水寺。大雨，不可登山。谒普贤大士铜像，国初敕成都所铸。有太宗、真宗、仁宗三朝所赐御制书百余卷，七宝冠、金珠璎珞、袈裟、金银瓶钵、奁炉、匙箸、果罍、铜钟、鼓、锣、磬、蜡茶、塔、兰草之属。……内仁宗所赐红罗紫绣袈裟，上有御书发愿文曰："佛法长久，法轮常转，国泰民安，风雨顺时，干戈永息，人民安乐，子孙昌盛，一切众生，同登彼岸。嘉祐七年（1062）十月十七日，福宁殿御札记。"次至经藏，亦朝廷遣尚书工作宝藏也。正面为楼阙，两旁小楼夹之，钉铰皆以与输石，极备奇靡，相传纯用京师端门之制。经书则造于成都，用碧硾纸销银书之，卷首悉有销金图画，各图一卷之事。经兼织轮相铃杵器物，及"天下太平""皇帝万岁"等字于繁花缛叶之中，今不复见此等织文矣。次至三千铁佛殿，云普贤居此山，有三千徒众共住，故作此佛，冶铸甚朴拙。[①]

不仅太宗、真宗赏赐丰厚，宋仁宗也曾赐予白水普贤寺红罗紫绣袈裟之类，说明其在对待峨眉山佛教的态度上延续了前代的恩宠。不只恩宠，还有保护。天圣十年（1032）五月，针对来峨眉山朝圣的僧人剧增，"苟无约束，恐致为非"，遂州李景上书，希望朝廷降诏，"限一月发遣出山"。宋仁宗采纳了李景的建议，但对稽留时日作了宽限，"诏申一季之限"[②]。凡此种种，均见宋仁宗于峨眉山别有关照。

李焘《续资治通鉴长编》卷二八〇"熙宁十年（1077）正月己卯"条记，"遣侍御史周尹，乘驿赍御香，往嘉州峨眉山白水寺"。毫无疑问，宋神宗继承了前代遣使进香峨眉的政治传统。而且，"以上批两川丰稔"，

---

① 范成大：《吴船录》卷上。
② 徐松辑：《宋会要辑稿·刑法》二之一八。

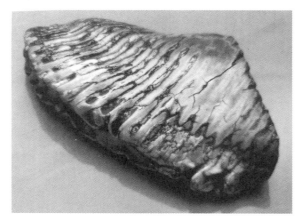

峨眉山万年寺藏宋僧取自斯里兰卡的佛牙（峨眉山佛教协会提供）

周尹"常言"："有母在成都，可因奉使，令迎侍故也。"因为巴蜀富庶，有母在蜀的周尹常借奉使峨眉山进香回蜀骚扰，说明其奉使进香峨眉山不是孤例，而是一种传统。另外，有学者引吴曾《能改斋漫录》称宋代常有内侍奉敕往峨眉山烧香祈福[①]，但我们没有在该书中找到类似的记载。无论怎样，峨眉山在宋代已经成了国家重要的祈福道场之一。

南宋建立，因为文化重心偏于东南，加上巴蜀地区不断受战争纷扰，各代帝王对峨眉山的眷顾有所收敛，宋初那种过度恩宠日渐稀少。但经北宋时期历代帝王的扶持，峨眉山佛教已经蔚成气候、影响非凡了。

① 参见张泽洪：《唐宋峨眉山与成都佛教》，载永寿主编：《峨眉山与巴蜀佛教》，187-195页。

二、宋代峨眉山的高僧大德

宋代以前，佛教虽然已在峨眉山颇有影响，但关于峨眉山高僧的记载，除了支离破碎的诗文与禅宗灯录的只言片语，很难见到较详细的材料。降及宋代，峨眉山的高僧有了较多的记载，能够让我们得其大略。

宋初，僧人继业随三百余僧奉敕前往印度求法，归来后驻锡于峨眉山牛心寺。继业等人出使印度的详细情形未被史籍记录下来，长期湮没无闻。南宋淳熙四年（1177），范成大游峨眉山，在牛心寺见其遗著，始才使其事迹昭然于世。其《吴船录》卷上载：

此（牛心）寺，即继业三藏所作。业姓王氏，耀州（今陕西铜川）人，隶东京天寿（寺）。乾德二年（964），诏沙门三百人入天竺求舍利及贝多叶书。业预遣中，至开宝九年（976）始归寺。所藏《涅槃》一函，四十二卷。业于每卷后，分记西域行程，虽不甚详，然地里大略可考，世所罕见，录于此，以备国史之阙。

《涅槃》应即《大般涅槃经》，为继业出使时随身所带经书。其出使行程被继业分别记录在该经的卷后，虽很简略，然其大概里程已经明晰。故范氏以为价值极大——"世所罕见"，"（可）以备国史之阙"。继业出使的时间，志磐《佛祖统纪》卷四三：

（乾德）四年，诏秦凉既通，可遣僧往西竺求法，时沙门行勤一百五十七人应诏。所历焉耆、龟兹、迦弥罗等国，并赐诏书谕令遣人前导，仍各赐装钱三万（行装钱三十贯文）。①

---

① 《大正藏》第49册，395页中。

这与《宋书》卷四九〇《天竺传》记载相似：

> （乾德）四年，僧行勤一百五十七人诣阙上书，愿至西域求佛书，许之。以其所历甘、沙、伊、肃等州，焉耆、龟兹、于阗、割禄等国，又历布路沙、加湿弥罗等国，并诏谕其国令人引导之。

而《吴船录》卷上所载继业行程："业自阶州出塞，西行灵武、西凉、甘、肃、瓜、沙等州，入伊吾、高昌、焉耆、于阗、疏勒、大石诸国。"与《佛祖统纪》《天竺传》所述行程基本一致——都有甘、肃、沙洲以及伊吾、焉耆、于阗等地，应该是同一次出使，故王邦维先生指出乾德二年（964）应为乾德四年（966）之误。① 开宝九年（976），继业自印度返回，太祖已经驾崩，太宗即位。因西行求法有功，太宗准其于全国择一名山居修行。继业于是"登峨眉，北望牛心，众峰环翊，遂作庵居，已而为寺"，"年八十四"示寂于峨眉山上。② 所建之庵即后来的牛心寺，许止净《峨眉山志》卷四认定此为后牛心寺，前牛心寺在双飞桥上的牛心岭。因兴建后牛心寺之功，继业成了宋代峨眉山高僧大德中不可或缺的一位。③

在宋初高僧中，还有一位更为重要的人物，那就是前文提到过的茂真和尚。依据前文，淳化五年（994）茂真已经奉诏入京，其在之前应已相当知名，因以方受太宗召见。具体行迹已见前述，此不重复。高承《事物纪原》卷七言开封"又有观音院，峨眉僧茂正所建"，此"茂正"即应该是茂真的异写，观音院为其在京城时所建。大中祥符五年（1012）示寂以后，宋真宗评价其"修行精至"，多以"为善于身，尽忠于君，则可以保延福寿，长守富贵"劝勉王公戚属，应是一位在宗教与政治之间尺度拿捏得很准的高僧。也因如此，不仅茂真备受朝廷的重视，峨眉山佛

---

① 王邦维：《峨眉山继业三藏西域行程略笺释》，载永寿主编：《峨眉山与巴蜀佛教》，179–186页。
② 范成大：《吴船录》卷上。
③ 参见张妙：《唐宋峨眉山研究》，载《中国西南文化研究》第十二辑，149–206页。

教在宋初的迅速发展也得益于他。

除了继业和茂真两位闻名朝野的高僧外，出自峨眉的宝华怀古大师，生卒履历不详，宗嗣法眼①，与希昼、保暹、文兆、行肇、简长、惟凤、惠崇和宇昭并称为"九诗僧"。这是一个著名的诗僧流派，活跃于宋太宗和宋真宗两朝。其诗文特点主要是将禅宗意境融于诗文之中，达到禅宗与文学的有机结合。②可惜的是，怀古大师的诗流传下来很少（《圣宋九诗僧》收录九首），其传世名句有"雾开杂草回，风逆到花迟"③"马放降来地，雕盘战后云""春生桂岭外，人在海门西"④等，风格则不逾于晚唐体之清雅飘逸、质朴自然⑤。据学者考证推测，怀古早年或曾驻锡于峨眉中峰寺，晚又归居峨眉，并创建了万寿堂殿。⑥

峨眉山除了有诗僧怀古大师，还有一位画僧道宏。道宏，俗姓杨，峨眉人，邓椿《画继》卷五《道宏传》载："受业于云顶山，相貌枯瘁，善画山水、僧佛。晚年似有所遇，遂复冠巾，改号'龙岩隐者'。"道宏晚年做道士打扮，是"由佛入道"的一个特例。此人性格相当怪异，同书同卷又载："其族甚富，宏不复顾，止寄迹旅店，惟一空榻。""又凡如厕，必出郭五里外，乡人怪讶，每随而窥之，既就溷，则无复便利，但立语再四而出。"然其画技却相当出色，"每往人家画土神，其家必富，画猫则无鼠"。

① 居顶：《续传灯录》卷一○，《大正藏》第51册，529页上。
② 参见许红霞：《宋初九僧丛考》，载北京大学中文系古典文献专业、古文献研究所编著：《古典文献研究论丛》，北京：北京大学出版社，1995，64页。
③ 方岳：《深雪偶谈》，程毅中主编：《宋人诗话外编》，北京：国际文化出版社，1996，1343页。
④ 欧阳修：《六一诗话》九，《六一诗话·白石诗说·滹南诗话》，北京：人民文学出版社，1962，8页。
⑤ 参见陈洁：《怀古和尚的"晚唐体"诗作赏析》，载峨眉山佛教协会编：《历代祖师与峨眉山佛教》，218-226页。
⑥ 参见周聪：《谈诗僧怀古禅师》，载峨眉山佛教协会编：《历代祖师与峨眉山佛教》，204-217页。

许止净《峨眉山志》卷五记："宋白水如新禅师，玄沙师备法嗣，雪峰义孙，宋初住白水寺。"既嗣玄沙师备，则为法眼宗僧可知。然查法眼世谱，并无如新其人。道原《景德传灯录》卷二二言漳州保福院从展禅师法嗣25人，中有"舒州白水如新"①。契嵩《传法正宗记》卷八亦称漳州保福院从展禅师法嗣25人，"一曰舒州白水如新者"②。由于保福从展、玄沙师备二人均是雪峰义存法嗣，许氏《峨眉山志》当是将保福从展误成了玄沙师备。各种世谱并称"舒州白水如新"，知如新驻锡之白水寺在舒州，不在峨眉山。正受《嘉泰普灯录》卷二四另有"舒州海会如新禅师"③，虽然吴立民主编的《禅宗宗派源流》将其分为二人④，但很有可能就是一人，即如新分别驻锡过舒州的白水寺与海会院。如此，则如新主要活动应在舒州一带，《峨眉山志》的编撰者因"白水（寺）"而将其误为了峨眉山僧。

竟钦，益州（今四川成都）人，"受业于峨眉洞溪山黑水寺，观方慕道，预云门法席，密承指喻"。后于韶州双峰山建寺弘法，禅风机警严实。僧问："如何是佛法大意？"竟钦答称："日出方知天下朗，无油那点佛前灯！"又问："如何是双峰境？"答称："夜听水流庵后竹，昼看云起面前山。"有行者问："某甲遇贼来时，若杀即违佛教，不杀又违王敕，未审师意如何？"慧真广悟曰："官不容针，私通车马。"南汉国主曾向其亲问法要，赐号"慧真广悟"。太平兴国二年（977）五月，竟钦示寂于双峰山兴福院，其机缘偈语见于《景德传灯录》。⑤洞溪山在洪雅，黑水寺在峨眉山，两者不同地属，竟钦禅师到底是受业于洞溪山还是黑水寺，抑或洞溪山亦有黑水寺，有待进一步的材料证实。

---

① 《大正藏》第51册，379页下。
② 《大正藏》第51册，758页下。
③ 《卍续藏经》第137册，338页上。
④ 吴立民主编：《禅宗宗派源流》，北京：中国社会科学出版社，1998，645页。
⑤ 道原：《景德传灯录》卷二二，《大正藏》第51册，385页中。

赵抃《清献集》五有《送海印长老赴峨眉都僧正》诗二首:

其一

归根落叶舞秋风,入蜀分携潓水东。

欲别何烦示圆相,普贤今作主人翁。

其二

片云无着又西还,过尽秦山上蜀山。

我独为师欢喜处,一程程入旧乡关。

从"归根落叶""又西还""入旧乡关"等不难看出,海印长老本是峨眉山僧,此次返回峨眉任职僧正,说明其有很好的社会影响,并与政府保有良好的关系。"普贤今作主人翁"既是对峨眉山普贤道场的描述,也是对海印长老执掌峨眉山佛教的赞誉——以普贤菩萨比喻海印长老,内中含有望其发扬普贤菩萨精神的激励。

黄庭坚《山谷别集》卷二有《戏呈峨眉僧正简之颂》,正简为峨眉山僧应无疑问,颂中"普贤菩萨不来"就普贤道场言,"惊起峨眉衲子"就正简和尚言,而"夜来月上胜峰,说尽萨提露布"则就佛山神圣言。同书卷一五《与宋子茂书》复又提到"峨眉僧晓贤",此晓贤也是峨眉山僧无疑。

清觉(1043-1121),号本然,熙宁二年(1069)依汝州龙门山宝应寺海慧大师剃染之后,遵其师嘱,"初参嘉州峨眉山千岁和尚,次抵淮西舒州(今安庆路)浮山,结庵于太守岩,宴坐二十年",后至杭州,于灵隐寺后白云庵自立门户,号"白云宗"。[①] 参千岁和尚当非实言,而是一种借代修辞。就其"初参"申发,峨眉山佛教对清觉的影响应该很大,将其视为峨眉山僧亦无不可。

---

① 觉岸:《释氏稽古略》卷四,《大正藏》第49册,886页上、下。

许止净《峨眉山志》卷五:"宋白水宗月禅师,谷隐静显法嗣,黄龙慧南之孙,与晦堂祖心兄弟。"谷隐静显为仰山行伟弟子,仰山行伟嗣法黄龙慧南,故白水宗月当为黄龙慧南三世法孙,亦不可能与晦堂祖心同辈。号称"白水宗月",则其得心印后应该驻锡于峨眉山白水寺。南宋宁宗时期,日本永平道元禅师入宋求法,曾"谒宗月、月堂、无象诸大老,莫不机契"[①]。此"宗月"应该不是白水宗月,因其住世年代不可能如此之长。

禅惠,名山(今四川名山)人,家世业儒,屡举不第。元符年间(1098—1101)弃儒从释,初住本邑天宁寺,"力参祖道,得大开悟"。禅惠行为放浪,出入必策马乘舆。有僧以佛法贵苦行而不宜乘舆马、服绮绣相劝,答称:"文殊驾师子,普贤跨象王。新来一个佛,骑马也无妨。"说法机锋敏捷,有语录数卷行世。[②] 蒋超《峨眉山志》卷四别载其禅对一则:"或问:'瓦屋道坊,何以木皮盖?'师曰:'锦府岂从机上织,剑门宁自匣中藏?'"此则禅对出自祝穆《方舆胜览》卷五五,证实禅惠后来驻锡于洪雅瓦屋山。瓦屋山属大峨眉山范围,故诸种《峨眉山志》将其视为峨眉山僧。

绍徽,生卒行实无考,嗣法浮山法真,为黄龙慧南四世法孙。得心印后,驻锡于峨眉山灵岩寺传法,知见甚高,弟子有瞎堂慧远等。[③]

安民(?—1132以后),字密印,俗姓朱,嘉定(今四川乐山)人,初习经教,讲《楞严经》于成都,"为义学所归"。圆悟克勤初住昭觉,因与惟胜为友往参。值其小参,举"国师三唤侍者"因缘,问"那里是文彩已彰处",心疑而入室叩问,被克勤"文彩已彰"的厉声之喝惊省:

---

① 元贤辑:《继灯录》卷一《日本永平道元禅师》,《卍续藏经》第147册,714页下。

② 如惺:《大明高僧传》卷八《名山天宁寺沙门释禅惠传》,《大正藏》第50册,933页中。

③ 正受:《嘉泰普灯录》卷一三《峨眉灵岩徽禅师》,《卍续藏经》第137册,208页上;周必大:《文忠集》卷四○《灵隐佛海禅师远公塔铭》。

一日，造室白悟曰："和尚休举语，待某说看。"悟诺之。师曰："寻常拈槌竖拂，岂不是经中道？一切世界诸所有相，皆即菩提妙明真心。"悟笑曰："你元来在这里作活计。"师又曰："下喝敲床时，岂不是返闻？闻自性，性成无上道。"悟曰："你岂不见经中道，妙性圆明，离诸名相，本来无有世界众生。"师释然。

后随克勤出蜀，居夹山，以为座元。后谒佛鉴于蒋山，深为首肯。不久，开法保宁，再迁华藏，最后住持峨眉山中峰寺，大弘克勤之道。上堂曰："众卖华兮独卖松，青青颜色不如红。算来终不与时合，归去来兮翠霭中。可笑古人恁么道？大似逃峰赴壑，避溺投火。争如随分到尺八五分，镢头边讨一个半个。虽然如是，保宁半个也不要。何故，富嫌千口少，贫恨一身多。"后示寂于峨眉山，茶毗后，"尤光明莹洁，心舌亦不坏"[1]。安民作为临济杨岐一系的法嗣，对杨岐禅法在峨眉山的传播颇有贡献，机缘偈语见于《嘉泰普灯录》和《五灯会元》。[2]

祖觉（1087-1150），号痴庵，俗姓杨，嘉州（今四川乐山）龙游人，"自幼聪慧，书史过目成诵"。恃才著书排佛，忽见恶境现前，疽生膝上不能医治。据传，因书《华严合论》而得痊愈，乃悟《华严》宗旨，弃家为僧。府帅请讲《华严》于昭觉寺千部堂，"词辩宏放，众所钦服"。南堂元静禅师适过其门，谓曰："观公讲说，独步西南，惜未解离文字相耳。倘能问道方外，即今之周金刚也。"于是欣然罢讲，南游禅林，张商英建议其往依蒋山圆悟克勤。既至克勤门下，五年不获开悟。后于庐山栖贤阅浮山法远禅师《削执论》豁然契悟，作偈寄克勤："出林依旧入

① 普济著，苏渊雷点校：《五灯会元》卷一九《华藏安民禅师》，1289-1290页；正受：《嘉泰普灯录》卷一四，《卍续藏经》第137册，214页下-216页上；居顶：《续传灯录》卷二八，《大正藏》第51册，656页下-657页上；如惺：《大明高僧传》卷五《建康华藏寺沙门释安民传》，《大正藏》第50册，919页中、下。
② 参见张妙：《唐宋峨眉山研究》，载《中国西南文化研究》第十二辑，149-206页。

蓬蒿，天网恢恢不可逃。谁信业缘无避处？归来不怕语声高。"获克勤印可。克勤还蜀，再住昭觉。适祖觉亦归，即命掌笺记、令嗣座，力辞。隐于峨眉山南埵，撰《佛祖纪传》六百卷。将成，复再出峡，"探索遗逸，以弥缝之"。初抵长沙，丞相张浚请于智度开法，"坚卧不起"。公以"传持此道"为喻，幡然就之，"法席大盛，如三佛时"。绍兴十三年（1143）八月，谢事入浙，复溯流西归。部使者大监荣公以成都信相寺延之，未几移锡瓦屋开善寺。仅二年，再受邛守史公堪邀，入住眉州中岩，大弘华严之教，"四方学者云委川骛而至，日于开堂弗倦诲示，汲引后学曲尽慈悲，清凉一宗至师可为鼎盛矣"。绍兴二十年（1150）示寂，世寿六十有四，僧腊三十有五，火化后塔于院东。尝修《北宋僧史》，著有《华严集解》《金刚经注》《水陆斋仪》等。[1] 祖觉本嘉州人，早年曾朝礼峨眉山应不意外[2]；从克勤处获心印后，隐于峨眉山中撰写《佛祖纪传》，以六百卷之巨推测，居山时间应颇长；晚年由浙还蜀，又曾驻锡瓦屋山开善寺两年。因其教在华严、宗嗣杨岐，与宋代峨眉山之华严禅风应有相互推进的关系。有学者评价"他是振兴峨眉山佛教的高僧之一"[3]，"振兴"一词虽欠准确，但他推动过峨眉山华严禅或是事实。

慧远（1103—1176），别称瞎堂，俗姓彭，眉山（今四川眉山）金流镇人。年十三，投药师院宗辩出家。受具足戒后，往成都大慈寺听习经论。还住峨眉灵岩寺[4]，依绍徽禅师门下。其初入寺，值绍徽饭罢于庭庑闲行，

---

① 正受：《嘉泰普灯录》卷十四《眉州中岩华严祖觉禅师》，《卍新纂续藏》第79册，377页上；居顶：《续传灯录》卷二八，《大正藏》第51册，657页下—658页上；如惺：《大明高僧传》卷六《眉州中岩寺沙门释祖觉传》，《大正藏》第50册，921页下—922页中。按，如惺《大明高僧传》卷一另有《眉州中岩寺沙门释祖觉传》（《大正藏》第50册，902页上），所叙述者实为一人。
② 参见侯冲：《祖觉〈水陆斋仪〉及其价值》，载峨眉山佛教协会编：《历代祖师与峨眉山佛教》，251—263页。
③ 陈靖华：《宋代峨眉高僧祖觉禅师与〈华严经〉》，载峨眉山佛教协会编：《历代祖师与峨眉山佛教》，227—237页。
④ 按，居顶《续传灯录》卷二八为"云岩寺"，应为"灵岩寺"误。

即放包相问："文殊为七佛祖师，未审什么人为文殊之师？"徽答："金沙溪畔马郎妇。"慧远无言以对，退而苦参。首座起铁佛者虽时时诱掖启发，"两岁未有所得"。一日静坐，闻僧路过自语："假四大以为盖覆，缘六尘而生心。忽遇六尘顿息，唤什么作心？"言下忽然有省，并为首座、方丈认可。但慧远不以为意，称："吾师以为可，而我终未释然也。"于是不顾众人劝说，外出参学。"时圆悟（克勤）自云居归蜀，住昭觉，师造焉。每问话请益，辞旨峭硬，圆悟深器之。"后值克勤举庞居士问马祖"不与万法为侣"因缘，豁然大悟，仆于众中。及众扶起，慨然叹云："吾梦觉矣。"至夜小参，慧远出问："净裸裸空无一物，赤骨力贫无一钱。户破家亡，乞师赈济。"克勤答云："七珍八宝一时拿。"慧远复言："争奈贼不入谨家之门。"克勤再答："机不离位，堕在毒海。"慧远随声便喝，克勤以拄杖击禅床："吃得棒也未？"慧远又喝，克勤连喝两喝，慧远礼拜。克勤大喜，以偈相赠，有"旧铁舌、转关槟"之语，众因目之为"铁舌远"。"自此机锋峻发，无所抵悟"。克勤示寂以后，慧远慨叹："哲人云亡，继之者谁乎？"于是离开昭觉，扁舟下峡。初抵淮南，驻锡龙蟠寺八年。转至琅邪（今滁州琅琊山），又移婺州（今浙江金华）之普济寺、衢州（今浙江衢州）之定业寺。随处以克勤门下所得心要自在发明，"即得游戏如风大自在三昧"。绍兴二十一年（1151），迁三衢光孝寺，"阅十年"。后过南岳，再住南台寺，与龙王璲、方广行等师论禅，"随机开答，辞旨深奥，议论超诣"，大为龙王璲等叹服，率属礼拜，并称："此膝不屈于人久矣！"后历住天台护国、国清、鸿福三寺，乾道三年（1167）移住虎丘，奉诏改住高亭崇先寺、杭州灵隐寺。宋孝宗（1163-1189）屡次召对问法，颇得心契，赐号"佛海"。曾上堂言："好是仲春渐暖，那堪寒食清明。万叠云山耸翠，一天风月为邻。在处花红柳绿，湖天浪稳风平。山禽枝上语谆谆，再三琐琐碎碎，嘱咐叮叮咛咛。你且道他叮咛嘱咐个甚么？卓拄杖曰：记取明年今日，依旧寒食清明。"临终偈曰："拗折秤锤，掀翻露布。突出机先，鸦飞不度。"淳熙三年（1176）正月示寂，世寿七十有四，僧腊五十有九，塔于寺之乌峰，"送者几万人"[①]。慧远禅法格外作用，"不守规辙，脱略窠臼，至于室中机缘，尤为崄峻，不可凑泊"，以为"参禅如断轮，如闪电，拟议无干涉"，"才涉思维，便成剩法"。同门宗杲对之极为推崇，叹曰："老师暮年有子如是耶！"主动与书通诚，并将克勤所付法衣相赠，后为慧远题真复赞："这川蕌苴，无真无假。一条白棒，佛来亦打。更有一般长处，解向钵盂里走马。"给予了非常高的评价。而其根本，慧远自以为皆得自峨眉灵岩寺与成都昭觉寺——"山僧二十年前，被业风吹到岷峨山下、荆棘林中，撞着个无孔铁锤，被他一击，半醉半醒，将谓哑却口，一生开不得。二十年后，又被业风吹去濯锦江头、葛藤堆里，逢着个焦尾白额，是时亲遭一口，直无丧胆忘魂，开得口，至今受用不尽。""二十年前"之一击，指与灵岩绍徽之问对；"二十年后"之一口，则指昭觉克勤之开示；"至今受用不尽"，说明在绍徽、克勤门下的经历对其影响极深。更进一步，有学者认为慧远深厚的禅学功底"是峨眉山打下的"，"是从西蜀峨眉走出去的一代禅宗大师"。[②] 慧远嗣法弟子著名者有全庵齐己、疏山如本、湖隐道济、上兰了乘[③]，因日僧觉阿亦曾分灯于日本，安定郡王赵表之、侍郎曾开、知府葛剡"皆受其法"[④]。

　　纯白，俗姓支，梓州飞乌（治今四川中江仓山镇）人。其父信奉佛法，纯白少闻父诲，"一日跃过溪，忽有省，不觉失笑，遂往依峨眉山华严寺，落发受具"。纯白曾在成都讲肆与父亲一起讲经，精通性相二宗。

---

① 周必大：《文忠集》卷四〇《灵隐佛海禅师远公塔铭》；正受：《嘉泰普灯录》卷一五，《卍续藏经》第137册，第232页下-234页上；普济著，苏渊雷点校：《五灯会元》，1287页；居顶：《续传灯录》卷二八，《大正藏》第51册，660页上-664页中；如惺：《大明高僧传》卷五《临安灵隐寺沙门释慧远传》，《大正藏》第50册，917页下-918页中。
② 张云江：《瞎堂慧远禅师生平与禅学思想评述》，载峨眉山佛教协会编：《历代祖师与峨眉山佛教》，277-287页。
③ 吴立民主编：《禅宗宗派源流》，北京：中国社会科学出版社，1998，660页。
④ 吴之鲸：《武林梵志》卷九。

早年谒澧州太平俊禅师，为其器重，付以十三条说法大衣，传以衣钵，纯白谦辞不受。后诣黄蘗山，礼真觉惟胜禅师，获其印可，其后随惟胜禅师入京。在京城时，惟胜禅师受事牵连，放归蜀中。门人四散，唯纯白禅师陪伴来到成都，受惟胜禅师推荐，住持昭觉寺。"师既领院，遵南方规范，一变律居。上堂示众有曰：'不超性海是理事缚，不透声轮是语言缚。'于是蜀之净侣，靡然向风，经肆讲席为之一空。朝散郎冯敢、奉议郎段玘、天台山隐者宋放、唐安文士相里昱，皆抠衣执弟子礼。"元祐（1086-1094）末，峨眉山白水寺僧正空缺，成都府帅蔡京命其前住，纯白拒不赴任，竟连昭觉寺住持也一并辞去。蔡京不能相强，仍请复领旧刹。纯白为人孤硬峭整，"大为同辈所嫉，谤讟盈路，师不恤也，久而自定"。后示寂于昭觉寺中，临终偈曰："风高月冷，水远天长，出门无影，四面八方。"世寿五十有九，僧腊三十有四。[1]其机缘偈语见于《续传灯录》和《五灯会元》。[2]

王庭珪《卢溪集》卷七有《赠蜀僧妙高》一诗，自注"蜀僧妙高自峨眉出三峡，为南岳千佛事"，诗云："峨眉山头古时月，浮云卷尽尘埃灭。曾随僧宴入中京，光照九天开玉阙。"这位受请至南岳驻锡执事的峨眉山僧妙高，曾在中京极享盛誉。同书卷八又有《赠蜀僧无观》一诗，自注"蜀僧无观善相，自谓未能遍阅天下士，意江海山林之间必有异人，行当访之"，诗云："师出峨眉西极天，万里一衲双行缠。朝游名山暮沧海，不着脚踏诸方禅。"这位"善相"的峨眉山僧无观，为"遍阅天下士"而"行尽江南山水窟"，可谓峨眉山之一大奇僧。胡宏《五峰集》卷一有《送琏老》一诗，称此"琏老"为"峨眉道人"，言其论及禅宗五家之事能够"电扫群生小见解""直指万法无尽身，坐觉灵光满沙界"，并誉其"辩舌横放倾天河，峥嵘整顿禅宗坏"，其在禅林应该极有影响。王庭珪、胡宏

---

① 居顶：《续传灯录》卷一八，《大正藏》第51册，586页下-587页上。
② 参见张妙：《唐宋峨眉山研究》，载《中国西南文化研究》第十二辑，149-206页。

为两宋之交人，妙高、无观、琏老也当为两宋之交僧。晁公武《郡斋读书志》卷三下著录《金刚经旨要》一卷，"皇朝僧修已[①]"著，"（修已）住持峨眉山白水寺，道楷之法嗣也"。既是芙蓉道楷法嗣，则为两宋之交的峨眉山禅僧无疑。

蒋超《峨眉山志》卷二提到神龙堂处有士性禅师建尊胜幢，卷三复又提到士性禅师重修华严寺云篆殿[②]，时间并在绍兴时期（1131-1162），知此士性应是两宋之交的峨眉山禅僧，具体师承不获详考。

宝印（1109-1190），字坦叔[③]，俗姓李，龙游（治今四川乐山）人，"少而奇警，日诵千言"，"自成童时，已博通六经及百家之说"。然厌世俗，乃从德山院清远[④]和尚出家，研习《华严》《起信》经论，"穷源探赜，不高出同学不止论说"，为众服膺。既尽其说，闻圆悟克勤嗣法弟子密印安民说法于峨眉中峰，"乃挈一笠往从"。一日，安民举僧问岩头"起灭不停时如何"，岩头叱曰"是谁起灭"，宝印豁然大悟，"自是室中锋不可触，密印恨相得之晚"。克勤再次住持昭觉，安民遣其往省。随众入室，克勤举"从上诸圣，以何法接人"，宝印举拳。克勤答称："此是老僧用者，孰为从上诸圣用者？"宝印挥拳，克勤举拳相迎，大笑而罢。克勤大为赞赏："是子他日必类我。"留居昭觉三年，安民以首座相请回寺，宝印谢辞。安民大怒，乃欲弃众而去。僧众惶恐，急趋昭觉延请至诚，克勤亦相劝说，宝印始回中峰，"道望日隆，学者争归之，虽圆悟、密印不能掩也"。

---

① 一作"己"。

② 按，蒋氏称其为"旋螺殿"，但胡世安《译峨籁》等均称"云篆殿"。

③ 按，居顶《续传灯录》卷三一为"恒寂"，此处从陆游《别峰禅师塔铭》。

④ 按，居顶《续传灯录》卷三一为"清素"，此处从陆游《别峰禅师塔铭》。

久之^①南游，参访沩山佛性法泰、福岩月庵善果、竦山草堂善清，"皆目击而契"，或以首座留之，"潜遁以免"。后至径山，见大慧宗杲，"时径山众千七百，虽耆宿名衲，以得栖笠地为幸，顾为师独扫一室，堂中皆惊"。大慧避祸南迁，宝印归蜀，始住临邛凤凰山，历住广汉崇庆寺、武信东禅寺、成都龙华寺、眉山中岩寺，复还成都住正法寺。

道既盛行，士大夫亦喜从之游。筑都不会庵，松竹幽邃，暇日名胜毕集。闻师一言，皆自谓意消；稍或间阔，辄相语曰："吾辈鄙吝萌矣。"其道德服人如此！

俄复出川，住金陵保宁寺，徙京口金山寺，复应潭帅张孝祥请移住大沩山，再应魏惠宪王请住雪窦寺，"而名益重"。淳熙七年（1180）五月，被敕住径山寺^②。七月，宋孝宗召入禁中问法，极享宠渥。十年（1183）二月，宋孝宗注《圆觉经》成，特命作序。既老，厌住持事，门人为其筑庵山北，尚在东宫之宋光宗为书"别峰"字榜以赐。绍熙元年（1190）十二月七日示寂，世寿八十有二，僧腊六十有四，葬于庵之西岗，谥曰"慈辩"，塔号"智光"。宝印生前与陆游交往甚笃，其寂灭后，陆游应其宗孙宗愿之请为其作塔铭，对其评价极高：

圆悟再传，是为别峰。坐十道场，心法之宗。渊识雄辩，震惊一世，矫乎人中龙也；海口电日，耄期称道，卓乎涧壑松也；叩而能应，应已能默，浑乎金钟大镛也。师之出世，如日在空，升于阳谷。不为生，隐于崎

<hr>

① 按，万里《宋代峨眉山高僧别峰宝印禅师若干经历及交游考》（载峨眉山佛教协会编：《历代祖师与峨眉山佛教》，299—327页）一文称宝印"返峨眉住持中峰寺十四载"，但克勤再次住持昭觉寺在绍兴元年至五年（1131—1135）之间，而绍兴十一年（1141）宝印已在径山大慧宗杲门下，不可能住持中峰寺如此之长（参见吴平：《〈别峰禅师塔铭〉证补》，载峨眉山佛教协会编：《历代祖师与峨眉山佛教》，328—339页）。
② 按，吴平先生认为宝印住径山的时间应该更早——"应不晚于淳熙二年"，参见其《〈别峰禅师塔铭〉证补》。

嶷，其可以为终乎！

机缘偈语见于《嘉泰普灯录》，其得法弟子有梵牟、宗性、道奇、智周、慧海、宗璨诸人，得度弟子则有智穆、慧宗等147人。[①] 作为一名从峨眉山走出去的禅宗大师，宝印的禅风"对南宋朝野上下产生了很大的影响"[②]。

许止净《峨眉山志》卷五："宋黑水昙振禅师，大慧杲法嗣。"其得心印后，驻锡于峨眉山黑水寺传法。[③]

此外，有学者认定成都大慈寺中和胜相院的宝月惟简"也是从峨眉山走出来的一代高僧"[④]，但我们没有找到直接的证据。

有名号者外，宋代峨眉山还有一些不知名号的高僧大德。志磐《佛祖统纪》卷四六：

（至和二年，1055年）嘉州奏："风雷折古树，中有定僧，爪发被体。"诏舆至禁中，译经三藏金总持令击金磬以觉之。询其名，曰："我（慧）远法师弟慧持也，因游峨眉至此。"问欲何归，曰："陈留古树中。"诏以礼送之。因图形制赞云："七百年来老古锥，定中消息许谁知？争如只履西归去，生死何劳木作皮。"[⑤]

① 陆游：《渭南文集》卷四〇《别峰禅师塔铭》；正受：《嘉泰普灯录》卷一九，《卍续藏经》第137册，280页下-281页下；普济著，苏渊雷点校：《五灯会元》卷二〇《径山宝印禅师》，1369-1370页；居顶：《续传灯录》卷三一，《大正藏》第51册，684页上、中；明河：《补续高僧传》卷一〇《别峰印禅师传》，《卍续藏经》第134册，186页下-188页上；如惺：《大明高僧传》卷七《临安府径山沙门释宝印传》，《大正藏》第50册，925页上、中。
② 参见吴平：《〈别峰禅师塔铭〉证补》，载峨眉山佛教协会编：《历代祖师与峨眉山佛教》，328-339页。
③ 居顶：《续传灯录》卷三一《黑水昙振禅师》，《大正藏》第51册，685页下。
④ 参见徐文明：《宝月大师惟简及其法系初探》，载峨眉山佛教协会编：《历代祖师与峨眉山佛教》，340-351页。
⑤ 《大正藏》第49册，419页下-420页上。

道行《雪堂行拾遗录》卷一记载与此稍异：

> 惠持法师游峨眉山，遂于嘉州道傍大树内入定。政和三年（1113）四月，风雨暴作，树为摧折。捕盗官经历，见其须发盖体，爪申绕身，颇异之。遂奏于朝廷，有旨令肩舆至京。时西天总持以金磬出其定，乃问："何代僧？"法师曰："我东林（慧）远法师弟也。因游峨眉，不记时代几何。"仍问："远法师在否？"总持曰："今化去七百年矣，安得在耶？"遂不复语。持问曰："既至此，欲归何方？"师曰："陈留县。"复入定。①

虽然《佛祖统纪》不言此树的具体位置，《雪堂行拾遗录》却明确言其是在"嘉州道傍"，而非峨眉山上。比较两段记载：一者出定时间不同，《佛祖统纪》为至和二年，《雪堂行拾遗录》为政和三年，中间相隔58年；二者令其出定者不同，一为"金总持"，一为"总持"（并不确言其姓）。雪堂道行（1089–1151）为北宋末僧，志磐为南宋末人，《佛祖统纪》显然是转抄《雪堂行拾遗录》的，并将时间提到了宋仁宗时，以便能够将"总持"附会成宋初有名有姓的译经高僧金总持。东晋名僧慧持曾来峨眉，前面已有分说。几百年后，嘉州发现一僧入定树中，自称慧持，显然应是附会，如王士祯言："学仙佛者故欲神其事耳。"②其实，连志磐自己都无底气："（慧）持师本传，谓在郫县龙渊顺寂，有临终遗命，今乃云游峨眉至此。意者圣师神化，不可以生死之迹为之拘也。"虽然如此，但峨眉山利用此一附会，成功地扩大了自己的影响，此事也在后来的流传中被变成了峨眉山的神圣叙事。清初成都太守冀应熊写有《老僧树》③一诗，显然是相信了此一传说。许止净《峨眉山志》卷五：

> 宋峨眉道者，蜀人，不详氏族名字，戒律甚严，不下山二十年。一日，

---

① 《卍续藏经》第142册，959页上。
② 王士祯：《分甘余话》卷二。
③ 蒋超：《峨眉山志》卷一六。

峨眉山传说中的"老僧树"（采自《峨山图志》）

有布衣青裘昂然一伟人来，与语良久。期以明年是日复相见于此，愿少见待。明年是日方午，道者沐浴，端坐而逝。至暮，伟人果来，问道者何在，曰："亡矣。"伟人叹息良久。

"峨眉道者"，蒋超《峨眉山志》卷四为"蜀僧，号峨眉道者"，明确言其是一僧人。许止净删去"蜀僧"二字，应是对"道者"的误读——学佛之人亦可称为"道者"。蒋氏言其材料来于周紫芝的《竹坡诗话》，原文为：

> 大梁景德寺峨眉院，壁间有吕洞宾题字。寺僧相传，以为顷时有蜀僧号峨眉道者，戒律甚严，不下山二十年。一日，有布衣青裘，昂然一伟人来，与语良久。期以明年是日复相见于此，愿少见待也。明年是日，日方午，道者沐浴，端坐而逝。至暮，伟人果来，问道者安在，曰："亡矣。"伟人叹息良久，忽复不见。

如此，此"峨眉道者"确是"蜀僧"，驻锡于京师景德寺峨眉院。既称"蜀僧"，又号"峨眉道者"，为峨眉山僧应无问题。周紫芝称其宣和间（1119-1125）游京师还曾见过"伟人"就此所留诗句，则其驻锡京师的时间或在北宋中期。类似不知名号的高僧大德绝非一二，只是文献疏于记载罢了。

胡世安《译峨籁》卷五："杜鹏举，崇庆（今成都崇州）人，喜游，尝奉亲挈家，遍访名山，爱峨眉之胜，因家焉。"民国《崇庆县志》卷一二《丛谈》与此全同，但称此条采自魏了翁的《鹤山文钞》。同书同卷又称："梁鼎，字凝正，华阳（今成都华阳）人，入峨山，著《隐书》三卷。""入峨山"，康熙《峨眉县志》卷六为"入峨眉山"。梁鼎其人，《宋史》有传，太平兴国八年（983）进士甲科，历任太常博士、起居舍人、兵部员外郎、知制诰、右谏议大夫、度支使等，"居官峻厉，名称甚茂"，著有《隐书》

3卷、《史论》20篇、《学古诗》50篇等。[1] 但《宋史》不言其入峨眉山事，其依据何在不详。宋神宗时（1068-1085），程建用知中江（今四川中江），与苏轼书，自言"昔寓峨眉六七年"，对峨眉山怀有深厚的感情。[2] 蒲大观者，长于经学义理，"所至称为佳士"，因为科第失意，"隐峨眉山下，筑室，榜曰'心远'"，"油然忘林泉胜处，淡然如禅"。[3] 赵汝回有《峨眉山廨》[4] 诗一首，自称"峨眉山下独闲人"，可知其曾隐于峨眉山下。蒋超《峨眉山志》卷五称冯楫曾在峨眉山华严寺诵《华严经》，感得玉女馈食。程公许《沧州尘缶编》卷一三《〈周鉴〉序》称宋彦祥著《周鉴》时曾经"避地峨眉山中，寝食与俱"，李昌龄《同善录》卷四则称有"峨眉山士子授徒于里人某氏之馆"。此类事例不止区区，证实宋代峨眉山不仅是佛教僧众而且仍然是官贵文人喜爱的隐修之地。是以真德秀言："予闻青城、峨眉诸山往往有隐君子在焉，而世人莫之识。"[5]

继业、茂真与道宏的宗系归属不甚清晰。怀古是禅宗法眼宗弟子，晚年归居峨眉，法眼禅法应当借此而在山上有所推展。竟钦接续禅宗云门法系，但其得心印后没有返回峨眉，云门禅法应未由之弘传山中。修巳（己）嗣法道楷，得心印后，住持峨眉白水寺，曹洞禅法因之而在峨眉山上有所弘传应非臆说。宗月嗣法仰山行伟，绍徽嗣法浮山法真，均属临济黄龙法系，他们得心印后分别驻锡于峨眉白水寺、灵岩寺，所弘禅法当然应是黄龙禅法。而以慧远曾经投入绍徽门下推断，黄龙禅法在峨眉山上应较有影响。纯白嗣法真觉惟胜，亦属黄龙禅系，因其未返峨眉，故于峨眉禅宗没有影响。安民、慧远、宝印诸人嗣法圆悟克勤，得心印后，安民、宝印先后驻锡峨眉中峰寺，其于临济杨岐禅法在山上的弘传

---

[1] 《宋史》卷三〇四《梁鼎传》。
[2] 杜应芳：《补续全蜀艺文志》卷二一程建用《求苏东坡山亭记书》。
[3] 李石：《方舟集》卷一五《蒲隐君墓志铭》。
[4] 陈思编：《两宋名贤小集》卷二二九。
[5] 真德秀：《西山文集》卷三四《跋安吴二宣抚所称安居士帖》。

峨眉山神水阁"大峨""福寿"题字（段玉明摄）

功莫大焉。昙振嗣法大慧宗杲，后住峨眉黑水寺，法脉也属临济杨岐一系。如此，我们看到，宋代盛行的黄龙、杨岐两系禅法皆在峨眉山上有所弘传，而以杨岐派系稍占上风。祖觉嗣法圆悟克勤，倾心华严，得心印之后，复曾隐于峨眉山上，文献称其是为撰写《佛祖纪传》，但以峨眉山已成普贤道场分析，未必与体究华严玄旨没有关系。至于其是否影响过峨眉山的华严禅风，则还没有找到直接的证据。

显然，无论是出自峨眉山而后扬名域外，还是扬名域外而后回峨眉山弘法，这些高僧大德都对峨眉山佛教影响的扩大起了巨大的作用。离开了他们的努力，单靠皇室官贵的重视与恩赐，宋代峨眉山佛教绝无可能呈现出蒸蒸日上的状态——那将会使峨眉山这座佛教名山最终变得有名无实。

三、宋代峨眉山的社会影响

接续前代的仙隐传说，宋时，峨眉山的此类故事仍在丰富。宋人所编《玉堂大法》卷五言《天帝制天魔符》的来源："昔太极高真文昌道君，乘云宝，驾玉辇琼轮，倾盖回轩，登陟峨眉灵山，见诸下元生人被诸魔鬼侵凌"，于是"立杀鬼制魔之法，有以治之"。早期有天真皇人隐住山中，宋时有文昌道君降临峨眉，峨眉山始终都是仙真喜爱的"灵山"之一——即使在其由道转佛后。"八仙"之一的吕洞宾曾在岳州石刻中自称"吾乃京兆人，唐末累举进士不第"[1]，说明他极有可能是晚唐人。传说他曾来过峨眉，并在神水阁外的大石上刻下了"大峨"二字，至今仍然清晰可见。郑方坤《全闽诗话》卷二：

> 吕洞宾入峨眉山采药，著诗云："太乙宫前是我家，诗书万卷作生涯。春风醉酒不归去，落尽碧桃无限花。"

学术界普遍认为，吕洞宾的神仙形象是北宋时期才兴起并广泛流传的。如此，这则关于吕洞宾入峨眉山采药的传说，应是宋代以后方才有的，明时复在楠木坪上附会兴建了纯阳殿。无独有偶，宋初高道陈抟据传也

---

① 吴曾：《能改斋漫录》卷一八《吕洞宾传神仙之法》。

曾遁隐峨眉。蒋超《峨眉山志》卷五：

> 宋陈抟，号希夷，普州（今四川安岳）人，初隐华山，艺祖即位召对。
> 后远遁峨眉，自号"峨眉真人"。今大峨石"福寿"大字，乃出其笔。

陈抟自号"峨眉真人"，可以从黄庭坚《山谷别集》卷二之《峨眉真人陈
图南真赞》获得证实（"图南"为陈抟字），其与峨眉山有很深的关系亦
可由此获得证实。宋祁《景文集》卷二一吟咏陈抟祠堂的诗注："先生化
去前三日，语弟子云：'吾将游峨眉。'弟子讶不辨，候至期而终。"可知
陈抟实际并未真来峨眉，只是死后的愿望而已。到了后来，果然有了陈
抟在峨眉山上出现的传说。张辂《太华希夷志·卷下》：

> 希夷先生曰："吾不久留此世矣。"端拱初，语门人曰："吾来岁中元后
> 当游峨眉。"使昼夜燃烛于石室中。弟子等恭受文翰，虔奉约束，皆呜咽
> 流涕。先生曰："无乱尔情，以怛我化也。"先生临卒，草奏疏，人莫见其
> 言，遣弟子贾德升持所赐龟鹤并青骢马诣阙以进。上独览久之，以所献物
> 复赐德升，仍加紫服号，曰"悟真先生希夷"。……后有中使至峨眉，有
> 客入谒，衣冠甚伟，自称"东明专相"，多说华山事。后方悟华山陈先生，
> 遽令召之，不知所往，自号扶摇子。

"东明专相"即"陈抟"二字各半，陈抟由是成了峨眉山上的仙真。后人
对此传说深信不疑，不仅举出大峨石的"福寿"二字为证，且称其尚在
石上建有福寿庵。明嘉定知州袁子让游峨眉山，在其所著《游大峨山记》
中即称：

> ……马鞍山之尽为万福桥，过桥即大峨石也。石有"福寿"二字，为
> 宋希夷先生所书。昔宋祖即位召对之后，希夷远隐，自号"峨眉真人"，

此正其隐所也。石上建庵，名福寿庵。①

明工部主事范汝梓来游峨眉，其《登大峨山记》所述与此略同②，证实明人的确相信陈抟曾隐峨眉，地点即今圣水禅院附近。蒋超《峨眉山志》卷一三录有宋祁《谒陈抟祠》一首，似乎北宋时期山上已有纪念陈抟的专祠。但宋祁《景文集》卷二一明确记称："予昔游云台观，谒希夷先生陈抟祠堂。缅想其人，今追作此诗。"显然，宋祁拜谒的陈抟祠在三台云台观，而非在峨眉山。蒋氏将其纳入峨眉山诗文，应是误读了"峨眉有归约，飞步与谁同"的诗句。两则高道传说应是同一背景下的衍生，陈抟所书"福寿"二字正好就在吕洞宾所书"大峨"二字的上方（二字已有漫漶，"寿"字类道教符字）。两宋之交，又有张天师隐于峨眉的传说。洪迈《夷坚志》戊集卷九《同州白蛇》：

> 虚靖（先生）为汉天师三十代孙，平生不娶。京师将乱，潜出城，还乡尸解。复隐于峨眉山，蜀人时或见之。

"虚靖先生"即正一道第三十代天师张继先（1092-1127），元符三年（1100）嗣教，靖康二年（1127）羽化，葬于安徽天庆观。"还乡尸解"之说不确，"复隐于峨眉山"更是无迹可征，其与峨眉山产生关系应是早期道教名山仍有余响的结果。徐子平《珞琭子赋注》卷上：

> 峨眉山有一仙，自称绝世人。后遇崔三生，与论至道，云："世士莫穷，此《珞琭子》之通论也。予尝以金木二星在人身命二宫，兼在官禄、福德，更不候运气交合。便以为亨通庆福，言之或无其验。是知须借大小运年，以到旺相得位之处，方为喜庆福德，学者切须从长而行。"

---

① 见杜应芳：《补续全蜀艺文志》卷五六袁子让《游大峨山记》。
② 见杜应芳：《补续全蜀艺文志》卷五六范汝梓《登大峨山记》。

此峨眉山仙人深通《珞琭子》奥义，其为崔三生所阐发的穷通命理广为后世注家引证。陶谷《清异录》卷一《三只袜》：

> 去习者，云行至峨眉山而隐。蓄三只袜，常穿二补一。岁久，裂帛交杂，望之茸茸焉，自呼为狮子袜。

与深通《珞琭子》奥义的峨眉山仙人相较，这位行为乖简的峨眉山隐者，倒还真像是一位隐士或道士，其所戏称的"狮子袜"也较一般的袜子多了一丝超凡脱俗的意义。如上种种仙隐传说，延续着峨眉山作为道教洞天福地的印象，强化着峨眉山在一般人心目中固有的神秘。

如前所述，中唐至于五代，峨眉山已经有了很多关于孙思邈的传说。及至宋代，作为一种文化资源，类似传说仍在持续。苏轼有一首《题孙思邈真》：

> 先生一去五百载，犹在峨眉西崦中。
>
> 自为天仙足官府，不应尸解坐虻虫。[1]

孙思邈隐遁至苏轼时不及五百年，所谓"五百载"是诗人约说。其隐遁之地即峨眉山，并且时常出没山中，故言"犹在"。因其以虻虫入药——为药害物而不得上界仙真，仅得尸解仙位，是杜光庭《仙传拾遗》的传说。由此看到，孙思邈隐于峨眉山的传说仍为民间深信不疑。蒋超《峨眉山志》卷一三载有范镇《真人洞》诗一首：

> 天柱嵯峨列五峰，连云接岫郁重重。
>
> 问津偶得神仙宅，何日投闲便寄踪？

此真人洞也应该是传说中的孙真人洞，"在后牛心寺左，孙思邈炼丹洞也。药炉丹灶见存，岩石皆碎裂，无草木，说者以为丹气熏蒸所致。方

---

[1] 苏轼：《东坡全集》卷一四。

士多取此石煮服，以为能助精养神云"①。人们相信孙思邈隐于山中，他曾经在此炼丹也都有迹可循，乃至传说丹灶附近的土石可以助养精神。与此同时，我们也注意到某些传说有了变化，穿插了一些佛教的因素。文莹《湘山野录》卷下载有如下一个传说：

成都无名高僧者，诵《法华经》有功，虽王均、李顺两乱于蜀，亦不敢害。一旦，忽一山童至寺，言："先生来晨请师诵经，在药市奉候。"至则已在，引入溪岭数重，烟岚中构一跨溪山阁，乃其居也。仆传其语曰："先生请师且诵经，老病起晚。诵至《见宝塔品》，愿见报，欲一听。"至此品，报之果出，野服杖藜，两眉垂肩，但默咦爇香侧听，听罢遂入，不复出。将斋，以藤盘竹箸秫饭一盂，杞菊数瓯，不调盐酪，美若甘露。食讫，仆持衬一镪敬施之，曰："先生寄语上人，远到山舍，不及攀送，遣仆送出路口。"因中途问仆曰："先生何姓？"曰："姓孙。"曰："何名？"仆于僧掌中书"思邈"二字。僧因大骇，欲再往，仆遽失之。凡山中寻三日，竟迷旧路。归视衬资，乃金钱一百，皆良金也，中五六金，一半尚铁。由兹一膳，身轻无疾。天禧（1017-1021）中，已一百五十岁，长游都市，后隐不见。

此一传说虽未明确指出孙思邈所居之山即峨眉山，但诸种《峨眉山志》尽有此段传说，已经将之认定就是在峨眉山了。联系唐五代以来峨眉山关于孙思邈的种种传说，诸种《峨眉山志》的认定应可理解。大名鼎鼎的神仙孙思邈却要听佛教僧人诵《法华经》，无形中已经将道教屈从于佛教之下了，这当然应与峨眉山由道转佛的背景有关。然若细究，此一传说明显是改造亡名传说来的。赞宁《宋高僧传》卷二二《周伪蜀净众寺僧缄传》：

① 蒋超：《峨眉山志》卷二。

伪王蜀城（成）都大慈寺僧亡名，恒讽诵《法华经》，令人乐闻。时至分卫，取足而已。身微所苦，有示方药。伊僧策杖入青城大面山采药。沿溪越险，忽然云雾四起，不知所适。有顷，见一翁，僧揖之，序寒暄，问："何以至此？"僧曰："为采少药也。"翁曰："庄舍不远，略迂神足，得否？"僧曰："迷方失路，愿随居士。"少顷云散，见一宅宇阴森。既近，翁曰："且先报庄主人矣。"僧入门睹事，皆非凡调。问曰："还斋否？"曰："未食。"焚香且觉非常郁悖，请念所业经。其僧朗声诵经，勉令诵彻部。所馈斋馔，皆大慈寺前食物。斋毕，青衣负竹器以香草荐之，乃施钱五贯，令师市胡饼之费。翁合掌送出，或问，云："此孙思邈先生也。"到寺已经月余矣。其钱将入寺，则黄金货泉也。王氏闻之，收金钱，别给钱五百贯。其僧散施之，将知仙民恒在名山。[1]

《宋高僧传》与《湘山野录》的记述大体相似——都是一位长于讽诵《法华经》的僧人得至孙思邈处，为其诵经并受到了特别的礼遇，可以肯定是一个传说的两种版本。《宋高僧传》中明确指出此僧所到是"青城大面山"，到了《湘山野录》，则被移植到了峨眉山，自己入山采药也被改造成了受到孙思邈的特别邀请，传说重心则由阐扬"仙民恒在名山"转移到了神仙亦听佛经上来。再用王均、李顺两乱于蜀"亦不敢害"，将此事发生的年代改在宋初，原本赞仙的传说便被赋予了一层赞佛的意义。

峨眉山华严寺附近有玉女池，相传为天女浴器，"深广四尺，岁旱不涸"。宋时，邛州刺史冯楫来峨眉山隐修，结茅池畔，"日诵《华严经》不辍，天女感而馈食"[2]。同是神仙感通，此处所感的却是日诵佛经，不能不说类似的峨眉山神异传说的确已有很多佛经因素渗入，而不仅仅只是见于有关孙思邈的传说之中。

① 赞宁撰，范祥雍点校：《宋高僧传》卷二二《周伪蜀净众寺僧缄传》，北京：中华书局，1987，568页。
② 黄绶芙、谭钟岳原著，费尔朴译：《新版峨山图志》，成都：华西大学，1936，71页。

以孙思邈传说为依托，唐末五代峨眉山已经有了神仙为人治病的传说。宋时，这类传说仍在繁衍。吴谦《医宗金鉴》卷六〇《幼科种痘心法要旨》：

> 古有种痘一法，起自江右，达于京畿。究其所源，云自宋真宗时，峨眉山有神人出，为丞相王旦之子种痘而愈，遂传于世。

种痘之法是中国古代伟大的医学发明之一。明清时期从江右传到京畿，但据吴氏考证，原本出自"峨眉山神人"，宋真宗时，"峨眉山神人"曾用此法治愈丞相王旦的儿子。张承业、李绍楷等先生考证认定，此"峨眉山神人"就是著名的茂真和尚。太平兴国年间（976–984），峨眉山区天花（人称"痘瘟病"）流行，导致许多患儿死亡和残疾。茂真和尚根据自己的医学知识和医疗经验，经过潜心研究，最后用痘痂皮做疫苗吹入患者鼻孔，起到了免疫的作用。[1]此说虽然还需进一步的证实，但这种所谓"人痘接种法"出自峨眉山人应无问题，传说似乎更愿意将其附会给神仙。又，朱橚《普济方》卷二二三《麋角丸》：

> 昔道士戴宁古，于城市中遇一醉人召饮，遗一诗曰："尾闾不禁沧溟竭，九转灵丹都漫说。惟有班龙顶上珠，可补玉堂关下血。"若九月九日于峨眉山相见。宁古如期而往，果于太虚岩下见之，授以修养之术，曰："子血气动荡，虚且竭矣。宜先服麋角丸，使血气益补，筋骨壮盛，乃可用此术。"宁古始悟班龙之句，服之逾年，体轻色润，寿至一百七十岁，留方以遗后人。

此种可以补血益气、强身健体的麋角丸，其发明权也被附会给了精通修养之术的峨眉山仙人，戴宁古借此而活到170岁——这当然不可能是事实，仅可视为对长寿的夸张表述，就中应不难看出峨眉山仙道服食炼养

---

① 参见马燕萍：《人类种痘免疫发明人茂真和尚》，载《文史杂志》，2005（5）。

传统的惯性。

由上看到，即使峨眉山已经转变成了一座佛教名山，道教的影响仍在持续发酵。晚宋诗人朱继芳有一首《赠西蜀冯道士》：

> 峨眉山月照清溪，中有方瞳一羽衣。
>
> 拄杖经行天下半，丹砂乞与世人稀。
>
> 千年城郭空归鹤，万里山河自落晖。
>
> 安得与君游汗漫，乘槎一问女星机。[1]

这位出自峨眉山的道士证实，峨眉山转为佛教名山以后仍有道士在山中修炼。降及明清，如纯阳殿之类的道教宫观还在修建。考察峨眉山佛教道场的历史，这是一个不可忽视的视角。在中国佛教的"四大名山"中，唯有峨眉山一直维持了这种佛道共山的文化状态。

晚唐五代，单独成画的《峨眉山图》已经出现在成都的寺院壁画之中。至宋，伴随着一批蜀中画师转移汴京，峨眉山作为一种绘画题材也在汴京寺院壁画中得到了展现。蜀中画师高文进，太宗时入图画院，深得太宗宠幸，"常列左右，赐予优腆"，曾于相国寺"画后门里东西二壁五台、峨眉文殊、普贤变相"[2]。如果我们注意到晚唐五代此一题材的绘画仅仅出现于敦煌与成都，那么高文进于汴京相国寺壁绘此题材，就不能不说此一题材已经得到了更大范围的认可。宋神宗（1068–1085）时，程建用知中江，其地观风台有亭，亭壁塑以乱山，榜曰"栩栩岩"。程氏翻修扩建后，聘请工匠将其改塑为峨眉山，在给苏轼的求记信中称：

建用昔寓峨眉六七年，归吾乡而卜居于北郊，则又远与之相值。每春晴秋晚，则夫苍翠嶙峋，巍然当吾庐之门。自从官于兹，别是山也不为不

---

① 陈思：《两宋名贤小集》卷三一八。

② 刘道醇：《宋朝名画评》卷一《高文进》。

久，久而归游未有期，故形于塑。……选其匠之尤者，而指示以图，于是曲尽其妙。自公之暇，近而观之，田其足而循之，以至于顶，磴道桥阁相属如线，僧寺山洞皆如其地。蛰雷之穴，光相之岩，枯木飞瀑，莫不毕备，恍然以为昔年之旅寓也。远而睹之，琐碎不能分，而大势横抹天半，忽然以为出吾庐而倚衡门也。①

排除程氏与峨眉山的特别感情，将之塑于峨眉之外的地方尤能为人接受，这本身即有峨眉山已被世人普遍认可的因素在内。王庭珪《卢溪集》卷二一《赠写真刘琼并引》称：两宋之交，"以写真名一时"的著名画家刘琼"曾写峨眉、玉局真"。绍兴年间（1131-1162），画僧德正游方至叙州宣化（治今四川宜宾蕨溪镇），曾为樊宾少卿"作《峨眉图》"。②因其丰富的自然物象与道佛文化蕴涵，峨眉山也成了假山、寿帧等的艺术对象。开宝七年(974)，刺史慎知礼曾在其厅事前"重垒峨眉山"③，而佚名的《南宋馆阁录》卷三则著录有《峨眉寿山图》一帧。除整体性描述外，峨眉山之山石树木也逐渐成为绘画题材。欧阳修曾经得到石屏一帧，上有峨眉山孤松水墨画幅，"崖崩涧绝""含风偃蹇""孤烟落日相溟蒙"④。著名画师程堂则在峨眉山中峰乾明寺僧堂壁间绘菩萨竹，"俨如生也"⑤。

有学者在著述中称："宋代郑樵所撰《通志·艺文略》著录汉张陵天师所撰《峨眉神异经》三卷，但未见其书流传。"⑥原文见于郑樵《通志》卷六七《艺文略》："《峨眉山神异记》三卷，汉张道陵撰。"较之更早，王尧臣《崇文总目》卷一〇已经著录此书，但不著撰人姓名。正如丁培仁

---

① 杜应芳：《补续全蜀艺文志》卷二一程建用《求苏东坡山亭记书》。
② 邓椿：《画继》卷三《僧德正传》。
③ 毛滂：《东堂集》卷九《双石堂记》。
④ 苏轼：《东坡全集》卷二《欧阳少师令赋所蓄石屏》。
⑤ 邓椿：《画继》卷三《程堂传》。
⑥ 王纯五：《天师道二十四治考》，310页。

先生所说，此书应是后人伪托，不能因此证实张陵真的来过峨眉。^①《崇文总录》完成于庆历元年（1041）十二月以前，《峨眉山神异记》成书当在此年之前，或者可以前推到晚唐五代乃至更早，但还需要确凿的材料予以证实。《崇文总录》不著撰人姓名，郑氏《通志》为其加上，说明他在编写《通志》时还能看到此书，此后方才彻底亡佚了。就书名推测，此书内容应主要是记录峨眉山仙道传说的。

《峨眉山神异记》外，马端临《文献通考》卷二〇六《经籍考》著录"《峨眉志》三卷"，并引"晁氏曰"称："皇朝张开撰。峨眉山名也，隋开皇十三年（593）以名其邑，奇胜冠三蜀。郡守吕勤命（张）开考《图经》及传记石刻，缀辑成书，析为十四门。宋白、吴中复诗文附于后。""晁氏"即晁公武（1105-1180），南宋著名藏书家、目录学家。吕勤、张开二人行实无考。曹学佺《蜀中广记》卷九六言吕昌朝《嘉州志》，引"本志序"称：

> 宋吕勤为（嘉州）守，命张开修《峨眉志》。至吕昌朝，以《嘉州图经》增广之，为《嘉州志》二卷。

吕昌朝为宋神宗、哲宗时人，与苏轼为友，"元祐（1086-1094）中守嘉州……作《嘉州志》二卷"^②。吕氏《嘉州志》既是由增广张开《峨眉志》来的，张氏《峨眉志》则必成书于前。宋白（936-1012），字素臣，又字太素，五代宋初人，建隆二年（961）进士，初授著作佐郎，宋太宗时历任知兖州、中书舍人、翰林学士、开封府尹，以兵部尚书致仕。^③吴中复（1011-1079），字仲庶，天圣（1023-1032）进士及第，知峨眉县，改判潭州，累迁殿中侍御史、同知谏院，历任河东都转运使，知江宁府、成

---

① 参见丁培仁：《历史上的〈峨眉山志〉与佛教文化》，载永寿主编：《峨眉山与巴蜀佛教》，北京：宗教文化出版社，2004，151-158页。
② 万历《嘉定州志》卷三。
③ 《宋史》卷四三九《宋白传》。

德军、成都府、永兴军等职，熙宁八年（1075）请祠，十年（1077）起知荆南府，后罢。[1] 张氏《峨眉志》将吴中复诗文附后，是因其曾知峨眉县、成都府，诗文中关涉巴蜀、峨眉者多。但何以会将宋白诗文附后，个中因由不详。以吴中复卒年为上限，而以吕昌朝守嘉州为下限，张氏《峨眉志》成书应在元丰二年至元祐九年之间（1079-1094）。志磐《佛祖统纪》卷五三曾经引用《峨眉山志》（一作《峨眉志》）蒲翁获见普贤的材料，晁公武则有关于此书的概说，证实此书南宋时期已经非常流行。《宋史》卷二〇四《艺文志》有"《峨眉山记》二卷"，不著撰人姓名，不知是否此书。若是，则元时已经遗失一卷；若不是，则复有人另撰志书。曹学佺《蜀中广记》卷九六："《峨眉山记》一卷，《宋史新编》此记次在卢鸿（诸书）下。"《宋史新编》乃明人柯维骐撰，成书于嘉靖三十四年（1555）以前。如此，则《峨眉山记》至明亦仅有一卷留存了（曹学佺《蜀中广记》卷八五"出峨眉本传"的"峨眉历代耆宿"材料，应该就是来自此书）。不管《峨眉志》与《峨眉山记》是一书还是二书，山志的编写都是峨眉山影响扩大的标志之一，反过来又会扩大峨眉山已有的影响。

鉴于佛教以及普贤道场的影响日渐增大，北宋中后期，已经有文人将峨眉山列入"四大佛山"之中。晁说之（1059-1129）《景迂生集》卷十六：

> 今东有五台山之文殊，西而峨眉山之普贤，南而雁荡山之罗汉，北而鼓山之罗汉，亦自汉明帝而始耶。

晁说之将五台、峨眉、雁荡与鼓山并称，明显与后来的"四大佛山"（五台、峨眉、普陀、九华）不同。其中，五台为文殊道场，峨眉为普贤道场，雁荡与鼓山并为罗汉道场。"自汉明帝而始"当是虚言，不可凭信。与此

---

[1] 《宋史》卷三二二《吴中复传》。

先后，苏轼在其《题十八罗汉》中另有提法，志磐《佛祖统纪》卷四六引述：

> 及（苏轼）在儋，得蜀人张氏画《十八阿罗汉》，遂为之赞。复题其后曰："佛灭度后，阎浮提众生刚狠自用，莫肯信入。故诸圣贤皆隐不现，独以设像遗言提引未悟。而峨眉、五台、庐山、天台犹出，光景变异，使人了然见之。①

将峨眉、五台、庐山、天台"四山"作为"诸贤圣"的示现之处，普贤在峨眉，文殊在五台，罗汉在天台，何者在庐山则未可知。至于南宋，沈作喆（约1147年前后在世）撰《寓简》，其卷七称：

> 佛灭度有遗教传世，而大弟子如闻思大士、文殊、普贤皆不见所终。然是三菩萨咸有大宝坊为大道场，示现圣像，或出真身，变化神异，如海山孤绝处，如峨眉山，如清凉，如天台等。凡依归诚至者，皆有所见，得未曾有。而佛自灭度后，独无所谓祥光感应、求之不得其理。

其中，"海山孤绝处"指普陀山，为观世音菩萨的道场；清凉山即五台山，为文殊菩萨道场；天台山传说曾有五百罗汉示现，故是五百罗汉道场。虽然五台、峨眉、天台相对已较稳定，但很明显，我们今天所说的五台、峨眉、普陀、九华"四大佛山"格局，宋时尚未形成。无论怎样，五台山和峨眉山一直位列其中，说明宋代以降五台山与峨眉山作为文殊和普贤的道场已经非常稳定了。故汤用彤先生称："宋南渡之前，佛教重地首称五台、峨眉。五台承唐之旧，峨眉则宋时始盛。"②

---

① 志磐：《佛祖统纪》卷四六，《大正藏》第49册，第418页上/中。
② 汤用彤：《隋唐佛教史稿》，北京：北京大学出版社，2010，244页。

四、宋代峨眉山的道场建设

与社会影响的扩大相关，宋时，峨眉山的道场建设有了前所未有的成就，奠定了其后峨眉山道场的基本格局。

关于宋代峨眉山的总体情形，没有完整的材料予以还原。宋神宗（1068-1085）时，程建用在给苏轼的信中言及中江观风台亭的峨眉山壁塑："磴道桥阁相属如线，僧寺山洞皆如其地。蛰雷之穴，光相之岩，枯木飞瀑，莫不毕备，恍然以为昔年之旅寓也。"[①] 有磴道，有桥阁，有寺院，有山洞，"蛰雷之穴"指雷洞坪，"光相之岩"即舍身岩，此为峨眉山概述，就旅游观光者言，应该已是较为完备的旅游观光线路了。

更进一步的峨眉山道场建设，我们将以范成大《峨眉山行记》为线索，参阅其他材料分别考订于下：

> 自郡城出西门，济燕渡，水汹涌甚险，此即雅州江。……过渡，宿苏稽镇。壬辰早发苏稽，午过符文镇，两镇市井繁邃。……至峨眉县宿。

"郡城"即嘉州（今四川乐山），"燕渡"今名徐家渡。"雅州江"即青衣江，正源在四川宝兴，范成大以为"其源自巂州邛部，合大渡河，穿夷界千山以来"，应是误将荥经河当成了正源，其合大渡河亦不在邛部（今四川越西），而在今乐山草鞋渡。"苏稽"至今尤称此名，"符文"今名符溪。范成大自嘉州西门出，从燕渡渡雅州江，经苏稽、符文两镇达至峨眉，是宋代以降朝峨眉山的经典线路。一路西行，可以远眺峨眉山色。范成大有《过燕渡望大峨有白气如层楼拔起丛云中》诗一首：

---

① 杜应芳：《补续全蜀艺文志》卷二一程建用《求苏东坡山亭记书》。

围野千山暑气昏，大峨烟霭亦缤纷。

玉峰忽起三千丈，应是兜罗世界云。①

范氏游峨眉山在盛夏，故称"千山暑气"；"兜罗世界云"即兜罗绵云，是佛经对积云的称述。玉峰（即雪峰）千丈，烟霭缤纷，都是范氏一路西行的所见。

癸巳，发峨眉县。出西门登山，过慈福、普安二院、白水庄、蜀村店，十二里龙神堂。自是碉谷春淙，林樾雄深，小憩华严院。

慈福院，蒋超《峨眉山志》卷三称其"在圣积寺对门，今废"，同书同卷："圣积寺，离峨眉县五里，即古慈福院，乃轩辕问道处。"慈福院废后，明时于此新建了圣积寺。普安院，蒋超《峨眉山志》卷三称其"在普安桥，今废"，地点在八卦井附近。白水庄、蜀村店，胡世安《译峨籁》卷八《道里纪》："有三一庵，前则白水庄、独村店。""独村店"即"蜀村店"，"蜀"当为"獨"，范氏略记成了"蜀"。其地后来改称万行庄、萧店子。龙神堂，蒋超《峨眉山志》卷二："又一里为虎溪桥，左上为龙神堂。此处多虎，宋僧士性建尊胜幢压之，虎患始息。"同书卷三："龙神堂在伏虎寺左"，"宋绍兴间，虎狼为患，人迹罕见。有高僧士性建尊胜幢一座，据镇方隅，人物始遂。"其地在今伏虎寺附近。从白约《伏虎山房》②诗推测，此地还应有其他宗教建筑存在。华严院即华严寺，蒋超《峨眉山志》卷二："……解脱坡，有解脱庵，再进二里青竹桥，为华严寺，即归云阁是也。"华严寺为前代旧寺，内有归云阁，宋时应有翻修扩建。胡世安《译峨籁》卷八《道理纪》称寺中有宋代古碑，记载寺中云篆殿兴建于绍兴年间（1131-1162），"节枓盘螺，輨盖佛座，名云篆殿，制甚古，大蝠托

---

① 范成大：《石湖诗集》卷一八。按，以下所引范氏吟咏峨眉山的诗作概出此书，恕不另注。

② 陆心源：《宋诗纪事补遗》卷一三。

图十九

白云峰

白龙峰

呼应峰

中峰寺

往观音寺

三望坡

峨眉山传说中的孙思邈与茂真呼应处（采自《峨山图志》）

庐"。许止净《峨眉山志》卷五："以旋篆结顶，至今呼为云篆殿。"① 蒋超《峨眉山志》卷三言其建于绍兴三年（1133），"僧士性重修"，"初为白牛长老住持"。胡氏《译峨籁》卷八又称曾于其地得宋"华严堠"，左刻"至县十五里"，右刻"至巅七十里"。华严寺在峨眉山道场体系中位置十分重要，祝穆《方舆胜览》卷五二：

> 凡游大峨者，自县胜峰门出，至华严院恰十五里。前代于峨山创寺六所，光相居山绝顶，为游山之底（极）；华严居山之前峰，为游山之响导。

在曹学佺《蜀中广记》卷一一的记载里，华严寺后又多出了"而白水寺居其中"。这样，峨眉山便形成了低山段以华严寺为核心、中山段以白水寺为核心、高山段以光相寺为核心的整体格局。范成大"小憩"于此寺，留有《华严寺》诗一首，言其众峰壁立、梯道如线、风生两腋、泉吼四山。

> 过青竹桥、峨眉新观路口、梅树垭、两龙堂，至中峰院。院有普贤阁，回环十七峰绕之，背倚白岩峰。右傍最高而峻挺者曰呼应峰，下有茂真尊者庵，人迹罕至。孙思邈隐峨眉时，与茂真常相呼应于此云。

峨眉新观又称新峨眉观，去程范氏仅从路口路过，返程时曾入观内参观。许止净《峨眉山志》卷三有西龙堂，"在梅树垭下"，疑两龙堂应是东、西二龙堂。峨眉新观、两龙堂位置，应在纯阳殿至圣水阁一带。中峰院即中峰寺，在白云峰（即白岩峰）下，为前代旧寺，传说孙思邈、王仙卿、宋文才皆在此处羽化成仙。宋初，茂真和尚曾经重修，"有智者大师寄钵杖"，黄庭坚来朝峨眉曾在此寺"习静"②。普贤阁在其寺后。孙思邈与茂真常相呼应事，蒋超《峨眉山志》卷二将主角改成了三人，史籍无征的智者大师也被组合进来。无论怎样，范成大已经记载此一传说，证实

---

① 按，许止净《峨眉山志》卷五言云篆殿为唐正性和尚"重修"（204页），应误。
② 蒋超：《峨眉山志》卷三。

宋时已经有了孙思邈与茂真隐于此处以及呼应峰得名的说法。至于元明，伴随着智者大师传说的兴起，此一传说又添加了智者大师。中峰寺在群峰拱卫的山谷之中，别有隐幽，给范成大留下了很深的印象，其《中峰》诗吟："凌高蹑危峰，斗下俯幽谷，仙英馥椒兰，嘉荫翳庬蘦。……白崖如负依，金界奠苍麓，众峰拱二八，娟妙绕重屋。"由之联想到"幽居接松竹"的孙思邈与茂真尊者，似乎还在相互呼应，让范氏不禁渴望能够被他们邀请受餐。

> 出院，过樟木、牛心二岭，及牛心院。路口至双溪桥，乱石如屏簇，有两山相对，各有一溪出焉，并流至桥下石堑，深数十丈，窈然沉碧，飞湍喷雪，奔出桥外，则入岑蔚中。可数十步，两溪合为一，以投大壑，渊淳凝湛，散为溪滩。……牛心寺，三藏师继业自西域归，于此将开山，两石斗溪上。揽得其一，上有眉目，端正透底，以为宝瑞，至今藏寺中，此水遂名宝现溪。自是登危礓，过菩萨阁，当道有榜曰"天下大峨山"，遂至白水普贤寺。

樟木岭、牛心岭近牛心院，路口下坡即双溪桥（后称双飞桥），蒋超《峨眉山志》卷二言此一段路程：

> 出（中峰）寺，为三望坡。行一里，为龙升冈龙神殿。又三折过樟木、牛心二岭，至前牛心寺。路口下坡为双飞桥，桥有清音阁。桥下有石状如牛心，名牛心石，当两水交冲处，其光如鉴，照人眉目，此处景物最美。从此湾内南入左进为广福寺，乃宝现溪。由寺入石笋沟、宝珠溪、天柱峰、金刚石，凡数折。后牛心寺，又名卧云，即古延福院，有白云、青莲二阁，乃孙真人修道处。

从中峰寺至樟木、牛心二岭尚有相当距离，范氏记中阙如，说明其间或无值得记述的寺庵。双溪桥上之牛心寺为前牛心寺，继业三藏所建为后

牛心寺，范氏用牛心院与牛心寺将之分开。冯时行《游峨眉十一首》之
第三首吟咏牛心寺，言其"云堂环碧嶂，溪路擘青岑"，当是一种山青嶂
环的情形。①双溪桥下一段描述，即今之清音阁一带景物。范成大《双溪》
一诗专吟此一带景物：

> 冷风骚骚木叶低，洞渊阻深生怪奇。
>
> 碧琳双涧黑无底，中有玉龙相对飞。
>
> 雷轰雪卷入林樾，化为一龙潭底没。
>
> 摩尼斗罢四山空，时有宝光岩下发。

首二句言其植被荫郁、洞奇渊深，次二句言双溪深沉无底、急湍如飞，
"雷轰"二句言双溪雷鸣雪喷汇流入潭后的突然平静，"摩尼斗罢"用两
石斗溪上的传说，"宝光岩发"述此处常见奇光。整体品味，诗句对清音
阁一带的景物刻画相当到位。范氏另有《白云峡》一首，虽然自注"牛
心寺"，吟咏的却是双溪的景物——双溪所在称白云峡："飞澜溅沫漱篮
舆，却望两崖天一隙。"胡世安《译峨籁》卷一〇《诗歌纪》录有冯时行
《双溪桥》一首，用"巨木架虹梁，横跨惊湍上"描述此桥，但我们没有
在《缙云文集》中查到此诗。蒋超《峨眉山志》卷三又言："广福寺即前
牛心寺，别院在宝现溪侧，今废。"显然，"从此湾内南入左进为广福寺"
应指广福别院，故言其侧"乃宝现溪"。范成大《宝现溪》一诗吟称："粲
粲罨画沙，鳞鳞曲尘水。朝阳相发挥，光景艳孔翠。"又，蒋超《峨眉山
志》卷三："菩萨阁在白水寺，今废，有榜曰'天下大峨山'。"这与范氏
"过菩萨阁，当道有榜曰'天下大峨山'"的记述吻合，地点则在白水寺
近处了。白水普贤寺，简称白水寺，即今之万年寺，是峨眉山中最为核
心的寺院，"峨山居半，游人逆旅所资"②。范成大有《净光轩》一首，自

---

① 冯时行：《缙云文集》卷三。
② 康熙《峨眉县志》卷四。

注"白水寺",知净光轩为白水寺建筑,晴雨皆有意趣——"翳华销尽八窗明,雨竹风泉演妙声。"范氏宿于寺中,除了拜谒著名的普贤巨像,还参观了寺中收藏的历代御赐宝物。蒋超《峨眉山志》卷一三录有苏轼《白水寺》[①]一首,但此诗本是吟咏嘉州烂柯洞的作品,不是吟咏峨眉白水寺。

出白水寺侧门,便登点心山(一作"坡"),言峻甚、足膝点于心胸云。过茅亭嘴、石子雷、大小深坑、骆驼岭、簇店。……又过峰门、罗汉店、大小扶舁、错欢喜、木皮里、胡孙梯、雷洞坪。

点心山,范氏《点心山》诗自注:"在白水寺后,自此登峰顶。"因其"足膝点于心胸"方能攀登——"岂惟膝点心,固已头抢地",故名。今名观心坡,在前往息心所的路上。蒋超《峨眉山志》卷二:"(观心坡)后有庵,名妙观空庵禅堂。过此为鬼门关、石碑冈、茅亭嘴、石子雷、大小鹅岭、息心所。"可知茅亭嘴、石子雷并在今万年寺至息心所路上。范氏未记,说明息心所在宋时尚无。过息心所,蒋氏《峨眉山志》卷二又称:"又过大小深坑、上长老枰,约行里许为鸶殿,一名初殿。""初殿"即"簇店",按范氏所言,"凡言店者,当道板屋一间,将有登山客,则寺僧先遣人煮汤于店,以俟蒸炊",后来才发展为中等寺院。骆驼岭在长老坪上,胡世安《登峨山道里纪》称:"由(长老)坪出山肩骆驼岭,漫行数里许,为初殿。"罗汉店在罗汉坡上,峰门、大小扶舁无考。范氏自己写有《大扶舁》《小扶舁》两诗,言其"路似镜中相对看""人间踽踽独行难""悬崖破栈不可玩""千古毨毨挂高木",道路相当险峻,需要山丁奋力扶挟方过。蒋超《峨眉山志》卷二:

又行一里,危梯峭栈,名鹁鸪攒天,上岭为初喜亭,一名错欢喜。亭傍有小池,名洗象池。又上为滑石沟、木皮殿,即古化城寺。……从此上

① 万历《四川总志》卷一五。

胡孙梯，一名凌云梯。至高处稍平，为白云殿，今废。又上为雷洞坪。

"鹁鸪攒天"即现在的钻天坡，上岭即初喜亭，亦即错欢喜，也就是现在的洗象池。再上为滑石沟，许止净《峨眉山志》卷一："（滑石）沟上有井，泉清，前即大乘寺，殿舍原覆木皮，古称木皮殿，今用木板矣。寺右数百步，有化城寺故址。"蒋氏认为木皮殿即古化城寺，许氏析为大乘寺、化城寺两寺。无论怎样，均有寺院成型，因殿舍覆木皮而名木皮殿。但范氏在记述中称"木皮里"，应还仅是地名而已，兴建寺院当在其后。胡孙梯在阎王扁上，又叫凌云梯，许止净《峨眉山志》卷一作"胡僧梯"，称："昔有胡僧，缚木架石，以引行者，为胡僧梯，一名凌云梯。"范氏不用"胡僧"，乃至蒋氏亦不用，说明此一传说兴起很晚。按范成大《胡孙梯》诗的描述，"木蹬鳞鳞滑过泥，微生欹侧寄枯藜"，其艰险乃至于令猢狲发愁。雷洞坪在梅子坡下，"有雷龙居此，凡七十二洞"[1]。范氏《雷洞坪》诗自注："七十二洞皆在道傍，大旱有祷，投香花不应，即以大石或死彘及妇人弊履投而触之，雷雨即至。"由此可知雷神居此的传说很早，旱时于此祭祀雷神的习俗形成也早。因其濒临悬崖——"路在深崖，万仞蹬道缺处，则下瞰沉黑若洞然"，"行人魄动风森森，两崖奔黑愁太阴"。

> 过新店、八十四盘、娑罗坪。……自娑罗坪过思佛亭、软草平、洗脚溪，遂极峰顶光相寺，亦板屋数十间，无人居，中间有普贤小殿。……冒寒登天仙桥，至光明岩，炷香小殿上，木皮盖之。

由雷洞坪上，蒋超《峨眉山志》卷二："过雷神洞里许，为接引殿、为新殿，历八十四盘，折尽为朝阳阁、观音岩。"似新店在接引殿之后，但胡世安《译峨籁》卷八《道里纪》称："由雷洞坪曲折沿岩亘数里，过新殿，

---

[1] 蒋超：《峨眉山志》卷二。

则八十四盘，名娑罗坪。……稍折，有接引庵。"新店显然应在接引殿前，甚至八十四盘都在接引殿前。范氏称其"新店"，宋时应尚未能兴建成殿成寺，和簇店一样，仅有一僧二僧方便游客。八十四盘，范氏同名诗作言其"冥鸿无伴鹤孤飞，回首尘笼一笑嬉""石梯碧滑云生后，木叶红斑雪雾时"，应已到了雪覆梯滑、鸟雀罕至的高度，木叶红斑、云傍路生别有景致。蒋超《峨眉山志》卷二：

> 桫罗坪在千佛顶后，每见前贤游山记，俱以八十四盘大欢喜亭上为桫罗坪。询之山中耆旧，云坪在山后，非初登顶即有此坪也。如以地有桫罗疑之，此花遍满山顶，无处不可名桫罗坪也。

似不同意范氏的记述。但范氏为亲历者，且有众多当地人陪同，应不至于错记。其《娑罗坪》诗言其"岚雨逼衣寒似铁，冰泉炊米硬于沙"，当已是"峰头事事"了。蒋超《峨眉山志》卷二又称："思佛亭在娑罗坪""软草坪在山顶思佛亭前""洗脚溪在山顶思佛亭软草坪上"，三者基本上在一处。范氏《思佛亭晓望》："栗烈刚风刮病眸，登临何啻缓千忧。界天暑雪青城外，涌地晴云瓦屋头。"北青城、西瓦屋尽收眼底，极其骋目。过此思佛亭，即到极顶光相寺。蒋超《峨眉山志》卷三："光相寺，在大峨峰顶，相传汉明帝时建，名普光殿。其改名光相，当在唐宋时也。"汉明帝时即有普光殿应是附会，改名光相寺在宋开宝五年（972）则有记载。范氏记述其寺只有"板屋数十间，无人居"，寺中普贤殿亦为"小殿"，以及光明岩处的"小殿"，规模均不甚大，"木皮盖之"——"王瞻叔参政尝易以瓦，为雪霜所薄，一年辄碎，后复以木皮易之，翻可支二三年。"依此记载，山顶显然还未充分开发，乃至给人以寒冷荒凉之感——"峰顶四时如大冬，芳花芳草自春融。苔痕新晴六月雪，木势旧偃千年风。"[①]虽然

---

① 范成大：《石湖诗集》卷一八《光相寺》。按，蒋超《峨眉山志》卷一三题为《峰顶卧云庵》，应不确。

如此，光相寺已是峨眉山上最重要的寺院之一当无问题。

　　范氏的返回程途仍是原路。到白水寺后，游黑水寺，"过虎溪桥，奔流激湍，大略似双溪而小不及"。其《虎溪》诗自注："黑水寺前，虽不及双溪，亦佳处也。开山僧至此断渡，一虎踞前，因跨之，乱流以济。今作桥其上，水岁推荡，辄更新之。"其"不须更问桥安否，唤取于菟载我过"诗句，就是用此跨虎渡溪传说。黑水寺旧称永明华藏寺，在对月峰，唐僧慧通以后，"继席祖廷（庭），位列传灯，承璟、义钦、黑水、昙振、洞溪、广悟，前后七代，悉宗风大振，故古今称峨眉祖堂"①。当晚，范氏宿于寺中东阁。次日，"离黑水（寺），复过白水寺"，知白水寺至黑水寺应是独路。"前渡双溪桥，入牛心寺。……出牛心，复过中峰之前，入新峨眉观"。由此折入龙门峡路，记述甚赞其地景致："昔尝闻峨眉双溪不减庐山、三峡，前日过之真奇绝。及至龙门，则双溪又在下风。盖天下峡泉之胜，当以龙门为第一。"在《龙门峡》诗中，范氏还专门对其峡谷、瀑布、峭壁、寒云等分句予以夸饰，乃至"不辞击棹更深入"，哪怕可能惊扰峡中龙君。然后，"寻大路出山，初夜始至县中"。

　　此外，宋代文献屡屡提到峨眉山灵岩寺，绍徽、慧远师徒曾经驻锡。蒋超《峨眉山志》卷三："灵岩寺，在大峨山下，南进高桥，宝掌和尚结庐旧址，事在周威烈王十二年。②历代重兴，至宋绍兴五年（1135），改护国光林寺。"灵岩寺为宝掌和尚结庐旧址当是传说，但宋时已颇知名则是事实。因线路不顺，范氏游峨眉山时未至此寺。

　　以上跟踪考订揭示，两宋时期，峨眉山自伏虎寺至清音阁至万年寺至洗象池至金顶一线的道场建设已经基本成型，形成了以华严寺、中峰

---

① 蒋超：《峨眉山志》卷三。
② 此文当为"周威烈王十二年"。因"王十二年"误为"三十二年"，又衍出一"王"字，脱去一"威"字。周威烈王十二年，为传说中宝掌和尚生年，又传说他曾在峨眉山灵岩寺结庐修行。

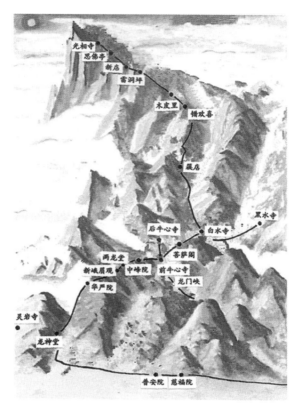

光相寺
忍佛寺
新店
雷洞坪
木皮里
错欢喜
簇店
黑水寺
后牛心寺
白水寺
两龙堂
菩萨阁
新峨眉观
中峰院
前牛心寺
华严院
龙门峡
灵岩寺
龙神堂
普安院
慈福院

宋代峨眉山寺院分布图

寺、牛心寺、白水寺、黑水寺、光相寺为主体的佛教山寺体系，其下则有慈福院、普安院、菩萨阁等次级庵院；而像簇店、新店之类虽未正式转为佛教殿堂，按范成大的记述，也是由僧人代行打理的。至于龙神堂、两龙堂以及新峨眉观等，则是旧有民间信仰与道教宫观在山上的遗存。作为一座著名的佛教名山，这些寺院殿堂已经足够支撑它的灼灼声誉了。当然，之所以说是"基本成型"，因为许多重要寺院还在准备之中，簇店尚未转成初殿，错欢喜也还没有兴建成洗象池，雷洞坪则仅仅是坪而已。尤其是金顶的建设，更要到了明代方才充分开发出来。不仅如此，就山道建设而言，白水寺以上的山道还很粗粝，"无复蹊蹬，斫木作长梯，钉岩壁，缘之而上"，攀登非常不易。范氏述其艰难，"（上山时）余以健卒挟山轿强登，以山丁三十夫，曳大绳行前挽之"，"下山时虽复以绳纵与后，梯斗下，舆夫难着脚，既险且危"。这显然仍需进一步建设，以不影响信众的朝山礼拜——尤其是伴随其社会影响扩大后，更多信众朝山礼拜。最该引起注意的是，除龙门峡一段外，范成大上山与下山均取相同路线，这在被"健卒"轿舆上下的范氏来说，是不可思议的事——反正不用自己费力，不必重复已游的路线。由此提示，今从清音阁至洪椿坪至仙峰寺至九岭岗一线应该还未开辟出来①。如此，宋代峨眉山寺院分布情况可以简单制图于上。

作为一座佛教名山，峨眉山的道场建设当然不只是寺院建设，山石树木的整体佛化也是非常重要的内容，借此方能使峨眉山的自然物象成为与佛教有密切关联的神圣物象，最终彻底稳固峨眉山佛教道场的地位。

如前所述，峨眉山很早即被巴蜀仙道打造成了服食炼养的名山。山上的许多自然之物，同时亦被进行了道教化诠释。如所谓的绥山之桃，食之可以成仙，就是道教化诠释的结果。再如所谓"仙药"，也是对峨眉山某些奇花异木的道教化提升。许止净《峨眉山志》卷八：

> 海棠，自万年寺至山下，沿山岩壑，到处有之，名野海棠。叶较人家所种者稍大，花亦淡红色，头皆下垂，有似深山隐士避人，不欲露其形影者。万年松，其茎最小，藏书帙中经年，得水复活。

峨眉海棠除了花叶有别于其他海棠外，最关键的是其外形"头皆下垂"，被有心者诠释成了"有似深山隐士避人，不欲露其形影者"。而峨眉万年松，几乎就是一种不死松。同书卷一又载：

---

① 按，仙峰寺传说始建于元至元十八年（1281），初为小庵，明时扩为大寺，但我们至今没有找到可信的材料予以证实。

古白龙池，深广二丈，水清，多蜥蜴，色白微黄，长数寸，四足，两额，竖角，有花纹，性驯而灵。相传为龙子，遇旱祷雨辄应。

本是很平常的蜥蜴，经此"相传"便成了峨眉山的灵物，与水旱祈祷关联起来。与此相类的，还有所谓"鸣则天雨"的雨道士鸟、"鸣则人家有丧"的岩鹰[1]，它们都被赋予了预知未来的本领。不仅花木鸟兽，连峨眉山的山水石岩也被赋予了许多不同于别处的特性。牛心寺附近的药王洞，传为孙思邈炼丹处，"岩石碎裂，无草木，说者以为丹气熏蒸所致，方士多取煮服，以为能助精养神"[2]。原本普通的碎岩，在如此这般的解说中有了丹药的性质。这些都是道教化诠释的结果，并且作为一种神圣资源被代复一代地传承下来。

宋代以降，随着普贤道场的形成，峨眉山的植物、动物普遍有一个被佛化的过程。邓椿《画继》卷三《程堂传》载：程堂，字公明，眉州人，善画墨竹，"登峨眉山，见菩萨竹，有结花于节外之枝者，茸密如袭，即写其形于中峰乾明寺僧堂壁间，俨如生也"。这种节外之枝结花的竹子，有别于其他地方的竹子，其花茸密如袭，只在峨眉山生长，而峨眉山是普贤菩萨的道场，因以命其名曰"菩萨竹"。胡世安《译峨籁》卷七："月竹，每月一生，又名普贤竹。"所谓"每月一生"，陆深《蜀都杂抄》解释为"每月生笋"[3]，也是一种极为奇特的竹类。一在枝外结花，一在每月生笋，菩萨竹与普贤竹应该不是同一种竹类。

蒋超《峨眉山志》卷六："罗汉松，结实颇肖，又名塔松，状似杉而叶圆细，生峰顶。"这种生于峨眉山顶的松树，因其结实状如罗汉，故名。以"罗汉"名松始于宋代，晁公遡《嵩山集》卷四有一首《中岩长老子文送罗汉松》，诗曰："驻车凌云山，虽在官府中。平生著幽禅，意与方袍

---

① 许止净：《峨眉山志》卷八，348页。
② 许止净：《峨眉山志》卷一，52页。
③ 陆深：《俨山外集》卷三〇。

同。已杖菩萨竹，更来罗汉松。天姿特高洁，厚叶非蒙茸。"此诗写于其在嘉州任职期间，峨眉山、中岩山僧分别送其菩萨竹与罗汉松。故虽不敢肯定两者之得名必与峨眉山有关，但宋时峨眉山已很盛行栽培此种植物应无问题，而且这些植物已被赋予了很浓的佛教意蕴——晁氏吟其枝叶："皆披阇黎衣，如坐浮屠宫。勿谓默不语，说法声摩空。"胡世安《译峨籁》卷七："佛头青，其树叶碧翠异常，生峰顶者，尤具光彩。""佛头青"也叫"佛顶青"，因其生于峨眉山顶而且碧翠异常，故得此名。

竹木而外，又有"普贤藤""普贤线""普贤菜"。"普贤藤"即"天蜿蜒"，陈元龙《格致镜原》卷六九引《事物绀珠》云："天蜿蜒，在树上丝络，峨眉山名为普贤袈裟曼游藤。寄生大树，春花，色紫，叶如柳，又名沉花藤。"此藤本自有名，生于峨眉山者别名"普贤藤"，意在加强其与普贤道场的关系。胡世安《译峨籁》卷七："普贤线，树上苔须蔓引而成，长数尺，或言深谷有寻丈者。"这种"普贤线"事实上就是前代的"仙人绦"，宋祁《益部方物略记》："仙人绦，生大山中，与苔同种，但岩阴石隈，多鲜翠，长二三尺，丛垂若绦，或言深谷有长丈余者。"故蒋超《峨眉山志》卷六直接即称："《方物略》曰仙人绦，即此物。"由"仙人绦"向"普贤线"的更名，是一个非常有意思的道佛诠释转变暗示。蒋超《峨眉山志》卷六还有一种"普贤菜"，具体情形没有描述。李调元《接引殿僧思泉求诗》吟道：

其一

仙女五十三步，长老八十四盘。

偶同思泉小语，不知身在云端。

其二

菩提果悬顶上，普贤菜捧头陀。

暂借僧察一饭，读尽半部《楞伽》。①

"五十三步""八十四盘"都是峨眉山上的地名，"菩提果""普贤菜"则是峨眉山上的果蔬。"菩提果"悬于顶上，证实它是一种乔木类果实，应该生在峨眉山的山道之旁——否则不会言其"悬顶上"。"普贤菜"如捧头陀，说明它的形状应该像头陀打坐——菜心如头陀，被底叶所护持。这些以普贤命名的植物，都是强化峨眉山普贤道场的一种策略。胡世安《译峨籁》卷七："罗汉菜，叶如豆苗。"这应该是一种类似豆苗的野菜，当然也是与峨眉山独特性有关的植物。

娑罗花，又称优昙钵花，杜鹃科植物，前面所引宋祁《益部方物略记》已经提到过它。范成大游峨眉山娑罗坪时，对此花有过堪称详细的描绘：

> 娑罗者，其木叶如海桐，又似杨梅，花红白色，春夏间开，惟此山有之；初登山半即见之，至此满山皆是。

其实娑罗花并非只有峨眉山才有，但在宋祁、范成大笔下，它已变成了"根不可移""惟此山有之"的峨眉山专属植物，不是随处都能见到，无怪乎《雅安志》称："大抵娑罗，非名山佛地不能得也。"② 由是将娑罗花置于一个特殊的环境，它已不仅仅是一种植物，而更是一种象征，一种名山佛地的象征。所以，宋代以降，娑罗花也被称为"佛花"。清人彭元吉《娑罗花》诗即吟："娑罗原是佛前花，开遍峨山灿若霞。不信佛身常住世，见花如见佛无差。"③ 不仅如此，峨眉山娑罗花还被世人赋予了很多感情色彩，孙光宪《北梦琐言》卷一〇《杜孺休种青莲花》称："伪蜀王先主将晏驾，其年，峨眉山娑罗花，悉开白花。"

---

① 李调元：《童山集·诗集》卷二七。
② 曹学佺：《蜀中广记》卷六一引。
③ 许止净：《峨眉山志》卷七，334-335页。

不只是竹树花草被打上了佛教的印记，峨眉山属的鸟兽虫鱼也同样被打上了佛教的印记。宋祁《益部方物略记》："护花鸟，青城、峨眉间往往有之，至春则言啼，其音若云'无偷花果'，仿佛人云。"此种啼若人语的鸟本不只出自峨眉山，青城山亦有，但经诸种《峨眉山志》的刻意著录，便使其与峨眉山有了一种特别的佛教缘分。在峨眉山顶，还有一种堪称神奇的"佛现鸟"。许止净《峨眉山志》卷八：

> 佛现鸟，山顶光相寺有二支，绝不见其生育。大如雀形，形似土画眉。佛将放光，则鸣云："佛现，佛现。"见人不惊，每向人手取食。山顶余鸟俱不能到，唯此鸟常报佛现。盖菩萨变化所作，发人信心之灵禽也。

叫声可以预报佛光的出现，此鸟显然已被宗教化了，变成了"发人信心之灵禽"。明代杨慎还曾以此鸟赋诗："佛现，佛现，鸟语易随人意变。山川发晶荧，草木呈葱茜。坐使游人心目乱，佛现，佛现。"[1]此是能报佛光的山鸟。胡世安《译峨籁》卷七："貔貅，自木皮殿以上林间有之，形类犬，黄质白章，庞赘，迟钝，见人不惊，群犬常侮之。声訇訇似念'陀佛'，能援树，食杉松颠并实，夜卧高篱上。"到了蒋超《峨眉山志》卷六，"声訇訇似念'陀佛'"变成了"声訇訇似念'陀佛，陀佛'"。此是能念佛陀名号的山兽。此外，早期名曰"雨道士"的鸟，后来也改名成了"山和尚"，陆深《蜀都杂抄》："嘉定州有鸟，一名山和尚，一名雨道士，堪作对偶。"[2]至康熙《峨眉县志》卷八，更将其鸣叫附会成木鱼之声："山和尚，声如木鱼，故呼此。"

经过如此这般的佛化，峨眉山上的树木鸟兽便都有了异于凡俗的意义，会对朝山信众形成特别的心理暗示。是以范成大赞叹："大抵大峨之上，凡草木禽虫，悉非世间所有。昔固传闻，今亲验之。"就此，许止净

---

① 杨慎：《升庵集》卷三八《佛现》。
② 陆深：《俨山外集》三〇。

第四章　宋代峨眉山佛教的初次兴盛

169

《峨眉山志》卷八有一段很好的解说：

> 峨眉山，西蜀最大之山，又为普贤菩萨圣道场地，所蕴者深，故所发者必胜，所积者厚，故所流者自光。其间动物植物，何可胜数。凡来山者，须得此山一草一木，若飞若走，皆具普贤智慧德相之眼，庶可触境明心，闻声悟道，直下知归，不致当面错过也。

峨眉山作为一座著名的佛教名山、海内唯一的普贤道场，在有佛教信仰的文人笔下，山上的植物、动物全被赋予佛法的体现，目的是让人借此悟道，断断不可轻忽它们。

与对植物、动物的佛教诠释同步，宋代以降，峨眉山之自然山石也有一个被佛化的过程。从万年寺往上，观音阁右上有"太子石"，下石碑冈有"观音岩"，岩前有石梁呼"观音桥"，接引殿右有"金刚嘴"，上行有"观音岩"，等等。[1] 峰顶半月池名"圣泉"，又呼"观音水"；小睹佛台左有"金刚石"，台下有"盘陀石"，复有"飞来钟"（石若钟纽）；顶有"华严顶"，又上为"千佛顶""万佛顶"，"旧传愿王三千眷属同来居此"。[2] 杨亿《杨文公谈苑》：

> 嘉州峨眉山有菩萨石，人多采得之，色莹白。若太山狼牙石，上饶州水晶之类。日光射入，有五色，如佛顶圆光。[3]

杜绾《云林石谱》卷中对"菩萨石"也有记载：

> 嘉州峨眉山，正与五台山石同出岩窦中，名菩萨石。其色莹洁，状如大（太）山、狼牙、信州、永昌之类。映日射之，有五色圆光，其质六棱，或大如枣栗，则光彩微茫，间有小如樱珠，则五色粲然可喜。

---

① 许止净：《峨眉山志》卷一，40—46页。
② 胡世安：《译峨籁》卷八。
③ 杨亿口述，黄鉴笔录，宋庠整理，李裕民辑校：《杨文公谈苑》，见《宋元笔记小说大观》第1册，上海：上海古籍出版社，2001，484页。

峨眉山传说中的"石船子"（采自《峨山图志》）

根据地质工作者的研究，"菩萨石"是一种类似水晶的矿石，日光照射其上，产生色散现象而成五色。但在佛教的诠释中，其有五色是因为感得普贤菩萨光明，故名之曰"菩萨石"。南宋时，程大昌本着科学精神曾对这一现象做过解释，否定了感得普贤菩萨光明的说法，其《演繁露》卷九称：

> 《杨文公谈苑》曰："嘉州峨眉山有菩萨石，人多收之。色莹白如玉，如上饶水晶之类，日光射之有五色，如佛顶圆光。"文公之说信矣。然谓峨眉山有佛，故此石能见此光，则恐未然也。凡雨初霁或露之未晞，其余点缀于草木枝叶之末，欲坠不坠，则皆聚为圆点，光莹可喜，日光入之，五色具足，闪烁不定，是乃日之光品着色于水，而非雨露有此五色也。峨眉山佛能现此异，则不可得而知。此之五色，无日则不能自见，则非因峨眉有佛所致也。

以科学理性言，菩萨石之五色光确然应为日光的折射，程氏之说非常正确。但在佛教徒眼中，对其诠释必须与峨眉山普贤道场发生关系，否则即成毫无意义的戏说，故他们宁愿相信感得普贤菩萨光明的解释。其实，根据蒋超《峨眉山志》卷六的记述，此"菩萨石"并不产自峨眉山，"在峨眉山后百余里外始产此石，彝人拾之，粥（鬻）与山僧，以备游客之觅，山中无此石也"。尽管如此，对于来此朝山的信众而言，此石既然已被冠以如此神圣的名字，当然也就是峨眉山独有的馈赠，是峨眉山普贤道场的一种物象符号。陈元龙《格致镜原》卷三三引《事物绀珠》："峨眉水精（晶）出峨眉山，石中有丝，黑毫如眉，甚奇。"专以"峨眉"命名，不用说也是峨眉山独有的水晶。而最有代表的，则是对"石船子"的诠释。

> ……再下濑河，逆行百余步，见长石横卧溪中，类舻艎，若浮水面，称石船子，号普贤船。迫视之，微肖。纹理纵横，亦异他石。岂慈航宝筏，

于此示相耶？^①

位于清音阁至五显岗间的石船子，本是一处类似船形的自然地质奇观。但在向佛者的眼里，它却变成了"普贤船"，有了"慈航宝筏"的特殊含义。民间传说，普贤菩萨当年用船运送佛经到峨眉山，当时此地尚是一片汪洋大海，普贤菩萨搬经上岸后，为免船被海浪冲走，将其化成一块巨石，由是有了"石船子"的名称。蒋超《峨眉山志》卷四载有一段昌福达道与僧的禅对：

> 一次，有僧问："普贤云何驾石船？"
> 答："师是这个，亘古亘今。"

昌福达道为晚唐禅僧，"石船"即指"石船子"。前面已经揭示，此一禅对不见于禅宗文献，应是宋代以降方被附会出来的。如此这般，峨眉山的自然山石也和植物、动物一样，变成了峨眉山佛教道场的有效组成部分，用许止净的原话说："诚足令住者游者睹境明心，触机悟道。"^②

兜罗绵云、佛光、圣灯是峨眉山顶久负盛名的三大自然奇观，合称"金顶三相"。已有学者对此做过周密科学的分析。^③兜罗绵云俗称云海，是一种高山顶上常见的自然景观——在低于山顶的高度，云层漫无边际地展开，汹涌翻滚，有如大海。范成大游峨眉山，多次提到兜罗绵云：

> 峰顶光明岩上所谓"兜罗绵云"，亦多出于此（雷）洞。
> 复诣岩殿致祷，俄氛雾四起，混然一白，僧云："银色世界也。"
> 兜罗绵云复布岩下，纷郁而上，将至岩数丈辄止。
> 凡佛光欲现，必先布云，所谓兜罗绵世界。

---

① 许止净：《峨眉山志》卷一，53页。
② 许止净：《峨眉山志》卷三，119页。
③ 参见向世山：《金顶三相与峨眉佛教名山的关联性分析》，载永寿主编：《峨眉山与巴蜀佛教》，271-285页。

人们相信，峨眉山兜罗绵云出自雷洞，弥漫一色就是峨眉山"银色世界"得名的因由。[①]明时，尹伸游峨眉山，曾对兜罗绵云有过更为完整的描述：

　　诣光相台，白云歘然而出，纤浓靡密，渐腾渐厚。久之，天失其空，地失其块，陵失其牡，谷失其牝，上下一素，游人似处卵白中，无复缝隙，云之观极于此矣。[②]

"上下一素""无复缝隙"的峨眉山兜罗绵云，被尹氏誉为"云之观极"。云海景观能见者多，将其称为兜罗绵云则有特别的佛教寓意。按法云《翻译名义集》卷七的解释，"兜罗"本是天竺的一种树，所生棉絮十分柔软，佛经用以形容佛陀手足（"八十种好"之一）。[③]故被认为兜罗绵云不是一般的云海，而是佛陀特质的一种呈现。居简在其《湖上晓晴》[④]诗中，曾用"恰似峨眉山半麓，紫兜罗雾布岩时"形容湖上晓晴之状，证实峨眉山兜罗绵云在南宋时候已经非常知名了。

　　而佛光是一种自然现象，是太阳光在一定的空气湿度和密度条件下，并在一定的位置、一定的角度范围内，呈现出来的一种七彩光环，置身环中，人动影动，非常奇妙。峨眉山佛光一年平均出现60余次，多时80余次，总体获见概率不是很高，故被信众称为"祥光"，认为它是普贤菩萨显现的一种方式。有学者认为李白"青冥倚天开，彩错疑画出"就是对峨眉山佛光的描述，但这显然是一种凭空臆猜。澄观大师"备观圣像"，蒲公获见普贤，将之解释为见到佛光也极勉强。真正较早而又详细记述峨眉山佛光的，还是范成大的《峨眉山行记》：

　　移顷，冒寒登天仙桥，至光明岩……人云佛现悉以午，今已申后，不若归舍，明日复来。逡巡，忽云出岩下，傍谷中，即雷洞山也。云行勃勃

---

① 参见干树德：《峨眉山"银色世界说"探源》，载《中华文史论坛》，2000（1）。
② 黄宗羲编：《明文海》卷三五八，尹伸《峨眉后记》。
③ 《大正藏》第54册，1172页上。
④ 居简：《北磵诗集》卷九。

如队仗，既当岩，则少驻。云头现大圆光，杂色之晕数重，倚立相对，中有水墨影，若仙圣跨象者。

复诣岩殿致祷……有顷，大雨倾注，氛雾辟易。僧云："洗岩雨也，佛将大现。"兜罗绵云复布岩下……云平如玉地，时雨点有余飞。俯视岩腹，有大圆光，偃卧平云之上。外晕三重，每重有青黄红绿之色。光之正中，虚明凝湛，观者各自见其形，现于虚明之处，毫厘无隐，一如对镜，举手动足，影皆随形，而不见傍人。僧云："摄身光也。"

从"人云佛现悉以午"以及山僧知"洗岩雨"是"佛将大现"的前兆推测，佛光现象应该已被峨眉山人发现很久，故山僧能对其出现规律了如指掌。时而将佛光中的水墨影描述为"仙圣跨象"，时而又将其解释为"观者各自见其形"，可以看出范氏的犹豫——到底是普贤示现还是摄身光影——因其两种说法都愿接受。除了正常的佛光，范氏《峨眉山行记》还记述了其他几种少见的佛光：

一盏茶顷，光没，而其傍复现一光如前，有顷亦没。云中复有金光两道，横射岩腹，人亦谓之"小现"。

少北，则瓦屋山，在雅州。……小瓦屋亦有光相，谓之"辟支佛现"。

此光既没，前山风起云驰。风云之间，复出大圆相光，横亘数山，尽诸异色合集成采，峰峦草木皆鲜妍绚蒨，不可正视。云雾既散，而此光独明，人谓之"清现"。……光相依云而出，其不依云，则谓之"清现"，极难得。

食顷，光渐移，过山而西。左顾雷洞山上，复出一光，如前而差小。须臾，亦飞行过山外，至平野间转徙，得与岩正相值，色状俱变，遂为金桥，大略如吴江垂虹，而两圯各有紫云捧之。凡午至未云物净尽，谓之"收岩"。独金桥现至酉后始没。

范氏非常幸运，他不仅看到了一般的佛光，同时还看到了"小现""清

现""辟支佛现""金桥"等多种形式佛光。因此，范氏分外得意，专门
作了一首关于佛光的长诗，诗题记称："淳熙四年（1177）六月二十七日，
登大峨之巅，一名胜峰山，佛书以为普贤大士所居，连日光相大现，赋
诗纪实，属印老刻之，以为山中一重公案。"诗中吟道：

> 胜峰高哉摩紫青，白鹿导我登化城。
>
> 住山大士喜客至，兜罗布界缤相迎。
>
> 圆景明晖倚云立，艳如七宝庄严成。
>
> 一光未定一光发，中有墨像随心生。
>
> ……
>
> 明朝银界混一白，咫尺眩转寒凌兢。
>
> 天容野色倏开闭，惨淡变化愁仙灵。
>
> 人言六通欲大现，洗山急雨如盆倾。
>
> 重轮叠采印岩腹，非烟非雾非丹青。
>
> 我与化人中共住，镜光觌面交相呈。
>
> 前山忽涌大圆相，日围月晕浮青冥。
>
> 林泉草木尽含裹，是则名为普光明。
>
> 言词海藏不胜赞，北峰复有金桥横。
>
> 众慈久立佛事竟，一尘不起山呤屏。
>
> ……①

诗中对其所见的几种佛光均有描述，铺叙之中自有一丝得意与圣洁，最
后表示："我本三生同行愿，随缘一念犹相应。此行且复印心地，衣有宝
珠奚外营？"名曰佛光，要的就是这种神圣的启示效果。范氏希望他的这
首长诗能被光相寺住持印老刻石山顶，借此铭记其在山顶的感受，启示
后来的游客。

① 范成大：《石湖诗集》卷一八。

明时，峨眉山佛光有了更为神奇的呈现，徐应秋《玉芝堂谈荟》卷二三：

> 吴江赵宽会元子禧为眉州，州判言："峨眉山放光亦有时，曾见七圆光，五大二小。大者，寺僧一一指言文殊、辟支、弥勒等佛；二小者，善财童子也。众人看者，各见自己身形在光中。"

七重佛光同时出现，前代不闻。山僧能够分别指出其为文殊、为辟支、为弥勒、为童子，说明此一现象当不罕见，山僧已习以为常。不同的佛光也被分别命名了不同的名字，"有白色无红晕者，曰'水光'；如箕形者，曰'辟支光'；如铙钵形者，曰'童子光'；有尖稍上映、直竖斜移者，曰'仙人首、仙人掌光'，皆一光变态而异名"[①]。至此，对峨眉山佛光的佛教化建设基本告一段落。白约《游峨杂咏》[②]有"祥光非实相，灵异只虚夸"诗句，所谓不是实相的"祥光"即佛光。牟𪩘在其《赠东皋讲师》[③]诗中，有"峨眉清现更奇绝"句盛赞峨眉山"清现"，证实峨眉山的各种佛光在南宋时已经广为人知了。

圣灯出现于夜晚，又名"佛灯"。雨后初晴的夜晚，山下没有云层，山中没有大风，天空没有明月，在峨眉山上可以看到一丝萤光，继而数点，再后无数点，有如天空繁星，忽明忽暗飘荡山中，至为神奇。圣灯的成因，一说是峨眉山富含的磷矿在温度合适的情况下发生自燃，在夜晚呈现出星星点点的磷火；另一说是树叶上寄生的一种蜜环菌物质在水汽中与氧发生反应，发出星星点点的光来。《册府元龟》卷五三记载：开元二十三年六月庚寅，唐王朝于峨眉山设立醮坛，"有神灯遍照诸峰"。此"神灯"如果就是圣灯，则盛唐时期圣灯奇观已经被峨眉山人观察到了。至宋，慧宝注《北山录》卷八载："其有仙寺，而莫吾能适"，"如卭

---

① 胡世安：《译峨籁》卷八。
② 陆心源：《宋诗纪事补遗》卷一三。
③ 车𪩘：《陵阳集》卷六。

州大邑县雾中山，有五百罗汉居，三学山圣灯、峨眉山普贤菩萨等。"① 其中提到了三学山圣灯，但未提到峨眉山圣灯。虽然如此，宋代峨眉山圣灯的确已经成为"金顶三相"之一。范成大《峨眉山行记》明确记述："乙夜，灯出岩下，遍满弥望，以千百计。"在其吟咏峨眉山佛光的长诗中，"夜神受记亦修供，照世洞然千百灯"两句也是描述峨眉山圣灯的。至明，峨眉山圣灯已经很有影响。徐应秋《玉芝堂谈荟》卷二四："峨眉山有圣灯，每月明之夕，数十百如乱萤，扑之皆木叶也。"言其为树叶发光所致，是古人的一种普遍看法。陆深《蜀都杂抄》：

> 峨眉山周回千里，高八十里，中有光怪，每天晴云涌浩若银涛，其光五采如轮，俗云"佛见"是已。夜半有光熠熠，来自天际者，又谓之圣灯。②

前者言佛光，后者言圣灯，明时都已非常知名。其实，圣灯这种自然景观并不是峨眉山独有，如叶子奇《草木子》卷四所云：

> 圣灯，名山之大者，往往皆有之，世人多归之佛氏之神。如眉县峨眉山、成都圣灯山、简州天光观、衡山圣灯岩、匡庐之神灯岩、明州天童山、高丽之太白山数处，圣灯时现，盖山之精英之气，发为光怪尔。

叶氏将其解释为"山之精英之气"所发，与"归之佛氏之神"没有本质的不同，都归之于某种超人的能力。但峨眉山圣灯不同于别处，因为它有普贤道场的背景，是普贤道场的有效组成部分。朱熹是一位非常理性的儒家学者，在其《朱子语类》卷一二六中曾对峨眉山圣灯、佛光乃至菩萨石有过理性的解释：

---

① 神清撰，慧宝注、德珪注解，富世平校注：《北山录校注》，北京：中华书局，2014，680页。
② 陆深：《俨山外集》卷三〇。

俗言佛灯，此是气盛而有光，又恐是宝气，又恐是腐叶飞虫之光。蔡季通去庐山问得，云是腐叶之光。云昔人有以合子合得一团光，来日看之，乃一腐叶。妙喜在某处见光，令人扑之，得一小虫，如蛇样而甚细，仅如布线大。此中有人随汪圣锡到峨眉山，云五更初去看，初布白气，已而有圆光如镜，其中有佛。然其人以手裹头巾，则光中之佛亦裹头巾，则知乃人影耳。今所在有石，号菩萨石者，如水精状，于日中照之，便有圆光。想是彼处山中有一物，日初出，照见其影，圆而映人，影如佛影耳。

圣灯被解释为腐叶飞虫，佛光被解释为人影投射，菩萨石被解释为日照物影，这都属于朱熹的一家之言。但其专此一一分说，则证实了峨眉山佛光、圣灯的社会影响已经不可等闲视之，朱熹非得加以辩说才能为其学说扫清道路。况且，对佛教信众而言，乃至对一般游客而言，朱熹的解释并不具有权威意义，他们宁肯相信这些都是普贤菩萨示现的方式，在峨眉山这座普贤道场的特殊环境中——"峨眉峰顶，昼则放光，夜则出灯，明由普贤示现，启人生信。不然，何以唯菩萨道场有之，他则不闻耶?"①

无论是花草奇石还是"金顶三相"，以科学的态度审视，它们应该都是自然的正常样态与景致，但当它们与峨眉山独特的佛教文化结合时，便被赋予了一层神圣的意义，从凡俗之物转变成了神圣之物。就改名的时间推测，"菩萨竹""菩萨石""普贤菜""普贤线""普贤竹""普贤藤"的命名，明显都与峨眉山普贤道场的确立以及影响扩大连在一起。同样，所谓"佛花""佛顶青""佛现鸟""佛光""佛灯"等提法，则明显是与峨眉山转变成为佛教名山的事实连在一起。

伴随着山寺体系的建设成型，以及异物奇观佛化的完成，峨眉山作为中国最著名的佛教名山之一，作为中国唯一的普贤道场，其道场的系

---

① 许止净：《峨眉山志》卷四，189页。

统建设应即基本完成了。

五、宋人朝礼峨眉山的情形

晚唐禅宗高僧法真，驻锡于彭州大随山弘禅。有弟子准备外出参学，即问："甚处去？"弟子答称："峨眉礼普贤去。"法真举起拂子："文殊、普贤总在这里。"[①]弟子既欲前往峨眉朝礼普贤，说明普贤与峨眉山的特定关系已在僧界有了相当程度的认同。这是普济《五灯会元》的记述，而在道原《景德传灯录》卷一一《益州大随法真禅师》中，"峨眉礼普贤去"[②]句并无"峨眉"二字，应是宋初以降的演绎，不太可能早到唐末。如果大随法真与学僧"峨眉礼普贤"的问答尚不可靠，黄龙山赞与学僧亦有一段峨眉与普贤的关联禅对：

> 师问僧："步步蹑云腾，朝离何处巢？"僧云："近离峨眉。"师云："还见普贤么？"僧云："和尚惯，得其便。"师云："棒上不成龙。"僧云："更蹯跳。"师便打。[③]

无独有偶，慧目蕴能拜见大沩祖瑃，祖瑃问："上座桑梓何处？"蕴能答："西川。"又问："我闻西川有普贤菩萨示现，是否？"再答："今日得瞻慈相。"三问："白象何在？"三答："爪牙已具。"[④]在类似的禅对中，峨眉山以及普贤巨像已经广为人知毋庸赘言，同时，峨眉山普贤道场还被赋予

---

① 普济著，苏渊雷点校：《五灯会元》卷四《益州大随法真》，238页。
② 《大正藏》第51册，286页中。
③ 李遵勗辑：《天圣广灯录》卷二〇《眉州黄龙禅师》，《卍续藏经》第135册，797页上。
④ 正受：《嘉泰普灯录》卷一〇《眉州中岩慧目蕴能禅师》，《卍续藏经》第137册，173页上。

了更为玄妙的禅意，由是强化了其在佛教信众之中的魅力。峨眉山已不仅仅是一座佛教名山，也是佛教玄妙高深旨意的象征，还是普贤愿行精神的物象表达。故此，朝礼峨眉山没有纯粹的旅游观光，其间必有佛教以及普贤菩萨精神的浸洗。

朝礼峨眉山首先是佛教僧众的普遍愿望——这在前面的高僧大德部分已让人获得了深刻印象，少数僧众甚至会有过分的朝礼举动。南宋初年，著名画僧德正来峨眉山，"初登峨眉时，炼指供佛，两手止余四指，粗可执笔，而画意自足"[①]。炼指供佛本身已是一种非常惊悚的举动，德正燃其六指以示虔诚，对一位依靠手指绘画的艺僧来说，需要巨大的信念与勇气。这比以"十炼"出名的柳本尊在峨眉山上的举动——于山顶大雪中端坐昼夜以炼意志，号称"立雪"——更让人震撼，也更令人肃然起敬。

伴随峨眉山社会影响的扩大，两宋时期，不吝长途跋涉前来朝礼峨眉山的普通信众明显增多。李石《方舟集》卷一五《王承信墓志铭》记载：王椿丁母忧时登峨眉山，"一跪一拜事佛，以致念母之痛"。借此表示孝诚，揭示了峨眉山在一般信众的心中早已逾越了简单的佛教信仰表达。洪迈《夷坚志》补卷卷五《双流壮丁》：

> 淳熙九年（1182）五月未尽之二日，一老媪独行双流县田间，挈青囊，龙钟不克行，困坐道侧。行人问之，答曰："欲往峨眉山礼普贤，不幸抱病。"

这位老年妇女不顾年高体弱，依然千里迢迢前往峨眉山朝礼，普贤道场对普通信众的吸引力之大可想而知。洪迈《夷坚丙志》卷一五《鱼肉道人》称：宋徽宗时，有道人以鱼肉治愈风搐病儿，王家牧童潜随其学，亦得神通，"能说人肺腑隐匿，或骂某人曰'汝行负神明，且入鬼录'，

---

① 邓椿：《画继》卷三《僧德正传》。

又骂某人曰'汝欺罔平民，将有官事'，已而果然"。主人惧祸，将其驱去，隐入峨眉山累年。后遇宣抚使张魏公陪同其母前来朝山，将之携出，"甫下峡，不辞而去"。就中不难看到道教之于峨眉山的持续影响——仍然是某些道士的隐修之所，同时还能看到普通信众朝礼峨眉山较为平常。而从王之望《登大峨绝顶睹圆相佛光成长句二十韵》①中"远俗来游客填路"一句推知，朝礼峨眉山于南宋初年应已成为热潮。这些填道塞路的"游客"肯定不会都是王之望、范成大之类的官宦文人，大多数应是普通信众。他们来峨眉山的目的，也不会像王之望、范成大之类的重在旅游观光，更多的应是进香与祈愿。

不只普通信众，文人墨客慕名前来朝礼者亦不在少数。赵抃（1008-1084），字阅道，衢州西安（今浙江衢州）人，景祐元年（1034）进士，曾任益州路转运使，并曾两度出知成都府，其《峨山》诗即应是他游峨眉山后的作品：

> 蜀山天下奇，三峨压岷右。
> 谁谓孤剑外，名出嵩华后？②

诗中认为三峨山为蜀中最奇绝的山，一点不输于嵩山与华山。

范镇（1008-1089），字景仁，成都华阳（今四川成都）人，宝元元年（1038）进士，历任起居舍人、知制诰、翰林学士，累封为蜀郡公。蒋超《峨眉山志》卷一三记其《初殿》诗一首，明确言其曾来峨眉山朝礼，从其诗中"山僧笑说蒲公事，白鹿曾于此发踪"一句推断，其在初殿（应为簇店），还曾与守店之僧有过密切的交谈，蒲翁为神鹿所引获见普贤的传说，应是此僧告诉他的。同书同卷另记范镇《真人洞》一诗，由其所吟"天柱嵯峨列五峰，连云接岫郁重重"分析，肯定应是吟咏孙真人洞

---

① 王之望：《汉滨集》卷一。
② 王象之：《舆地纪胜》卷一四六。

的。此二诗虽然不获见于别的文献，但据胡仔《苕溪渔隐丛话》前集卷二八引《迂叟诗话》：

> 范景仁镇喜为诗，年六十三致仕。一朝思乡里，遂轻行入蜀。……至成都，日与乡人乐饮，散财于亲旧之贫者。遂游峨眉、青城山，下巫峡，出荆门，凡期岁乃还京师，在道作诗凡三百五篇。

祝穆《事文类聚》前集卷三三与此同，题为《还乡散财》。由此证之，范镇的确是来朝礼过峨眉山的，也一定写过以上二诗，甚或不止。

有学者根据苏轼《僧圆泽传》认定，苏轼曾与僧人圆泽"相约游蜀青城、峨眉山"[1]。但原文是李源与圆泽（也作圆观）相约，事在唐代。蒋超《峨眉山志》卷一三收录苏轼《白水寺》诗一首，但据万历《四川总志》卷一五的记载，此诗应是苏轼题嘉州烂柯洞的作品，因诗中有"眼前黑白漫纷然"而被后人附会成了吟咏峨眉山黑水寺与白水寺。虽然如此，苏轼的确是来过峨眉山的。蒋超《峨眉山志》卷一三记有苏轼《峨眉山》诗一首：

> 峨眉山西雪千里，北望成都如井底。
> 春风日日吹不消，五月行人冻如蚁。

原名《雪斋》，自注"杭僧法言作雪山于斋中"，苏轼有感而发成诗，蒋志仅为前四句的摘抄，其全诗为：

> 君不见峨眉山西雪千里，北望成都如井底。春风百日吹不消，五月行人如冻蚁。纷纷市人争夺中，谁信言公似赞公？人间热恼无处洗，故向西斋作雪峰。我梦扁舟适吴越，长廊静院灯如月。开门不见人与牛，惟见空庭满山雪。[2]

---

[1] 参见张妙：《唐宋峨眉山研究》，四川大学硕士学位论文，2007，40页。
[2] 苏轼：《东坡全集》卷一〇。

西望雪山，北小成都，春风虽拂，山顶尤冻，这是置身峨眉山顶才会有的真实感受。故我们怀疑，这或者应是苏轼早年游峨眉山时留下的印象。又如其《寄黎眉州》(蒋超《峨眉山志》卷一三题名《寄峨眉》)：

> 胶西高处望西川，应在孤云落照边。
>
> 瓦屋寒堆春雪后，峨眉翠扫雨余天。
>
> 治经方笑《春秋》学，好士今无六一贤。
>
> 且待渊明赋归去，共将诗酒趁流年。①

从"胶西"知此诗写于苏轼任职密州之时，宦海沉浮的苏轼于密州西望巴蜀，孤云落照之处，瓦屋山的雪，峨眉山的翠，便都成了他心灵家园中的一丝慰藉。故其最后表示要学陶渊明归隐山中，与其共将诗酒以度流年。显然，苏轼终其一生都对峨眉山怀有特别的感情。

倪涛《六艺之一录》卷三四三记黄庭坚事：

> 既而得罪，迁黔南，从戎，凡五六年而后归。展转嘉(州)、眉(州)，谒苏明允墓，上峨眉山礼普贤大士，下巫峡访神女祠，寓荆渚。

黄庭坚由戎州(今四川宜宾)北上，朝峨眉山于嘉州，谒苏洵墓于眉州；然后东下，访神女祠于巫峡。就中的朝山行为更多的是一种旅游观光，而非虔诚的信仰使然。

白约，荣州(今四川荣县)人，皇祐五年(1053)进士，其《游峨杂咏》四首并《伏虎山房》②都是游峨眉山后的诗作。其《游峨杂咏》：

> 之一
>
> 祥光非实相，灵异只虚夸。
>
> 岩静长留雪，山寒故放花。

---

① 苏轼：《东坡全集》卷七。
② 陆心源：《宋诗纪事补遗》卷一三。

云川千万里，灯火两三家。

荷筱人何处？悠悠步落霞。

之二

树倒因成路，林开忽见村。

鸟音传木杪，梵语出云根。

雪色连春夏，风声接晓昏。

徘徊幽兴极，回首谢烦喧。

"祥光非实相"言佛光的虚幻，"灵异只虚夸"言其不相信山中的神奇传说，"岩静留雪""山寒放花""树倒成路""林开见村"是峨眉山常有的状态，"梵语出云根"则是暗写山上的僧寺。其《伏虎山房》之"入眼林峦皆可易""白云随步入危梯""千岩万壑诚瑰杰，小草微花亦精致"等句，也都是其游山的所见所感。

程俱（1078-1144），字致道，号北山，衢州开化（今浙江开化）人，以外祖邓润甫恩荫入仕，历任吴江主簿、太常少卿、秀州知府、秘书少监、中书舍人侍讲、提举江州太平观、徽猷阁待制，诗作风格清劲古淡，有《北山小集》传世。其《九日雨中对菊忽忽块坐用雨中对花韵三首》[1]之二中有"去年峨眉山，痛饮真得计"二句，是其回忆游峨眉山时与人痛饮的快意。程氏曾来峨眉山朝礼，应无问题。

冯时行（？ -1163），字当可，恭州璧山（今重庆璧山）人，宣和六年（1124）进士，历任奉节县尉、江原县丞、知丹棱县、知万州、知黎州、知彭州等职，官终提点成都府路刑狱。有组诗《游峨眉十一首》[2]，为其游峨眉山时的系列诗作。就中，除第三首明确提到是吟咏牛心寺外，第四首为吟咏极顶（诗中称"绝岭"）之作亦可肯定，其"至人观实相，凡眼眩空花""普贤吾日月"等句明显是写看到佛光的情形。而且，第九首之

---

① 陈思：《两宋名贤小集》卷二〇二。
② 冯时行：《缙云文集》卷三。

"佛现惊搜句，岩前万口喧"、第十首之"佛已归无迹"都是描述佛光令冯氏惊奇无语、游客惊呼不止的情景。其他如"万山皆拱揖，蹲俯若臣邻""仰睇云霄远，回观锦绣华""翠削山山玉，光摇树树琼""架竹深犹渡，垂藤险可攀""孤眺临崖觜，危升挽木根""云闲逐处随""初夏犹深雪""缈茫均远迩，倏忽变明昏""岭云随客袂，谷响答僧行"等句，或者描写山势，或者描写山色，或者描写路险难登，或者描写云雪无气，皆为冯氏游山时的真实感受。冯氏另有一首《游峨眉》：

> 向来一纪登临意，白发颓龄才一至。
>
> 阮哭穷途真可笑，孔小天下或如是。
>
> 平生历览廓无碍，方称老怀疏不致。
>
> 安能却妆住云霄，更不婆娑下平地。①

除了表达朝礼恨晚的意思外，诗中还描述了其登上峨眉山后的豁达胸襟，最后表达想要安住峨眉山上的意愿，只是俗缘太深而已——"虽知仙可学，酒盏唤渊明。未遂山中隐，聊为地上行。"

王之望（1103-1170），字瞻叔，襄阳谷城（今湖北谷城）人，寓居台州，绍兴八年（1138）进士，初为处州教授，累迁太府少卿。绍兴十八年至三十二年（1148-1160）任职四川，先后为潼川府路转运判官、成都府路计度转运副使、提举四川茶马、总领四川财赋军马钱粮、川陕宣谕使等，其间曾来峨眉山礼朝，留有一首二十韵的长诗：

> 峨眉峻极西南著，万景庄严诸佛具。
>
> 高标天柱八纮张，雄镇坤维百灵赴。
>
> 我来雨霁群峰出，正值春暄三月暮。
>
> 上方解冻僧入岩，远俗来游客填路。
>
> 篮舆牵挽六十里，梯栈高低三万步。

---

① 冯时行：《缙云文集》卷二。

鱼贯攀缘筋力疲，鸟腾陡绝神魂惧。

行经崖坂几萦曲，望极堪舆莽回互。

锦里遥看井底迷，雪山忽认屏间误。

幽岩得照石发彩，阴洞有声雷蓄怒。

楞伽仙音好鸟语，兜罗绵界神龙护。

沧海潮回波浪平，蓝田日暖烟霏布。

长虹歘放白毫光，淡墨俄瞻紫金聚。

应真飞锡众共睹，圆相摄身人自顾。

六牙白象恍当空，三足赤乌潜隐雾。

琉璃瓶莹秋月白，优昙花净含晓露。

瑞境旁连瓦屋起，合成一界如相附。

神灯夜从九顶朝，散作千山无尽炷。

肉眼亲观佛会开，凡躯恐逐仙风骛。

欲寻傅说箕尾间，休访君平斗牛度。

便排阊阖陟高圆，扰扰人寰何足寓？①

"峨眉峻极"至"雄镇坤维"总叙峨眉山形势；"我来雨霁"至"远俗来游"言其游山的时节——春寒料峭，游人已众；"篮舆牵挽"至"望极堪舆"述其攀登非常艰难——山势峻极，梯栈陡绝；"幽岩得照石发彩，阴洞有声雷蓄怒"摹写沿山奇异的岩石山洞；"楞伽仙音好鸟语"是就峨眉山"护花鸟""佛现鸟"而言；"兜罗绵界"至"烟霏布"则就云海而言；"长虹歘放"至"潜隐雾"描述佛光——应真飞锡，圆相摄身；"神灯夜从"至"仙风骛"状写圣灯——千灯来朝，有如佛会；最后几句借引两则仙真传说赞誉峨眉山为人间仙境，可以让人超凡脱俗。虽然是以诗的形式予以记述，但其所历所见应与范氏《峨眉山行纪》仅有详略之别。和范成大一样幸运，

---

① 王之望：《汉滨集》卷一《登大峨绝顶睹圆相佛光成长句二十韵》。

王之望也几乎看全了峨眉山的奇景异相。峻拔的山势，奇绝的岩洞，会说话的山鸟，经霜雪的花树，星罗棋布的寺院，以及金顶的云海、佛光、圣灯"三相"，都是峨眉山佛教道场必不可少的构成与元素，借用王氏的诗句，就是"万景庄严诸佛具"。

陆游（1125-1210），字务观，号放翁，越州山阴（今浙江绍兴）人，荫补入仕，为登仕郎，孝宗时赐进士出身。乾道五年至淳熙三年（1169-1176）任职四川，先后为夔州通判、蜀州通判、嘉州通判、荣州代理州事等。其《平羌道中望峨眉山慨然有作》[①] 一诗写于其至荣州（今四川荣县）道上，中有"别来二百日，突兀喜无恙"二句，言其半年之前履职嘉州曾经见过峨眉山，推测其在嘉州任上曾经登过此山，故用"别来""无恙"诸词。

范成大（1126-1193），字致能，号石湖居士，平江吴县（今江苏苏州）人，绍兴二十四年（1154）进士，历任徽州司户参军、秘书省校书郎、中书舍人、知静江府、知成都府、参知政事、知建康府等。淳熙二年至四年（1175-1177）任职四川，为四川制置使、知成都府。离任返吴，范氏曾经专程前来峨眉山朝礼，并为后人留下了一篇弥足珍贵的《峨眉山行纪》，以及一组吟咏峨眉山的诗作。虽然范氏之行观光多于朝礼，但在其诗作中我们仍看到了"剩作画图归挂壁，他年犹欲卧游之"（《初入大峨》）、"千岩万壑须寻遍，身是江湖不系舟"（《思佛亭晓望》）、"浮生元自有超脱，地上可怜悲蹇蓬"（《光相寺》）、"闲身尽办供薪水，定肯分山一半无"（《孙真人庵》）[②]之类净心归隐的表达。即使是在文人墨客的旅游观光中，峨眉山也不仅仅只有感官的快意而已。

吴泳《鹤林集》卷四有一首《和张周玉峨眉山行》，知其友张周玉曾经朝礼峨眉山并有诗作，时间约在宁宗时期。张氏诗作已经亡佚，吴泳

---

① 陆游：《剑南诗稿》卷六。
② 范成大：《石湖诗集》卷一八。

和诗基本上是峨眉山色的描述：

> 搀筇更上最高峰，浮出修眉翠扫空。
> 雪汁半消岩路口，苔衣倒挂树林中。
> 异禽语已非人世，香草名应系国风。
> 晚色渐侵衣袂冷，恍疑身在蕊珠宫。

"浮出修眉翠扫空"一句化于苏轼"便觉峨眉翠扫空"，"修眉"形容峨眉山山势，"翠扫空"言其植被之优、触目翠碧。"异禽"指"护花鸟""佛现鸟"之类，"香草"代山上之奇花异草，二句并誉峨眉山禽鸟花草的卓异不凡。挂杖登山，一路"雪汁半消""苔衣倒挂"都是张氏游山的实情。"恍疑身在蕊珠宫"一句，则是盛赞峨眉山犹如人间仙境。

　　无论是虔诚的朝礼还是纯粹的游山，峨眉山作为普贤菩萨道场，佛教因素都是众人无法回避的内容，甚至是孜孜以求的目标。魏齐贤、叶芬《五百家播芳大全文粹》卷八一收有一篇王望之的《恳普贤菩萨示现疏》，为其游峨眉山时祈祷普贤示现的疏文：

　　峨眉异境，普贤道场，显殊胜之妙光，救昏迷之末俗。凡兹瞻礼，无间贤愚，圣赴感以示慈，人因相而生悟。某等愿心虽笃，宿障未除，逮此来游，起于一念。初登山而雨作，既升顶之烟迷。险路八十四盘，已惊破胆；白毫数百千文，未见示人。恭惟普贤菩萨大士现如幻身，具大慈性，扫重云之阴冷，阶白日之光明，使我同来之人，得毕此生之愿。誓兹以往，永依上乘，无任虔恳之至。

王望之为南宋高宗时期人，绍兴十二年（1142）曾为礼部侍郎。王氏等人登山遇雨，山顶迷雾重遮，写此疏文诚恳以请，希望普贤菩萨能够示现身形，令其得睹佛光等景。而"显殊胜之妙光，救昏迷之末俗""圣赴感以示慈，人因相而生悟"等语，则成了峨眉山佛教道场效应的最好解释。

　　伴随着峨眉山朝礼的兴盛，宋代峨眉山佛教得到了令人瞩目的发展。

洪迈《夷坚志》戊卷卷九《嘉州江中镜》中，记录了一个与峨眉山白水寺有关的传说，非常具有象征意义：

嘉州渔人王甲者，世世以捕鱼为业，家于江上。每日与其妻子棹小舟，往来数里间，网罟所得仅足以给食。他日见一物，荡漾水底，其形如日，光采赫然射人。漫布网下取，即得之，乃古铜镜一枚，径圆八寸许，亦有雕镂瑑刻，固不能识也。持归家，因此生计浸丰，不假经营而钱自至。越两岁，如天运鬼输，盈塞败屋，几满室万缗。王无所用之，翻以多为患，与妻谋曰："我家从父祖以来，渔钓为活，极不过日得百钱。自获宝镜以来，何啻千倍！念本何人而暴富，乃尔无劳受福，天必殃之。我恶衣恶食，钱多何用，惧此镜不应久留，不如携诣峨眉山白水禅寺，献于圣前，永为佛供。"妻以为然。于是沐浴斋戒，卜日入寺，为长老说。因依盛具美馔，延堂僧皆有衬施，而出镜授之。长老言："此天下之至宝也，神明靳之，吾何敢辄预檀越？谨置诸三宝前，作礼而去，可也。"王既下山。长老密唤巧匠，写仿形模，别铸其一，迨成，与真者无小异，乘夜易取而藏之。王之赀货，自是日削，初无横费，若遭巨盗辇窃而去者。又两岁，贫困如初，夫妇归咎于弃镜。复往白水拜主僧，输以故情，冀返元物。僧曰："君知向时吾不辄预之意乎？今日之来，理所必至。吾为出家子，视色身非己有，况于外物邪！常忧落奸偷手中，无以借口。兹得全而归，吾又何惜？"王遂以镜还，不觉其赝也。镜虽存而贫自若。僧之衣钵充牣，买祠部牒度、童奴，数溢三百。闻者尽证元镜在僧所。提点刑狱使者建台于汉嘉，贪人也，认为奇货，命健吏从僧逼索，不肯付。罗致之狱，用楚掠就死。使者藉其财，空无贮储。盖入狱之初，为亲信行者席卷而隐。知僧已死，穿山谷径路，拟向黎州。到溪头，值神人金甲持戟，长身甚武，叱曰："还我宝镜。"行者不顾，疾走投林。未百步，一猛虎张口奋迅来，若将搏噬，始颤惧，探怀掷镜而窜。久乃还寺，为其僧侣言之。后不知所在。镜所隐没，亦足为富矣。隆兴元年（1163），祝东老泛舟嘉陵，逢王王自说其事，时年六十余。

嘉州的王姓渔人在江中网得一面宝镜，从此衣食无忧、生活富足。但他认为无劳而富必招祸殃，夫妇二人商量后，遂将宝镜送往峨眉山白水寺供佛。而峨眉山白水寺主僧（即长老）是一贪僧，用假镜替换了真镜私藏。后遇贪官提点刑狱使追索宝镜，罗织罪名将其处死。偷走宝镜的亲信则在逃亡的路上遭遇神人恐吓，最终弃镜而还。此一形成于隆兴元年以前的传说当然不是历史事实，即使讲述者信誓旦旦地宣称得于嘉州王姓渔人的自述。但是，站在神圣叙事的角度，可以带来无限财富的宝镜本是财富（可以是金钱，也可以是田产）的象征，渔人捐献自己所得宝镜则是信众施舍寺院的象征——变相地暗示了峨眉山寺院尤其白水寺在信众中的巨大影响，由之而使峨眉山白水寺"僧之衣钵充牣"，这是峨眉山白水寺经济急速膨胀的事实。从朝廷对白水寺的屡屡赏赐，到信众对寺院毫无保留地捐施，白水寺的财力相当雄厚。无法解释白水寺财富的快速增长，民间传说遂将其附会成了宝镜的神奇所致。以此雄厚的财力"买祠部牒度、童奴，数溢三百"，透露出峨眉山僧团规模不断扩大的信息。贪婪的主僧最终被更贪婪的地方官吏害死，揭示出白水寺乃至峨眉山寺院与地方官吏之间或许存在着某种利益的争夺。而最后宝镜丢失，则委婉地喻示了峨眉山寺院财富的丢失。就此寓意丰富的传说不难看出，伴随着宋代峨眉山社会影响的扩大，朝礼峨眉山成为风气，佛教与寺院都得到了非常迅猛的发展，雄厚的寺院经济乃至引起了地方官吏的馋涎与侵夺。

第五章　元代明代峨眉山佛教的再度兴盛

由于宋蒙长期争战的影响，以及元代统一后推崇藏传佛教，元代峨眉山佛教处于一种维持乃至收缩的状态。明朝建立，伴随着朱元璋有限扶持佛教的政策确立，峨眉山佛教逐渐恢复旧有活力，至万历时期再度兴盛，常住僧人1700余人[①]，标志性的万年寺砖殿、山顶铜殿落成。颜冲先生统计，及于明末，全山共有大小寺庙108座[②]，而《峨眉山佛教志》统计为111座[③]。万历至明末，峨眉山佛教的发展达至历史极盛。

一、元代峨眉山的佛教概况

端平三年（1236）十月，蒙军首次攻陷成都后，嘉定作为宋朝抗蒙的主要据点之一，迅速被战火蔓延。至德祐元年（1275）六月旹万寿以嘉

[①] 新编《峨眉县志》卷三六《宗教》，成都：四川人民出版社，1991，618页。

[②] 参见颜冲：《论明代峨眉高僧对峨眉山佛教发展的影响》，载峨眉山佛教协会编：《历代祖师与峨眉山佛教》，364-373页。

[③] 参见《峨眉山佛教志》编纂委员会：《峨眉山佛教志》，63页。

定降元，其间攻战不断，社会经济与文化破坏极其严重。峨眉近在咫尺，殃及惨烈可以推想，由之连带影响到峨眉山佛教的良性生存。元统一后，推崇藏传佛教，汉传佛教处于一种放任自流的状态。在既不特别支持也不特别打压的状况下，汉传佛教普遍呈现出一种维持与收缩的状态，是峨眉山佛教的总体情形。

虽然没有足够的材料予以证实，但可以肯定，元时峨眉山佛教没有多少发展。同时，峨眉山佛教也没有衰败，在既有的道场规模与社会影响中，峨眉山仍然是广大信众心目中的佛教圣地、文人墨客心向往之的旅游名山。

元人郭翼在其《雪履斋笔记》中称：

> 峨眉山，自趾徂顶为七十里，过于岱宗三十里，孤绝高寒，已逼西方佛界，震旦第一山也。其巅一名胜峰，普贤大士所居。

因其高过泰山，故称"孤绝高寒"，言外之意即比泰山更难攀登。言其"已逼西方佛界"，是想从地理上将峨眉山佛教与印度佛教形成连接，从而为普贤道场搭成一条理之必然的通道。无论怎样，峨眉山普贤道场的社会影响力仍很强大，被郭氏称为"震旦第一山"。与此同时，峨眉山在佛教菩萨道场的组合中，核心地位亦未改变。冯福京在大德《昌国州图志》卷七中谈到梅岑山（即今普陀山）观音道场，"惟大士以三洲感应身入诸国土，现八万四千首臂目接引群生，与五台之文殊、峨眉之普贤为天下之大道"。普陀山观音道场也是以五台、峨眉二山作为参照的。

元时，峨眉山仍是佛教僧众朝礼的圣山之一。盘谷，号丽水，海盐（今属浙江嘉兴）人，"师貌不扬而志气超迈，博览经史，性耽山水之乐"。至元年间(1335-1340)，广参五台、峨眉、伏牛、少室名山胜地。[①] 觉恩，

---

① 如惺：《大明高僧传》卷一《杭州慧因寺释盘谷传》，《大正藏》第50册，903页下。

字以仁，其削发后，立志遍礼名山古刹，"缘石桥，循雁荡，出金华洞，过天目（山），拂灵岩（寺）、虎丘（寺），浮金（山）、焦（山），仰钟阜，沿灊、皖，投匡庐二林……略大、小孤（山），挹九华……摩洞庭，跨巫峡，历峨眉，望昆仑，然后返豫章，经衡岳，纵观于苍梧之野"①。不只佛教僧众，文人墨客的朝山热情亦未衰退。戴表元《剡源集》卷二八《赠天台潘山人》称："我昔少年好狂走，风餐雨沐，逐逐忘朝晡，至今卧游想其处。但觉云涛烟嶂千里行，须臾匡庐春风钟阜云，彭郎之矶，大小飞来孤（山），秦淮震泽洞庭野，峨眉缥缈，南楼五岭东苍梧。"②显然，戴表元是来过峨眉山的，且从"至今卧游想其处"一句推断，天台潘山人还曾与其同行。陈高《不系舟渔集》卷三《登苍岘岭》则称："因思去年秋，出游壮舆輨。……逶迤陟阳华，迤逦登涿鹿，蹑云上泰岱，寻仙入王屋，遥观峨眉云，遂采昆仑玉。"毫无疑问，高氏也曾朝峨眉山。故其在同书同卷的《过冯公岭》诗中，会用"萦纡不可上，仿佛登峨眉"形容路途之艰难。贡师泰《玩斋集》卷四有一首题名《峨眉山》的诗作，形容峨眉山为"雾作衣裳云作屏，玻璃万顷著娉婷"；黄镇成《秋声集》卷四有一首题名《峨眉》的诗作，中有"峨眉楼阁现虚空，玉宇高寒上界同"诗句。这些都应该是他们朝礼峨眉山后留下的诗作。当然，作为曾经的道教仙山，仍有道士前来峨眉山朝礼应不奇怪。袁桷《清容居士集》卷四即记载过一位名赵虚一的道士降香成都，顺带朝礼峨眉山的情形——"振策峨眉巅，身轻瞥飞鸟。"

关于元代峨眉山高僧大德的资料很少。顾瑛《草堂雅集》卷五《用韵送净月上人》中有"华阳南便洞窗小，香烟西放峨眉道"二句，净月上人为峨眉山僧应无问题。吴师道《敬乡录》卷一〇称"青溪为琳法师道场"，而琳法师为"峨眉人"。范梈《范德机诗集》卷五《赠李山人》

① 戴表元：《剡源集》卷一四《送恩上人归云门序》。
② 戴表元：《剡源集》卷二八。

中有"峨眉山人住盱水"一句，此"峨眉山人"也应该是一位峨眉山僧。董说《董说集·诗集》卷一〇记载：元时，国师杨琏真伽至海盐德藏寺掘坟，激怒寺僧真谛，抽韦驮菩萨木杵奋击，"众虽数百，皆披荡不能拒，伤者凡百余人"。杨琏真伽以为韦驮显灵，大惧，率众而去。其后，"真谛行脚峨眉，不知所往"。这位极有胆识的僧人最后很可能是隐居在了峨眉山上——"峨眉老放看山目"。《普宁藏》版《大方广佛华严经》卷四〇有"峨眉山国泰崇圣寺住持、传天台宗教沙门师正主席校勘经藏"① 题记，此教门大德师正当然是峨眉山僧。而最为著名的则是指空与宝金两位高僧，均曾影响过元明之际的中国佛教。指空（？ -1363），梵名"提纳薄陀"，自称印度摩竭提国王子，五岁拜师发蒙，八岁依那烂陀寺律贤披剃，十九岁往依楞伽国（今斯里兰卡）吉祥山普明。后遍游印度、巴基斯坦、阿富汗各地，来到中国。初步弘法受挫之后，约于至元二十八年（1291）入蜀朝礼峨眉普贤，然后坐禅三年，转身成为中国化的禅僧。下峨眉山后，先后弘禅于云南、京师、高丽等地，"公卿大夫莫不受其道"，"国人奔走，争执弟子之礼"，成为韩国曹溪宗最为重要的推尊祖师。②宝金（1308-1372），号碧峰，俗姓石，乾州永寿（今陕西永寿）人，六岁依云寂温公出家。受具足戒后，遍诣讲肆，穷究性相之旨，"四辩飞驰，闻者耸听"。入蜀，礼缙云山如海真公习禅。再入峨眉，口不粒食、胁不沾席者三年。曾入定于树下，值溪水横逸，七日乃退，其燕坐犹如平时。一日，闻伐木声，通身汗如雨下，由是大悟。至正八年（1348），奉诏至京，命住海印寺不就，"自丞相而下以至武夫悍将，无不以为依皈"。明太祖即位，诏入内殿问法，蒙宠甚渥。洪武五年（1372）示寂，"倾城

① 《大正藏》第10册，851页下。
② 参见段玉明：《指空：峨眉山成就的一代宗师》，载《四川佛教》，2009（1）。

出送，香币积如丘陵，或恐不得与执绋之列，露宿以俟之"①。在宝金几次重要的禅修实践中，学者认定，峨眉山三年是其最为关键的一次。②

元时，峨眉山似乎成了许多高僧大德禅修开悟的宝地。指空在峨眉山坐禅三年，无具体的记载，宝金在峨眉山上的行实却还有迹可循。至正八年（1348）冬，宝金被元顺帝召至燕京，曾经前往拜访指空。宝金本欲与指空对禅，奈其"瞪视不答"而罢，但他受到了指空的高度评价，誉为"真有道者"③。指空晚年性格怪异，王公贵人"多见呵斥"，何以偏对宝金别有垂青？刘景毛先生认为："盖因他与（宝金）壁峰所修禅法同出一辙。"宝金出家后，依从西蜀晋（缙）云山如海真公修禅，后复"出参诸方，憩峨眉山"；而指空也曾在峨眉山"坐禅三年"，两者时间虽有间隔，而其"坐禅修行之法，亦似同出一门"。不仅如此，宝金憩峨眉山时，"誓不复粒食，日采松柏啖之，胁不沾席"，"自是入定，或累日不起"，"尝趺坐大树下，溪水横逸，人意禅师已溺死。越七日，水退，竟往视之，禅师燕坐如平时，唯衣湿耳"，后又应顺帝召"建坛祷雨，辄应"；指空下峨眉山后，"昼夜跏趺，胁未尝至席，不啖谷食"，"大理国吾却众味，但食胡桃九枚度日"，"至祖变寺，坐桐树下。是夜雨，既明，衣不濡"，"赴其省祈晴，立应"，凡此种种，刘先生进一步指出：两者"神异"之处也颇相似。④ 此说虽然不免有牵强之处，但称指空与宝金之间或有一层峨眉山因缘，则无疑是颇有见地的。而这层因缘，就是峨眉山独有的禅修环境与方法，就中既有各系禅法的交汇，也有传统禅定修习的坚持，还有教宗不违的包容态度。

---

① 明河：《补续高僧传》卷一四《金碧峰传》，《卍续藏经》第134册，257页下–259页上。

② 参见刘艳菊：《浅谈金碧峰禅师之禅定》，载峨眉山佛教协会编：《历代祖师与峨眉山佛教》，354–361页。

③ 参见段玉明：《指空——最后一位来华的印度高僧》，成都：巴蜀书社，2007，171页。

④ 参见刘景毛：《印度高僧指空来华事迹缀述》，载《云南省社会科学院建院二十周年献礼论文集》，1999年。

就像我们前面一再提醒的一样，仙道因素以其源远流长的影响，一直在峨眉山上若隐若现。即使在元代，普贤道场已经确立几百年后，仍然有信道之人前来峨眉山寻仙修道。戴表元《剡源集》卷一三《送王月友游华阳洞序》称："松江王月友尝为余言，其先人蟾客翁，万里入峨眉山，遇异人得道归而授其徒。"成廷珪《居竹轩诗集》卷二《李子英心远亭》吟："彭泽高人多逸兴，峨眉仙客有天才。"此为不知名之峨眉山"异人""仙客"，又有知名的峨眉山道士。袁桷《清容居士集》卷一一有一首《次韵赠峨眉侯道士筑宫江陵》：

> 白苎藤冠自在身，独看潭影认清真。
>
> 还丹已化千年雪，玩《易》重寻太古春。
>
> 楚观江流通白帝，蜀山云气接青神。
>
> 冥鸿南北疑无迹，万里乘风问世人。

这位侯道士虽然是在荆湖一带发展，却实实在在是从峨眉山走出的道士，既精通炼丹之术，也精通易学推演，还与文人士大夫有诗词往还。道士而外，又有文人墨客隐于峨眉山，或求清雅闲淡，或为著书立说。释英《白云集》卷三《赠陈逸人》：

> 峨眉山中住，古貌骨清奇。
>
> 剑在神应护，丹成鹤未知。
>
> 有钱须换酒，无日不吟诗。
>
> 却讶多人识，孤琴到处携。

诗中称这位陈逸人或也炼丹，也有仙风，但他的确更像是一位峨眉山的隐士，骨骼清奇，诗酒相伴。钱惟善《江月松风集》补遗《清逸斋》诗称"遥忆五经名隐地，峨眉高耸蜀天秋"，绝对不是诗人的一己想象。这种多元共存的文化格局，正是峨眉山佛教道场的特色所在。在峨眉山佛教发展史上，元代不是一个值得特别书写的时期，没有出现极度衰败的情形，总体上仍维持着旧有的道场格局与社会影响。

二、明代峨眉山的高僧大德

接续元代的维持，借助社会的逐步安定与经济发展，明代一批颇有影响的高僧大德将峨眉山佛教再次推向了兴盛，不仅道场建设有了新气象，社会影响也较前代有了更大的扩展，最终奠定了峨眉山在佛教信众中难以动摇的地位。

曹学佺《蜀中广记》卷八五列有《峨眉历代耆宿》一目，专述自阿婆多尊者至东汀和尚共22位与峨眉山有关的高僧，自注其材料来自《峨眉本传》。根据前面的考订，我们认为《峨眉本传》应该就是宋本《峨眉山记》的残卷，故其所述高僧止于五代。胡世安《译峨籁》卷六《宗镜纪》全抄《蜀中广记》，唯增普贤菩萨、宝掌和尚二人。就中不免子虚乌有、穿凿附会，前面已有分说。《蜀中广记》不是专门的峨眉山史志，且为资料汇抄，曹学佺不述宋明高僧可以理解。胡世安为明末人，志峨眉而不述其宋明高僧，则颇令人费解——即使汇抄前人资料，亦不至于全无宋明高僧。至蒋超《峨眉山志》，始将宋明高僧补充其中，复被许止净《峨眉山志》全盘抄袭，然亦不免脱漏。

蒋超《峨眉山志》卷四：

> 广济禅师，龙兴寺僧。洪武微时与之厚，迄帝即位，师避居牛心，累诏不出。后竟终于此，有塔存寺。蜀献王赠诗。

同书卷三言后牛心寺："明洪武时（1368-1402），广济禅师住持。"蜀献王赠诗见于同书卷一四：

高僧飞锡去人间，弘誓何年不出山？

有地尽成银色界，无心常似白云闲。

龙兴寺在安徽凤阳城北凤凰山日精峰下，洪武十六年（1383）明太祖朱元璋敕建。其前身为朱元璋出家的於皇寺（后改称皇觉寺），原在城南郊外，因近皇陵，焚修不便，重建时改在城北凤凰山。广济禅师倘若真与朱元璋为同寺僧友，则不当称龙兴寺，故此传说不能无疑。然峨眉山后牛心寺既有其塔，则此传说又非尽为虚构——明初避乱来峨眉山后牛心寺驻锡不是没有可能。万历三年（1575），陈文烛游峨眉山，记后牛心寺："或言高皇帝同时僧广济，避居峨山，后宫中闻龙跃声，诏赐前杖，莫可考耳。"① 仅言朝廷赐杖——尚因宫中有神异之故，而不言其为朱元璋僧友，可知此传说兴起很晚。且此锡杖复传为玄奘"取经时所遗"，陈氏犹不能考，赐杖之事亦难确实。蜀献王朱椿为朱元璋第十一子，洪武十一年（1378）受封，二十三年（1390）就藩成都。其赠广济禅师诗当真，则其事迹或有出入，峨眉山确有此僧不疑。

示应（1334-1392），号宝昙，祖籍开封，后迁吴兴（今浙江湖州），其母笃信佛教，梦断崖了义禅师踵门而孕，人谓"断崖再世"。幼喜佛僧，自知礼佛禅坐，遇人致敬坦受不让，"所至缁白景从，莫不皆以和尚称之"，捐施者众，并皆用于修造寺院佛像，余则施舍贫乏。明太祖朱元璋即位，征召入宫，"应对称旨，赐膳慰劳"，令住京师天界寺。洪武十一年（1378），"以峨眉乃普贤应化之地，久乏唱导之师"，敕其主持峨眉山佛教。十余年间，道化大行。又得藩王信众支持，于山顶光相寺重建铁瓦殿，铸造普贤菩萨铜像。二十四年（1391）应诏回京，深得明太祖器重——后世文献多称示应为"国师"与此有关，建议合并吴兴集云、妙有、大云三寺为南禅集云寺。次年示寂于京师天界寺，世寿五十有九。

① 杜应芳：《补续全蜀艺文志》卷五六陈文烛《游峨山记》。

明太祖遣使致祭，饭僧三千余人。荼毗会众万余人，舍利分归姑苏、峨眉建塔供奉。明河评价示应："平生不作表襮之行而世共尊之，不为溢美之言而人益信之，屡营梵刹不居其功，云之若遗焉。"① 其在峨眉山时，明太祖曾有《寄宝昙禅师》二首寄赠：

其一

断岩知是再来身，今日还修未了因。

借问山中何所有？清风明月最相亲。

其二

山中静阅岁华深，举世何人识此心？

不独峨眉幻银色，从教大地变黄金。②

可知其与明太祖关系非同一般。因此关系，示应之于明初峨眉山佛教的发展贡献应多。除山顶铁瓦殿外，距峨眉县城二十余里的普贤寺传说也是示应所建。③

　　方孝孺《逊志斋集》卷二四有《次韵赠方员岩山人》，中有"到处清泉可洗心，禅机一指用功深""近来识面峨眉上，萝月松云得共寻"等句，知"方员岩山人"为峨眉山僧，而以方孝孺在世的年代推测，方员岩山人应该活动在明初。

　　太虚，号昇公，武昌（今湖北武昌）人，幼从其师入蜀，居峨眉山，"究竟空寂之道，若有所得"。杖锡出蜀，下长江，涉淮甸，略齐鲁，达于京师，"其所历，见山川之形胜，睹宫阙之壮丽，识名公大人，参宗门知识，以广其胸次，增益所未至"，貌秀神朗，意闲言远，深受翰林学士杨士奇礼重。金实有《送僧昇太虚还峨眉山》诗一首，中有"上人住

---

① 明河：《补续高僧传》卷二五《示应传》，《卍续藏经》第134册，367页上－368页上。
② 蒋超：《峨眉山志》卷一四。
③ 蒋超：《峨眉山志》卷三。

在峨眉峰，襟神散落如远公""谭空不独外形骸，悟性还堪了生灭"等句，证实太虚游历之后回到了峨眉山，且有很高的佛学修为。[1] 杨士奇、金实都是永乐、洪熙、正统间（1403-1449）人，太虚亦当是此一时期的峨眉山僧。

楚山禅师（1404-1473），俗姓雷，字幻叟，号绍琦，赐号"荆璧"，唐安（今四川崇州）人，少小聪颖。九岁父母双亡，遂出家为僧，依东林无际得其心印。初住成都东山灵音寺（蜀王出资重建后改名天成寺，即今龙泉区之石经寺），后泛舟出峡，于武昌、黄梅、金陵、潜山、桐城、庐山等大阐宗风，追随者众。天顺元年（1457）返回四川，先住泸州方山云峰寺，后回成都天成寺。成化九年（1473）示寂，有《楚山绍琦禅师语录》十卷传世。[2] 蒋超《峨眉山志》卷三称峨眉山洪椿坪为"伏牛山楚山和尚开建"，而河南嵩县伏牛山万历十七年（1589）所立《重修伏牛山红椿寺记》碑文证实，楚山禅师的确曾在伏牛山驻锡，并曾兴建了红椿寺。[3] 如此，楚山应在峨眉山上驻锡并曾开建了洪椿坪应无问题，时间当在天顺元年返回四川之后。

了贵，号宝峰，生卒、籍贯不详，景泰年间（1450-1456）住持灵岩寺。"时佛宇方丈仅存香火、庇风雨而已，其田半为居民所侵"，了贵不惮辛劳，重振寺院，增建三世佛殿，前为明玉楼，东为伽蓝堂，西为祖师堂，"凡禅堂、斋堂、静室、香积、客厅以次告成"，散失田地亦得"悉归"，灵岩寺由是再称峨眉名寺。天顺四年（1460），了贵又以"我佛教言，悉具藏经，不丐于朝，曷以得观"，前往京师请藏，获赐藏经一部。

---

① 金实：《觉非斋文集》卷五《送僧昇太虚还峨眉山》。
② 参见段玉明等：《成都佛教史》，北京：宗教文化出版社，2017，190-192页。
③ 参见黄夏年：《明代伏牛山佛教派系考》，载《世界宗教研究》，2010（2）。按，碑文所谓"世宗时，荆璧和尚修之，印空和尚复修之"当是总说，楚山开建红椿寺应在世宗（1522-1566）之前，"世宗时"应是印空复修的年代。

成化元年（1465），再次上疏朝廷，请赐寺名，获赐"会福"[1]。嗣法弟子有本兴、本印。

本印，号理源，生卒不详，恭州永川（今重庆永川）人，了贵嗣法弟子。继本兴住持灵岩寺，"举禅枝而斟定水者四十年"。有感寺久倾圮，衲粗蔬淡，殚精竭虑，募资铨度，鸠工庀材，先后兴建天王、地藏等殿，修葺经阁、大雄殿、伽蓝殿、祖师堂、庖廚、方丈，补塑各殿佛像；又得本钦、益崇、福容、淳泰、真裕等信众支持，兴建法堂、石桥各二，"经始于弘治癸亥（1503）八月，讫工于正德辛未（1511）二月"。及其完工，"穹墉峣榭，联辉竟爽"，"通涂之属，罔不集观称愿"[2]。

匾囤（？－1563），号无空，俗姓陈，禹州（今河南禹州）人。年逾二十，投少林寺礼梵僧喇嘛为师，挂搭三年，兼习拳棍。一日，从师请求法名。师曰："道本无形，何名之有？"固请，师授以《心经》令读，至"五蕴皆空"，豁然大悟："身尚是幻，何处求名？"后以手编大囤，得名"匾囤"，以蕴外实内空之意。辞师外出，至神仙山参大川禅师，"酬答三日，辨如悬河"，被大川誉为"少林狮子"，预言其为"他日截断众流"的龙象。[3] 后到峨眉山绝顶，结茅以居。传见阿弥陀佛以《大弥陀经》授之，嘱其广为传化，于是"周流宇内，遍蹈九州"。驻锡云南鸡足山时，曾以紧那罗王咒制服群盗。[4] 又曾在苗疆以拳棍救人，"苗夷人尊而神之"[5]。转住京师吉祥庵，得御马监中贵张遏等支持，前后印造《大弥陀经》若干。未几，还住少林。嘉靖四十二年（1563），再往峨眉，欲以终老。行于夔州江中，忽悟"道旷无涯，逢人不尽"，登岸端坐而逝，"祥云结顶，

① 蒋超：《峨眉山志》卷九万安《敕赐会福寺碑文》。
② 蒋超：《峨眉山志》卷九宿进《重修会福寺记》。
③ 净柱：《五灯会元续略》卷二《少林匾囤无空悟顿禅师》，《卍续藏经》第138册，937页下。
④ 喻谦：《新续高僧传》卷三七《明曲靖真峰山沙门释镜中传》，《大藏经补编》第27册，287页上。
⑤ 程宗猷：《少林棍法》卷上《纪略》。

身如金色"①。匾囵驻锡峨眉山的时间虽然不长，但于峨眉山佛教的影响匪浅，一在净土信仰的生发，二在峨眉武术的光大。同样，峨眉山之于匾囵的影响亦深，故其临终意欲再来峨眉。

无瑕(1474-1584)②，名广玉，资县(今四川资阳)人，生性沉静古朴。年三十余，遇异人引导，离家出走，至大足宝顶寺祝发受戒。戒师问曰："僧在甚处来?"反问："师在甚处问?"师曰："慧灯高照起看。"答曰："威音飞进铁围城，洞游踏破无生地。"展示出很高的禅修天赋，为其戒师夸称"大手"。云游峨眉山，于九老洞参谒白老师。又至峩华山依慧堂禅师，了悟宗旨。再至天彭九峰山，跏坐圣灯岩洞中，熊不敢近，猛虎遁去，"由是名振四远，沙门从方外来者，咸顶礼师事"。信众为创雷音寺居之，"数百里内，向风虔拜"。据传，蒋维乔《九华山纪游》称："百岁宫，即护国寺，在摩空岭上。明万历年间（1573-1620），无瑕禅师自五台至此，结茅而居。圆寂时，寿百十一岁，故名寺为'百岁宫。'"③传说不虚，则其晚年还曾游方五台、驻锡九华。万历十二年(1584)三月示寂，"容体俨然若生，发亦渐长，如未剃时，四方来观者无不惊异"④。无瑕与峨眉山佛教的因缘只在往九老洞参谒白老师之时，峨眉山佛教于其影响则已无从考订。

真圆(1506-1584)，字大方，别号遍融，俗姓鲜⑤，营山(今四川营山)人，家世业儒，书史过目不忘。而立之后，忽感生死无常，遂舍家入本

---

① 叶封：《少林寺志》"藩王文翰"之朱厚尊《匾囵和尚碑》；蒋超：《峨眉山志》卷四；傅梅：《嵩山少林寺辑志·竺业篇》，杜洁祥主编：《中国佛寺史志汇刊》（台北：明文书局，1980），第二辑，第23册，122-124页。
② 按，大闻《释鉴稽古略续集》卷三言"国初名僧"有"无瑕禅师"，活跃于明成祖时期（1403-1424），应非此人。
③ 比丘德森：《九华山志》卷二，扬州：江苏广陵古籍刻印社，1997，132页。
④ 蒋超：《峨眉山志》卷一一边维垣《无瑕禅师塔铭》。
⑤ 按，性统《续灯正统》卷四一《顺天府大千佛寺遍融真圆禅师》讹为"线"，蒋超《峨眉山志》卷四再讹为"钱"。

郡云华山，依可公和尚落发受具。辞师东下，先至洪州拜谒马祖，复入京师遍游讲席，深得《华严》奥义。转住庐山狮子岩，二十余年接引行脚僧人，"竟无契其机者"。前后四入京师，初住龙华寺听通公讲法，次住柏林寺阅藏经年，再住什刹海接待云水，最后驻锡于慈圣太后所建千佛丛林，居恒危坐，或默持法界观，或诵《华严》无有停息。万历十二年（1584）示寂，世寿七十有九，葬于德胜门外普同塔。① 各种佛教文献未言其与峨眉山的关系，唯蒋超《峨眉山志》卷四别称：

> 至壮龄三十有二，一旦，天机顿发，百念灰冷，遂托峨眉之游，宗亲遮留弗止。至是，会异僧于九老洞，示授曹洞宗旨，忻然剪发。僧嘱以遍游法席，勿坐守一隅。师即下山，直抵京师。

似其慨然有出世之志后，即上峨眉山，得九老洞僧开示曹洞宗旨，然后遵师之嘱外出参学，始有洪州、京师之行。至于是从云华山可公还是峨眉山九老洞僧落发受具，则已无从考订了。真圆禅法以华严法界为其根本，融合净土念佛法门，"心念口演，不离此《（华严）经》"。人问："如何是文殊智？"答称："不随心外境。"再问："如何是普贤行？"答称："调理一切心。"复问："如何是毗卢法界？"答称："事事无碍。"② 云栖袾宏参谒真圆，"授以老实念佛，依佛行道，莫贪名利，毋逐世缘"③。此种华严禅与念佛禅的融合，正是宋明以来峨眉山佛教的一大特色。由此推测，真圆在峨眉山的时间虽然不长，但峨眉山佛教于其影响应该很深。明代中期，真圆与古清、法堂、大千等被视为"莫不服膺"的一代"耆宿"④，

---

① 明河：《补续高僧传》卷五《遍融师传》，《卍续藏经》第134册，107页下－108页下。按，蒋超《峨眉山志》卷四、通醉《锦江禅灯》卷九言其"寿八十三"，依据不详。
② 超永：《五灯全书》卷一二〇《顺天大千佛寺遍融真圆禅师》，《卍续藏经》第142册，209页上－210页上。
③ 《伯亭大师传记总帙》卷一《上竺灌顶大师嘱法语》，《卍续藏经》第150册，209页上。
④ 王亨彦辑：《普陀洛迦新志》卷六《守庵传》。

如幻、大威权等禅师从其落发[1]，慧心、寂观、真澄等禅师得其心印[2]，祩宏、真可、德清、福登、法会、法忠、至明、守庵、慧宗、性莲等禅师皆有参谒[3]。如其峨眉山行实不虚，真圆应是明代从峨眉山走出的影响最大的宗师。

慧宗（1499-1579），字别传，俗姓汪，云梦（今湖北云梦）人，"至性凝简，不堕世相，见者识为龙象器"。七岁投白鹤寺通彻法师剃度，九岁入蜀，于綦江（今重庆綦江）海印石门永寿寺从宗实法师受具足戒。嘉靖十三年（1534）朝礼峨眉，于山顶获见普贤菩萨示现，"自是以荷担山门为事矣"。依宗宝禅师门下，得其心印。居山四十余年，自白水寺至于山巅，"楼观像设之属无不鼎新充拓，俨如天宫化城"。陈以勤《别传禅师塔铭》记其"鼎新"事迹：

> 峨顶旧址铁瓦殿一，岁久浸圮，登游回向之徒，无所栖止。师恻然曰："此震旦第一奇胜觉场，忍令陨坠乎？"丁酉（1537）八月初，于大士像前发信，愿毅荷担法门为任。乙巳（1545）岁，于双飞桥饭僧，结十方净缘。自是减衣鸠食，铢积寸累，以图兴葺。会刑部徐君谦至，檄师募化远迩，乃克集事。遂饰新旧宇，创建新殿。瓦以铜者一，前为板殿七，后为板屋

---

① 明河：《补续高僧传》卷五《如幻传》，《卍续藏经》第134册，108页下-第109页上；聂先：《续指月录》卷二〇《江南兴化芦渡大威权禅师》，《卍续藏经》第143册，1052页上。

② 喻谦：《新续高僧传》卷五三《明通海东华山寺沙门释慧心传》，《大藏经补编》第27册，394页上/下；卷五五《明云南鸡足山传衣寺沙门释寂观传》，404页上/下；钱邦纂，范承勋增修：《鸡足山寺志》卷六《真澄》。

③ 性统：《续灯正统》卷四一《杭州府云栖莲池祩宏大师》《紫栢达观真可大师》，《卍续藏经》第144册，974页下-975页上、977页上；德清述，高承埏补：《八十八祖道影传赞》卷四《憨山清禅师传》，《卍续藏经》第147册，1003页上/下；性统：《续灯正统》卷四二《太原府台山妙峰福登禅师》，《卍续藏经》第144册，978页下；聂先：《续指月录》卷一五《嘉兴胥山云谷法会禅师》，《卍续藏经》第143册，974页下-975页上；喻谦：《新续高僧传》卷二〇《明庐山云中寺沙门释法忠传》、卷三七《明蓟州净业寺沙门释至明传》，《大藏经补编》第27册，177页下、289页下；王亨彦辑：《普陀洛迦新志》卷六《守庵传》；许止净：《峨眉山志》卷五《慧宗传》；比丘德森：《九华山志》卷四《性莲传》。

五，环以廊庑；铸普贤铜像一，铜佛六十五，咸奉峨顶。又于白水建伽蓝殿一，铸铜佛大像三，费数千金。先后铸铜钟三，一置白水永寿，一置老宝楼。楼钟最巨，重以斤计二万五千。丙寅（1566），镵辟双飞桥路，阔一丈，长二里许。隆庆丁卯（1567），植松柏杉楠十万八千株，荫覆岩岫。

其于明代峨眉山的道场建设厥功至伟，陈以勤为其撰写塔铭极为赞叹："盖师安住峨眉者，且四十年，诸所崇饰洞天、名蓝之胜，愿力慧利，不可思议矣。"隆庆三年（1569），慧宗出山巡游，至京师参谒高僧大德，声振朝野，朝廷赐金万岁牌1座、幡幢法物若干、《华严经》24部。万历二年（1574），上普陀山礼观音大士，获见观音示现，"镵三石像岩端，以报慈贶"。六年（1578）登五台山，有终老之志。次年十二月无疾示化，世寿八十有一，僧腊七十有五。朝廷遣内珰张暹、刘砻监视茶毗，灵骨由其弟子镇沧带回峨眉，葬于白水寺前四会亭下。[①] 蒋超《峨眉山志》卷四言明神宗曾赐其"洪济禅师"号，"生平戒行精严，愿力勇猛"，平生灵异极多：

尝至新津兴化寺，炼排不胜劳苦，白板首求退。遂往富民某氏之门，趺坐七昼夜，乞若干缗斋僧。主人初不乐施。至夜，光明彻屋。惊异迹之，光从师坐处起，始皈敬焉。又往汉州金堂县，击鱼募化。其声所应不定，东击西闻，西击东闻。一夕大雨，师不出户，鱼声亦遍田野。村民物色之，师但安坐神祠而已。其渡海也，见白衣大士坐金色莲花，冉冉云气中。[②]

在明代峨眉山高僧中，慧宗不仅以庄严道场得誉后世，在民间的影响也极卓著，因以能够广受信众支持鼎新山寺。弟子除镇沧外，又有镇南，

---

① 蒋超：《峨眉山志》卷一一陈以勤《别传禅师塔铭》。
② 明河：《补续高僧传》卷一九《别传老人传》，《卍续藏经》第134册，318页下—319页上。

住白水寺。①

镇沧，万历（1573-1620）前后人，姓氏籍贯不详，未薙发时，从慧宗禅师行脚。荷担甚疲，慧宗问其"耐烦乎?"答称"诺。"行一二里，慧宗复问如前，镇沧答亦如前。慧宗很欣赏这种直率，遂于双飞桥为其祝发。因资质愚笨，慧宗令其跪香于普贤菩萨像前，头顶水盂，口诵《祝聪明咒》，以求菩萨加持。如此多年，直至住白水寺，修得甚深水观三昧。②宗慧于五台山示寂后，镇沧携其灵骨归葬峨眉，有弟子峨、静二僧，"拳拳于撰德耀后，咸可谓铮铮者已"③。

明彻（1526-1601），号通天，同州（今陕西大荔）人。年十四于五台山九龙冈出家，戒律精严，"所至募缘饭僧，滴水同享"。寻访神仙、终南、南岳、鸡足诸山并小西天等处，得法于铁山和尚，传临济宗第26代。隆庆二年（1568）由滇入蜀，驻锡于峨眉，长习水斋，法道大盛，"海内英贤，参叩不绝"，"五竺梵僧，闻风踵至"。万历十五年（1587），慈圣太后为建护国草庵（即圆觉庵）以居，赐其珍珠伞、亲书佛号金绣长幡并九层沉香塔——"高丈许，覆以层楼，雕镂金彩，工极天然。"④其地在天门石右，再上即极顶，故杨其光《宿通天和尚方丈》诗称其"最上岭头结梵宫""梦入兜绵第一峰"。周光镐《访通天国师》则称："一住峰头四十年，茹芝饮水是真缘。客来晨磬诸天净，坐对明灯白日悬。"其个人修持极严可知。李一鳌《访通天国师》是一首与明彻谈禅之后的诗作：

> 曾凭管见学参禅，无前头地更无前。
>
> 指悟为圆功未竟，即修正果火常然。

---

① 杜应芳：《补续全蜀艺文志》卷五六陈文烛《游峨山记》。
② 蒋超：《峨眉山志》卷四；明河：《补续高僧传》卷一九《别传老人传》，《卍续藏经》第134册，319页上。
③ 蒋超：《峨眉山志》卷一一陈以勤《别传禅师塔铭》。
④ 许止净：《峨眉山志》卷一。

但言法法终成相，穷到忘忘始结缘。

尘铉如雪红炉点，意中飞跃有鱼鸢。①

虽仍未到了悟境界，能使李氏感悟如此，由中不难推知明彻的禅学修为。寿七十有六，端坐而寂，金装肉身安放于庵下塔院，"生气宛然"②。真法无穷依其"祝发受具"③，受法为临济宗第27代弟子④。又有如通，"其高足也"，住通天塔院，范汝梓游峨眉山时，尚与其言"师坐化事"⑤。水斋禅师（即归空和尚）来参，明彻以西来意相问，答称："晴天日头出，下雨地皮湿。说破无生话，只恐信不及。"又问："识得么？"师左指天、右指地，不更下一语。"机缘既投，衣法旋授二十七代之灯"，嘱其重剔，莫使暗淡。⑥由此可知，明彻和尚的影响应不只是局限于峨眉山一地，远至京师亦有盛誉。以其终生本色示人，重事重行，不依高论，有学者认为他是"普贤行愿在峨眉山僧人身上最好的诠释"⑦。

真法（1537-1603），号无穷⑧，俗姓田，铜梁（今重庆铜梁）人。万历元年（1573）忽悟人世无常，弃其家室，往峨眉山礼明彻禅师祝发受具。往参五台，燃烧三指供佛。返回峨眉，倍增精进，"绝人我，忘形骸，或汲水以代劳，或肩粮以供众"。后为侍者，持巾瓶数年于通天左右。请师开示，通天教其制心一处，更不别想。乃向斋厨苦行，运柴执

---

① 以上引诗并见蒋超：《峨眉山志》卷一五。

② 蒋超：《峨眉山志》卷一一王在公《通天大师塔铭》。

③ 蒋超：《峨眉山志》卷一一王在公《无穷大师塔铭》。

④ 王培荀：《听雨楼随笔》卷八。按，王氏记为第26代，当误。

⑤ 杜应芳：《补续全蜀艺文志》卷五六范汝梓《登大峨山记》。

⑥ 孙承泽：《春明梦余录》卷六六米万钟《水斋禅师传》。

⑦ 参见王雪梅：《〈通天大师塔铭〉及通天禅师行历略考》，载峨眉山佛教协会编：《历代祖师与峨眉山佛教》，407-413页。

⑧ 按，徐霞客《鸡山志略》称："放光寺，嘉靖（1522-1566）间，古德无穷禅师，河南人，创建。……无穷后嗣有归空禅师，建藏经阁。"（徐弘祖著，朱惠荣校注：《徐霞客游记校注》，昆明：云南人民出版社，1985，1186页）应非此僧，一者年代不合（峨眉无穷万历元年始才出家），二者籍贯不合。

爨，不惮辛劳，"众食毕乃食，仅糠秕而已"。某日不慎摔碎一碗，竟下山至嘉州沿门募化，得三千碗始还。又效仿药王菩萨、智顗大师，于身燃灯四十八炷，用表四十八愿，"身心俱辣，观者敛容"。移住九老洞年余，除持钵外，趺坐不发一语，"心若死灰，形如槁木，恬然不以为意"。行脚荆南，栖一禅寺，日诵《华严经》三品以为常课，血书《华严经》两部以报四恩，"见者无不嗟指"。有广元王捐造渗金大士三尊，奉师供养于山。复于楚、蜀二地募造千手观音像一尊，高三丈，以像巍峨，上山有碍，得居士李令公支持，于峨眉东关卜地建寺安置。万历十九年（1591），进京奏请慈圣太后支持，出帑金若干，敕建大佛寺及大悲正殿，"结构雄丽，煌煌哉"①。又于万年寺侧建慈圣庵一所，"前后钦赐五大典一十二部、百吉幡二幢；圣母亲持《华严经》一部、《法华经》一部，皆宫锦装成，非人间所有；有梵僧持金书贝叶经一函，非中华物也"。慈圣太后复赐金若干，置庄田百亩以充两寺常住，"皆重师故"。此外，回龙庵、莲华庵、十方院、太子坪、法慧庵并其修葺。不仅峨眉，京师延寿寺创建亦有其功，"一时（捐施）善信，指不胜屈"②。三十一年（1603）进京谢恩，示寂于京师延寿寺，世寿六十有七，僧腊五十有一。朝廷差内使姜公、苏公护送灵骨回山，葬于峨眉钵盂山麓。③真法一生从师苦行、忘身供养，于山寺建设与精严修行并有巨功，王在公碑铭言其"法子森然，二刹规绳秋毫无改，皆师忘身为法、制心一处之明效"。

真融（1522-1590），号大智，麻城（今湖北麻城）人④，幼有慧性。年十五，投本郡定慧寺为沙弥，潜心教乘数年，而后托钵行游，所至随处结缘。嘉靖二十六年（1547）抵建康，入牛首山苦行。次年入燕京，挂

---

① 许止净：《峨眉山志》卷六李长春《峨眉大佛寺落成颂并序》。按，李文称千手观音铜像亦为慈圣太后捐金所铸，当为溢美之词。
② 于敏中：《日下旧闻考》卷九二。
③ 蒋超：《峨眉山志》卷一一王在公《无穷大师塔铭》。
④ 按，蒋超《峨眉山志》卷四言其为"秦人"，当误。

搭于崇国寺，诵《法华经》。越数月，至万寿山登坛受戒。再入五台山，"禁步五年，愈益精进"。三十三年（1554）往伏牛山龟背石，"炼磨三年，持行益苦"。三十六年（1557）自伏牛山回到湖北，驻锡会城龙华寺转经。明年入蜀，住峨眉山顶12年，集众修赡养行。立丛林名净土庵，"切戒子孙不得背众营私，恃强争竞"。万历二年（1574）出山，随喜止銮华山。有感于山路崎岖、风雨难行，"夷石为址，伐木为材"，于金莲池建金莲庵，"自此来朝山者，有所止息，饥者食焉，渴者饮焉，寒者火焉，暑者荫焉，无不感悦而去"。复修千佛阁，率众"昼夜课诵不辍，与峨眉之净土同"。既而复念，天下三大道场已参五台、峨眉，独观音道场未至，乃于八年（1580）渡海朝普陀山，获见观音示现。自谓与此山有缘，遂于光熙峰结庵，"前为楼俨然……后为大士精舍，其余方丈香积，靡不翼翼然饰"，名海潮庵。十八年（1590）五月示寂，世寿六十有九，僧腊五十有五，建塔于寺之西崦。大智一生戒律精严、刻苦供众，许琰在《普陀山志》中对其评价很高："维时禅教中衰，师持戒精严，与云栖、憨山、紫柏诸老同时杰出，而实行伟功较诸老尤称盛焉。"[1]

福登（1540-1612），别号妙峰，俗姓续（一作"徐"），平阳（今山西临汾）人，父母早丧。年十二出家为僧，年十八依蒲城万固寺朗公受法，为山阴王朱俊栅器重。地震被压不死，遂入中条山赞叹寺闭关三年，修习禅观，大有进益。出关后，先至介休从人学习《楞严》，受具足戒；后替山阴王行脚南方、朝礼普陀，投南京天界寺无极老人座下听讲《华严悬谈》，与德清结为挚友。北归山西，复入中条山深处静修，于华严禅法大有体悟，"以宗镜印心，深入唯心之旨"。出住南山新寺，入京请《藏》，与德清相遇，共谒真圆、笑岩、大千诸师。相偕结隐五台山三年，

---

① 蒋超：《峨眉山志》卷四；明河：《补续高僧传》卷二二《大智禅师传》，《卍续藏经》第134册，336页上/中；许琰：《普陀山志》卷七"法雨寺"、卷一四屠隆《补陀后寺开山大智禅师碑》、羼提《大智禅师传》。

刺舌血书《华严经》，起无遮大会，赴会者路踵相继，"法筵之盛，前所未有"。退居芦芽，慈圣太后为建大华严寺，更造七级万佛铁塔一座。奉慈圣太后旨往鸡足山送《藏》，还道峨眉，朝礼普贤道场，有感山顶猛风倏作、栋宇若撼、发愿兴造文殊、普贤、观音"三大士"铜像并铜殿一座供养五台、峨眉、普陀。返回山西，仍住蒲城万固寺，重修大殿，架桥渭河，"所费数百万金，师实空手无一文，信施云集雨合，莫知所从来，福缘成就殆不可思议"。移住芦芽，开石窟于宁化，镌《华严世界十方佛刹图》，"精巧细密，遂成一大道场"。得沈定王朱珵尧、四川巡抚王象乾等人支持，造"三大士"铜像并铜殿，分送峨眉、五台、普陀（因避海寇劫掠，转送南京宝华山）安置，"两宫颁旨为三山护持"。事成，于五台山永明寺起七处九会道场，"上下千二百众，请十法师演《华严经》，所费皆出内帑，道场之盛，盖从前所未有"。建太原塔，修阜平桥，辟茶药庵，种种善行不可枚举。万历四十年（1612）八月，朝廷赐其金佛绣冠千佛磨衲紫衣并"真来佛子"之号。是冬十二月示寂于五台山，世寿七十有三，僧腊五十有一。两宫遣使致祭，葬于永明寺西冈。福登一生以普贤愿行为法，"潜行密用，调一切心"，明河《续高僧传》对其评价很高：

　　师貌不胜衣，语不出口。始以小王助道，终致圣天子、圣母、诸王为檀越。凡所营建，应念云涌，投足所至，遂成宝坊。……师萧远自如，一衲之外无长物，飘然若浮云之聚散、孤鹤之往来。苟非深证唯心，遇缘即宗，其能尔耶？侍御苏云浦尝问道于师，深有契于心，乃曰："人以妙师为福田善知识，而实不知其超悟处也。"大司马汪伯玉尝谓憨师："方今无可为公师者，唯妙峰耳。"故憨师倾心服之、严事之，亦无两人也。

时人将其与明末"四大高僧"之一的德清并置，乃至为德清心服严事，其在明末佛教中的地位之高可知——德清称明朝建立200余年，"其在法门建立之功行，亦唯师一人而已"①。福登与峨眉山的关系非常特别，不是因其驻锡，而是因道场建设。永明华藏寺（俗称"金殿"）至今仍是峨眉山顶的标志（俗称"金顶"），其于峨眉山佛教的贡献即已不言自明。以永明华藏寺的兴建作为标志，有学者认为峨眉山佛教"开始朝着世界佛教朝圣中心的方向迈进"②；而从践行普贤菩萨重行的角度，有学者认为福登"为峨眉山佛教的纵深发展作出了巨大的贡献"③。

归空（？－1634），讳明阳，以"自伏牛入京"推其或为河南人，"能半月不食、日饮水数升"，得号"水斋师"。幼于本郡慈氏寺出家，后三十年行脚各处，"不袜不席"。跪行至五台，足膝血流，参古松和尚，燃一指以供文殊；再礼普陀，参大智和尚，燃一指以供观音；后礼峨眉，参通天和尚，燃一指以供普贤。万历（1573－1620）中入京，誉望日众，孝定皇太后为其创寺以居，明神宗赐额曰"长椿"，并三次赐其紫衣与金顶。有人就其余指发问："十指今七，那三指何在？"答曰："十指依然。"再问："老僧遍参，所得何事？"答曰："慈氏寺明阳。"深得禅家奥旨。崇祯七年（1634）九月，端坐说偈而逝。④归空朝礼峨眉时，曾经接法于通天和尚，为峨眉山临济法嗣，续灯第二十七代。

方应祥《青来阁初集》卷九《宿州北城纪事》记载，归空禅师曾经为其说"峨眉二老"，成化年间（1465－1487）人，居于峨眉山石岩中，体干魁梧，行动如云，"（归空）叩之不答七日，与俱形语而已"。成化至

---

① 德清：《憨山老人梦游集》卷三〇《敕建五台山大护国圣光寺妙峰登禅师传》，《卍续藏经》第127册，634页下－639页上；明河：《补续高僧传》卷二二《真来佛子传》，《卍续藏经》第134册，336页下－339页上；真在编，机云重续：《径石滴乳集》卷四《不二际国师法嗣》，《卍续藏经》第117册，972页下－973页上。
② 参见刘洁：《印光大师〈峨眉山志〉中妙峰禅师传记研究》，载峨眉山佛教协会编：《历代祖师与峨眉山佛教》，374－386页。
③ 参见李玉用：《妙峰祖师与峨眉山佛教的发展》，载峨眉山佛教协会编：《历代祖师与峨眉山佛教》，387－394页。
④ 蒋超：《峨眉山志》卷四；屠粹忠：《三才藻异》卷一四《人而别号传者》。

万历过百岁，归空所述不虚，则其往见时，"峨眉二老"应已百岁上下了。

万世，生卒籍贯不详，"一笠一钵，游迹无定"。长居峨眉山，自称"峨眉山人"，昼夜趺坐，数日不食，"兀然不动，不可方物"。有巴陵进士、成都府推官杨一鹏来朝峨眉，见其高踞佛座，不为其动，遂不为礼。万世斜视杨氏，笑言其幼时惧行，啼哭数日，得其摩顶方止之事。杨氏大惊，于是"礼拜耳语达旦"。临别，万世与其约三十年后相见淮上。杨后开府汝安，一日薄暮，有僧击鼓，送峨眉山万世尊者书札，内为绝句七首，暗示杨氏本为谪仙，人寿当尽。已而流寇侵占凤阳，焚烧祖陵。杨氏坐失救援，论斩西市，临刑但呼"好师父"数声。万世因以声名大著，"今常在峨眉，往来人间无常处，人亦时时见之"①。

印宗，生卒不详，绵州（今四川绵阳）人，"龆龀披缁，制心一处"。外出参方，先后驻锡于鸡足山②、罗浮山③等处。大闻《释鉴稽古略续集》卷三所列高僧有"印宗禅师"，而古音禅师曾经参谒性空、静晃、印宗诸师，证实他在当时已经很有名声。金堡《遍行堂集》卷四言及三可庵主藏有憨山大师墨迹，"盖赠其祖印宗老僧"，则其与德清的关系亦非同一般。游方归来，止锡峨眉四峨，"每跏趺时，祥云结盖，猛兽柔心，无不调伏"。岁逢干旱，受县令之请祈雨，"蒲团刚至，甘霖充满"。又传岩后有四龙王请其授记，"师为嘱咐，信受而去"。由是设大戒坛，天下衲子云集，多至千百，"每于垂训，道俗聆之，无不流涕"。其所住圆通寺成为一方名刹，名流商贾过市，必至寺中朝礼拜访，"市之胜以庵，庵之

① 蒋超：《峨眉山志》卷四；喻谦：《新续高僧传》卷三七《明四川峨眉山沙门释万世传》，《大藏经补编》第27册，第287页下—288页上。按，据杨柱朝《岳州府志》卷二三称：杨一鹏为万历三十四年（1606）进士，死于崇祯八年（1635）。以此推知，万世应为明末峨眉山僧。
② 按，徐霞客《鸡山志略》称鸡足山罗汉壁静室有广西禅师、印宗禅师、幻空禅师等僧（参见徐弘祖著，朱惠荣校注：《徐霞客游记校注》，第1188页）。
③ 德清：《憨山老人梦游集》卷三七《示罗浮山主印宗》，《卍续藏经》第127册，756页下。

胜以印宗禅师，地与人相得耳"。罗大纮《紫原文集》卷二《赠员（圆）通庵僧印宗》吟称：

> 三曲滩头数十春，参禅礼佛作闲人。
>
> 如今懒慢无他事，唯有维摩啸语频。

以维摩比拟印宗，可知其在文人士庶心中的地位之高。世寿七十有零，集众嘱之"莫习余业，莫恋名利"，然后与众念佛千声，瞑目而逝，弟子有三可、鞠惟等。鞠惟继任圆通寺法席，"规绳至严，为一代首仪"①。

真谛，号文石，生卒不详，眉州（今四川眉山）人，少时贫困，于州衙为皂隶。因从州官之命行刑罪人，几至于死，倍感生命脆危，发心出家。入峨眉山薙发后，参禅鸡足，游五岳，从京师至白下，"一意实修"。常叹德清颇有浮名之累，万历（1573-1620）末至池州，驻锡池口慧定兰若，潜心修道。应请住湖心寺，望重一方。后入九华，趺坐而化。②真谛和无瑕、真圆一样，虽与峨眉山的关系不是很密，但属峨眉山的皈依弟子。

本炯，生卒籍贯不详，隆庆、万历之间（1567-1620）"采山至峨"，至九老洞一带，爱其幽绝，发心建寺。时九老洞附近多为猛兽毒蛇盘踞，行人绝少。本炯先于洞左结茅，"终日危坐，间探野蔬自给"。既久，猛兽毒蛇徙去，渐有"以米蔬饷之者"。后于定中走谒开封，得周藩郡王响应，"发千余金"支持，寺得以成，名曰"慈延"，"（九老）洞之鸿蒙开矣"。尹伸朝礼峨眉山时，还曾见过本炯，称其"绿瞳黄面，真有道者，其言亦简重，无宗门气习"③。慈延寺的兴建，对于洪椿坪至九老洞一线的开辟意义匪浅，炯公之于峨眉山佛教的贡献由此可知。

---

① 蒋超：《峨眉山志》卷二、卷三、卷四。
② 李愈昌、梁国标：《贵池县志》卷六。
③ 黄宗羲：《明文海》卷三五八尹伸《峨眉后记》。

礼佛（孙明经1938年6月摄于峨嵋山，峨眉山佛教协会提供）

明光，号风道人①，生卒籍贯不详，本为儒生，后逃禅归隐于峨眉山，主张"三教一宗""俗儒苦为割裂，要令遥源，浚波同汇大海"。举峨眉为例，山顶有普贤圣迹，玉堂有广成标举，楚狂亦偏霸此土，同住一山，"虽有伯仲，而无异同"。万历四十三年（1615），得四川巡抚徐良彦、峨

① 按，尹伸《峨眉后记》："昔一头陀，连枭数千觔，从雷洞坪绳身而下，周观诸洞，人因目为'风道人'。"此"风道人"应该就是明光禅师。

眉县令朱万邦等人支持，建会宗堂于狮子山下，立普贤、广成、楚狂木主其中。一生著述颇丰，有《心经注》《楞严解》《八识规矩注》《会心录》《禅林功课》《大乘百法注》《峨眉传》等传世（今并不存），是明代峨眉山僧中少有的义理高僧。①

高出《镜山庵集》卷二一《送不我上人南谒峨眉赴吴中丞之招》诗称：

> 西南行脚惯，再去道弥尊。
>
> 锡杖时驱虎，铜瓶狎饮猿。
>
> 峨眉古雪动，象耳落花繁。
>
> 延接中丞礼，机锋不待言。

此"不我上人"受吴中丞之召"南谒峨眉"，应该是被迎请到了峨眉山上。从"西南行脚惯，再去道弥尊"推测，"不我上人"曾经到过峨眉，此次应召再来，声望"弥尊"。锡杖驱虎，铜瓶饮猿，以及"峨眉古雪动，象耳落花繁"，无不暗示其驻锡峨眉山上的事实。以高出在世的年代判断，"不我上人"应该活动于万历至崇祯（1573–1644）之间。

袁宏道《袁中郎集》卷二八《送峨山僧清源》诗称：

> 师从峨眉来，往返经几宿？
>
> 兹山闻最高，几许到天竺？
>
> 师行遍天下，无乃是神足。
>
> 竦身入梵宫，镂此旃檀佛。

此清源为峨眉山僧绝无问题，不仅诗题明确有"峨山僧"，诗句"师从峨眉来"亦可为证。其行遍天下、不辞劳苦，目的是要募请一尊旃檀佛像回峨眉山，最后如愿以偿。故诗题自注："时源请有檀香佛，刻镂甚请（精）。"

---

① 蒋超：《峨眉山志》卷九徐良彦《创造会宗堂记》。

澄江，内江（今四川内江）人，"童年入道，行平等慈"。遍参诸方名宿，"专精戒律，深探藏海，别行一路，向上提持"，一时远近皈仰。顺治五年（1648），贯之和尚从其受具足戒[1]；十三年（1656），圣可德玉从其受具足戒[2]。不仅如此，他还在内江、富顺等地弘法。世寿八十示寂，塔于峨眉伏虎寺逝多林。[3]

闻达，法名性确，姓氏籍贯不详，明末于峨眉山成立净土社，"去来增减，各从其便，但使山中佛号不断"，念佛之处夏在峰顶、余在山下，于峨眉一带颇有影响，范文光有《续莲社序》专文表彰。张献忠入蜀，兵火延及峨眉，结茅于胜峰之下"作终老计"的闻达奋起大义，"哀集义旅，以逐逆徒，盖不惟草茅俱愤，即山中诸僧亦争执金刚杵以抗贼"。持续三年，一山得安。乱兵退后，于巉岩之下结跏趺坐，欲以了此僧腊。[4]顺治十七年（1660），受四川总督李国英之请重修峨眉山接引殿。[5]又重修草庵堂，迁建会宗堂（康熙十一年赐名报国寺）。[6]蒋超《峨眉山志》卷一七收有破山海明《寄峨眉闻达》、丈雪通醉《过太子坪闻达和尚旧隐》二诗，证实其在清初颇有影响，且从"旧隐"以及"令人尝忆达闻师"[7]诗句推知，其在丈雪通醉朝礼峨眉山时已经示寂。

以上为有姓名行实可稽考者，而无姓名行实可稽考者当多，明人游记中频繁出现的"僧""山僧""寺僧""众僧"可以为证。山顶普贤殿焚毁，住持了鉴禅师请求蜀王出资重修；山顶永延寺成，惟密禅师曾受福登之请住持该寺；山顶贤首阁、华藏庵，蒋超《峨眉山志》卷二称为无心大师、东萍大师所建；伏虎寺旁西域和尚静室，胡世安《登峨山道里纪》

---

[1] 蒋超：《峨眉山志》卷一一宋肆樟《贯之和尚塔铭》。
[2] 德玉：《梵网经顺朱》卷一《佛说梵网经顺朱叙》，《卍续藏经》第61册，229页上/下。
[3] 蒋超：《峨眉山志》卷四。
[4] 蒋超：《峨眉山志》卷一〇范文光《续莲社序》《住山说》。
[5] 蒋超：《峨眉山志》卷三。
[6] 《峨眉山佛教志》编纂委员会：《峨眉山佛教志》，227页。
[7] 按，此句"闻达"作"达闻"，如果不是出于平仄考虑，则疑传抄有误。

称其和尚"年九十七，康健甚，言西域事颇悉"。此外，陈文烛《游峨山记》提到圣积寺有东明沙门，"素与新都杨用修、青神余懋昭游，藏二公词翰"；老宝楼有鉴灯沙门，精通佛藏，且爱词翰，"为言荫法云则火宅亦凉，曜慧日则昏夜可晓，儒释异邪"；白水寺有妙境沙门，"自西游还，从师高僧笋峰历五台、南海道场"；山顶有披发道人，坐风雪年余，"杜口振手，意在服食咽气"①。王士性《游峨眉山记》提到光相寺有性天头陀，"年九十，苦行"，曾陪其游山顶各处。②王元翰《峨眉游记》提到大峨石附近曾有信天和尚驻锡③。龚懋贤朝礼峨眉山，曾与月明、休云、清虚诸禅老共赏云海，并曾赠诗大慈和尚。④许止净《峨眉山志》卷一提到的卓锡庵开建者德统与重建者德佐、善觉寺的开建者道德禅师、云篆殿的重修者广圆禅师、万行庵的开建者古智禅师、观心庵的开建者空安禅师，还有开建天门寺的瑞峰，开建伏虎寺的心安，开建天庆庵的独峰，开建新开寺的大用，重建洪椿坪的德心、锐峰与重建灵岩寺的弘义、圆道、本印，以及方孝孺《宿峰顶次济定韵》⑤中提到的峰顶"济定"、朱椿《送峨眉归云聪长老还山》⑥中提到的归云寺"聪长老"、许止净《峨眉山志》卷三中提到的天庆庵瞿如，等等，这些山僧虽然有名，却无材料述其行实，可以视为峨眉山众多山僧的写照。

又有牟安者，眉山（今四川眉山）人，初为兵卒，行役岷山获遇高人，"自是不火食，易僧服，往来峨眉、岷江道上"，疾行如飞，奔马不及，人称"牟罗汉"。一日，江水暴涨，舟不可引，以其斗笠置于水面，趺坐

① 杜应芳：《补续全蜀艺文志》卷五六。
② 蒋超：《峨眉山志》卷九。
③ 王元翰：《王谏议全集·峨眉游记》。
④ 蒋超：《峨眉山志》卷一五。
⑤ 方孝孺：《逊志斋集》卷二四。
⑥ 蒋超：《峨眉山志》卷一四。

而渡，见者惊异。后不知所终。① 牟罗汉代表了峨眉山僧的另一种类型，前面提到的镇沧、万世、印宗、真谛、澄江都有类似的表现。这类山僧往往别具神通，呈现出诸多神秘色彩，有时甚至会呈现出佛徒道士混融莫辨的情形。对一般信众而言，他们的宗教魅力常常不可低估。

综观明代峨眉山僧的宗派属性，士应接法于临济，真圆得旨于曹洞，匾囤、真融、通达用力在净土，慧宗、真法、炯公致力于实行，通天、澄江专精戒律，似乎没有一个起主导作用的宗派。换句话说，宋代多少还能追溯峨眉山僧的宗派属性，至于明代，则已淡化了这种宗派属性，峨眉山作为佛道共山的特性更为彰显。所以，即使不能或长或短地驻锡于峨眉山，在条件允许的情况下，明代僧人也会尽量前往朝礼一次，并与朝礼五台山一同考虑。另外，所谓的峨眉山高僧大德，其实多为暂住而已——终生驻锡峨眉山者不多，如无瑕、福登之类甚至并未在峨眉山驻锡过。本质上，他们都是峨眉山的过客，经过峨眉山普贤道场的熏陶，最终要在更广阔的佛教天地发挥影响。明时，峨眉山作为普贤菩萨的道场，总体影响远远超过了个别的高僧大德。其次，综观明代峨眉山僧的信仰表现，以济世化俗为宗旨的实行成为一个普遍的趋势，这在峨眉山道场建设上表现尤其突出。铁瓦殿、圆觉庵、大佛寺、净土庵以及金顶、金殿的兴建，乃至修桥铺路、植树造林，都与这些高僧大德关系极密，或直接或间接地成就了他们，就中又以慧宗、明彻、真法、福登诸师功劳最著②。没有他们的努力，所谓明代峨眉山佛教的再度兴盛将无所依凭。如果普贤道场的实质即实行，其被峨眉山僧普遍贯彻与推行，当是明代以降的情形。如福登者，被时人疑其"是或普贤之分身、乘愿

① 喻谦：《新续高僧传》卷三七《明四川峨眉山沙门释万世传》，《大藏经补编》第27册，288页上。
② 参见颜冲：《明代峨眉山佛教论述——以明代峨眉山四僧为中心》，四川省社会科学院硕士学位论文，2007。

轮而来者"①，可以证实这种崇尚实行的倾向。

三、明代峨眉山的道场建设

在宋元道场建设的基础上，由于皇室官贵以及广大信众的支持，在明代峨眉山道场建设又有新的进展，最终奠定了我们今天见到的峨眉山道场格局。

较前代仅有范成大《峨眉山行记》一则完整的游记，明代幸运地留下了一批类似的完整游记，如富好礼的《游峨眉山记》、敖英的《游峨眉山记》、陈鎏②的《峨山纪游》、胡直的《游峨眉山记》、陈文烛的《游峨山记》、王士性《游峨眉山记》、袁子让的《游大峨山记》、范汝梓的《登大峨山记》、曹学佺的《游峨眉山记》、王元翰《峨眉游记》、胡世安的《登峨山道里纪》等③，让我们可以一窥明代峨眉山的道场建设。

名富好礼者，明代有两人：一在明初，嘉兴（今浙江嘉兴）人，洪武初曾任顺庆府同知④；一在明中，字子超，号春山，华亭（今上海松江）人，正德十六年（1521）进士，历任工部屯田司主事、刑部浙江司主事、河南司员外郎、知重庆府、四川按察司副使等职，嘉靖二十年（1541）致仕。⑤《游峨眉山记》为明中富好礼的作品，文中自述写于嘉靖十七年（1538）朝礼峨眉山后。

---

① 蒋超：《峨眉山志》卷九傅光宅《峨眉山金殿记》。
② 按，何镗辑《古今游名山记》卷一五为"陈鉴"，陈鉴为明末清初人，与游记写作年代不合，当误。
③ 贺复徵：《文章辨体汇选》卷六三七；何镗辑：《古今游名山记》卷一五；杜应芳：《补续全蜀艺文志》卷五六；胡直：《衡庐精舍藏稿》卷一二；王元翰：《王谏议全集·峨眉游记》；蒋超：《峨眉山志》卷九。
④ 罗炌修，黄承昊纂：《嘉兴县志》卷一三。
⑤ 何三畏：《云间志略》卷一一《富宪副春山传》。

敖英（1479–1563）[①]，字子发，号东谷，清江（今江西樟树）人，"苦志绩学，淹贯百家"，正德十五年（1520）中会试，次年授南工部主事，迁礼部郎中，督学陕西、河南，历任山东、四川、贵州等地按察使、布政使，以四川右布政使致仕。[②]《游峨眉山记》是其任职四川期间朝礼峨眉山的作品，文中自称时在嘉靖壬寅秋九月，即嘉靖二十一年（1542）。

陈鎏（1508–1575），字子兼，号雨泉，吴县（今江苏苏州）人，嘉靖十七年（1538）进士，历任工部主事、员外郎、四川提学佥事、湖广左参议、河南副使、云南副使、四川右参政、四川按察使、四川右布政使等职。[③] 其《峨山游记》写于嘉靖二十九年（1550），陈氏与浏山王子朝礼峨眉山之后。

胡直（1517–1585），字正甫，号庐山，吉安泰和（今江西泰和）人，嘉靖三十四年（1555）进士，历任刑部主事、湖广佥事、领湖北道、四川参议、湖广督学、广西参政、广东按察使、福建按察使等职。[④] 据其《游峨眉山记》称，该文写于嘉靖四十四年（1565）。

陈文烛（1535–1594），字玉叔，号五岳山人，沔阳（今湖北仙桃）人，嘉靖四十四年进士，历任大理寺评事、淮安知府、四川提学副使、山东左参政、四川左参政、福建按察使等职。[⑤] 据其《游峨山记》自述，该游记写于万历三年（1575）九月。

王士性（1547–1598），字恒叔，号太初，临海（今浙江临海）人，万历五年（1577）进士，历任朗陵（今河南确山）知县、礼科给事中、四川

---

① 参见张秀兰、李波：《敖英生卒年与仕宦时间考》，载《渭南师范学院学报》，2016（20）。
② 邓廷辑修，熊为霖纂：《清江县志》卷一七；张秀兰、李波：《敖英生卒年与仕宦时间考》，载《渭南师范学院学报》，2016（20）。
③ 宋如林修，石韫玉纂：《苏州府志》卷八二。
④ 何乔远：《闽书》卷四七。
⑤ 参见刘烈学：《陈文烛与〈二酉园集〉》，载《图书情报论坛》，2003年第2期；杨钊：《陈文烛督学四川兴学严教考》，载《中华文化论坛》，2013年第8期。

参议、广西参议、云南副宪、山东参议等职。^①其《游峨眉山记》末称，该文写于万历十六年（1588）。

袁子让，字仔肩，号七十一峰主人，郴州（今湖南郴州）人，万历二十九年（1601）进士，授嘉定知州，擢兵部员外郎，"课士爱民，有文翁风"^②。《游大峨山记》自述其朝礼峨眉山在壬寅七月，即万历三十年（1602）。

范汝梓，字君材，鄞县（今浙江宁波）人，万历三十二年（1604）进士，历任工部主事、酉阳经历、同知襄阳、知襄阳府等职。^③范汝梓朝礼峨眉在万历三十八年（1610），其《登大峨山记》亦写于是年。

曹学佺（1575-1646），字能始，一字尊生，号雁泽，又号石仓居士、西峰居士，侯官（今福建福州）人，万历二十三年（1595）进士，历任户部主事、四川右参政、四川按察使、广西右参议、陕西副布政使等职，清兵入闽，自缢殉节。《游峨眉山记》为其任四川右参政时所作，时在万历三十七年至三十九年（1609-1611）之间——学者考订为万历三十九年^④。次年，曹学佺再至峨眉山与比丘惟净坐夏，但《游峨眉山记》不是此次所作。

王元翰（1565-1633），字伯举，号聚洲，云南宁州（今云南）人，万历二十九年（1601）进士，历任庶吉士、工科给事中，"弹劾不避权贵，中要为之侧目"，为奸臣诬陷去官。^⑤王元翰朝礼峨眉山在天启五年（1625）四月，其《峨眉游记》应该写于是年。

_____

① 李卫修，沈翼机纂：《浙江通志》卷一八一。
② 范廷谋修，蔡来仪纂：《郴州总志》卷九；周斌：《郴州袁子让生平与家世及师友考证》，载《湖南大学学报（社会科学版）》，2015年第4期。
③ 钱维乔纂修：《鄞县志》卷一六。
④ 参见陈庆元：《曹学佺年表》，载《福州大学学报》，2012年第5期。按，蒋超《峨眉山志》卷九命名此记为《辛丑游峨记》，似其写于万历二十九年（1601），然万历三十七年之前曹氏从未履足巴蜀，蒋氏之说不可信。
⑤ 鄂尔泰修，靖道谟纂：《云南通志》卷二一。

胡世安（1593-1663），字处静，号菊潭，井研（今四川井研）人，崇祯元年（1628）进士，历任少詹事、礼部尚书、武英殿大学士等职，顺治十八年（1661）以疾致仕。① 《登峨山道里纪》出其《译峨籁》卷八，而《译峨籁》成书于清顺治四年至九年（1647-1652）之间②。依其书中《自序》，《登峨山道里纪》所记应是其最后一次朝礼峨眉山时（己卯，1639年）的情形。

由上看到，明代堪称完整的峨眉山游记基本上集中在嘉靖与万历两个时段，亦即明英宗至神宗逐渐推重峨眉山后。明代峨眉山的道场建设，主要也应在此一时期；此前虽有增益，其规模与影响似均不可相提并论。

和前代一样，峨眉山道场的起点始于峨眉县城。胡世安《登峨山道里纪》称：

峨眉县治南出郭，即古胜峰桥，今名儒林桥。稍前，转儒学街，隔石涧有西坡古刹，溪水萦折，柽柳带绿。过圣宫前，合三山流为泮，澄波千顷，鲦乐莲香，亦多雅致。右行对后岭洪范庵。沿本山迂行度凹，则十方院。又里许，华严楼，接大悲庵。再前，兴圣庵、梵舍历落，皆延憩游客邸。又四里许，圣积寺，门对古慈福院，中衢杰然一阁，《志》载了鹤楼，以鹤淫凫况，僧至此了绝淫念。俗又呼"老宝"，谓老僧慧宝所创，额颜"峨峰真境"，魏了翁书。自楼而西，有普贤殿。又前，普安桥，旧有普安院、八卦井，今废。

王元翰《峨眉游记》与此近似而略："朔六日，出县南郊。钟吼处，圣积寺。僧整众出迎，威仪楚楚，则登峨之发轫也。"但从出县至圣积寺之间的西坡古刹、洪范庵、十方院、华严楼、大悲庵、兴圣庵全无记述，曹学佺《游峨眉山记》更简："既入县……有沃益之称。遇岭焉，阁覆于上，

---

① 叶桂年修，龚煦春纂：《井研县志》卷三二《胡世安传》。
② 参见熊锋：《胡世安和〈译峨籁〉》，载《文史杂志》，2011年第1期。

宋时建，魏华父书也。""魏华父"为魏了翁字，其书在老宝楼。范汝梓《登大峨山记》："至峨眉县，时天阴，望峨峰尽为烟雾罩，至老宝楼。"袁子让《游大峨山记》："出郭，过胜峰桥……五里许为圣积寺。寺前为老宝楼，有宋魏了翁书'峨眉真境'四字，至今悬于额。行一里为普庵（安）桥，俗传余大师坐化处，旧有寺，今化为乌有矣。"王士性《游峨眉山记》："午至县，又西行五里，至圣积寺。再，重廊翼然，为老宝楼，置魏鹤山'峨山真境'四字，则登峨第一山门也。"陈文烛的《游峨山记》："憩圣积寺，登老宝楼，览魏鹤山'峨峰真境'四字。"由此种种记述可知，万历至明末县城至普安桥一段，圣积寺与老宝楼是标志性建筑，前代著名的慈福院、普安院并已废毁，魏了翁所书"峨山真境"楼匾被视为峨眉山正式登山的界限。不排除诸文记述粗疏的可能，即使如此，直到明末此段路程尚无太多的建设或是事实。许止净《峨眉山志》卷四："西坡寺在城西南，唐武德六年（623）建，旧名寿圣西坡寺，游山者往来多宿此。"始建于武德六年应非事实，但为峨眉山古刹则或可信。寺内传有仙人所绘芦凫，妙有生趣，遇水能飞。① 前面提到，十方院为真法无穷修葺，时在万历时期（1573-1620）。其他洪范庵、华严楼、大悲庵、兴圣庵等，或是更晚才有的。胡世安文言兴圣庵梵舍"皆延憩游客邸"，其他庵院的情况何尝不是如此，都是顺应明代晚期更为兴盛的峨眉山朝礼活动。又，明末峨眉山有两座洪范庵，一在西坡寺前，一在山顶，推测或是一僧所建。再往前追溯至嘉靖，胡直《游峨眉山记》："晨发峨眉县西城，从了（老）宝楼。"陈銮《峨山纪游》："乘兴冒雨西行……至山下老宝楼者。"敖英《游峨眉山记》："诘朝，从公出北门，由（老）宝经楼入山。"富好礼《游峨眉山记》："明日，至峨眉县西郭集圣寺。"不仅出城的方向由南门变成了西门、北门，连圣积寺也从游记中消失了。出西门是宋代以降

---

① 许止净：《峨眉山志》卷四、卷八。

朝礼峨眉山的传统——出北门当是例外，这可以从范成大的"出西门登山"获得印证。万历以后，此一传统有了改变，转成了出南门，就中揭示的则是嘉靖至万历之间朝山道路的改造。而圣积寺，则应是嘉靖以后方才有的。蒋超《峨眉山志》卷三：

> 圣积寺，离峨眉县五里，即古慈福院，乃轩辕问道处。正德三年（1508），内江王重修。寺内有铜塔，高二丈许，永川万华轩所施。寺前有楼，曰"真境"，一名"老宝"，乃慧宝禅师建。楼上有魏鹤山书"峨峰真境"四大字，内名贤题咏最多。

同书卷四复称慧宗别传曾驻锡于此寺，并为"募铸一钟甚巨"，即所谓"永川万华轩所施"铜塔（后世名曰"圣积寺铜塔"）。但作为明代后期峨眉山如此大型的一座新建寺院，嘉靖诸人的游记没有记述，让人非常难以理解。故可怀疑，圣积寺的兴建不应早过嘉靖。该寺本在慈福院旧址之上兴建，老宝楼为旧寺原物，故有魏了翁题匾，蒋超《峨眉山志》卷八还称寺中有范镇所书"简版"——简版所书"半天开佛阁，平地见人家"明显是在描写一座佛阁，也应该就是老宝楼。敩英游记称老宝楼为"经楼"，说明其应是旧寺的藏经楼，以"老宝"誉其古老宝贵。所谓"僧至此了绝淫念""老僧慧宝所创"云云，都是后人望文生义。在老宝楼的基础上，嘉靖以后重建寺院，方才有了后来的圣积寺。许止净《峨眉山志》卷一："圣积寺……正德三年内江王公重修之，万历丁酉（1597）四川巡抚万任、布政使杨国明重建接引殿。"[1] 万历时期还在"重建"殿堂，正德三年"重修"必不完备。由此推测，圣积寺应是陆续重修完备的，时间跨度很大。而"圣积寺"之名，则是重修完备后的寺名。慧宗别传驻锡以及募铸铜塔均在旧寺（言"圣积寺"，是从后推前的结果），嘉靖诸人

---

[1] 许止净：《峨眉山志》卷一。

峨眉县城至十方院（采自蒋超《峨眉山志》）

游记仅言老宝楼，都是因为当时圣积寺还没有重建完工。在范成大的《峨
眉山行记》中，此段路程仅有慈福、普安二院，且全部废毁了。

　　过普安桥，胡世安《登峨山道里纪》接续记述：

过桥西折而上，经杨家冈，平畴沃衍，嘉树阴浓。自此沿涧纡行，寒玉淙琤，名瑜伽河。有三一庵，前则白水庄、独村店。依山逆行，上有石碑处，旧名大光明山。又前坊曰"会宗"，近改"问宗"，庵在山腰，原风道人募建，今就颓芜矣。行二里许，至龙神堂，堂外竖石幢，名尊胜塔。再上则古柏森森，饰径高峙，隔虎溪，即伏虎寺……左有西域和尚静室……右室名龙凤庵，以地形称也。此皆引睐宾客者。再进为无量殿。至凉风桥，其右峭壁有洞，风飕飕自口出，为凉风洞，桥以此名。谷口旧有震旦第一山坊。

此段路程，在万历、嘉靖诸子的游记中统统甚简——富好礼游记从老宝楼直接仙人会，敖英游记从老宝楼直接解脱桥，陈鎏、胡直游记从老宝楼直接华严寺，曹学佺、陈文烛游记甚至没有任何记述。王元翰《峨眉游记》称："行十里至光明寺，会大雨，止寺中。""光明寺"应即"大光明山"石碑附近的茅庵，称寺不妥。大光明山前行为会宗坊，山腰之"庵"即会宗堂，万历四十三年（1615）明光道人得四川巡抚徐良彦、四川按察孙好古、峨眉县令朱万邦等人支持所建，"屋三楹，为门为堂，前后为楼，左右为廊庑"，立普贤、广成、楚狂木主于其中，取意"三教会宗"。因其背倚狮子山，左有飞凤山，右有屏风山，前有瑜伽河，被誉为"形象最胜处"①。胡氏言其明末已荒芜，然蒋超《峨眉山志》卷一山图尚能见到，应未废毁。许止净《峨眉山志》卷一："出报国寺，仍由大路上行，有木坊，榜'善觉寺'三字，登其峰，有二坪，前为善觉寺，即古降龙寺，明万历（1573-1620）时道德禅师建。"但胡世安《译峨籁》与蒋超《峨眉山志》对此均无记述，应已废毁。范汝梓《登大峨山记》："再入，为三峨桥。"袁子让《游大峨山记》较范氏记述更详，龙神堂、凉风桥、凉风洞、震旦第一坊并记。龙神堂在三峨桥上，"宋僧士性建，浮屠

---

① 蒋超：《峨眉山志》卷九徐良彦《创造会宗堂记》。

其上"，此"浮屠"即胡世安文提到的尊胜塔。此段路程的亮点是伏虎寺，但除王士性外，其他万历、嘉靖诸子的游记概无记述。蒋超《峨眉山志》卷三：

> 伏虎寺在伏虎山下，行僧心安开建。……明末毁于兵火。继得贯之和尚偕徒可闻禅师结茅接待，历有数稔，于皇清顺治十八年（1661）督抚司道捐俸修建。前后左右，凡列一十三层，甚为弘敞，诚峨眉之大观也。

如此，不仅万历、嘉靖诸子不能一睹此寺，即使胡世安著《译峨籁》时亦不能够。然不仅胡世安有所记述，较之更早的王士性《游峨眉山记》亦有记述："复过龙神堂，上伏虎寺。"据傅光宅《峨山修改盘路记》称，万历三十年（1602）整修山道，"起自伏虎寺"而终"至大欢喜"[①]。此亦证实万历时期已有伏虎寺之称。更往前溯，白约已有《伏虎山房》一诗，证实宋时此地已有名为"伏虎"的佛教建筑。由此肯定，心安开建此寺即名"伏虎"，故胡世安称"伏虎寺旧药师殿"——药师殿为旧伏虎寺的遗存，贯之、可闻师徒只是重修，而非新建。较之范成大的记述，此段路程仅仅提到了白水庄、蜀村店、龙神堂，说明宋代以降此段路程的道场建设颇有进展。

从解脱桥上至华严寺，胡世安《登峨山道里纪》记述：

> 经茶庵稍进，过解脱桥。危磴直上，约高百丈，名解脱坡。坡上有观音堂，下有仙人会。……过小桥，延不数尺，名"玉女"桥。再上，华严寺，今名归云。……由寺左行，为青竹桥。桥上左望秀出者，玉女峰。顶上有石池，深广四尺，岁旱不涸，相传天女浴盘。……前有凤岭庵，今废。右有飞龙庵。

---

① 蒋超：《峨眉山志》卷九。

老宝楼至虎溪桥（采自蒋超《峨眉山志》）

王士性、陈文烛、敖英游记上说，解脱坡后接华严寺；王元翰游记说，先接纯阳殿，然后倒述"稍下至归云寺，殿高广，旋篆结顶，相传般巧所建"；范汝梓游记另外提到了观音堂、仙人会。异于以上诸子游记的简略，袁子让《游大峨山记》述此一段路程最详：

　　入一里，上有坡形如龟脊，名解脱坡。升坡回首，如超登净界，尘世

伏虎寺至华严寺（采自蒋超《峨眉山志》）

缘染，一洗尽空，所谓解脱者，境会心也。坡上有观音堂，坡下有仙人会。……迤逦而上为华严寺，今更名归云阁。……下有玉女桥，寺左有玉女峰，峰上有池，天女浴器具备，即岁枯亦不涸。古（右）有飞龙庵，旧传庵旁有龙蛰石中，一夜神雷击石，石开龙飞去，故以名其庵。

除了没有提到青竹桥、凤岭庵外，颇能与胡世安所记呼应，证实袁氏以后此段路程没有太大的建设。但与范成大《峨眉山行记》中龙神堂后直接华严寺比勘，则此段路程已经有了很大变化，不寘桥路有了整修，观音堂（也称解脱庵）、凤岭庵（已废）、飞龙庵应该都是宋代以降的增建。富好礼《游峨眉山记》称"至仙人会，上五十三步，过归云寺"，将"五十三步"置于华严寺前，异于其他相关记载，应是误记。陈鎏《峨山纪游》中于华严寺后另有灵岩寺，然灵岩寺应在伏虎寺处分道别行，非在华严寺后。

从华严寺至吕仙祠，胡世安《登峨山道里纪》记述：

> 由青竹桥折北行，为楠木坪，树偃盖，堪避暑雨，俗呼"木凉伞"。坡昔陡滑，今修成路，旁建一庵。自庵前左上，为吕仙祠。……祠后为华严坪，相传即赤城隐士旧居，古名赤城山。昔有香烟、罗汉、白云三寺，今废。自祠东北望，为宋皇观旧址，古有道纪堂，幽馆别室合三百五十间。左有千人洞、授道台、虚灵第七洞天之迹，即黄帝访天真皇人，授《九仙三一五牙经》处。右有十字洞，相传吕仙游此，以剑画石成此洞。……又右（瞿武）升仙台。……由祠左里许，望山下溪中一石，类舻艎，顺浮水中，名石船子，俗号普贤船。旧有"藏舟于壑"坊，竖道左。又里许，沿岩行，人呼五十三步，上有天庆庵。

如前所述，此段路程最早是被服食炼养道士开发出来的，仙道传说遗迹颇多，吕仙祠、赤城山、授道台、七洞天、十字洞、升仙台都是，宋皇观、道纪堂、吕仙祠则铭记着道教曾经影响此地的历史。敖英记述跳过了此段，富好礼记述直接大峨石，陈鎏、胡直记述直接歌凤台。王士性记述为"过青竹桥，转楠木坪，上五十三步……为歌凤台"，然中间其实还有很多环节。木凉伞庵为新建，胡世安《登峨山道里纪》已自说明，华严坪上的香烟、罗汉、白云三寺不见于范成大《峨眉山行记》，也应是宋明之际的增建，明代中期已毁，故称"昔有"。幽馆别室三百余间

万福桥至中峰寺（采自蒋超《峨眉山志》）

的道纪堂称"古有"，也当已毁，比勘范成大的记述，应该就是峨眉新观。"吕仙祠"即"纯阳殿"，前就整祠而言，后就主殿而言。许止净《峨眉山志》卷一："（纯阳）殿宇历级而升，重楼瑰玮，为明初御史郝卫阳[①]所造。崇祯六年（1633），巡按刘宗祥率峨眉令朱国柱捐金增修，益称完美。""郝卫阳"当作"赫卫阳"，即赫瀛（号"卫阳子"）[②]，生卒不详，万

---

① 按，许止净《峨眉山志》卷三为"郝衡阳"，"衡"当为"衛"误。
② 按，很多关于峨眉山的宣传材料将其讹为"赫卫阳之子赫瀛重建"，当是不详"卫阳"为号的胡乱演绎。

历二年（1574）进士，初任苏州推官，擢御史，升大理寺丞，为明神宗时期的人而非"明初御史"。其建吕仙祠在万历十三年（1585）①，带有崇祀皇人与吕祖双重目的——"意谓皇人去今远，纯阳续皇人而仙，距今才千余年人耳。目耳习之，祠纯阳则皇人为不泯。"② 自万历兴建至崇祯增修，"网珠承乎夕露，飞拱耀于朝彩，戟棂缘之以起势，静地于焉而表盛"③，"益称完美"的纯阳殿成为此段路程的新地标，在旧有寺观先后废毁之后，内塑吕洞宾立、坐、卧三像及三霄神像。至清，四川督学江皋朝礼峨眉山，称其"今守祠皆缁流，无黄冠也"④，已经转成了供奉普贤的寺庙。王元翰《峨眉游记》：

> 登楠木坪，即纯阳殿，石上刻吕仙乩笔诗。……东北乃故宋皇观，即黄帝问道处，今废。蒲家村在观右，尚有名，汉时蒲公睹白象而创道场，想家于此。……途中，僧夫遥指石船浮涧水中，首尾俱出，盖菩萨以愿行为海，慈悲为楫，兹岂其慈航欤？

较之胡世安的记述，王元翰的记述多出了"蒲家村"。蒲氏村一般被认定在长老坪，但白水寺附近亦有，峨眉山民大抵均有蒲氏后裔的附会。在嘉靖、万历诸人游记中，仍然是以袁子让《游大峨山记》记述最详：

> 行一里为楠木坪，坪上有大楠树，孤挺而上十丈许，然后开枝，枝盘撑围绕，叶茂密芬菲，青青如圆盖，可覆半亩，行者遇暑雨，皆借其荫，通称为"木凉伞"。岞崿而升，疏林修竹，中开一阁，为纯阳殿。殿上一里，左危山，右巨壑。山千寻壁立，仰不可视；壑万仞云隐，俯不可

---

① 赫瀛：《建吕仙行祠记》，转见《峨眉山佛教志》编纂委员会：《峨眉山佛教志》，493页。

② 蒋超：《峨眉山志》卷九龚懋贤《纯阳宫记》。

③ 刘宗祥：《增修峨眉纯阳吕祖殿记》，转见《峨眉山佛教志》编纂委员会：《峨眉山佛教志》，493-494页。

④ 许止净：《峨眉山志》卷三江皋《游峨眉山记》。

窥。壑中一水湍激有声，水中有石形如舟，逆水而上，山上有"藏舟于壑"四字。余下车行，与僧人指点舟之南有龙门洞，洞中有龙床，洞前有龙潭，壁间有"龙门"二字，乃宋东坡居士笔也。洞之南有授道台，即天真皇人授道轩辕处，台上有轩皇观。然视其处，紫气氤氲，为云为峰，俱在缥缈间也。言讫，欲就车舆，人曰："前此则五十三步，未可舆行也。"讯其故，乃蜀献王游山，下辇步行处。后人重其步，步修一磴。予陟而识之，凡五十三磴。沿磴而上，一山似鞍，名"马鞍"。山之尽为百福桥，后过桥即大峨石也。

除了对木凉伞、五十三步的记述比胡世安更详细外，袁氏与胡世安记述不同的，还有授道台在龙门洞南，台上有轩皇观。但授道台在纯阳殿后、宋皇坪上，"旧有道纪堂，幽馆别室三百五十间，台右有千人洞，名虚灵第七洞天"[1]。袁氏未至龙门洞，信息得自随行僧人，疑其记忆有误。"轩皇观"不见于别的记载，疑即"宋皇观"本称。各种游记并称此段路程可见普贤船、龙门峡，且有分道至龙门洞。按胡世安记，过万定桥头东北折，经石船子——"即前楠木坪俯瞰石船子也"：

循溪委曲而进，见洞流自两石门中喷出，是为龙门峡瀑布，修缩不一。溪南大石岌嶪，划然中开，两峰皆绝壁，高数十仞。……又数丈，望半岩一圆龛，则龙门洞。……游人立洞口，万壑千岩，竞来邀盻。入尺许，另透天光一片，洞深广廿尺有余，气象轩朗，穹盖百千，钟乳瓔垂。左壁双钩"龙门"字，旧传宋富春孙公笔，今云东坡。石凸凹作鳞爪，名以龙床、龙枕，游人坐卧其中，仰眺烟织，俯临潭澄，不复知去尘阛近远。宾峦垂练，伟于峡瀑。下有种玉溪，题咏亦不减无怀洞。游踪届此，觉向之潝鸣㵡潀，俱敛入谽谺中。出峡口，狂态复作，稍逊于前。自此达龙门坝，至

---

① 蒋超：《峨眉山志》卷二。

龟子山，形类颙颐，直至瑜河，与来路合。

虽然记述更细，但较之范成大的《峨眉山行记》，龙门洞景观没有多少新的增益。"龙门"二字不见于范成大的记述，应是后人的杰作，故有"旧传"富春孙公、"今云"苏东坡的书者不定。除顺流而下，也可从峡口逆流而上，这就是陈鎏至龙门洞的路线——"自老宝楼北行数里抵洞口"。在陈鎏的《峨山纪游》里，他还称其崖壁"多宋人纪游"，应该都是读了范成大游记后追踪而至的。五十三步后接马鞍山，亦见于范汝梓的《登大峨山记》，但天庆庵却不见于胡世安以外的记述。蒋超《峨眉山志》卷二："天庆庵，始伏虎寺行僧独峰开建，延高僧瞿如师居之。""独峰"应即独峰竹山，四川大竹人，博山元来法嗣，其建天庆庵的时间应在明末，因瞿如是清初伏虎寺重建的倡导者之一。[①]

由天庆庵稍下，过太平桥上马鞍山，胡世安《登峨山道里纪》记述：

又稍上，距那庵。路左上，有龙泉庵。顺路过小石桥，右为天台庵，下坡为万定桥，古名万福桥。桥头一大石，方广当途，即大峨石。界左方一石，蹲小池间，体侧上刻陈希夷草书"福寿"字，吕纯阳书"大峨"字，又先达神水字，俱镌石上。石后隔尺许，又一石尻之上，刻"浴衷"字；又"神水通楚"小碑竖其上，中间止容一人。……池左上，新创一坊，题"水竹居"。又上小亭，题"竹月松风"。正面方亭，题"宗漏"字。池右在昔渠九曲，资游人泛觞，今废，止竖小亭，题"一卷一勺"。……池后有小石塔，塔后有圣水阁。又进为福寿庵……登灵文阁，望别墅深处，有胜峰、弥陀、立禅诸庵、曹溪阁，诸峰错落如螺髻。前咫尺，竹林蓊蔚，为神水庵。再进，则歌凤台，楚狂遁迹所，侧涌一泉，四时不竭。

---

① 超永：《五灯全书》卷六三《金陵独峰竹山道严禅师》，《卍续藏经》第141册，352页下-353页上；许止净：《峨眉山志》卷五宋肄樟《贯之和尚塔铭》。

龙门洞索桥（孙明经摄于1938年，峨眉山佛教协会提供）

此段路程以大峨石、神水池为其标志，附带陈抟、吕祖等人的题字，嘉靖、万历诸人游记均有记述。当然，关于"福寿""大峨"到底是不是陈抟、吕祖所题，各有看法。此外，则是歌凤台，作为陆通传说的物证也被嘉靖、万历诸人记在文中。王元翰《峨眉游记》："登阁，见群峰拱揖，各各献奇呈秀，令人心目双豁，神骨俱爽。叹曰：此胜峰最胜处也。"此阁很明显应是灵文阁。袁子让《游大峨山记》提到了福寿庵以及歌凤台前之阁。其他距那庵、龙泉庵、天台庵、胜峰庵、弥陀庵、立禅庵、神水庵、圣水阁、曹溪阁、水竹居坊、竹月松风亭、宗漏亭、一卷一勺亭等，都不见于前代。圣水阁也称神水阁，"明巡抚安庆吴用先建，高僧化机隐此"①。吴用先，字体中，一字本如，号余庵，安徽桐城（今安徽桐城）人，明万历二十年（1592）进士，曾以都御史巡抚四川，天启六年（1626）辞官归隐故里。圣水阁的兴建应在万历时期，即吴用先巡抚四川的时候。从蒋超《峨眉山志》卷三"明巡抚安庆吴公用先筑此居之"推断，吴氏似还在此短暂居住过。"化机"即永宣和尚，为明末清初的峨眉山僧，蒋超《峨眉山志》卷一七收有《山居》《洪椿坪》《牛心寺避雨》等诗。福寿庵又称大峨寺，"在大峨石畔，僧性天果开建"②。蒋超特别注明："此僧另是一位，非峰顶之性天。""峰顶性天"即光相寺性天头陀，而此性天即王元翰《峨眉游记》提到的大峨石附近的信天和尚，如此，福寿庵之建应在明末。歌凤台，"在大峨石前，楚狂旧庐。明弘治（1488—1505）间，督学王敕改今名"③。不排除此台很早即已成为圣迹，但名"歌凤台"却是弘治以后的事。联系到范成大《峨眉山行记》中仅有梅树垭、两龙堂，不得不说元明以降此段路程建设很烈。从九曲流觞的设置与小亭众多推断，圣水阁一带应是峨眉山中较被游人所钟爱的地段。

过百福桥，又前为凤嘴石，胡世安《登峨山道里纪》记述：

> 西上为中峰寺，今名集云，明果大师道场，即智者寄杖钵处，昔有孙、王、宋三真人羽化于此。在宋有乾明观，黄鲁直习静其中。登普贤阁，群峰周遭，兹独中峙，故得习名。左行为三望桥，又上茶庵，庵前即三望坡，以路险峻，行者三望乃至；或云轩辕帝曾三举望祭于斯。上有龙神殿，亦古迹，坡下若春声，杳入深谷。

---

① 许止净：《峨眉山志》卷一。
② 蒋超：《峨眉山志》卷三。
③ 许止净：《峨眉山志》卷三。

双飞桥至洪椿坪（采自蒋超《峨眉山志》）

中峰寺为峨眉山最早兴建的寺院之一，道场建设在范成大时已经定型——连普贤阁都是旧有的建筑，龙神殿即旧时的两龙堂，唯茶庵属于新创。范成大《峨眉山行记》中提到了茂真与孙思邈常相呼应的传说，其后又有明果大师道场的认定，以及黄庭坚隐居此处的传说。至于明末，轩辕、智者、王仙卿、宋文才等传说都被整合进来，最终完成此段路程的神圣建构。曹学佺《游峨眉山记》："又过为中峰寺，即乾明观，黄鲁直居之；为歌凤台，《列仙传》所称楚狂接舆隐于峨眉山中，不知所终也；陈希夷'福寿'字，殊俗笔；'峨石神水'，亦亡。"此为圣水阁、中峰寺路程的综说，故其经行倒置。陈文烛《游峨山记》："憩中峰寺，玩孙思邈药鼎丹灶，其形甚古。"但范汝梓的《登大峨山记》、王士性《游峨眉山记》均言孙思邈丹鼎在牛心寺，陈氏所记有误。早期服食炼养道士于此留有诸多遗迹，故富好礼《游峨眉山记》称其"碧坛丹洞，所见益奇"。

过三望坡后，胡世安《登峨山道里纪》记述：

> 又三折下，过樟木、牛心二岭，至前牛心寺路口。下坡，则双飞桥……左一水，从雷洞坪绕白水寺而来；右一水，从九老洞绕洪椿坪而来。至此路界，作双虹跨洞……当两桥间，有清音阁，其上小阜一亭，旧名接王亭，俯带傍溪……上突乳峰，高临两水，建有白衣观音楼。两水进出互望，遂争雄怒搏，意不相能……盘涡尖锐有微瓣者，牛心石也。石左右各有石，如鸡冠、马鬣，碧腻涟漪，亭于合溪之上，曰琉璃水亭。后数武，创一大楼，名洗心台。白衣阁左少进湾内，为广福寺，乃前牛心别院。溪名宝现，即宋三藏师继业得斗石处。由广福左入数里石笋沟，有宝珠庵。溪上一峰，名天柱，耸立阁后，上有小庵，名异华。峰右由阁缘岩而上，遇缺陷，栈以木皮，逾金石。凡数折，至后牛心寺，继业所创，今名卧云，即古延福院。孙真人思邈修炼于此，所遗铁臼、铜罐，质朴色古，今随娄更去矣。寺左，丹沙洞，洞旁旧有祠，寺壁相传有张僧繇画罗汉一板，甚著灵异，壁今毁。

自宋以降，双飞桥一带就是峨眉山的精华所在，黑白双溪、前后牛心寺以及宝现溪等都在范成大的《峨眉山行记》中有过记述。尽管如此，此段路程增益仍然很多，如广福寺、宝珠庵、异华庵、清音阁、洗心台（楼）、观音楼（即白衣阁）、接王亭、琉璃水亭等均不见于宋代记述。双飞桥在敖英的记述中称"双溪桥"，在富好礼、胡直的记述中称"双飞桥"，而在陈鎏、陈文烛等人的记述中则称"双龙桥"，说明嘉靖、万历时期其称呼尚不统一。到了晚明，王元翰《峨眉游记》称桥上有"双飞桥"

题字，"非篆非隶，笔法骏逸"，传为张子房（良）手书，不仅称呼已经统一起来，其传说也被附会出来了。富好礼《游峨眉山记》言桥上"有亭曰双飞，最为奇绝"，其"亭"应即接王亭，知其嘉靖十七年（1538）前已经存在。清音阁不见于胡世安前的诸人游记，推断应为明末所建。不只清音阁，广福寺、宝珠庵、异华庵、洗心台、观音楼、琉璃水亭均不见于胡氏之前的游记，应该都是明末的新创。后牛心寺有孙思邈丹灶与铁药臼以及继业禅杖[①]，在陈鎏的《峨山纪游》中已有记述。到了万历时期，它们被移到了双飞桥亭中，并配合塑了孙思邈与茂真二像。袁子让《游大峨山记》称："桥亭二僧，一持茂真尊者禅杖，一捧孙真人药臼。曰是藏于牛心后寺者，后有司命移贮于此，便游客之观也。"禅杖则从继业遗物转成了茂真遗物，另有明太祖赐广济之物的说法，都是就此禅杖加以神圣化中的分歧，应该可以理解。按胡世安的记述，传为孙思邈药臼在明末已经"随娄吏去矣"。王元翰《峨眉游记》盛赞此地"真宇内一大奇观"，王士性《游峨眉山记》盛赞此地"此峨山山水最佳处"，陈鎏《峨山纪游》："自县入山已四十里，多胜概，至此则奇怪，不复似人间矣。"都对此一带景致极度赞赏。

由牛心寺越双飞桥，胡世安《登峨山道里纪》记述：

北遵磴道而上为白岩，石色皓洁，刻有"白龙洞"字，不知洞所。又前，一望浓翠蔽岭，别传和尚手植楠也。株与《法华经》字数相等，今号"古德林"，樵苏不敢轻犯。再进，象牙坡，以山石形得名，小庵二所，俗呼上白龙洞、下白龙洞，皆白水寺下院。至山凹处，望楼阁矗空，拾级累百，乃达四会亭，有接引铜像。左则慈圣庵、接引阁，上为大峨楼，云是公输班所修。再上，左竖"祇树林"坊。稍转为海会堂，藏有佛牙一具，

---

① 按，陈鎏《峨山纪游》："又出禅杖，亦旧物，唐三藏取经回，尝寓此山。"但这显然是从"继业三藏"附会出来的，因玄奘并未在峨眉山驻锡过。

及丁云鹏所画八十八祖像、御赐紫衣。出堂直上，则古白水寺，即唐广浚禅师弹琴处。寺甚敞，居僧常至数百。宋初敕建铜殿大士铜像，亦高十余丈，历太宗、仁宗、真宗三朝，御赐宝供最多，三经回禄，尽付煨烬。明世庙重修，亦就毁。万历间，奉慈诏新建万年寺普贤一殿，螺结砖甃，颇称精固。乘象金身，峨然丈六，祝融稍戢其焰，惟是寄木穴顶，导霖直注大士髻中。顷僧建阁四层，高峙其上。自县至此，历峻坂已四十余里，说者谓登峰顶，此犹其麓也。寺直右肩，有净业堂，古泉清洌，足供千万人，传云龙窝。左逆行，穿经楼旧址，东望有万松庵。

由双飞桥至白水寺，中有上、下白龙洞，为"白水寺下院"。范成大《峨眉山行记》中提到的菩萨阁则不见了踪影，应已废毁。慧宗别传和尚手植桢楠分布于白龙洞至白水寺之间，称"古德林"。富好礼《游峨眉山记》："又数十里，过风云雷雨四会亭，由大峨楼经'南戒名宗'坊至白水寺，则大峨之麓也。"与富文解释"四会"为"风云雷雨"有异，袁子让《游大峨山记》言其是"取四面游客于此会宿之义"。敔英憩四会亭，称其"野趣清辉，应接不暇"。陈銮《峨山纪游》称四会亭后百步有八泉寺，曾与洌山王对饮弈棋于中。大峨楼传为鲁班所修，仅可视为神圣化营造。事实上，四会亭、大峨楼应该都是"元朝重修"，明末毁于兵火，清总督蔡公捐俸鼎新。[1] 前已提到，慈圣庵为真法无穷禅师所建，"藏慈圣太后御赐经典、袈裟、供器"[2]，时在万历二十一年（1593），"楼高五级，接待云水"[3]。蒋超《峨眉山志》卷三："海会堂，在万年寺门外近左，有御赐紫衣及丁云鹏画历代祖师像八十八轴，今俱毁。唯佛牙尚在，重十三斤。"依袁子让《游大峨山记》载，此堂为督修白水寺的两中贵（大司礼丘公、少司马王公）"自建以修静者"，曹学佺言其兴建目的是"以

---

① 许止净：《峨眉山志》卷三。
② 许止净：《峨眉山志》卷一、卷五。
③ 蒋超：《峨眉山志》卷一一王在公《无穷大师塔铭》。

双飞桥至大峨楼（采自蒋超《峨眉山志》）

处僧众"，时间应与万历时期重修白水寺同时。范汝梓《登大峨山记》言，
御赐紫衣为"彩幡金莲花服"，丁云鹏画为"普贤、宝志诸像"，但称佛
牙在慈寿庵中，"重十五斤，上平末锐，下段色如象齿而上似玉"。慈寿
庵即慈圣庵（本为慈圣祝寿所建），佛牙应先在慈圣庵中，后方移至海会
堂内。王元翰《峨眉游记》言佛牙"大如斗，金玉色，约重十五六觔，
本宽末窄"，对其重量的估计出入很大，当不至于。海会堂竣工后，丘
公、王公又为置"有常住田亩，以资供养，庶乎居者行者皆获给足"。万

万年寺至观心坡（采自蒋超《峨眉山志》）

历四十年（1612），曹学佺与比丘惟净于此坐夏，得知"堂众日增，田畴尚阙"，慨然捐资百金增置田亩，以"完满（丘、王二公）此缘"①。宋时，白水寺已是全山最大的寺院，范成大在《峨眉山行记》中着墨颇多。自宋至明，三次遭遇火灾，范氏所见御赐宝供"尽付煨烬"，唯普贤铜像不毁。嘉靖时期（1522-1566）庙宇重修，复被焚毁。至于万历年间（1573-

① 蒋超：《峨眉山志》卷一二曹学佺《海会堂募置饭僧田偈》。

1620），得到朝廷与慈圣皇太后的支持，寺院再度重建，并敕改寺名为"圣寿万年寺"。袁子让《游大峨山记》称："去年奉慈圣诏，遣中贵二鼎新一创之，尽革其故，今年七月大功告成。"由其朝山之年知此寺再度重建于万历三十年（1602）。袁文并称寺额为明神宗御题，"盖圣天子为慈圣祝禧之意，一念纯孝，非徒为菩提也"。万历重建后的寺院规模很大，蒋超《峨眉山志》卷三："寺前有大峨楼，楼前有'南戒名宗'坊。左竖'祇树林'坊。寺内殿凡七层，一毗卢、一七佛、一天王、一金刚、一大佛、一砖砌旋螺（中用铜铸普贤丈六金身骑象像）、一接引殿。"袁子让《游大峨山记》称"禅寺视山中诸道场为独大"，"前围廊庑，后绕寝阁，山水虽奇出，实天地一大观"。就中，普贤砖殿"螺结砖甃，颇称精固"，专为遮覆普贤铜像不被雨浸。王元翰《峨眉游记》赞叹："观无梁殿，浑砖所成，范铜作大士骑白象王，高大奇特，冠一山。"重修竣工后，明神宗还专门颁赐了《藏经》一部，置于龙藏阁中，范汝梓、王元翰并曾见到。嘉靖、万历诸人均宿白水寺，这是宋代而下的传统。袁子让《游大峨山记》称："堂墀之右，有驻节公馆，以待游客。"明末清初，此寺再遭兵燹，"焚毁殆半"，后由巡抚张公捐俸修葺。[1] 袁子让言此寺"多回禄之苦"，确然之语。净业堂又称净业庙，在海会堂左下数里，"黄冠居之"（意即属于道观）[2]。万松庵传为智者大师所建，在息心所附近，明末已废。胡氏所言穿经楼旧址东望的万松庵，情形不获详知。王元翰《峨眉游记》言木凉伞在白水寺附近，不见于别的记载，恐误。曹学佺《游峨眉山记》言白水寺附近有蒲氏村，"蒲人居之，云汉蒲公之后，盖权舆是山尔"。言其为蒲公后裔应为此地山民的依附，他们多以抬滑竿（即"权舆"）为生。白水寺一带道场的翻修与扩展，是明代峨眉山道场建设的重要成就之一。

---

[1] 蒋超：《峨眉山志》卷三。
[2] 许止净：《峨眉山志》卷一。

自白水寺逆左行至石板凳，二里为虎渡桥，胡世安《登峨山道里纪》记述：

> 自桥径曲十二盘至八音池，一名乐池。池中有蛙，游人鼓掌，则一蛙先鸣，群蛙次第相和，将终则一蛙大鸣，群蛙顿止，宛然一部鼓吹。过池又西，则黑水寺，前对月峰，祖师堂有惠通肉身及所遗藕丝无缝禅衣一领、古白玉环一枚。又有惠续尼院，尼即惠通禅师妹，从兄来峨，入定于此，遇夜有黑虎为之巡廊。寺旁岩龛，有无怀洞。

八音池不见于范成大《峨眉山行记》记述，其鸣蛙即峨眉山独有的弹琴蛙。此外，无怀洞亦不见于范氏记述，胡世安称其题咏很多。两者都应是范氏以后开发出来的自然景观。祖师堂之白玉环亦见于陈文烛《游峨山记》，称其"探之光润异常，乃千年物"。除文烛外，嘉靖、万历诸人均未亲至黑水寺，说明黑水寺在峨眉山道场中的地位已有跌落。袁子让《游大峨山记》称"今（惠续尼）院已瓦解，亦仅存其名矣"，虽然得之伴游，多少应是实情。

出白水寺上顶心坡，岩畔有太子石，胡世安《登峨山道里纪》记述：

> 又数百级，凡十三转，稍平敞，一亭名观心。自亭右行曲转，有妙观庵，庵侧有空庵禅堂，俱据高临下，寥旷欲骞，自亭仰跻，箭括通天。左峙石丈余，右小石结土阜小逊，俗名鬼门关。又前，石子雷，单亘一脊，左右斗岩，名大小鹅岭。脊将尽，其下空洞梁度，俗呼仙女桥。又上数转，山坳微敞，结小庵名息心所。……沿岩行，过峡，路不盈尺，则有大小云鏊，俗名大小深坑。……又前，长老坪，旧庵就坯，近有结茅以应乞浆者。由坪出山肩骆驼岭，漫行数里许，为初殿。昔汉蒲公采药见鹿处，后人立此殿，或云山形类鹫名鹫殿，或云簇店。下有蒲氏村，居无他姓，皆蒲公后也。

在范成大《峨眉山行记》中，顶心坡称点心坡（后名观心坡），石子雷、大小深坑、骆驼岭也都曾被提到。将"足膝点于心胸"的点心坡改为由此观心的观心坡，攀登不易的实情被转化成禅宗内修的表述，是宋明之际峨眉山道场进一步佛化的结果。太子石、鬼门关、大小峨岭诸名则不见于范氏记述，当是宋明之际的开发。而观心亭、仙女桥、妙观庵、空庵禅堂、息心所、长老坪（茅庵）等亭桥庵庙，则是宋明之际新增的。仙女桥在息心所下，"窄甚"[①]。过桥直上为息心所，"上覆木板，以蔽风雨"[②]，胡氏称其为"小庵"，还不是后来规模较大的寺院。嘉靖八年（1529）熊过写有《息心所颂》，推测其始建一定早于此前。袁子让《游大峨山记》称其："高阁危悬，如九天临九渊，人心至此，独持半偈，万缘皆息矣。"长老坪在大小深坑上，传为普贤示现之地，旧有庵庙毁后，明末有人结茅于此，"以应乞浆者"，类似茶庵。胡世安解释初殿的得名是"山形类鹫"，范成大时只是"以俟蒸炊"的"板屋一间"，明时发展成"殿"，变成了较有规模的佛寺。许止净《峨眉山志》卷一：

> 又斜上转，至初殿……亦名"鹫殿"，又名"簇店"。盖原只板屋一间，僧煮汤以俟游客蒸炊。后改店为殿，即"云窝"也。明时续恩禅师铸铜佛、弥勒、诸天像，大小三十余尊。崇祯（1628-1644）时，铸有铁钟。

具体改建者即续恩禅师，时间则在万历二十五年（1597）。[③]旁有蒲氏村之说不见于嘉靖、万历诸人记述，或是晚明才有的新说，当然也是蒲翁传说的附会。

初殿前行，过小石坎，胡世安《登峨山道里纪》记述：

---

① 蒋超：《峨眉山志》卷三。

② 许止净：《峨眉山志》卷一。

③ 参见满霖：《峨眉山凿井堂初祖弘川和尚略考》，载峨眉山佛教协会编：《历代祖师与峨眉山佛教》，422-428页。

又前，九岭冈，剑脊直上，左峰劐出群岫，名华严顶。又前，蛇倒退。……又前右坡下，有九龙坪。……又前，莲花石，建有庵，榜"莲花社"。……又前，过峡，望一陡径直上层霄，左濒危壁，名鹁鸽钻天。上有石砌小池，仅丈许，僧云菩萨洗象池。傍一石，仅二尺，僧云升象石。自白水至此，游踪稍适，因名其岭曰初欢喜。又曰错欢喜，以前去尚有险在。今建庵，名初喜亭。……再上数百级，石碑亭。又百余级，罗汉洞。……又上数百级，滑石沟，过此坪，行里许，危磴直下数百尺，有化城寺，殿舍皆用木皮覆椽，易以瓦，霜雪所薄辄碎也。……由寺左迂行，前峻叛乱石，直上三里梅子坡，攀援而上，有猢狲梯。……道旁一殿，曰白云。自白云殿顺行，古木连蜷，烟荒岑樾中，殷殷作砰訇声者，雷洞坪也。……濒岩有雷神殿，路竖铁碑，禁人语。相传下有七十二洞，云涛布濩，色妒罗绵，兹洞其聚族处耳。

范成大《峨眉山行记》提到了中错欢喜、猢狲梯、雷洞坪，罗汉店应已废毁，而木皮里则兴建了化城寺（废后，于其旁另建大乘寺）。其他九岭冈、蛇倒退、九龙坪、鹁鸽钻天（即今钻天坡）、罗汉洞、滑石沟、梅子坡等，则是宋明之际新的获名。猢狲梯是此段路程艰险的标志，嘉靖、万历诸人游记多有记述。蛇倒退、梅子坡虽为新名，但亦见于嘉靖、万历诸人游记，说明嘉靖以前已经完成。九岭冈不见于胡直以前记述，疑为嘉靖时期的得名。滑石沟仅见于曹学佺的记述，得名应该更晚。胡氏仅述华严顶山势"劐出群岫"，不言庵庙，应该还无建筑。如果说宋时错欢喜还仅仅是一个地名，宋明之际此地得到了重点建设，不仅建立了正式的庵庙，普贤洗象用的小池也被"石砌"出来，旁边还有升象石与之配套，为后来洗象池成为峨眉山道场的重要区域奠定了基础。在范成大《峨眉山行记》中，于雷洞坪处投大石或死猪、妇人弊履将会引致雷雨。但在嘉靖、万历诸人游记中，全部变成了闻人语则雷雨大作，为此还在

初殿至木皮殿（采自蒋超《峨眉山志》）

其地立有禁语铁碑。这是宋明之际雷洞坪传说的一个根本转变，增加了雷洞坪的神秘色彩。王士性《游峨眉山记》言"下有十二大洞穴"，应为七十二洞穴的脱漏。袁子让《游大峨山记》记老僧言，其下有鬼谷洞（传鬼谷子修真于此）、伏羲洞、女娲洞，"皆人迹所不能到，从来辟谷脱蜕之士多藏于此"。嘉靖、万历诸人游记不言此处有殿，但胡世安明言"濒岩有雷神殿"，为万历十年（1582）清月禅师兴建[1]。王元翰《峨眉游记》称

---

[1] 参见《峨眉山佛教志》编纂委员会：《峨眉山佛教志》，122页。

木皮殿为"圣僧阿婆多尊者来礼峨眉，以山水环合，形同西域化城寺，依此建殿"，将其始建时间推至唐代绝不可信，目的是在祝圣此寺。莲花庵也作莲华庵，详情无考。白云殿，蒋超《峨眉山志》卷三："在梅子坡上，常有白云屯聚，俗名云坛。"袁子让《游大峨山记》言其"常为云屯之处……及至殿，布散满空，如绵如雪"，号为"峨山云毡"。

由雷洞坪上，胡世安《登峨山道里纪》记述：

> 由雷洞坪曲折沿岩亘数里，过新殿，则八十四盘，名桫椤坪。……稍折，有接引庵。再前，路分两歧：从左陡上为旧路，一巨石横岩下，名观音岩，直至大欢喜，前至回龙庵，与新路合。从右平行里许，危岩仰登，凡数百丈，名三倒拐，复沿坡上，为太子坪，再前圆觉庵（庵左有小径，可达山后诸庵；自庵右转上行，为登顶通途），右有净居庵、洪范庵；左有法慧庵，又上观音庵，又左回龙庵，与旧路合。又前，圆觉庵由左折而上，老僧树大数抱，传云树存空肤，有老僧入定于中，枯干复荣，今包裹无隙矣。再又上天门寺，两石对立若劈，中通一户，深二丈许，名天门石。又前，隔涧莲花庵，右转凤凰庵，左转有茶庵，庵前七天桥，虽无灌注，遇雨成溪。又前，文殊庵；左上，天启庵。正行，天仙桥，直跨山涧，有庵踞上。桥底积雪，纁夏不消。又傍弥陀庵左折，入峨顶矣。

在范成大《峨眉山行记》中新殿尚称"新店"，仅"当道板屋一间"而已，明时建为寺院。

娑罗（桫椤）坪在范氏的行记中叙述颇详，而八十四盘则有专诗吟咏，天仙桥为登顶后补述。其他观音岩、三道拐、太子坪、天门石等景观，接引庵、回龙庵、圆觉庵、净居庵、洪范庵、法慧庵、观音庵、莲花庵、凤凰庵、茶庵、文殊庵、天启庵、弥陀庵等庵庙，以及七天桥等建筑，即均应为宋明之际的开发与建设。从雷洞坪至顶，嘉靖、万历诸人记述的经行大抵为八十四盘、欢喜亭、天门石、七天桥、天仙桥，王士性另外提到了观音岩、通天堂，袁子让另外提到了朝阳阁、圆觉庵、通天堂、文殊庵，王元翰另外提到了圆觉庵、文殊阁（即文殊庵），就中朝阳阁不见于胡世安的记述，通天堂则在由顶返回的路上。蒋超《峨眉山志》卷三：

> 接引殿在八十四盘下，顺治庚子年（1660）有河涧府僧，年八十至此，见佛像卧荒丛中，乃誓饥七日募修。时大雪，凡露饿六日，蜀赵翊皇登山，见而悯之。归白督台李公，捐金五百，命僧闻达重修。

接引殿为清初重修后的名字，胡世安称接引庵。嘉靖、万历诸人游记均无记述，推测其始建不会早于晚明，明末战乱被毁，清顺治十七年后得到四川总督李国英支持，由峨眉山僧闻达重建。接引庵后，胡氏记述有旧、新两途：旧路自观音岩至回龙庵，经观音庵、法慧庵接圆觉庵；新路自三倒拐至太子坪再至圆觉庵——圆觉庵左上岔路接回龙庵。许止净《峨眉山志》卷一："由接引殿盘旋而上……复屈曲仰登，凡数百丈，名三倒拐，一曰三倒角。前有巨石，横亘当途，为观音岩，原有观音殿。"[1]在胡氏记述里本为旧、新两途的观音岩与三倒拐变成了一路，旧路基本上被废弃了；观音岩也被移到了三倒拐之后，以蒋超《峨眉山志》卷二观音岩尚在三倒拐之前判断，此之移动应是蒋超之后的事；言其"原有观音殿"，则更是移动之后的事了。蒋超《峨眉山志》卷二又称："历八十四盘，折尽为朝阳阁、观音岩。"知朝阳阁在观音岩前，清初犹在，则胡氏不记当为疏忽。过三倒拐为太子坪，坪上有万行庵，许止净《峨眉山志》卷一：

> 进太子坪，以坪名寺，层楼高耸，内供太子，因名。一名万行庵，古智禅师开建，闻达禅师重修之，基址屡易。……昔建有大欢喜亭，今废。

---

① 许止净：《峨眉山志》卷一。

寺前岩下，石形如象，呼象王石。[①]

古智禅师无考，闻达禅师为明末清初僧，故此寺重修应在清初。胡世安不提太子坪上有庵，推测其在明末清初或已废毁。蒋超《峨眉山志》卷二称万行庵"庵基屡易""宽广靓深"，当是重修以后的情形。王士性、袁子让游记提到欢喜亭，袁氏并称其"倚险凭虚而立，俯槛下视，云消岚散，千峦万岫，杳不可数"，证实万历时期此亭尤在，但在胡世安的记述中不再提到，推测也在明末清初废毁了。蒋超《峨眉山志》卷三："回龙庵，在太子坪上，有戒坛，三济开建。"宋肄樟《贯之和尚塔铭》称，贯之和尚早年于嘉州金碧庵"礼三济和尚剃染"，"年三十，值三济师圆寂"[②]。贯之和尚生于万历三十四年（1606），其三十时三济和尚示寂，时在崇祯九年（1636），则回龙庵之建当在此年之前。蒋超《峨眉山志》卷二：

> 圆觉庵，即护国草庵禅寺，明神宗（1573-1620）时通天和尚开建，内有九层沉香塔。自此横去，为通天和尚肉身塔、学士堂、普贤庵、大觉庵、中静室。

前已有述，圆觉庵兴建于万历十五年（1587），庵中九层香塔为慈圣太后所赐。庵下有通天和尚塔，同书卷三称："金装通天和尚肉身在内，至今生气宛然。"又称通天堂，故袁子让游记称其"通天和尚真身在焉，虽坐圆寂，宛然如生"，为通天和尚示寂之后——万历二十九（1601）之后的建筑。前面提到，法慧庵、莲花庵为真法无穷所修，时间应较慈圣庵为晚——万历二十一年（1593）以后。袁子让游记又提到了文殊庵（阁），知其兴建应在万历三十年（1602）以前。其他净居庵、洪范庵、凤凰庵、

---

① 许止净：《峨眉山志》卷一。
② 蒋超：《峨眉山志》卷一一。

茶庵、天启庵、弥陀庵不见于嘉靖、万历诸人记述，兴建年代应均不会早于明代后期。袁子让而下的诸人游记，大抵皆有天门石（因有石如门而得名）、七天桥（附会道教第七洞天）的记述，说明它们的得名或兴建至迟不会晚于万历三十年。天门寺，明瑞峰禅师建。[1] 此外，嘉靖、万历诸人游记并言近顶处有老僧树，如王士性言："（通天堂）南为老僧数，树两岐直立，枯而空中，一游僧来定焉，复荣抱为一，僧定故未出也，乃知龙渊慧持之事为不诬奇。"但许止净《峨眉山志》卷一称初殿至华严顶间亦有老僧树，知明后期此一传说已被广泛加以利用，以为山中奇树赋予神圣之义。

在范成大的《峨眉山行记》中，山顶建设尚颇粗疏，唯一的一座光相寺亦仅"板屋数十间"，且"无人居"，另有木皮小殿一座。但在胡世安的《登峨山道里纪》中，山顶已经非常热闹：

山径虽峻，至顶颇宽平。寺前一石，名瑞星。稍进，锡瓦殿。又上，天王殿，殿后左右列祖师、龙神二堂，正中锡瓦普贤殿。又上，铜瓦殿。由此左上，敕建永延寺，一楼甚闳伟，名华严；又上，藏经楼。自楼左向后，层梯而上，诣峰顶，有渗金铜殿，藩府捐巨万金新建者，高二丈五尺，广一丈四尺五寸，深一丈三尺五寸。上为重檐雕甍，环以绣楞琐窗，中坐大士，傍绕万佛。门枋空处，镂饰云栈剑阁之险，及入山道路逶迤曲折之状，制极工丽。傍列铜窣堵波三，高下不等。此皆背岩向西，以晒经山为正对。

铜殿右，则铁瓦殿，古名光相寺。外为睹佛台，即放光处；左有童子台，右辟支台。此殿依山面东，嘉阳一带在其前，殿后楞严阁，复西向；又左卧云庵，亦西向。峰顶少井泉，惟此庵下有半月池，深广不数丈，水日上渗，足饮千人，偶秽辄竭，持经咒祭之，复溢，僧呼"圣泉"，又呼

① 许止净：《峨眉山志》卷一。

雷洞坪至太子坪（采自蒋超《峨眉山志》）

"观音水"，或名以"井络泉"。庵右有观音阁，阁前有小睹佛台，光现略早睹佛台。左有石屹然，曰金刚，若铁汁铸成，睹光者每倚借之。石下有万石嵯岈，攒作一片，名七宝台。台下有石室，户枢甚多，小睹佛台下，有盘陀石，整洁可坐。石左复有一阜隆下盘顶，若锤钮，僧呼"飞来钟"。又左雷山，侧有二石，眉目宛然，名仙人面；又石有手痕，名仙人掌。台右回望本山来脉，自右而起有贤首阁、华严顶；又上为千佛顶，旧传愿王三千眷属同来居此，故名。顺此坡左下华藏庵，又下狮子坪。

以瑞星石为标志，过瑞星石，即正式进入山顶道场。山顶道场以锡瓦、铜瓦、铁瓦三殿为其标志，王士性《游峨眉山记》："……转而过为七天桥，盖犹谓瓦屋九天也。乃趋三殿顶礼，先锡瓦，次铜瓦，上绝顶为铁瓦，皆像普贤也。"前面提到，铁瓦殿为明初示应禅师重建，并铸有普贤金像。胡世安言铁瓦殿即古光相寺，但光相寺不止一殿，至少应有光相、普光二殿。富好礼《游峨眉山记》称山顶"有光相、普光二殿，皆用铁为瓦"，胡直《游峨眉山记》则称"抵光相寺，寺殿皆铁瓦，是为绝顶"——以"皆"称，不止一殿可知。成化二年（1466），普光殿被火烧，住持了鉴禅师以事闻于蜀怀王朱申鈘。朱氏慨然捐资命工重建，五年（1469）工毕，"峻杰弘丽，于旧尤加"，殿中以铜铸天地、水府、天君、侍者、雷电、山王神像，"以为百千万年之香火"[1]。至于嘉靖，陈以勤《别传禅师塔铭》称："峨顶旧正铁瓦殿一，岁久浸圮，登游回向之徒无所栖定。"慧宗禅师于是募资"饰新旧宇"，重新整修了铁瓦殿。与此同时，又"创建新殿，瓦以铜者"，称"铜瓦殿"，前为板殿七间，后为板屋五间，环以廊庑，"铸普贤铜像一、铜佛六十五，咸奉峨顶"。锡瓦殿也应该是在此一时期兴建的，按胡世安的记述，内有天王殿、祖师堂、龙神堂，锡瓦普贤殿为其正殿。万历三年（1575），陈文烛朝礼峨眉山，其游记称："旧有铜、铁、锡三殿，今存铁瓦殿。"铜、铁、锡三殿万历三年之前已有当无问题，但言仅存铁瓦殿则或有疑，因为比他更晚的王士性还曾亲至三殿朝礼。再至万历中后期，福登禅师募造渗金铜殿一座安置山顶，名曰"永明华藏寺"，俗称"金殿"，高2.5丈，广1.45丈，深1.35丈，内安普贤铜像，旁绕万佛，门枋之间镂饰巴蜀山川形势、水陆程途，重檐雕甍，绣棁琐窗，制极工丽。范汝梓的《登大峨山记》详细描述其工艺：

---

[1] 朱申鈘：《峨眉山普光殿记》，龙显昭主编：《巴蜀佛教碑文集成》，256页。按，许止净《峨眉山志》卷六称《峨眉山普光殿记》的作者为朱怀园，当误。

……虬檐雕拱，绣楹琐窗，皆铜冶。而中一檀龛，奉普贤金身骑白象。四壁镌莲花千佛，下镌忍草灵花，每幅异相。而两扉之后镌金像，自宝鸡历云栈抵嘉州入山曲折之状。壁外亦镌异花，悉以金涂，光彩曜日。殿四角浮屠各一。左有铜碑，碑阳王大史记，集王右军字；（碑）阴传侍御记，集褚河南字。

殿成，得大中丞王霁宇支持，福登禅师复于其侧建永延寺，上下两层，一楼名华严殿，二楼为藏经楼，朝廷钦赐藏经一部。胡世安外，王士性、曹学佺、王元翰等均称光相寺即铁瓦殿，蒋超《峨眉山志》卷三却将铜、铁、锡三殿并金殿统统归为光相寺：

光相寺，在大峨峰顶……明初洪武遣僧宝昙重修，始以铁为瓦。明末倾圮，皇清巡抚张公德地捐俸重修，载有碑记。由此而下为天王殿，殿后左右祖师、龙神二堂，正中锡瓦普贤殿。又为铜瓦殿，僧别传开建。殿后有坊，曰"扪参历井"坊，旁有井络泉。由此左上为藏经阁，有旧颁《龙藏》，今失其半，阁一，名"永延寺"，僧妙峰开建，（妙）峰后惟密嗣修，寿九十七。皇清云南援剿总兵祁三升捐资添造铁瓦，往来朝山者多憩息焉。自楼左向后层梯而上，峰顶为渗金小殿，一名"永明华藏寺"。殿左右有小铜塔四座，明万历年间寺僧妙峰至滇募铸，明沈王亦捐金助修。殿瓦柱门楱窗壁，皆铜为之而渗金，广一丈四尺五寸，深一丈三尺五寸，高二丈五尺，中安愿王像驾，四壁万佛围绕，门阴刻全蜀山川形胜、水陆程途，一览了然。

铁瓦殿明末被毁，清初四川巡抚张德地捐资重修。锡瓦殿与胡氏记述同，应未受损。金殿左右有铜塔，蒋氏记为四座，胡氏记为三座，胡氏之后或有续造。铁瓦殿后有楞严阁，万历三十八年（1610）范汝梓登峨眉山，曾在此殿小歇，证实其兴建应该早于此年。蒋超《峨眉山志》卷三："卧云庵，在藏经阁右，性天和尚建，后毁，清总制哈公及通省文武捐俸，命可闻禅师重建。"性天和尚与王士性同时，曾陪同其观光山顶诸处，王氏且宿于卧云庵，则卧云庵之建应在万历十六年（1588）之前。蒋超《峨眉山志》卷一四收有杨慎《峰顶卧云庵》二首，专吟卧云庵之高冷，知其兴建还在杨氏去世之前，亦即嘉靖三十八年（1559）之前。除范汝梓宿于楞严阁外，王士性、家大参（与范汝梓同游）、袁子让、王元翰诸人皆宿于卧云庵，可知万历以降，此寺已成山顶的主要借宿之地。蒋超《峨眉山志》卷二：贤首阁在七宝台右，"乃伏牛山僧无心所开"；"华藏庵，东萍大师开建，今废"。无心大师、东萍大师行实无考，胡世安朝礼峨眉山时此贤首阁、华藏庵都在。观音阁在金刚台上、卧云庵后，兴建年代无考。①王士性另外提到了通天观（内有大藏宝幡），袁子让另外提到了"扪参历井"坊后的培风馆，皆不见于胡世安的记述，或已废毁。范成大《峨眉山行记》所称思佛亭已无踪影，软草坪、洗脚溪则不记述，但据蒋超《峨眉山志》卷二，两者应该都在。继之而起的是睹佛台、童子台、辟支台、小睹佛台、七宝台、仙人面、仙人掌等自然物象的新一轮命名，由此完成了山顶空间的整体神圣化。山顶的开发建设是明代峨眉山道场建设引人注目的成就。

由山顶下，胡世安《登峨山道里纪》记述：

出永延寺左行，为富顺庵；又下行，绕山坡至涧，为白龙池。……自池下行，上右坳，为净土庵。前有坪，亦名桫椤坪。自坪右折行，有大觉庵，永定庵。坳上有沐浴堂。右行越岭，为圣水坪庵。又前，学士堂。稍前，通天和尚塔，肉身尚存，启幔视之，有生气。又前太虚庵，又前至回龙庵，与来时新、旧二路口相合。一坊岿然，上题山后七十二古德名。（坊）庵左为大佛坪诸庵，以及幽岩邃谷，人迹罕至，洞天静室，不知名者。

① 许止净：《峨眉山志》卷四。

白龙池见于王元翰游记，称"白龙潭"。池中蜥蜴传为龙神，前面已有细述。许止净《峨眉山志》卷一称池畔有碑碣，"刻明巡按马如蛟七绝一首"。马如蛟为天启二年（1622）进士，崇祯元年（1628）授御史，后出按四川，八年（1635）回和州（今安徽和县）助剿农民起义军，被杀。其七绝诗作证实，白龙池在明末已经成了峨眉山顶的主要景观之一，与井络泉一样。白龙池左下为净土庵，"明神庙（即万历）初年大智和尚建"，庵中佛像"庄严细巧，最称如意"①。王元翰称其"普贤作出山老比丘像，须髯古硕"，当极特别。蒋超《峨眉山志》卷二："大佛坪，在锡瓦殿门前下坡。"同书卷三："山后七十二古德名庵坊，在山顶大佛坪右。"大佛坪附近庵庙众多——胡世安以"诸庵"称，依王元翰的记述，大抵"树皮为屋，一室只一人"。富顺庵、永定庵在天门石，大觉庵在通天和尚塔左，经通天和尚塔至回龙庵，与来时的新、旧二路相合。胡世安此段记述较为混乱，其实当为两路：白龙池、净土庵、大佛坪等属山顶别道，富顺庵、永定庵、大觉庵、圣水坪庵、通天和尚塔、太虚庵、回龙庵在下山路上。

过九岭冈，至蛇倒退，胡世安《登峨山道里纪》称："又两折，稍下，左岩口有小径，通九老洞。""九老洞"之名传说很早，但在明代以前无法找到确凿的记载。蒋超《峨眉山志》卷三、卷二言华严顶上有"九老洞茶房"，"为九老洞僧所设，行人至此稍息"。同书卷三又称，伏虎寺后鞠家漕的新开寺，"万历三年（1575）九老洞僧大用建"。明时九老洞已有庵庙僧人应可肯定。所以，真圆遍融、无瑕禅师曾至九老洞拜访异僧，而真法无穷则在九老洞隐修年余。与此同时，黄帝访天皇真人于九老洞、玄奘问道于九老洞圣真等传说，也都被附会出来。蒋超《峨眉山志》卷六：龙巅菜，"满山自生，在九老洞尤佳"。袁子让《游大峨山记》：

① 蒋超：《峨眉山志》卷三。

沉香塔至金殿（采自蒋超《峨眉山志》）

　　嘉靖（1522-1566）间，僧众数人曾入（九老洞），然（燃）一炬，欲入穷其境。入十五里，一溪横亘。过溪行一二里，洞少狭，多怪石，有大蝙蝠飞出撲火，众僧惧而止。近洞有黑龙潭，潭之旁有小（卜）应泉，近寺俱用之。每遇晴将雨，雨将晴，则此水炊饭必赤。以其为雨旸之应，故名"小（卜）应"。

　　既对九老岩洞有过探索，也对卜应泉水深有了解，还提到了附近有寺院存在，其地已被广为开发绝无疑义。尹伸《峨眉后记》记述："是日下顶，东南行为九老洞之径。……自辰至未，乃达慈延寺，寺创于炯公而成于周藩。"[1] 袁子让提到之"近寺"应即本炯所建慈延寺，万历四十年（1612）明神宗曾经颁赐藏经与该寺并敕喻本炯及僧众[2]，知其建于袁氏朝山（即万历三十年）以前，且为九老洞附近最大的寺院，颇有僧众。不仅如此，本炯还曾"间探野蔬"，并曾深入九老洞，"经两昼夜，耳边风水声甚急，不得前"[3] 而还，对九老洞一带的开发厥功至伟。[4] 从蛇倒退而下，"五里至九老洞，景纯幽胜，但路峻险为难"[5]。由后牛心寺下坡，胡世安《登峨山道里纪》又称："旧路自观音岩上瓦厂，新路顺溪至积善桥，皆可达洪椿坪，此路多熊、狒、猿、虎之类。"蒋超《峨眉山志》卷二："洪椿坪，即千佛庵，乃明僧德心上人开建，锐峰重修。"同书卷三较此更详：

> 千佛庵，即洪椿坪，伏牛山楚山和尚开建，德心大师重修，梵宇精洁，结构弘敞，常有千人。此地曲折幽雅，最为隐僻矣。

以此记载，开建洪椿坪者应为楚山和尚[6]，德心上人、锐峰和尚都是重修。许止净《峨眉山志》卷一：

> 从龙居溪沿岩而下，路右即洪椿坪，以坪名寺（古千佛庵），伏牛山楚山禅师开建，一云宝掌禅师建。明德心禅师重修，法嗣锐峰接踵，历二十余年落成，殿宇楼阁，结构精工。[7]

---

① 黄宗羲：《明文海》卷三五八尹伸《峨眉后记》。
② 蒋超：《峨眉山志》卷七。
③ 黄宗羲：《明文海》卷三五八尹伸《峨眉后记》。
④ 按，许止净《峨眉山志》卷一将本炯所在系于护国草庵附近，应误。
⑤ 蒋超：《峨眉山志》卷二。
⑥ 参见黄夏年：《明代伏牛山佛教派系考》，载《世界宗教研究》，2010年第2期。按，楚山和尚在伏牛山时亦修有红椿寺，我们怀疑峨眉山洪椿坪就是伏牛山红椿寺的翻版。
⑦ 许止净：《峨眉山志》卷一。

宝掌禅师开建绝不可信，而楚山禅师开建后被毁，德心、锐峰师徒重修，历时二十余年，"殿宇楼阁，结构精工"，一跃而成山中大寺。王士性游记提到，后牛心寺右去，"过十二峰头为九老仙人洞"。袁子让游记则言后牛心寺以进有佛到寺，"传世尊曾到其处，留有佛迹焉"，又有九老仙人洞，"传为仙人聚会之所，洞深广不可测"。由后牛心寺可至九老洞已是广为人知，且已逐步沿此线路开发，但言有佛到寺而不言有洪椿坪，推测洪椿坪兴建应在袁氏朝山之后。王元翰游记述其朝山遗憾："然游仅五六日，目击之外，如洪春（椿）坪之僧海，黑水寺之虎渡，二峨峰之仙迹，九老洞之幽奥，渗漏者尚多，曷问其小者，姑俟之异日。"所谓"僧海"，当是就洪椿坪"常有千人"而言。未到洪椿坪、九老洞并在遗憾之列，两者声誉已著不言自明。九老洞与洪椿坪的开发建设，是明代峨眉山道场建设最可注目的成就，虽然两者之间尚无坦途相连——以蒋氏"路峻险为难"判断，应该仅有一条险峻的毛路。明末，曾任河南布政使的尹伸写有《九老洞兼赠炯公》《洪椿坪》[1]二诗，述其游观九老洞、洪椿坪的感觉，或是走此毛路。胡世安《登峨山道里纪》称："由（后牛心）寺前下坡，旧路自观音岩上瓦厂，新路顺溪至积善桥，皆可达洪椿坪，此路多熊、狒、猿、虎、之类。"

伏虎寺分道，不见于胡世安《登峨山道里纪》，推测应是数次朝礼均未亲至。蒋超《峨眉山志》卷一："从伏虎寺至灵岩寺路，逝多林、虎溪、普同塔、干溪、鞠家漕、白土冈、李家店、青龙场、西禅寺、高桥、接引殿、灵岩寺。"其中，灵岩寺为宋代旧寺，元时被毁，明洪武、永乐年间（1368-1424）弘义、圆通等僧重建。景泰年间（1450-1456），了贵增修三世佛殿，并对旧寺各殿修葺翻新，"以次告成，规模广大"。天顺四

---

[1] 蒋超：《峨眉山志》卷一五。

年（1460），朝廷颁赐藏经一部①；成化元年（1465），朝廷赐名"会福"；弘治、正德年间（1488-1521），本印再次重修。极盛之时，寺宇多达四十八重，成为峨眉山道场的大寺之一。②又有新开寺，在鞠家漕，"万历三年（1575）九老洞僧大用建"③。新开寺附近另有蟠龙寺、罗汉寺、佛到寺等，并皆传为唐宋旧寺，然多附会，不可凭信。

旧言峨眉山，不止大峨，二峨、三峨乃至四峨并含其中。胡世安《登峨山道里纪》称：二峨山在本山南三十里，名"覆蓬"，又名"绥山"，上葛由洞（葛由骑木羊往来处）、猪肝洞（即紫芝洞，吕洞宾游龙门曾宿于此，有"一山五口道人④书"碑题）。三峨山在本山东南四十里，古名铧刃山，有季仙洞、龙池等。

由上看到，明代峨眉山道场建设主要集中在洪武、嘉靖、万历、明末四个时期。洪武时期以示应、广圆、弘义、圆通为其代表，重建、新建的庵寺有山顶的铁瓦殿、华严寺的云篆殿以及山脚的灵岩寺等。了鉴重建山顶普贤殿，楚山开建洪椿坪，了贵、本印重建灵岩寺，属于此一阶段的余绪。嘉靖时期以慧宗为代表，毕其一生，自白水寺至山顶道场"无不鼎新充拓"，山顶铜瓦殿、白水寺伽蓝殿的兴建以及双飞桥路的整修、古德林的培植都是他的功绩。真融兴建山顶净土庵、性天兴建山顶卧云庵可与慧宗相互呼应，证实此一时期有功于峨眉山道场建设者不止一人。此外，中山段的息心所也是此一阶段道场建设的成就。万历时期以明彻、真法、福登、心安、大用、明光、清月为其代表，山脚的圣积寺与新开寺、狮子山下的会宗堂、伏虎山下的伏虎寺、大峨石处的圣水阁、太子坪上的圆觉庵、县城东关的大佛寺、中山段的万年寺（即旧白

① 按，了贵上京请经之年，万安《敕赐福会寺碑文》记为天顺五年。赐经敕文收于诸种《峨眉山志》中，落款时间为"天顺四年五月初四"，万安所记当误。
② 许止净：《峨眉山志》卷一。
③ 蒋超：《峨眉山志》卷三。
④ 按，所谓"一山五口"，即"吕嵓"的拆分，也就是吕洞宾的别说。

万年寺砖殿（段玉明摄）

水寺）、万年寺侧的慈圣庵以及高山段的雷神殿、山顶金殿是此一时期重建新建的著名庵寺。山脚的十方院、息心所附近的万松庵、太子坪上的法慧庵与莲花庵兴建，也在此一时期。明末时期以独峰、锐峰、心安、闻达为其代表，除了圣积寺、伏虎寺、天庆庵、清音阁、洪椿坪的重建、新建，广福寺、宝珠庵、异华庵、华严楼、大悲庵、兴圣庵、接引庵、回龙庵等都是此一时期兴建的庵寺。因庵寺被反复毁建与新增交织，准确描述明代的峨眉山道场建设不是一件容易的工作，正如胡世安在其记述中的提示："以余己卯（1639）所游，目遇已非己未（1619），按范至能（成大）所纪愈迥然矣。"二十年间面目"已非"，况其两三百年之变？总而言之，在前代的基础上，明代峨眉山道场建设确实又有很大成就，低山段、中山段、高山段的庵寺建设都得到了进一步丰富，就中尤以圣积寺、伏虎寺、圣水阁、清音阁、万年寺、金顶的建设最有分量，各自成了本区庵寺的统率。九老洞的开发，洪椿坪的推进，使传统朝山线路之外另辟环线成为可能，当是明代峨眉山道场建设最应彰显的成就。

万年寺作为峨眉山古刹，经宋历明屡遭火毁。万历时期重建，得到朝廷与慈圣太后的财力支持——"圣恩优渥，出内帑金钱无算"，并由内侍直接监造——"惟中贵人料理，勿及子民"①，革故鼎新，庙貌焕然。普贤砖殿设计新颖、技术高超，被列入国务院重点文物保护单位，至今仍是万年寺的一张名片。此重建工程有赖于皇室官贵的襄助，自不会有多大障碍。福登起意兴建金殿，也得到了皇室官贵的支持，沈定王朱珵尧捐金数千令其"拮据经始，为国祝厘"，四川巡抚王象乾与税监丘公"各捐资以助其经费"，乃至于丰都、石柱等处易铜都是"委官"，且"命方僧端洁者主之"。历时年余，大功告成，朝廷赐额"永明华藏寺"，慈圣太后另赐尚方金钱"置焚修常住若干"②。没有这些皇室官贵的支持，"渗以真金，巍峨晃洋，照耀天地"③的金殿是否能建成，实在是一桩无法言说的事，因为普通信众没有财力支持此一工程。但其他庵庙阁楼的建设，则没有如此幸运了——或者化缘诸方，或者毕其半生，方能成就。圣积寺的兴建，如从正德起算，中经嘉靖，万历时期还未最后完工，工程时间极长，绝非一代僧众所可完成——尚且不论背后的财力短缺与否，其中的艰难曲折又岂是三言两语所可道尽？灵岩寺为唐宋古寺，元时被毁，明初弘义、圆通募资重建，然未完备，后有了贵相续补增，万安《敕赐会福寺碑文》记其过程：

（峨眉）山畔有睹佛台，台右有寺，日"灵岩"……元季，寺毁于兵。国朝洪武、永乐（1368-1424）间，僧弘义、圆道（应为"圆通"）相继主寺，重建之，仍日"灵岩"。时佛宇方丈，仅存香火，庇风雨而已。其田

① 蒋超：《峨眉山志》卷一二曹学佺《海会堂募置饭僧田偈》。
② 蒋超：《峨眉山志》卷九王毓宗《大峨山新建铜殿记》。
③ 蒋超：《峨眉山志》卷九傅光宅《峨眉山金殿记》。

半为居民所侵。景泰（1450-1456）间，了贵号宝峰者来主寺事，辛勤劝募，始建三世佛殿。殿前为明玉楼，殿东为伽蓝堂，西为祖师堂，凡禅堂、斋堂、僧房、庖库及宾客之位，咸以次成。而田至是悉归寺矣。寺之兴盛殆非昔比。宝峰每顾其徒曰："我佛教言，悉具藏经。不丐于朝，曷以得观？"天顺五年（1461），诣阙以请之，复荷玺书护持。越四年，为成化元年（1465），宝峰来疏曰："圣朝于天下名山古刹，俱有锡额。窃惟大峨名山、灵岩古刹，幸一体赐与。"上念英宗睿皇帝尝宠赉兹寺，遂更名"会福"。①

弘义、圆通重建后的灵岩寺，仅仅能够庇风雨、存香火而已，寺田亦半为民侵。了贵接续住持后，募资增补完善，以三世佛殿为中心，明玉楼为在前，伽蓝殿在左，祖师殿在右，禅堂、斋堂、客堂、僧房、庖库各在其位，最终形成大寺规模。天顺四年（1460），了贵上京请得藏经一部；成化元年（1465），疏请朝廷赐名为"会福"。灵岩寺由此回到了全国名寺行列。了贵以后，弟子本兴接任住持。本兴示寂，本印接任住持，感念寺久倾圮，慨然以翻修寺院为己任，数十年间，衲粗蔬淡，刻苦自励，捐赀铨度，鸠工庀材，先后新建了天王殿、地藏殿、经阁、法堂，翻修了大雄殿、伽蓝殿、祖师堂、庖库、方丈室，重塑了各处殿堂佛像，并增置了寺田若干亩。经此翻修扩建，灵岩寺庙貌一新，"通涂之属，冈不集观称愿"，号为"峨山第一境"②。虽然没有详细的材料展示每座庵寺的兴修翻建，但灵岩寺的情形绝非孤例，而是峨眉山道场建设的常情。由此看到，峨眉山道场建设应不仅仅是无数建筑工程的集合，就中融合了无数峨眉山僧的努力与坚持，隐藏于背后的则是坚定的佛教信仰与自觉的弘化责任。

　　不只庵庙的建设，山道的整修培植也是明代峨眉山道场建设的重头。

---

① 蒋超：《峨眉山志》卷九万安《敕赐会福寺碑文》。
② 蒋超：《峨眉山志》卷九宿进《重修会福寺记》。

范成大朝礼峨眉山时的艰险前已有述，至明代，山道曲折险峭、登陟艰难仍然是朝山信众的一大障碍。嘉靖时期，富好礼言峨顶岭"狭仅如线"，过者"无不服栗"，猢狲梯"梯路险绝，谓非胡孙不能过"，蛇倒退至雷洞坪路"皆编木为之，极陡峻，舆用索挽，前数人拽之，时或徒行，攀树根石磴木栈而上，力惫气竭，喘息不得"；敖英言顶心坡石磴峻峭"跻陟之险如登天"，过大小云鏊，"上胡孙梯，又险；上木皮殿、梅子坡，攀缘铁锁，又险；上雷动坪，左右深壑，黑不见底，又险；……上八十四盘，又险"，险险相连；陈鎏言顶心坡后，"自此以上，肩舆俱用布悬引而上，过回龙山、大小深坑、蛇倒退、胡孙梯，俱峻绝如顶心坡，而倾仄危险过之"；胡直言顶心坡后，"坡崚峭行，若蹑壁，众戒下窥"，"又上为九岭冈、长老坪、猢孙梯，咸斗绝"，蛇倒退至梅子坡最险，雪益塞道，不能乘舆，"乃与从者鱼贯縆牵，彳亍伛偻，五管在上，一休一升，仰视峰腰，咸雪白一色，绝岭苍郁，仿佛倒出汉表"，又上为八十四盘，"险逾前比"。直至万历中期，袁子让朝礼峨眉山，情况仍无好转，虎皮冈"不容并步"，"皆深壑，不敢偏视"；九岭冈直长而狭，崄峭壁立，"大步则股栗，回眺则目眩，皆举援而上"；八十四盘峭阪险峻极甚，"盘回纡折，左右旋转而上"。白水寺以上路程之艰险，丝毫不减于范成大朝山之时。面对峨眉山普贤道场的名气剧增——"四方缁白朝礼者无虚日"，朝山道路的整修与改造被纳入道场建设应是顺理成章。傅光宅总此利害："攀援喘息，汗溢气竭，有望山而惧、半途而止者；又有闻而心骇、欲行而不果者；至于缙绅士夫，不能徒步，肩舆拽扶，为难尤倍。"因其艰险，山居僧众所需布帛米盐的搬运费用很高，往往超出成本价很多，推高居养费用。凡此种种，"则路之当修治改移也审矣"。但因工程巨大、耗资不菲，长久不能纳入议事日程。嘉靖四十五年（1566），慧宗着手整修双飞桥路，"阔一丈，长二里许"，次年又沿途种植松柏、桢楠十万八千株，"荫覆岩岫"。万历三十年（1602），觉岩居士得到制府司马王公、司礼太监丘公等信众支持，"携资鸠工，遍幽深，穷高远，而得其快捷宽衍处修治之"，开启了大规模整修山道的工程。整修工程起自伏虎寺，经凉风桥、解脱坡至华严寺，再经五十三步至中峰寺，过白水寺，绕弓背山后上顶，至雷洞坪与旧路合，上八十四盘，终于大欢喜；白水寺分道，重修虎渡桥，至黑水寺。此外，又于华严寺前、中峰寺前分建牌坊两座，用表此功；三望坡处修建凉亭，以供游人休歇。工程始于万历三十年（1602）秋，完工于三十一年（1603）冬。经此整修与改造，"自峨眉县城至绝顶，俱无险峻艰难之苦"。傅氏赞其伟业："夫修险为彝、改难从易，使步者、乘者、肩荷背负者咸获便利，使远者、近者、居山而上下往来者咸赞叹欢喜，使捐一钱、施一食、移一石、伐一木、持畚锸而效力者咸增冥福而消积业，使禅者、讲者、诵习者、精戒律而苦行者咸于此山发大誓愿、成大因缘，功德又何可量哉？"[1]别传植古德林也属山道建设的部分。当然，由于特殊的地理形势，无论怎样整修与改造，峨眉山道总有艰险过于他山别地之处——此亦正是峨眉山不同于他山别地的魅力所在，故在范汝梓、曹学佺的游记中，我们仍然能够看到"每至险处，只一线蛇盘之磴悬于峭壁，而下临万仞之深溪，稍一不戒蠢粉矣"，"面衬崩崖，足移敧磴，前牵后掣，一步一算，当其乎战足软"，以及"舆不可以，足代；足不可以，手代"的艰难攀登情形。无论怎样，经过整修与改造的山道更易攀登则无疑义，故其后的万历诸人游记少有山道艰险的记述。就信众的立场分析，此类道场建设本是修行的一种方式，如傅光宅所分析的："惟居士视人之苦犹己之苦，故能以己之愿合众之愿。普贤大士十愿，尤以'恒顺众生'为第一。路之修，'恒顺'之一事也。"所以，总有信众热心鼎力支持此类道场建设工程。

而峨眉山道场最有魅力的"金顶三相"，宋代已经极享盛誉。至明代，

---

[1] 蒋超：《峨眉山志》卷九傅光宅《峨山修改盘路记》。

朝礼峨眉山者大抵都会提到或吟诵它们。在嘉靖、万历诸人的游记中，兜罗绵云被范汝梓描述为"白云平铺，红日上照，千峰尽没，万壑皆平"，被王元翰描述为"白云布满下方，平如砥，白如银，广阔如王（玉）海，凝定如坚冰"；佛光被富好礼描述为"白云腾起，中有光团，团如日，五彩炫烂，照见人影"，被敫英描述为"山腰云气上有彩色圆光一道，小如车轮，继有一光大如车轮，良久乃灭"；圣灯被陈鎏描述为"启户视之，渐增至数百，向山而来，惟一点直至岩下，久而渐灭"，被陈文烛描述为"始现其一如火，渐至数百，时隐时见"。但三相尽睹且描述最细的，还是袁子让的《游大峨山记》：

> 予亦就坐有顷，三四僧从山顶下呼佛光大现，请驾登台。予急起，冠服上独尊台，拜普贤大圣毕，出台下街，抚石拦临万仞之崖，见白云铺满，万壑皆平。红日临云上，白云之中闪出一轮五色佛光，如太极图，中一圈碧色，外一层浅红色，又一层绿色，又一层白色，又一层紫红色，又一层黄色，又一层大红色，自内至外凡七层，由巳末至未初不散。凡观者之影，俱在中一圈碧色之中，左右前后皆然，至未末稍淡，澹如虹霓之色，渐没入白云之中。……及时薄暮，一僧果语空中有灯现，予急出观之，隐隐有一二点，如萤流，如星飞，在岩壑上下间，有顷分为数十，有顷渐分为数百，往来楼台栏凳之中，移时而散，竟不知为何物。

临万仞之崖，见"白云铺满，万壑皆平"，此写兜罗绵云。范汝梓称："从来现光，必先铺此（银色）世界。"佛光现于兜罗绵云上，分为七层，有如彩虹，观者各自映于碧色圈中。比袁子让幸运，范汝梓分别看到了童子光、辟支光、普贤光多种：童子光即摄身光，"县（悬）于虚空之表，五色绚烂，大如车轮，观者影在光中，政（正）如对镜，各自见其影，人行光亦随行"；辟支光"较童子光更大，中一团碧色，稍外一重淡红色，又一重绿色，又白色、紫色、黄色、大红色，重重异彩，闪烁射目，外围以一大晕如虹，而光浮在一处，不似童子光随人转徙”；普贤光“则较辟支光更大，异彩重重，外亦围以大虹晕，而亦不随人转徙”。而王士性则看到了摄身光“复现复灭，至十现”，此又为奇中之奇了。圣灯初出，仅一二点，如萤流上下翻飞，随后越来越多，至数百，“往来楼台栏甃之中”。游记而外，黄辉《峨眉山》中的“兜罗空世界”[①]与柳寅东《和胡宗伯菊潭梦游峨眉山》中的“兜罗上界云”[②]是对兜罗绵云的吟诵，方孝孺《宿峰顶次济定韵》中的“元气昆仑磅礴外，祥光隐见有无中”[③]与余承勋《骖鸾篇寄王玉垒诸君子》中的“佛光欲动白象影，香界初闻青鸟鸣”[④]是对佛光的吟诵，范醇敬《登峨》中的“彩虹亘太虚，白云覆尘世”[⑤]分别吟诵了佛光与兜罗绵云，曹学佺《峨眉山歌为松谷上人》中“奕奕九微灯，纷纷五色线，人人为摄受，各各睹颜面”[⑥]分别吟诵了圣灯与佛光，而杨慎与余承勋《峨眉联句》中的“圣灯摇露葎”“圆晕金光焯”“兜绵影玲珑，银色界煜爚”[⑦]则分别吟诵了圣灯、佛光与兜罗绵云。尹伸《圣灯》直接即以圣灯为题：

旷望不辞夜，灯从上界传。
流光时度壑，焰影欲连天。
只讶繁星坠，还从法力圆。
迷云开暗谷，处处见金仙。[⑧]

类似描述与吟诵强化了“金顶三相”的神圣魅力，使峨眉山道场有了一

① 蒋超：《峨眉山志》卷一五。
② 转见胡世安著，冯学军点校：《译峨籁》，峨眉：峨眉山佛教协会编印，2018，155页。
③ 方孝孺：《逊志斋集》卷二四。
④ 蒋超：《峨眉山志》卷一四。
⑤ 蒋超：《峨眉山志》卷一五。
⑥ 曹学佺：《曹大理集》卷三《石仓诗稿》。
⑦ 蒋超：《峨眉山志》卷一四。
⑧ 蒋超：《峨眉山志》卷一五。

层独特的自然与宗教韵味。在《峨眉山歌为松谷上人》中，曹学佺曾就佛光发表感慨："欲知色是空，色即空中灭，世事如幻影，讵必叹奇绝！"而针对佛光是因日光在上、云气在下"相印以成"的传统解释，袁子让则反驳说："然予游观南岳、太和之间，万仞之崖不知凡几，崖下未尝无云，崖上未尝无日，然竟未有此光，则兹山之灵所独钟也。"同时不无得意地感慨："呜呼！佛光、圣灯此山所有，雪山、天竺此山所见，然登眺者，遇之十无一焉。予以邂逅之游，并集诸美，此游盛哉！"又称："峨山从我，盖前此有先得我者，以我为峨山主。山中佳景，非我孰得有之？于我之山，恣我之游，以我会我，详序其所得者如此。"显然，明代以降，"金顶三相"已经成了峨眉山道场不可或缺的构成，既是重要的观赏要素，又是普贤道场的神秘表征。

　　经过明代的进一步完善，峨眉山道场建设最后定型。清代相续，除了打通洪椿坪至九老洞山道以及兴修少数庵寺外，大抵均是对旧有庵寺的翻修扩建，道场的根本格局未再改变。

四、明代峨眉山的社会影响

　　虽然不及北宋皇室的格外重视与恩赐，但因峨眉山佛教已有的社会影响，明代皇室对其仍有特别的扶持。广济禅师与朱元璋的僧友关系虽难证实，但其曾经得到朱元璋并蜀献王的支持当无疑义，有蜀献王朱椿的赠诗予以证实。与此先后，示应禅师得到朱元璋的征召，主京师天界寺，后又以峨眉山普贤道场缺乏"唱导之师"，返回主持峨眉山佛教。得到朱元璋的支持，并蜀献王朱椿的襄助，示应禅师重建了山顶铁瓦殿。显然，释门出身的朱元璋建立明朝以后，深知峨眉山普贤道场在佛教界中的崇高地位，对峨眉山佛教采取了鼎力护持的态度。此一态度对峨眉山佛教从元代的委顿逐步走向繁荣，无疑起了重要的引领作用。方孝孺《入山后览定水、仰山二上人并吴讲师次予发成都绝句韵因复次韵述事言怀》之八：

> 山行十日只逢僧，尽道蒙恩报未曾。
> 共上峨眉望宫阙，祥云五色绕三层。[①]

方氏朝礼峨眉山时，明显地感觉到了山僧对朱元璋护持峨眉山佛教的感激。

　　明成祖朱棣即位以后，迁都北京，推崇藏传佛教，对五台山佛教恩宠有加，月给僧粮，御赐佛经，并为藏僧建寺造塔[②]，而对峨眉山佛教则没有明显的护持举动。明仁宗朱高炽、明宣宗朱瞻基、明英宗朱祁镇、明代宗朱祁钰相续，亦无重大的尊扬行为。至明英宗朱祁镇复辟，改元天顺，"恭承皇曾祖考之志，刊印大藏经典，颁赐天下"。了贵禅师重建灵岩寺成，以其不藏御赐藏经则不足以称天下大寺，于天顺四年（1460）上京请赐藏经，明英宗"以一藏安置大峨眉山灵岩禅寺永充供养"，令其"上为国家祝厘，下与僧民祈福，务须敬奉守护"，峨眉山佛教重新被纳入了朝廷的关照视野。成化元年（1465），了贵再次上疏朝廷："圣朝于天下名山古刹俱有锡额，窃惟大峨名山、灵岩古刹，幸一体赐与。"[③]得到佛、道兼崇的明宪宗允准，赐额"会福"，灵岩寺因之成为"峨山第一境"[④]。这当然不仅仅是灵岩寺的恩遇，站在峨眉山佛教的整体立场，它是峨眉山佛教与朝廷粘连关系的表征。

　　至万历年间，得到明神宗与慈圣太后的推重，峨眉山佛教迎来了难

---

① 方孝孺：《逊志斋集》卷二四。
② 参见何孝荣等：《明朝宗教》，南京：南京出版社，2013，75—76页。
③ 蒋超：《峨眉山志》卷九万安《敕赐会福寺碑文》。
④ 蒋超：《峨眉山志》卷九万安《敕赐会福寺碑文》。

得的发展机遇，不仅重建新建了万年寺、慈圣庵、圆觉庵、大佛寺、金殿等众多庵寺，还曾先后得到了明神宗与慈圣太后众多的恩赐。明神宗曾赐海会堂金绣千佛袈裟、紫衣与丁云鹏所画《八十八祖像》，外及经藏与敕书；所赐佛牙先藏慈圣庵，后亦移藏于海会堂。[①]万历十五年（1587），明神宗赐圆觉庵[②]"护国草庵"额，慈圣太后另赐珍珠伞一把、手书佛号绣金长幡一对、九层沉香塔一座，以及藏地金银书写番经三本。[③]万历十九年（1591），大佛寺、慈圣庵建成，明神宗赐予五大典十二部、百吉幡两幢，慈圣太后另赐"宫锦装成，非人间所有"的《华严经》一部、《法华经》一部以及"非中华物"的金书贝叶经一函，外及金银若干、庄田百亩。[④]万历二十七年（1599），明神宗赐白水寺藏经，敕书要求"住持及僧众人等务要虔洁供安，朝夕礼诵"，以保"民安国泰，天下太平"，"四海八方同归仁慈善教"[⑤]。万历四十年（1612），明神宗复赐慈延寺藏经，敕令住持本炯及本寺僧众："其务斋心礼诵，敬奉珍藏，不许亵玩，致有毁失。"[⑥]万历四十二年（1614），明神宗又赐永延寺藏经，敕书称：

朕发诚心，印造佛大藏经，颁施在京及天下名山寺院供奉。经首护敕，已谕其由。尔住持及僧众人等，务要虔洁供安，朝夕礼诵。保安眇躬康泰，宫壶肃清。忏已往愆尤，祈无疆寿福。民安国泰，天下太平。俾四海八方同归仁慈善教，朕成恭己无为之治道焉。今特差御马监张然，赍请前去彼处供安，各宜仰体知悉。[⑦]

颁给慈延寺的敕书称，所赐藏经共计678函，部头很大。而峨眉一山即

① 许止净：《峨眉山志》卷六。
② 按，许止净《峨眉山志》卷六为"圆通庵"，当误。
③ 许止净：《峨眉山志》卷一。
④ 蒋超：《峨眉山志》卷一一王在公《无穷大师塔铭》。
⑤ 蒋超：《峨眉山志》卷七。
⑥ 蒋超：《峨眉山志》卷七。
⑦ 蒋超：《峨眉山志》卷七。

明神宗御赐金印（峨眉山佛教协会提供）

有海会堂、白水寺、慈延寺、永延寺四寺获赐，其对峨眉山佛教别有看顾不难知悉。正是明神宗与慈圣太后的鼎力护持，无论是道场建设还是社会影响，峨眉山佛教再度呈现出了兴盛的局面。

皇室而外，王公大臣对峨眉山佛教的呵护与支持也很积极。藩王如蜀献王朱椿、蜀怀王朱申鈘、沈定王朱珵尧、周端王朱在溱、广元王朱术垌、内江王朱友墦等，巡抚如徐良彦、王象乾、万任、刘宗祥、吴用先、马如蛟等，布政使如杨国明、尹伸等，按察使如孙好古、曹学佺等，以及大司礼丘公、少司马王公、大中丞王霁宇、御史郝卫阳、刑部徐君谳等，都在峨眉山佛教的再度兴盛中扮演了积极的角色。尤其是在峨眉山的道场建设中，没有这些王公大臣的慷慨相助，我们今天看到的峨眉山标志性寺院或者都将无所踪影。

慈圣太后转赐印度梵文贝叶经（峨眉山佛教协会提供）

　　帝王重臣的支持，固然是明代峨眉山佛教再度兴盛的重要原因，然换一角度，亦未尝不是峨眉山佛教社会影响增大的必然结果。明代的佛教政策重在整顿与限制，不仅控制僧人数量，而且控制寺院数量、抑制寺院经济，致使明代佛教始终发展不畅，呈现衰微的态势。① 于此大势之下，峨眉山佛教能够再度兴盛实属不易，没有足够的历史积累与社会影响很难达成。出身佛门的朱元璋护持峨眉山佛教可以不论，近佛的明神宗与慈圣太后护持峨眉山佛教也在情理之中，然在排佛的明世宗与明毅宗时期，峨眉山佛教同样得到了快速发展，这就不仅仅是帝王重臣支持与否的问题了，而是社会影响增大的必然效应。

　　明时，朝礼峨眉山已经成为佛教信众的一种信仰民俗。明朝建立之

————————————————

① 参见何孝荣：《明代佛教政策述论》，载《文史》，2004年第3期。

初，即有妙智禅师"北造雪峰，西抵峨眉，南登雁荡，东入天台"①。秣陵（即今江苏南京）长干寺沙门钦义，"高逸弘通，严持戒律，博习教典，兼精辞赋"，在江南一带颇有名声。自称其祝发后，"西游峨眉朝普贤，北游五台朝文殊"，所至"皆遇佛显化，光景殊胜"②。至于晚明，紫柏真可"西游峨眉，由三晋历关中，跨栈道，至蜀礼普贤大士"③。性通法师，宕渠（今四川渠县）人，其出家后，"蹑峨眉，登五台，参牛头，航补陀"，最后竖法幢于吴中。④心厂大师，蜀人，结庵于苕霅（今浙江湖州境内）霞雾山，"苫云食木，谢绝尘事，宵昼经诵，无间寒暑"，日割指血写《华严经》四部，数年乃成，"今庚戌（1610）正月，携所写经，西入峨眉山，而吾乡士大夫多送之"⑤，蔡善继尚有《送心厂上人携经入峨眉并柬石机师》一诗相送⑥。类似朝礼峨眉山的事例甚多，俞彦《大报恩寺重修藏经殿记》言南京大报恩寺藏经殿落成，"瓶钵之侣，云水之足，北至于河，东至于海，西至于衡（山）、华（山），又西至于峨眉，南至于普陀，又南至于闽、粤，杖锡至止，永观厥成"⑦。朝礼佛教名山已经不是一个两个僧人的偏好，而是有明一代的信仰民俗，其行为本身已是佛教修行的一部分。颛愚观衡在其《示阒止遂禅人》中记载：全遂禅人"发意行脚朝礼天下名山"，便道驻锡病僧云居丈室，为掌记室半载。

　　一日，辞病僧之峨眉，以完朝山本愿。病僧深惭虚劳禅人，相伴多时，曾无一语有益参学，事不能强留之。将行，欲请一语以为相遇证明。病僧

① 汤日昭修，王光蕴纂：《温州府志》卷一三。
② 屠隆：《白榆集》卷五《为义公三山游记》。
③ 德清：《憨山老人梦游集》卷二七《径山达观可禅师塔铭》，《卍续藏经》第127册，592页下。
④ 程嘉燧：《耦耕堂集诗文》文集卷下《重新建造真际庵疏》。
⑤ 董斯张：《静啸斋遗文》卷一《送心广（厂）上人奉经之峨眉山序》。
⑥ 陈田辑：《明诗纪事》庚签卷二〇。
⑦ 葛寅亮撰，何孝荣点校、濮小南审校：《金陵梵刹志》，南京：南京出版社，2011，497页。

嘱之曰：行脚一事，乃出家人本分事，其得力处多种不同。有于各处名山得见真善知识，发明大事者；有借山水之广大，开阔心地者；有即山水人物识取本来面目者；有见山水之灵能会取自心变化之妙、能圆融无碍不堕枯寂者。悟入虽有多种不同，而所入本无异致。禅人此去到峨眉，识得峨眉真面目，方识得云居插禾茎茎皆是普贤妙色之身，茎茎皆是峨眉大光明聚。若于此一茎了得，尽法界佛刹所有诸佛菩萨一切众生，世出世间染净诸法，师长父母诸有冤亲一齐见得，非远非近无坏无杂。若于此一茎不了，不惟一步一拜到峨眉峰顶，纵到四大名山走遍四天下，乃至遍历尘刹历事诸佛蒙诸佛摩顶授记，恐于本分事犹未相应。在禅人此去，须亲见峨眉真面目，方信病僧不虚语。①

由此不难看到朝礼峨眉山在明代已经逐渐成为一种修行传统，而不仅仅是朝礼圣山。心厂言其刺血书《华严经》、徒步入川朝礼峨眉山，是因为"行门尽于华严"，而峨眉山是"普贤示现处"。②云栖祩宏批评那些仅知朝山的僧众："愿念念开文殊智、行普贤行、廓观音悲，则时时朝礼三山，亲迩大士。不达此旨，而远游是务，就令登七金、渡香水，何益之有?"③憨山德清亦有批评："今出家者，空负行脚之名，今年五台、峨眉，明年普陀、伏牛，但只口口为朝名山，随喜道场而已，其实不知名山为何物，道场为何事，且不知何人为善知识，只记山水之高深，丛林粥饭之精粗而已，岂知此外更有事哉? 走遍天下，更无一语归家山，可不悲哉!"④朝山不是宗教旅游，而是宗教修行，可以借此更上一层。因此，如陈永革先生所揭示的："随着明代佛教名山地位的全面确立，行脚参访的佛教修

---

① 《紫竹林颛愚衡和尚语录》卷三，《嘉兴藏》第28册，671页中/下。
② 董斯张：《吴兴艺文补》卷四〇沈师昌《心厂血书华严疏》。
③ 祩宏编：《云栖法汇》卷一五《三山不受三灾》，《嘉兴藏》第33册，77页上。
④ 德清：《憨山老人梦游全集》卷二《示寂觉禅人礼普陀》，《嘉兴藏》第22册，747页上。

行者与日俱增，摩肩接踵，比比皆是。"①于此信仰民俗之中，朝峨眉山者又岂止妙智、钦义、真可诸僧而已？

尤其应该特别提到的，是藏传佛教高僧仲钦·喀觉巴大师的朝礼峨眉山。他从藏地出发大约是在藏历第七饶迥铁狗年（1430），经木雅、康定抵达峨眉山，推测应在次年。大师应在山上驻锡了较长时间，不仅朝礼了山中各处圣迹，在普贤殿②的普贤菩萨像前顶礼并为上金，还在山上举行了盛大的曼荼罗会贡仪式，随行侍从载歌载舞以庆。藏历第七饶迥水牛年（1433）正月，大师撰写了峨眉山圣地颂辞道歌，又向随从弟子传授了诸多教诲，最后亲笔留下一封长篇遗书托人带至昂地，于初九夜示寂于峨眉山上。③仲钦·喀觉巴大师朝礼峨眉山并示寂于此，将藏传佛教视峨眉山为"象山"的传说变成行实，带动了明清时期藏传佛教信徒的朝礼峨眉山。

至于官贵文人，即使没有笃定的佛教信仰，峨眉山也是他们心向往之的朝礼圣地。富好礼在其《游峨眉山记》中称：

> 峨眉在蜀嘉州，自昔闻人谈者数矣，念欲一游而未能。乃嘉靖癸巳（1533）出守重庆，喜曰："偿此念无难。"及莅官，越四载，每过嘉州，必望峨眉，簿领束缚，莫之遂也。岁戊戌（1538）秋九月之朔又过焉，叹曰："五载客蜀矣，不一登峨眉，真俗吏乎！"兴飞动不可遏，乃舍舟而陆，日暮冒雨出州之瞻峨门……

前面提到，富氏为华亭（今上海松江）人，很早即常听人谈论峨眉，有志朝礼。及其任职四川，因公务缠身，数过嘉州不能遂愿，竟视不登峨眉

---

① 参见陈永革：《紫柏大师与明代峨眉山佛教》，载峨眉山佛教协会编：《历代祖师与峨眉山佛教》，395—406页。

② 按，一般将此普贤殿认定为万年寺，但此时万年寺尚未兴建，当以山顶的普贤殿为是。

③ 参见桑德：《仲钦·喀觉巴与峨眉山》，载永寿主编：《峨眉山与巴蜀佛教》，216—218页。

为"真俗吏",最后迫使自己舍舟登岸,一了心结。陈鎏"自家食时,读《舆地志》,知峨山之胜",遂有朝礼之志。嘉靖二十八年（1549）督学四川,次年四月,乃与"分巡其地"的洌山王等相约登山,了此心愿。① 陈文烛《游峨山记》称其少读范成大《峨眉山行记》,比长又有人送他《峨山图》,于是"欣然神往"。万历二年（1574）督学四川,即与人相约登峨眉山,不果。次年,再与石首王引瞻、富顺李元甫相约,二人"夺于公期",难以赴约,陈氏最后干脆独行。万历二十九年（1601）,袁子让履职嘉州,"闻峨眉山在其境,意生平仰止兹山,顾安得飞舄一至? 今托为是山主,当躬履不复神游矣",即于次年七月成行。② 范汝梓的朝礼之志起于读王羲之、李白诸人作品,"跃然神迋,恨不能缩地撰杖,以快生平",终有万历三十八年（1610）与家大参相伴的朝山之行。③ 天启五年（1625）,王元翰至嘉州,"因自谂三峨名胜甲天下,兹俨在咫尺,顾却步而放流,得无贻笑于山灵乎",遂与陆怀溪、孔自成相约,一登峨眉。④ 这些官贵文人或得于旧籍,或听人讲述,大多早对峨眉山景仰有加,一有机会,即便成行。即使如解缙这样无缘朝礼峨眉山的官贵文人,在《眉山天下秀》⑤诗中亦有"令人长忆峨眉山"的表述,只是没有机会罢了。董说更有"野夫心事落峨眉""十年魂梦到峨眉"⑥等反复强调,其怀想之深可知。更进一步,明代官贵文人其实也有一个朝礼圣山的习俗。郭子章《荐耒公疏》称耒公葬其双亲后,"遨游五岳,求友四海,往来峨眉、太华、太和、庐山之间,所著有《太白山述悟赋》《峨眉山赋》《游吴稿》

---

① 何镗辑:《古今游名山记》卷一五陈鎏《峨山游记》。
② 杜应芳:《补续全蜀艺文志》卷五六袁子让《游大峨山记》。
③ 杜应芳:《补续全蜀艺文志》卷五六范汝梓《登大峨山记》。
④ 王元翰:《王谏议全集·峨眉游记》。
⑤ 曹学佺编:《石仓历代诗选》卷三一七。按,胡世安《译峨籁》卷一〇将此诗名为《题峨眉山图》,因其诗中有"画史新图为君作"句。
⑥ 董说:《董说集》卷二《漫兴十首》之三、卷三《丰草庵新声》之四。

《游太和稿》《鞋山》等篇"①。曹学佺《王稚玉集序》称王氏性耽山水，所过不遗，"兴之所往，不惮裹粮，间关以穷。其胜域中，如五岳、峨眉、武当、匡庐、天目、武夷，无不受杖屦者。以故有游记、海赋及登眺名胜诸篇。"②曹学佺《宁化温泉丘君墓志铭》言丘氏："君以其余力而好游，北走五台，西上峨眉，东南历南海、九华及雁宕、五岭、武夷、鲤湖诸胜，咸寓目焉。"③王元翰在其《峨眉游记》中则称："余不佞足迹，几半天下，所游岱、华、嵩、衡、鸡足、武当、庐阜、洛伽、少室、三茅。九莲、铁壁、银山、红螺、崦举，无并其（指峨眉山）高等。"黄道周亦有公务闲暇之时"携诸子登华首、峨眉而归"④的记录。左国玑《送人游蜀中》劝其朋友朝礼峨眉山："男儿生当游万里，何能龊龊闺房里！君不见子长足迹天下多，至今文彩流江河。"⑤正是有此背景，方才成就了王士性、徐霞客这样著名的旅游地理学家。在明代官贵文人的朝礼名单中，峨眉山以其复杂的自然特性与深厚的宗教因素理所当然地成为首选。

除了前面已经提到的富好礼、敖英、陈鎏、胡直、陈文烛、王士性、袁子让、范汝梓、曹学佺、王元翰、胡世安等人（均有游记传世），曾任西安知府、陕西提学副使、河南布政使的尹伸也曾朝礼过峨眉山，写有《峨眉后记》⑥，但不同于以上诸人的线性记述，而是感性的记述——仅仅记述其很有感觉的地方。此外，尹伸还有《歌凤台》《牛心石》《慈圣庵》《光明岩》《圣灯》《九老洞兼赠炯公》《洪椿坪》⑦等朝山组诗，可与《峨眉后记》相互参读。程嘉燧《耦耕堂集诗文》文集卷上《游山记序》称其家藏有"游峨眉山诸记"，为其朝礼峨眉山及其他名山的游记。

---

① 杜应芳：《补续全蜀艺文志》卷二〇。
② 曹学佺：《石仓文稿》卷一。
③ 何伟然选，陆云龙评：《十六名家小品·曹能始先生小品》卷二。
④ 黄道周：《黄石斋先生文集》卷五《与内书》。
⑤ 曹学佺编：《石仓历代诗选》卷四四九。
⑥ 黄宗羲：《明文海》卷三五八尹伸《峨眉后记》。
⑦ 蒋超：《峨眉山志》卷一五。

游记而外，成组的峨眉山诗歌向我们提供了更多官贵文人朝礼峨眉山的事实。仅就蒋超《峨眉山志》的收罗①，方孝孺有《峨眉县晓发次韵》《入山》(3首)、《虎溪桥》《伏虎寺》《华严寺》《白水寺》(2首)、《木皮岭》《光相寺》《宿峰顶次济定韵》组诗，杨慎有《归云阁》(2首)、《神水》《歌凤台》《呼应庵》《峰顶卧云庵》(2首)组诗，余承勋有《骖鸾篇寄王玉垒诸君子》《西坡寺》(2首)、《中峰寺》《桫椤坪》《峰顶》组诗(杨、余二人还有《峨眉联句》)，赵贞吉有《峨眉山歌》《白水寺》《题仙人桥》《宿初喜亭》《宿大峨峰顶》(2首)组诗，喻时有《问峨》《峰顶》组诗，尹觉有《赠灵岩寺僧》《中峰寺》组诗，王元正有《游峨》《解脱坡》组诗，安磐有《赠灵岩禅僧》《入山》《伏虎寺次韵》《宿白水寺》《猢狲梯》(2首)、《宿峰顶》组诗，徐文华有《灵岩寺》《登山》《天柱峰》组诗，彭汝寔有《西坡寺》《解脱坡》《中峰寺》《牛心寺》组诗，程启充有《雨宿西坡寺》《灵岩寺》组诗，王宦有《伏虎寺》《光相寺》组诗，金登庸有《峨眉山》《白龙池》组诗，刘道开有《登峨眉》《灵岩寺》《真人洞》《留别双飞》《代双飞赠别》《黑水寺八音池》《下山》组诗，严清有《解脱坡》《西坡寺》组诗，陈于陛有《白水寺》《峰顶》组诗，龚懋贤有《两行》《解脱坡》《万年寺冒雨蹑顶心坡》(2首)、《古树》《题〈八十八祖像〉》《顶心坡》《薄暮偕月明休云清虚诸禅老步法会庵纵眺兜罗绵》《下峨从云中行》(4首)、《赠峨僧大慈》(2首)组诗，李长春有《宿中峰寺》《峰顶》组诗，舒其志有《白水寺》《宿卧云庵》组诗，方孔炤有《龙门洞》《双飞桥》《梅子坡》《天门石》《睹佛台》组诗，杨伸有《登峨眉》《大峨石》《峰顶》(2首)组诗，王原相有《双飞桥》《白水寺》组诗，詹在前有《游洪椿坪》《两宿闻达和尚丈室》组诗，周献臣有《玉女峰》《呼应庵》《老僧树》组诗，赵均有《赠峨眉》《寄题峨山》组诗，钟子绶有《猪肝洞》《龙门洞》组诗。这些组诗都是他们朝

---

① 按，蒋超《峨眉山志》收罗很不完全，但已可以说明问题，故不别补。

礼峨眉山留下的印迹。如方孝孺、安磐、龚懋贤等诗性浓者，还可以从诗作中看出他们的朝山进程。不只组诗，如张鹏的《大峨峰顶》、魏瀚的《牛心寺》、王敕的《双飞桥》(2首)、赵渊的《入山》、刘儒的《大峨山》、简霄的《华严寺》(2首)、姚震的《紫芝洞》、翁溥的《牛心寺》、孟颜的《中峰寺》、樊得仁的《大峨石》、尹宗吉的《紫芝洞》、任有龄的《圣积寺》、王咏的《伏虎寺》、张子仁的《伏虎寺》、张寄庵的《游灵岩寺》、毛起的《圣积寺》、袁昌祚的《峰顶》、黄辉的《峨眉山》、陈惟立的《天仙桥》、范醇敬的《登峨》、顾汝学的《白水寺》、高任说的《伏虎寺》、徐梦章的《华严寺》、彭继作的《峰顶》、谢肇铉的《五十三步》、蒋杰的《寄题峨山》、傅良相的《光相台》、李一鳌的《神水》、邵捷春的《神水》、王振奇的《铜瓦殿》(2首)、杨景明的《登大峨》、范文光的《游峨》、马如蛟的《古德林》、廖大亨的《桫椤花》、徐期生的《游峨山遇道者》(2首)、杨其光的《宿通天和尚方丈》、梁应龙的《睹光台》、董明命《登峨说》等，也都应是他们朝礼峨眉山的见证。正德十五年(1520)，张凤翮、章寓之、王宣、安磐、徐文华、程启充、彭汝实等七位进士——所谓"嘉州七贤"——相约朝礼峨眉山，至西坡寺有《西坡联句》；经虎跳桥时，每人各发一笑，赋诗一首，名《黑水永明华藏寺七笑》，后世据此又称虎跳桥为"七笑桥"。[①] 万历三十八年(1610)，家大参朝礼峨眉，相伴而行的除范汝梓外，还有舒默、舒并生、舒观生、舒芝生、梅英庭、梅朗中等人。[②] 此是朝礼峨眉山的常情，故官贵文人朝礼峨眉山时往往并非一人。完整地开列一份明代官贵文人朝礼峨眉山的名单，是不可能完成的任务。但仅就上面的梳理，它已经是一个可观的朝礼阵容，时间跨度从明初延续到明末，人物身份从朝廷重臣、封疆大吏到翰林学士、地方名流，峨

---

① 参见唐长寿：《"嘉州七贤"与峨眉山》，http://www.leshan.cn/html/view/view_2C495195D62F0275.html；http://www.leshan.cn/GB/29/197868.html。
② 蒋超：《峨眉山志》卷一五。

眉山在明代巨大的社会影响由此不难看出。

　　峨眉山是一座佛教名山，是普贤菩萨的道场，官贵文人虽然未必是佛教信徒，但对峨眉山的佛教认同情有必然。举方孝孺《入山后览定水、仰山二上人并吴讲师次予发成都绝句韵因复次韵述事言怀》为例，他不只是看到了"青山过雨僧深定，门外云封独木桥""羽客禅僧也好奇，对人觅句几攒眉""涧底白头僧浣衣，云间童子负薪归"等僧人生活，还有自己的独特感受：

> 榻借禅那岂夙缘？坐来浑似旧家毡。
>
> 只应心事惭苏晋，不解长斋绣佛前。①

朝山期间，于某寺某僧禅房稍坐本是常事，虽对僧人的某些行为仍有"不解"，但在方孝孺看来却有"浑似旧家毡"的感觉，胸中俗尘块垒"渐苏"。再举卫承芳的《峨眉绝顶礼普贤大士》为例：

> 流丹积翠上重霄，大士开山岁月遥。
>
> 业树春云飞不断，寒岩积雪未全消。
>
> 风前刹影摇星汉，空外钟声落海潮。
>
> 人世此为真佛地，蓬莱仙客漫相招。②

本是游山之作，却在颂扬普贤大士，流丹积翠、业树寒岩、春云积雪、刹影钟声尽为烘托"真佛地"，佛教意蕴渗透于整篇诗中。杨展朝礼峨眉山的诗偈：

> 四十九年别普贤，今朝又到白云巅。
>
> 非我有心辞佛去，只缘身世涅槃间。③

---

① 方孝孺：《逊志斋集》卷二四。
② 杜应芳：《补续全蜀艺文志》卷八。
③ 许止净：《峨眉山志》卷八。

如果卫承芳诗还有敷陈的部分，杨展诗偈更是认同峨眉山佛教的直接表达。尽管如此，峨眉山在官贵文人的心中更倾向于是一处超凡脱俗的清境。尹伸《峨眉后记》描述峨眉山顶："峨之巅去地百余里耳，物候形色遂与人世绝异，其草箭箬，其松浮屠，其云兜罗绵，其水糜粒而中坚。"半是实情，半是想象，目的是要表达峨眉山顶"与人世绝异"的境界。在明人的诗文中，峨眉雪、峨眉月是最为常见的两种意象，如孙伟《赠别廖汝谦》中的"剑光远射峨眉雪，客思闲消鹦鹉洲"①、戴澳《送蒋明府沅水》中的"怀却峨眉雪，来清剡上山"②、蔡善继《送心厂（广）上人携经入峨眉并东（柬）石机师》中的"三春苔雪花初放，五月峨眉雪正寒"③，如杨慎《和余懋忠青衣别后追寄之作》中的"云从青衣来，月自峨眉吐"④、黄辉《送万竹法师还蜀》中的"惟有峨眉月，知君无住心"⑤、陈邦瞻《龙腾山房者同年罗光寓读书处其家大人复构亭隐焉为赋是诗》中的"大别朝云暗，峨眉秋月空"⑥，等等。这两种带有冷寂的意象，将峨眉山幻化成了离尘别垢的净土，可以帮助陷于庸碌之中的官贵文人超凡脱俗。戴澳即曾自称："余尝作峨眉雪观，便觉心骨俱清，恨不能身至其地。"并夸赞峨眉山僧炯白性本清凉，"眼耳鼻舌身意原在千丈雪中"，"沐浴饮食半是峨眉雪水"⑦。胡世安曾经三次朝礼峨眉山，至清顺治丁亥（1647年，时四川尤在南明王朝手中）尤有梦游诗作，自称："别峨眉几十稔，一夕入梦，尘襟豁然。……世故屡更，心契仍在。"⑧心心念念，梦魂为劳，只因峨眉山可以在"世故屡更"的烦扰中让人"尘襟豁然"。王元翰朝礼峨

---

① 曹学佺编：《石仓历代诗选》卷四七一。
② 戴澳：《杜曲集》卷二。
③ 董斯张：《吴兴艺文补》卷七〇。
④ 杜应芳：《补续全蜀艺文志》卷一三。
⑤ 杜应芳：《补续全蜀艺文志》卷一三。
⑥ 陈邦瞻：《荷华山房诗稿》卷一四。
⑦ 戴澳：《杜曲集》卷二《峨眉山僧性空册引》。
⑧ 胡世安：《译峨籁》卷一〇《纪梦游》。

眉山，带子同行，其陈述的理由："余知是子游兴倍乃翁，虽稚弱不任劳，然当乘其知识未张时，使其胸中贮此一段奇丘壑。他日鄙吝俗肠，亦可消阻八九，则先入者为政耳。"[①] 在类似的表述中，即使不是佛教信徒，峨眉山仍然是一个可以提升人生境界的圣地。

宋时已有"四大佛山"的说法，但除五台、峨眉二山而外，其余二山不定。至明，五台、峨眉、普陀三山逐渐稳定，分别作为文殊、普贤、观音"三大士"的道场。成书于嘉靖时期的《西游记》第六十五回已有关于"三大佛山"的提法："经上言三千诸佛，想是不在一方，似观音在南海，普贤在峨眉，文殊在五台。"与此同时，陈耀文在其《天中记》卷三六中亦称：

补陀落伽山，此云海岛……惟（观音）大士以三十二应身入诸国土，现八万四千手臂接引群生，与五台之文殊、峨眉之普贤为天下"三大道场"。

至于万历时期，"三大佛山"之说逐渐流行，胡应麟《少室山房集》卷一四《三大士殿》即如此吟诵：

普贤肇峨眉，示迹惟西方。

文殊现五台，台殿俱清凉。

猗与观世音，普陀实吾乡。

胡为三大士，鼎足偕兹堂。

万历二十四年（1596），陈继儒曾与一"于阗国僧"相遇，此僧告诉他，在于阗国"望见中国三座山如黄金，则峨眉、五台、洛伽补陀山"，因以远来中土朝礼"三山"[②]。信仰佛教的于阗国早在宋代已经覆灭，此僧来

---

① 王元翰：《王谏议全集·峨眉游记》。
② 陈继儒：《见闻录》卷六。

伏虎寺罗汉堂千手观音（孙明经摄于1938年，峨眉山佛教协会提供）

历当为妄说，但佛教"三山"的影响已经很大则是实情。万历三十三年
（1605），峨眉东关大佛寺落成，礼部尚书李长春受命撰《峨眉大佛寺落
成颂并序》，其文开首即称："盖闻震旦国中有道场三：曰峨眉，曰五台，
曰普陀，鼎立宇内，为人天津梁。"[1] 因之遂有福登兴造渗金文殊、普贤、
观音"三大士"像并铜殿与五台、峨眉、普陀"三山"之举。万历后期，
也有人将五台、峨眉、普陀、九华并称"四大佛山"，然其被广为认同与

[1] 许止净：《峨眉山志》卷六。

朝礼则是清代乾隆以后的事。①

由于历史的沉积，已成佛教名山的峨眉山始终伴有道教因素，这在前面已有强调。至明，情形仍然不变。耿定向《耿天台先生文集》卷一九引《传灯》：

> 有高僧在座，倏有一羽衣人从空中步云冉冉而下。高僧问曰："子从何方来？"曰："来自峨眉。"又问曰："何时发足？""自今辰也。"僧曰："何迟？"羽衣人礼谢。"此何以故？""吾心瞬息即万里也。"

如果此一记载尚有虚饰，蒋超《峨眉山志》卷五所记飞霞道人则更实在：

> 韩懋，号飞霞道人，博极群书，善歌诗。游京师，大学士杨公礼重之。闻于武宗，召见与语大悦。时逆瑾有异谋，懋为医药保御，颇有力，赐建飞霞宫。后乞还峨眉。

此飞霞道人学养深厚，不仅能歌善诗，而且精于医道，名动京师，明武宗为其御建宫观。又有龟壶道人、行谷道人、青萝山人，分别写有《咏琼钟》《中峰寺》《歌凤台》等诗，从其"九篇真诀无人得，谁识金铉太素宫""独怜万古峨眉月，长照先生（指接舆）避世心""更看峨眉山共雪，千秋心事（指接舆隐于峨眉）漫追寻"等诗句判断，他们应是道士。② 蒋超《峨眉山志》卷五：

> 岩下老人，不知姓名。宣德间，自庐山往峨眉，各岩下每一二宿，辄迁他所。有时微吟，以指画空。人咸以"岩下老人"呼之。

这位行为乖张的岩下老人，也很像是一位道士。蒋超《峨眉山志》卷

---

① 参见卢忠帅：《明清九华山佛教研究》，天津：南开大学博士学位论文，2013，37—77页。
② 蒋超：《峨眉山志》卷一四、卷一五。

一五还有两首《澄清楼赠赫卫阳御史》，题为"吕纯阳乩笔"。假托神仙扶乩传文是宋元以降兴起的道教技术，可以肯定它们应是山中道士的杰作。佛道共处一山是峨眉山的特色之一。

既在佛地，佛道交涉混融是其必然。传说西坡寺旧有仙人所画芦凫，蒋超《峨眉山志》卷八记此传说：

按：（西坡）寺僧某，与一道者相好有年。偶风日和丽，晨餐讫，邀同游汉嘉之乌尤山。僧以八十余里，跋涉殊劳。道者令闭目，携其左手，俄闻水声，呼之张睫，已在乌尤对岸矣。取箬箨两片泛水上，令蹑渡。僧惧，不敢承，道者遂蹑渡，倏望其跻巅。江虽隔数十里，道者遥与僧话，声最迩。少选，复见其泛箬至，仍携之还西坡寺矣，时方几午。僧始知其异，乃跪叩之。道者谓："本欲度汝，奈缘浅何！汝欲富贵乎？欲寿乎？当副汝愿。"僧曰："得寿足矣，富贵非所愿也。"道者于领内出药与之服，遂曰："余不可复留矣。幼嗜丹青，当作二幅赠汝。"僧出纸，泼墨少顷，成芦凫各态，妙有生趣，嘱以毋置水器画下，因别去。后沙弥不戒，颏面右壁画底，即扃户出。逮归，见数凫既盘饮。叱之，辄向外飞去。顾视壁画，止芦存，而凫尽忘矣。更异之，不敢复置水器左壁下。后督学王公敕至此寺见之，即讶其左半体有仙气。叩所遇，僧告以故。王遂撤左壁凫画并存芦去。此僧百岁乃终，其孙徒亲述其事。

胡世安有《西坡寺痴叹》一诗，以"未能羽化乔凫兔，空笑肠刳许鼠痴"[1]讥笑此僧。传说当然不是信史，所反映的只是峨眉山佛道交涉的事实。余之祯《吉安府志》三一："性空居士者，姓罗，名熙明，吉水（今江西吉水）人，少为蜀商。游峨眉，悦之，且喜学浮图、道术。"这位性空居士，恰恰就是被峨眉山佛道混融的特色吸引而皈依的。如何看待这种交

---

① 蒋超：《峨眉山志》卷一五。

涉混融，道士自有道士的立场（如在西坡寺传说中的尊道抑佛），佛徒亦有佛徒的解释。无论是佛教还是道教，只要"足以针砭世俗嚣竞之风"[①]，都可以有益社会，不需你死我活的相争。

　　峨眉山作为官贵文人喜爱的归隐之地，明代依然有其实例。方孔炤有一首名为《赠王先生》的诗，其注中称王氏为昆山人，"名在公，弃官遁迹峨眉"，诗中则有"宝榻驻山腰，云根自兹起""梯楼缘石肤，邃阁收高视""偶然独掩关，静深忘月指""夫子直超乘，杖屦余禅髓"[②]等描述王氏归隐生活的诗句。峨眉山作为隐士的理想之地，一直吸引着那些厌倦尘世、有志归隐的官贵文人。

① 许止净：《峨眉山志》卷六。
② 杜应芳：《补续全蜀艺文志》卷一三。

第六章　清代峨眉山佛教的艰难复兴

明末，张献忠在四川建立大西政权，对佛教采取搜刮与打击政策，加之清初漫长的统一战争，巴蜀佛教遭遇灭顶之灾，峨眉山佛教亦被迫陷入了停滞与委顿。直至康熙皇帝即位，峨眉山佛教的大规模复兴方才步入正轨。虽然也有高僧大德的努力以及皇室官贵的护持，峨眉山佛教却再也没有达到曾经有过的高峰。至于清末，不含白鹤庵等农村脚庙，峨眉山实有庵寺85座。①

一、清代峨眉山的高僧大德

如果宋代皇室官贵的护持曾是峨眉山佛教迅速发展的关键，明清以继，高僧大德成为真正的主角，是他们在峨眉山佛教的维持与发展中起了关键的作用，皇室官贵的护持仅仅只是助缘而已。尤其是在清代，皇室官贵的护持仅仅只在清初表现积极，更多的道场维护与建设都交给了

① 参见《峨眉山佛教志》编纂委员会：《峨眉山佛教志》，63页。

山僧自己。

贯之（1606-1681），讳性一，俗姓王，犍为（今四川犍为）人，少时颖慧过人，"日读儒书，而厌尘劳为苦海；每听僧说法，怡然自得，出所有以供养之"。年十二父丧，愿出家修大乘法、报双亲恩，为母允准，乃至嘉州金碧庵三济和尚座下剃染，"自后穷研内典，遇十方云水之衲，殷勤恭敬，虚心请益，闻一妙谛，如获至宝"。而立之年，三济和尚示寂，转依凤明[①] 法师受沙弥戒。崇祯十七年（1644），避乱结茅于铜河狮子山，接待禅客，兼修净业。逆知兵燹之后必有凶年，率众垦耕积食。后果遭饥馑，转死沟壑者无数，尽出其所贮饭诸饥民，"全活甚伙"。顺治五年（1648），至嘉州从澄江和尚授具足戒。七年（1650），念峨眉山诸刹兵燹之余香火荒凉、食窘僧饥，竭囊籴米运供山僧。初住洪椿坪，后受印宗、瞿如及通山诸师之请住伏虎名胜废址，发愿重建该寺。八年（1651），率众辟草莱、觅旧址，结茅山麓，号"虎溪精舍"。历十余载，殚心尽力，接待诸方，"凡登峨宰官，莫不高其愿力，劝修伏虎丛林"。由是兴工结构，历时二十余年，兴建殿堂楼阁共百余间，"巍然焕然，为峨眉第一大观"。又于伏虎寺中开学业禅堂，"集有志缁流，究性相之深诠，穷离文之妙旨；破目前之坚碍，消历劫之固执"，得到了破山禅师的高度推奖，以为"欲佛法兴，莫先于得人；得人莫先于整丛林以教后学"[②]。康熙二十年（1681）四月示寂，临终书偈："年经七十六，自愧无长处。弘誓深如海，道心高似佛。生生任我行，世世人天路。万物常围绕，那些随分足？"掷笔端坐而逝，世寿七十有六，建塔于寺右红珠山。[③] 贯之虽然佛学底蕴深

---

① 按，有学者认定"凤明"即海明之误，举证为破山海明所撰《伏虎寺开学业禅堂缘起》（参见王丽心：《明末清初峨眉山伏虎寺贯之、可闻事略》，载峨眉山佛教协会编：《历代祖师与峨眉山佛教》，第416-421页）。但此文虽然提到贯之，却不能因之证明贯之之受沙弥戒于破山海明，言"凤明"为"海明"误，尚需别的证据支持。
② 蒋超：《峨眉山志》卷一〇破山海明《伏虎寺开学业禅堂缘起》。
③ 蒋超：《峨眉山志》卷一一宋肆樟《贯之和尚塔铭》。

厚，从其临终偈亦知其禅学功底不浅，但其毕生成就却在实行。宋肆樟在其《贯之和尚塔铭》中对其有一中肯的评价：

> 从上古德，载《传灯》者多人，列散圣者亦不乏。盖其办一片实心实行，自然上契诸佛鼻孔，固不在源流拂子讨活计也。峨山为大行菩萨道场，非实行不能住；即勉住，亦不能著行迹、彰声施。惟以行承行，契菩萨心，其人始传。通天大德而后，再见贯之和尚焉。

峨眉山作为普贤菩萨的道场，高僧大德当在"实心实行"上用功，而非在"源流拂子（上）讨活计"，否则即有违于普贤道场的精髓，通天如此，贯之亦如此。又就其重建伏虎寺论之："盖师之践履纯熟，用心坚固，以利人为志，以济物为怀，不惜身命，成此因缘。故不须说法，而无处非法；不必安禅，而无时不禅也。"如果考虑到重建伏虎寺时四川形势尚未定，南明政权与清朝军队的战争还如火如荼，就不能不对贯之复兴峨眉山佛教的行为更多一份尊敬，没有内在济世利民的沉静是不可能如此处乱不惊的。

可闻（1631-1700），名海源，俗姓赵，太平当涂（今安徽当涂）人，父母世笃清修，梦白莲华放而生，"天姿颖异，善根夙具"。崇祯十四年（1641），至青山礼庆斋和尚剃染。十六年（1643），护送普贤大士香像至峨眉山供奉。斋众礼毕，值甲申巨变、兵火流离，无法返回当涂，暂住嘉州金碧庵。未几，庆斋和尚示寂，移住洪椿坪依贯之和尚，"涵养纯粹，愿轮深广"。通山耆旧请贯之移住伏虎旧址，重建该寺。贯之以其董监院事，厘定基址，渐次开辟，"朝昏竭蹶，鸠工庀材，继以规矩准绳"。顺治十七年（1660），主体建筑落成，绀殿琼楼，璀璨辉煌。禅堂、斋堂、僧寮、云水堂、厨房、仓库、浴室、桥亭、三门等，"局次有序，积年告成"。又于路旁竖立茶房，以便行人饥餐渴饮。康熙十一年（1672），因念山志未修，恭请翰林院编修蒋超住寺，编成《峨眉山志》印行。二十年(1681)，贯之和尚示寂，遵从师命至成都昭觉寺参通醉禅师，醉问："何处来?"答云："峨眉。"再问："来时龙门洞水满也未?"答云："湛湛地。""是汝湛湛地? 龙门湛湛地? "以坐具撖一撖答："老老大大，作这个语话。"获通醉印可传临济正脉，"慧日法流，随机设教，禅衲踵至"。三十一年(1692)，还乡祭奠双亲，然后礼普陀、历名胜，"大畅宗旨"。按杨极《可闻禅师朝礼普陀过此见示峨图有感而赋》与王士禛《送可闻禅师回山》描述，可闻此次朝礼名山圣迹带有《峨眉山图》，随行宣化，令诸人"不见此山见此图，犹胜当年一寓目""谩向图中寻曲径，应须直上万峰头"①。返峨眉山，整饬常住，置纸钱街、高家堰、干坝、鸭子池四处斋僧田亩，得供饔飧，"列列护法，给示蠲差在案，永护常住于不朽"。成都古刹金绳寺重建，大中丞于公请其卓锡开法，情不得已受命，"飞锡进院，气象一新，风幡重展"，"禅衲追随，杖履仰承"。历时两年，厌倦都市繁华纷扰，退院回伏虎寺。法孙灵枢承接住持后，扶杖辞归，意愿穷岩遁迹、长谢故人，然未遂愿。三十九年(1700)中元，修盂兰会，感觉不适，集众嘱托后事，然后沐浴搭衣，书偈："七十年来，波波挈挈，推倒普贤，唤惺(醒)弥勒，正恁么时，天空海阔。"投笔端坐示寂，世寿七十。"缁素奔赴者日有千众，罗列座前，焚檀顶礼，恸哭填咽"，荼毗后建塔于双峰之阳。② 可闻一生"光明洞达，弘慈济世"，待人接物"沉厚谨慎"，江皋、罗森、王日曾、何清济、王清贤、丁可懋、杨极、于养志并有诗歌相赠。③ 与其师贯之一样，可闻虽有很好的佛学修养，终生却以实行闻名，除了重建伏虎寺外，还曾受四川巡抚罗公之请重修凉风桥，受四川总制哈瞻之请重修卧云庵④，于清代峨眉山道场建设厥功甚伟。破山禅师

---

① 蒋超：《峨眉山志》卷一四、一六。
② 许止净：《峨眉山志》卷五王延诏《可闻禅师塔铭》。
③ 蒋超：《峨眉山志》卷一四、卷一六；许止净：《峨眉山志》卷七。
④ 许止净：《峨眉山志》卷一。

《寄虎溪可闻》称之：

瓦砾石头皆放光，无偏无正绝商量。

有时变作岩前虎，威距峨眉白象王。[1]

瓦砾石头处处道场，无偏无正不可商量，或作岩前虎，或距为白象王，修为实行并为上乘，评价很高。嗣法弟子有寂玩、与峨、明宗、正安、照裕、照圆、照瑞、照元、实如，法孙有灵枢等。重建伏虎寺时，寂玩是可闻的得力助手，担心重建寺院缺乏栋梁，于前后左右广植杉柏桢楠，依慧宗别传之法准《法华经》一字一株，后并长成参天之林，号"布金林"。下有虎溪潺潺，上有树林荫翳，伏虎寺由是成为峨眉山环境最为清幽之处。康熙二十三年（1684），因为新寺无藏，可闻遣与峨赴江浙募刻藏经。与峨"言行真实，人无闲言"，与人交涉莫不欢喜，"数月之间，印刷梵本大藏五千余卷，并方册全藏，二部载归"。明宗曾经苦行江浙多年，募装弥勒佛、阿弥陀佛、观音菩萨、护法关圣诸像并绘得水陆诸圣全堂，备极庄严，舟运还蜀。照裕、照圆、照瑞、照元应是可闻重修卧云庵的得力助手，号称"卧云四友"。其中，照裕曾经多次获清圣祖赐书法、诗文与经匾。实如，峨眉本地人，"贯之四传弟子也，受法于可闻"，有杂集若干卷传世。[2] 法孙灵枢接续可闻住持伏虎寺，"善于继志述事"。

紫芝（1619-1675），讳性藏，渝城（今重庆）人，年十五祝发，住峨眉山万年寺三十余载，开堂说法者九。康熙十二年（1673）杖锡东行，十四年（1675）示寂于扬州上方寺，临终书偈："年光五十七，世缘今已毕。东海石头枯，大峨如铁壁。"弟子琼目携其灵骨归葬于峨眉山，有语录数卷传世。[3] 蒋超《峨眉山志》卷一七收有《迎破山老人于峨逸老》与《古

---

① 许止净：《峨眉山志》卷七。
② 喻谦：《新续高僧传》卷二二《清峨眉毗卢院沙门释克诚传（贯之、性藏、实如）》。
③ 蒋超：《峨眉山志》卷四。

德林》两首，一就破山禅师来峨眉山为吟，一就峨眉山古德林为吟，其如"但将一柄竹笤帚，古德林中扫破烟"颇有出奇之处，可以见其诗文修养不俗。罗森在《过万年寺怀紫芝禅人》诗中，以"紫芝眉宇应重睹，为拭十年牛马尘"[1]对其表示了高度景仰。嗣法弟子有琼目温、天然贵、涌泉汇、法一、慧庵、洞彻等。[2]

琼目，讳元温，俗姓邓，生卒不详，宜宾（今四川宜宾）人，年十五祝发，参谒诸方。闻紫芝于峨眉山开堂，杖笠往参，充侍寮十五年，获其印可。后住成都万福寺，上堂："昔人聚石说法，今我法说亦空。石火电光，难为凑泊。"以挂杖触地："惟有者个，赤条条，光灼灼，有时和泥合水、社舞村歌，有时孤峰独立、挂月悬星。动则俾观音势至结舌藏锋，静则令释迦老子无本可据。"护国寺为天然和尚灵牌点主，众请上堂："者曲录木床，是我天然法兄，捏不聚，擘不开的。今朝落在万福手里，于中七纵八横，齐行照用。"竖拂子召众："见么？兹我然兄，于一毫端现大人相，与汝诸人道末后句去也。"复击禅床："闻么？复为汝等全身独露。若或不荐，万福不免别通消息。"抛下拂子："记取者枚毛拂子，再来号吼震三千。"其机锋峻烈往往如此。[3]蒋超《峨眉山志》卷一七收有《登峨》一诗：

> 不到崇高处，安知壁岫悬？
> 路颓山雾接，桥断野云连。
> 秀目青松柏，清心冷涧泉。
> 半轮秋夜月，千古照巴川。

虽然不算上乘之作，其"路颓山雾接，桥断野云连""秀目青松柏，清心

---

① 蒋超：《峨眉山志》卷一六。
② 通醉：《锦江禅灯》卷一目录。
③ 通醉：《锦江禅灯》卷一四《锦官万福寺琼目温禅师》，《卍续藏经》第145册，671页下。

冷涧泉"二联亦有精妙之处。竹峰禅师曾有《赋寄琼目和尚》，赞其"短杖放蛟腾白水""祖席无湮启别传"[1]，评价很高。

天然贵，生卒、籍贯不详，得紫芝心印后，住持郫筒（今四川郫都）护国寺。上堂："今朝腊月初八，处处阐扬佛法。惟有护国不然，见人只是生骂。"拈拂子云："向者里荐得，刹刹尘尘毗卢境界，溪声鸟语观音理门。其或未然，依旧鼻孔向下垂。"击拂子下座。元宵上堂："不唱陈年曲调，要打新鲜鼓笛。无言童子口吧吧，无舌人儿能解语。等闲操动没弦琴，海水腾波山自起。且道没弦琴作么生操？"以拄杖作操琴势："会么？若将耳听终难会，眼底闻声方始知。"[2]机锋不让琼目。其示寂后，琼目为其点主。

绣头，不言姓名，因发绣成缕而无虮虱，人称"绣头和尚"，生卒、籍贯不详。目不识丁，口能说偈。结茅于洪椿坪山左箐林中，"止一锄镵，种芋菜为食"。夜则念佛，经行数十里直造峨山之顶，黎明返回。不入寺院，或邀饮食不赴。每食，先倾饭两堆于屋前，击竹梆邀群蛇群鼠出食，"如是十数年，习以为常"。住山二十余年，人皆异之，"凡朝山者，往往造庐礼拜"[3]。四川督学江皋朝礼峨眉山，其《游峨眉山记》称："闻有绣头和尚，住洪椿坪石洞中四十余年，将百岁矣，发垂覆身。每昏夜，赤足行山径中，无所怖，人多异之。"[4]则其康熙二十年（1681）以后尤在。

舒光照，生卒、籍贯不详，蕲水（今湖北蕲春）人，大冶况禅师弟子，避世入峨眉绝顶，影不出户者二十余年。一日意欲下山，鸣鼓上堂，云："九旬限满，巧中藏拙；昼夜殷勤，拙中藏巧。养驯一个水牯牛，头角峥嵘世上少。今朝肆足印莓苔，笑杀平田黄大老。辞世形本无形，说亦无说，

① 《昭觉竹峰续禅师语录》卷六，《嘉兴藏》第40册，第146页上。
② 通醉：《锦江禅灯》卷一四《郫筒护国寺天然贵禅师》，《卍续藏经》第145册，671页上。
③ 蒋超：《峨眉山志》卷四。
④ 许止净：《峨眉山志》卷三。

洗象池僧人（孙明经1938年6月摄于峨嵋山，峨眉山佛教协会提供）

尽大地人难摸索。七十九年驻娑婆，弹指光阴如梦觉。举步踢倒峨眉山，者边那畔总一个。"喝一喝，掷笔而逝。①

　　克诚，生卒不详，南涪（今四川涪陵）人，顺治（1644-1661）时中明经科。年四十弃家为僧，居峨眉山毗卢院，与贯之相亲善。居山三十余年，一瓶一钵，他无长物。②

　　弘川（1651-1731），讳行能，俗姓徐，淳安（今浙江淳安）人，依观音堂西舟和尚披剃。康熙六年（1667）入蜀，驻锡峨眉山初殿，创凿井

① 通醉：《锦江禅灯》卷一四《舒光照禅师》，《卍续藏经》第145册，673页上。
② 喻谦：《新续高僧传》卷二二《清峨眉毗卢院沙门释克诚传（贯之、性藏、实如）》。

堂。十八年（1679），受请重建嘉州乌尤寺，开堂接众，传曹洞正法，"初殿、乌尤二处前后披剃门徒三十六人，更名三十六山"，法脉相续至今。三十八年（1699），改建初欢喜亭为寺，名"天花禅院"（俗称"洗象池"）。雍正九年（1731），示寂于峨眉山初殿，塔于后山，分塔于乌尤寺。①

此外，保宁寺僧峨云、伏虎寺僧德果、善觉寺僧元亨、大峨寺僧常舒、洪椿坪僧圆瑞、白龙洞僧祖元、毗卢殿僧德敬、长老坪僧峨澈、雷洞坪僧慧植、铜殿藏经阁僧照乾等，都是康熙时期（1662-1722）的峨眉山高僧。他们之中，很多曾被清圣祖御赐书幅、匾额、藏经。②康熙赐给善觉寺元亨禅师的字幅："名山阅遍，未到天涯。愿得真印，勤修离家。雷音虽拜，那见拈花？知此无益，再游中华。八旬老耆，行履不斜。言语忠厚，一字弗遮。观尔朴诚，朕意甚嘉。"③知其曾经数次游方各地，康熙时期已经八旬，为人谨言慎行、忠厚朴诚。康熙赐给其他山僧的字幅亦多称誉有加，或就修行，或就建寺。

自藏传佛教高僧仲钦·喀觉巴大师朝礼峨眉山后，峨眉山作为藏传佛教尊奉的"大象山"④，一直享有较高的地位。据《第六世达赖仓央嘉措密传》记载，康熙时期，第六世达赖喇嘛仓央嘉措被迫放弃名位，传说之后他周游于藏区各地，在则多与自称是一位旅行者的华贝相遇，相偕一同前来峨眉山朝礼。途中，华贝离开，仓央嘉措不得不只身独行。到峨眉山后，仓央嘉措受到山僧的热情接待，一起礼拜了山上的所有寺院，前后历时十日，最后悄然下山，消失在历史的迷雾之中。据尕藏加考证，时间应在康熙四十八年（1709）左右。这是历世达赖喇嘛中"空前绝后的一件大

---

① 参见满霖：《峨眉山凿井堂初祖弘川和尚略考》，载峨眉山佛教协会编：《历代祖师与峨眉山佛教》，422-428页。
② 蒋超：《峨眉山志》卷七。
③ 《峨眉山佛教志》编纂委员会：《峨眉山佛教志》，479页。
④ 按，在《格萨尔王传》中，印度的灵鹫山，汉地的大象山、五台山，藏地的冈底斯山被视为南赡部洲的"四大圣地"。

事"，"在峨眉山与藏传佛教之间立下了一个具有历史意义的里程碑"。①

雍正时期（1723-1735），峨眉山有名可考的高僧有保宁寺僧连碧、华严顶僧通融与慧仙。至乾隆（1736-1795），兴圣寺僧性琳，观心庵僧洪湛，息心所僧德辉，初殿僧南舟、楚之、清学、月正，卧云庵僧照圆，雷洞坪僧闻奇、闻刚，黑水寺僧明仙，等等，都是此一时期峨眉山有名可考的高僧。嘉庆时期（1796-1820）的华严顶僧昌文、保宁寺僧仁宽，道光时期（1821-1850）的雷洞坪僧心量，同治时期（1851-1861）的雷洞坪僧觉圆、遇仙寺僧圣怀，光绪时期（1875-1908）的大峨寺僧圆明、金殿僧心启，先后均在峨眉山佛教发展史上留下了印迹。这些高僧在峨眉山道场的维护重建中也是厥功甚伟。本忆，夹江（今四川夹江）人，幼于峨眉山报国寺礼续勤和尚披剃，后随师移锡洪雅骑龙寺。道光二十九年（1849）报国寺被火烧毁，住持重建前殿两廊，欠债较多，无力继续，延请本忆还寺，接续重建寺院。本忆不惮劳苦、募资筹划，于咸丰七年（1857）重建中殿，同治三年（1864）重建山门。金殿祖殿被火殃及，又受请维修祖殿、重塑佛像。为了稳定报国寺僧，特购置香灯田若干，立《老僧置业奉佛遗训后嗣碑》，戒其后嗣世守勿替。②清代中后期的峨眉山僧大抵如此。

较之于前代，清代峨眉山高僧大德的禅学表现有了更多的记载，其如琼目温、天然贵、舒光照等，不仅被列入了各种禅宗谱系之中，还有具体的禅对留存。琼目温、天然贵嗣法于紫芝禅师，而紫芝禅师嗣法不明。就其出家之后一直驻锡于峨眉山，三十余年不曾离开，直至东行示寂，我们有理由推断，紫芝禅师的禅学修为应是得自山中高僧。而其弟子众多，广有影响，说明峨眉山禅学具有很强的影响力。可闻接法于丈

---

① 参见尕藏加：《峨眉山与藏传佛教》，载永寿主编：《峨眉山与巴蜀佛教》，209-215页。
② 参见《峨眉山佛教志》编纂委员会：《峨眉山佛教志》，212页。

雪通醉，破山一系临济禅法由是得以在峨眉山上推开，影响极大。弘传所开曹洞一系，以初殿（凿井寺）为祖殿，砖殿（万年寺）、洗象池、长老坪、长寿寺、兴圣寺、蒲公庵、金龙寺、白龙洞、极乐寺、大佛殿、毗卢殿等都有法嗣。不啻于此，乐山乌尤寺亦为其法嗣，弘川行能→宗彻福会→云山祥龙→自然澄惺→月正清学→隐堂觉华→无显海深→了碍→性舟悟勋→道容常有→法胜广定→传度崇正→东来妙贤→遍能宏善，三百余年绵延不绝。①

综观峨眉山禅宗传播的历史，至清形成了临济最大、曹洞次之的局面，影响一直绵延至今。峨眉山现存26座寺庙，属于临济正宗的11座、临济支派的10座，属于曹洞正宗的两座、曹洞支派的3座。② 尽管如此，实心实行仍然是峨眉山僧一以贯之的精髓，乃至如贯之、可闻、绣头、克诚，以及雍正而下的一批高僧，毕生致力于复兴道场、提倡实行。这是峨眉山普贤道场的根本，于清代应比之前更为突出。

二、清代峨眉山的道场建设

明末清初，峨眉山道场遭到了很大破坏，"诸刹兵燹之余，香火荒凉，虎狼窟穴，行人绝迹"③。至顺治七年（1650），四川尚在清朝与南明王朝争夺的胶着时期，峨眉山僧印宗、瞿如与通山耆宿已经开始了恢复重建道场的努力，合共延请贯之和尚起复名刹伏虎寺。至康熙，四川局

① 参见满霖：《峨眉山凿井堂初祖弘川和尚略考》，载峨眉山佛教协会编：《历代祖师与峨眉山佛教》，422—428页。
② 参见魏如松：《峨眉山禅宗传播考》，成都：四川省社会科学院硕士学位论文，2007，44—51页。
③ 蒋超：《峨眉山志》卷一一宋肆樟《贯之和尚塔铭》。

势逐渐稳定，此一恢复重建工作得到了清圣祖的鼎力支持。康熙三十八年（1699）春，四川巡抚于养志曾经"恭送御匾至峨眉山"，据其写给可闻禅师的诗作分析，此匾应该是赐予伏虎寺的。[①] 四十一年（1702）十一月，清圣祖再遣内大臣海清、伍格等奉旨往峨眉山降香，赐予峨眉山诸寺匾书、诗文、经藏若干。据许止净《峨眉山志》卷六记载，此次得到御赐的庵寺与高僧计有：伏虎寺僧照裕，获赐《金刚经》《药师经》《心经》各一部并"卧云庵""离垢园"匾书两幅，以及御书"宿世身金粟，初因社白莲。瞻依神八万，接引路三千。果结菩提树，池分阿耨泉。无生能自悟，雨似散花天"字幅八句；光相寺僧普震，获赐"慈灯普照"匾书一幅；伏虎寺僧德果，获赐御书"到处花为雨，行时杖出泉"字幅二句；善觉寺僧元亨，获赐《金刚经》一部；大峨寺僧常舒，获赐《金刚经》一部并御书"洗钵泉初暖，焚香晓更清"字幅二句；洪椿坪僧圆瑞，获赐《金刚经》《药师经》各一部并"忘尘虑"匾书一幅，以及御书"锡飞常近鹤，杯度不惊鸥"字幅二句；白龙洞僧祖元，获赐《金刚经》一部并御书"挂衲云林静，翻经石榻凉"字幅二句；毗卢殿僧德敬，获赐《金刚经》《药师经》各一部并御书"钓艇去悠悠，烟波春复秋。惟将一点火，何处宿芦洲"字幅四句；雷洞坪僧慧植，获赐《金刚经》一部并"灵觉"匾书一幅；铜殿藏经阁僧照乾，获赐《金刚经》一部并"玉毫光"匾书一幅，以及御书"绝顶来还晚，寒窗睡达明"字幅二句；卧云庵僧照玉（即照裕），获赐"野云"匾书一幅并御书"何所问津梁？行行到上方。天香飘广殿，山气宿空廊。石漱泉声细，林穿鸟路长。疏钟沉夜雨，坐定俗情忘"字幅八句。如此遍赐峨眉山僧，当然有借峨眉山佛教稳定四川乃至西南的政治用意，客观上却为峨眉山道场的恢复重建提供了助缘。伏虎寺僧备受关照，本身已经表示了朝廷对其重建此寺的奖掖。"卧

---

① 蒋超：《峨眉山志》卷一六于养志《己卯春恭送御匾至峨眉山作似可闻禅师》。

云庵""野云"匾书以及御书八句字幅，也明显是对照裕重建卧云庵的支持与肯定。善觉寺本古降龙寺，寺僧元亨除得《金刚经》外，许止净《峨眉山志》卷一称其还有龙镶"善觉寺"匾额以及"普贤愿王法宝"玉印。前面提到，降龙寺明末清初已经废毁，元亨禅师重修，故有此赐，寺名亦由降龙寺改成了"善觉寺"。其他受赐寺僧多为峨眉山核心寺院的住持，意在笼络激励他们稳定峨眉山道场。次年，清圣祖又赐会宗堂"报国寺"匾，由承德郎王藩手书，会宗堂从此改名为报国寺。[①]这样，由报国寺、善觉寺、伏虎寺、大峨寺、白龙洞、（万年寺）毗卢殿、雷洞坪、铜殿、卧云庵、洪椿坪构成的御赐线路，实际上就是整个道场体系的框架，由此可以看出清圣祖稳定峨眉山佛教的用心很深。上行下效，康熙时期的地方重臣对峨眉山道场的恢复重建也都表现出了积极的态度。贯之、可闻重建伏虎寺，"悉赖本省文武护法宰官捐金布施，檀那善人共襄盛举"；与峨募得藏经归来，又"续赖大参宪傅、大参戎佟捐竖崇楼，以贮经椟"[②]。借此种种助缘，被乱世兵火破坏的峨眉山道场迅速得到了恢复重建。

康熙以后，许止净《峨眉山志》卷六虽然称"历代皇帝所有敕书及所赐物多难胜记，世远人亡，湮没殆尽"，但事实上，除了乾隆时期赠予洪椿坪的《正明司碑》与同治五年（1866）赐予铁瓦殿的《北龙藏经》，其余赐物我们几乎没有找到。木制《正明司碑》用汉藏两种文字记述藏传佛教朝礼峨眉山的始略，而《北龙藏经》则获赐寺院较多，较之于清圣祖的推尊，清高宗与清穆宗的表现已经逊色很多，乃至说不上是推尊了。也就是说，清朝皇室对峨眉山佛教的护持主要表现在康熙时期。官贵文人不同，他们的支持一直延续到清末，但不如康熙时期表现突出。两百多年峨眉山道场的翻修增建，官贵文人在其中扮演了重要的角色，与峨眉山僧并信众共同维护了峨眉山道场的稳定。

① 参见《峨眉山佛教志》编纂委员会：《峨眉山佛教志》，第479页。
② 许止净：《峨眉山志》卷五王廷诏《可闻禅师塔铭》。

清初峨眉山的道场概况见于蒋超《峨眉山志》卷二《山道》，清末峨眉山的道场概况见于黄绶芙、谭钟岳的《峨眉图说》，两相参阅，即为清代两百多年峨眉山道场的消长大略。兹以为据，制表于下，以见清代两百多年峨眉山道场的演变大势（表6-1）。

表6-1：清代峨眉山道场消长比勘

路 段	蒋超《峨眉山志》	黄、谭《峨眉图志》
峨眉县至回龙寺	出县南门，过儒林桥。	出大南门（胜峰门），过儒林桥（古化龙桥，亦名胜峰桥），南行至回龙寺（比丘尼居之），前临洞水，西坡古刹在其间，今圮。
回龙寺至峨神庙		至学堂山，有峨神庙，光绪十二年护理总督游廉访智开建。
峨神庙至什方院	至十方院。	由峨神庙上行，过古石坊，右为川主官，后邻十方院。
什方院至壁山庙		出十方院，经薛家店至壁山庙。
壁山庙至菩提庵		由壁山庙西南行二里许，有菩提庵。
菩提庵至兴圣寺		过菩提庵，行百余步，左为兴圣寺。
兴圣寺至圣积寺	进五里为圣积寺。	由兴圣寺顺行，有石坊，乾隆十年住持性琳建。路左即圣积寺，康熙十一年御史董明命重建大雄宝殿。
圣积寺至文昌庙	又一里为普庵桥，即余大师坐化处。昔人称有普贤殿、慈福院、普庵院、八卦井，今俱废。	由圣积寺大道行，过普安桥，即余大师坐化处。昔人称有普贤殿、普安院，今俱废。右上为文昌庙，庙后有八卦井（今废）。
文昌庙至保宁寺		平行二里许即保宁寺（古卓锡庵），康熙五十年僧峨云重修，其后随废随举，代有经营。
保宁寺至子龙庙	三里为白水庄、蜀村店。	由保宁寺走萧店子，再上里许，至子龙庙。下为万行庄，古海会堂。
子龙庙至报国寺	沿河上二里，为大光明山，又一里为会宗堂。	由子龙庙沿河而上，里许，进报国寺（古会宗堂，一名问宗堂）。
报国寺至善觉寺		出报国寺，由大路上行，有"善觉寺"坊，登其峰坪，为善觉寺（即古降龙寺）。

路 段	蒋超《峨眉山志》	黄、谭《峨眉图志》
善觉寺至伏虎寺	又一里为虎溪桥，左上为龙神堂，再上为伏虎寺，顺治十七年贯之徒可闻重建。沿溪行有无量殿。过凉风桥，清初巡抚罗公托可闻重修。	由善觉寺下行，不数里，路右关帝庙。路左顺上，过"伏虎寺"坊，经兴隆桥、土地庙、玉皇楼、虎溪桥，屈曲上行，路右有龙神庙。渡发隆桥，经观音堂，即伏虎寺，清初僧贯之率徒可闻重建，光绪十年僧静安再修。右后为龙凤辉室，康熙十一年改名罗峰庵。由伏虎寺左，过木桥，即无量殿。上高洞口，过凉风桥，桥为清初四川巡抚罗公命僧可闻修。古有凉风亭，石壁峭削，中有凉风洞，因以名亭。谷口旧有"震旦第一山"坊，今圮。
伏虎寺至雷音寺	渡解脱桥，即解脱坡，有解脱庵。	由凉风桥上行，半里许，至马家沟。昔有茶庵，今废。渡解脱桥，直上，为解脱坡。左即古解脱庵（又名观音堂），光绪十年改为雷音寺。
雷音寺至华严寺	再进二里青竹桥，为华严寺（即归云阁），顶上有古心坪（因开建僧得名），下有玉女桥，左即玉女峰，上为木凉伞，上即楠木坪。	由雷音寺直上，为华严寺（一名会福），寺后有云卷石山（顶上古心坪，因昔古心禅师建有静室得名）。寺左过青竹桥，有玉女池，传为天女浴器。池畔有飞龙庵，又有凤岭庵，今俱废。路右有古楠一株，俗呼"木楠伞"（古名"木凉伞"）。
华严寺至纯阳殿	楠木坪上，为纯阳殿。殿后华严坪（旧名赤城山），旧有香烟、罗汉、白云等寺，今废。殿东北即宋王（皇）观旧址，名道纪堂。进一里，为五十三步、天庆庵。	由木凉伞左上，过木坊，进纯阳殿。殿后华严坪（古称赤城山），相传为赤城子隐居旧址。向有香烟、罗汉、白云等寺，今无迹可寻。殿左行里许，为五十三步。
纯阳殿至会灯寺	又一里为太平桥、马鞍山，昔有距那、龙泉、天台等庵，俱废。	由五十三步平行里许，即会灯寺，寺右有天台庵故址。寺前陡下，为太平桥，茅屋数椽，呼袁店子。

路 段	蒋超《峨眉山志》	黄、谭《峨眉图志》
会灯寺至大峨寺	山尽处为万福桥，约里许为大峨石，傍有玉液泉（亦名神水泉），有陈抟书"福寿"、明代督学郭子章书"灵陵太妙之天"。有福寿庵、神水阁，其灵文阁、胜峰、立禅、弥陀等庵俱废。进二里，为歌凤台，乃楚狂接舆旧庐。台前为响水桥。	从袁店下坡，过正心桥、万定桥（古万福桥，又称万佛桥），路右大峨石，路左神水池（即玉液泉），有"神水通楚"碑，又有陈抟书"福寿"、苏东坡书"云外流春"、明督学郭子章书"灵陵太妙之天"。上有神水阁（一名圣水阁），由阁右进大峨寺（古福寿庵），清初僧智行重建，名大峨庵。康熙间，峨边参将李桢增广之，易庵为寺。光绪十一年僧圆明重修。向有九曲渠、流杯池、灵文阁、胜峰、立禅、弥陀等庵，今俱废。寺外往左转右，即呵呼庵故址。有凤嘴石，刻"歌凤台"，相传为楚狂陆通隐居旧庐。前即歌凤桥（古百福桥），俗名响水桥。
大峨寺至中峰寺	过凤嘴石稍上，为中峰寺。	由歌凤桥顺上，渡结缘桥，行二里许，即中峰寺（一名集云寺）。山后有三仙洞，洞外有棋盘石。
中峰寺至观音寺	出寺为三望坡。	由中峰寺左上三望坡，过三望桥，旧有茶庵，今废。层级而登，进观音寺。出寺往左，上丝网坡。
观音寺至龙升冈	行一里为龙升冈、龙神殿。	从丝网坡盘旋里许，至龙升冈，以冈名寺。
龙升冈至广福寺	又三折过樟木、牛心二岭，至前牛心寺路口。	从龙升冈下坡，即广福寺（一名慈云寺），乃前牛心别院，寺后为牛心岭。
广福寺至清音阁	下坡为双飞桥，有清音阁。	由广福寺左顺下，有桥翼然，称双飞桥。又数十步，由左进清音阁，阁右一径通金刚坡，往大坪；阁左过左桥，往白龙洞。
清音阁至金龙寺	双飞桥上，有接王亭，今废。又五里为古德林，又一里为白龙洞。	从左桥北上，过接御亭故址，路右即古德林，路左进白龙洞。顺上，为金龙寺。
金龙寺至万年寺	又一里为四会亭、大峨楼（国朝总督蔡公捐俸鼎新）。楼左为慈圣庵、白衣庵、海会堂，直上为万年寺（即旧白水普贤寺）。	由金龙寺右，上灵官楼（古大峨楼），康熙间川督蔡毓荣鼎新易名。经四会亭，亭前向有普同总塔，中大小数十塔，今废。直上又一亭，竖"第一山"碑，进圣寿万年寺。后为新殿，殿后山边有明月池（又号白水池）。从四会亭左过山王庙，往慈圣庵，左上海会堂（即佛牙殿）。堂左数里，有白衣庵故址。再里许，有净水庙（古净业堂），黄冠居之。万年寺左上观音阁。

路　段	蒋超《峨眉山志》	黄、谭《峨眉图志》
万年寺至观心庵	万年寺上为喜光堂、太子石，登顶心坡（即观心坡），后有妙观空庵禅堂。	从观音阁右上里许，道左有太子石。右旋数折，罗汉洞上有山王庙。稍坦处为观心庵，乾隆间火毁，洪湛禅师重修。出庵右，上为顶心坡（又名观心坡，俗名点心坡）。
观心庵至息心所	过鬼门关、石碑冈、茅亭嘴、石子雷、大小鹅岭、息心所、仙女桥。	循坡直上为鬼门关、象鼻岩，过仙女桥（昔有万松庵，今废），为息心所。上右有地藏庵故址，左石碑冈下有庆云庵故址。
息心所至长老坪	过大小深坑，上长老坪。	下石碑冈，过观音岩、观音桥，名放光坡，再上即长老坪，康熙二年峨澈禅师移建于此。寺后翠竹峰左为蒲公结庐处，下为蒲氏村。由寺左而上，有万寿堂、万寿禅林，今废。再上山肩，为骆驼岭。
长老坪至初殿	行里许，为簇殿（一名初殿），下有蒲氏村。殿后有罗汉殿，今废。	下骆驼岭，至初殿，乾隆间火毁，南舟禅师重修。出殿右上，即古石碑，道光时圮。
初殿至华严顶	又上，为一碗水。上九岭冈五里，为华严顶。	由古石碑直上，为上天梯，进玉皇亭，额"华严顶"。岩隅有九龙井，岩下有桂华洞。出亭右顺下，有老僧树。峡下有九龙院故址。
华严顶至莲华石	上九龙坪，为莲花石。又行一里，名"鹁鸪攒天"。	由老僧树上，中有庵院，额曰"莲华石"。庵右为九岭冈，冈下旧有永延寺，今圮。从庵中穿过，陡上，俗呼"鹁鸪钻天"。
莲华石至洗象池	上岭为初喜亭（一名错欢喜），傍有洗象池。	由钻天坡转左逆右，至洗象池（原名初喜亭），寺左有石砌六方小池，即古洗象池。稍上有盘陀石，再上有左慈洞。寺后有罗汉坡、罗汉洞，寺右有狮子岩。
洗象池至大乘寺	又上为滑石沟、木皮殿（即古化城寺）。殿后为梅子坡，从此上胡孙梯（一名凌云梯）。	由洗象池左直上，即滑石沟。前即大乘寺（古称木皮殿），寺右有化城寺故址。寺左直上阎王扁，为胡僧梯（一名凌云梯）。右为梅子坡。
大乘寺至白云寺	至高处稍平，为白云殿，今废。	过陵云梯，为白云寺（又名云坛殿）。寺右为弓背山，下有分水岭。

路 段	蒋超《峨眉山志》	黄、谭《峨眉图志》
白云寺至雷洞坪	又上为雷洞居。	由白云寺左陡上，为雷洞坪旧基。再上，有雷神殿。又上，进雷洞坪，乾隆四十一年僧闻奇、闻刚重新，道光二十三年僧心量移基重建，同治三年僧觉圆又迁建于此。寺右有飞来剑（一名仙人剑）。寺左峭阪险峻，名"八十四盘"。
雷洞坪至接引殿	过雷神洞里许，为接引殿，为新殿。	从盘路曲折而上，右为接引殿，顺治十七年河间府僧募修。殿右为金刚嘴，岩下有圣钟，对岸有仙人石。
接引殿至太子坪	历八十四盘，折尽为朝阳阁、观音岩。过三倒拐为太子坪（即万行庵），庵基屡易，今特宽广靓深，行僧闻达重建。	由接引殿盘旋而上，道左有"第一山"字。复屈曲仰登，名三倒拐（一曰三倒角）。前有观音岩，原有观音殿、回龙庵，今俱废。傍岩斜上，进太子坪（一名万行庵），以坪名寺，闻达禅师重修。昔有大欢喜亭，今废。寺前岩下有象王石。
太子坪至天门寺	旋至回龙庵（即戒坛）、圆觉庵（即护国草庵禅寺），有九层沉香塔。自此横去，为通天和尚肉身塔、学士堂、普贤庵、大觉庵中静室。	由太子坪左斜上，道左有永庆寺（原名盘龙寺）。横过至祖师殿，殿左里许有大觉寺故址，殿右上为沉香塔。塔左有老僧树，今无。塔右直上，为天门寺，寺右两石对立名天门石。
天门寺至七天桥	过老僧树，蹑天门石，天门寺倚石为门。左转为七天桥、天仙桥。	从天门石凡三折始达山径，进七天桥（以桥名寺，即古文殊庵，亦名金刚寺），光绪十年大峨寺僧圆明重建。寺左古七天桥，渡桥上和尚塔。

路　段	蒋超《峨眉山志》	黄、谭《峨眉图志》
七天桥至金殿	又上为锡瓦殿、铜瓦殿，其右为铁瓦殿（即光相寺）。寺前为睹佛台，右有小金殿。锡瓦殿前有井络泉，金殿之前为藏经阁（即永延寺），迤北为楞严阁。睹佛台下有不到寺，台左有培风馆，右横为卧云庵，庵后为观音阁（今废，阁下有飞来钟），迤北为天启庵。锡瓦殿左下为白龙池，下为净土庵，庵左直下为华藏庵（今废）。锡瓦殿左横去，为飞云霞，上顶为贤首阁、千佛顶。岩下蓬莱三岛，右去为罗汉、师子、桫罗等坪。	由和尚塔左上，渡天仙桥，有仙女庵故址。进金殿，清初总兵祁三升捐修铁瓦大殿以覆。后以火毁，光绪十二年僧心启改砌砖殿。岩左祖殿，殿左铁塔矗立，左有金刚石（又曰金刚嘴），下为七宝台（又名独尊台）。岩中睹光台，有铁栏杆十余丈。岩右铜塔、铜碑、铜钟鼎峙，藏经、观音两阁已圮。金殿前有瑞星石，横过即锡瓦殿。殿右过楞严阁故址，即光相寺。旁卧云庵，右有盘陀石，石下为光明岩，庵下有井络泉。金殿左下，新凿龙泉。再下，古白龙池，池左净土庵；池右大佛坪，有铜瓦殿、扪参历井坊，俱圮。千佛、万佛两顶并峙，各建庵于其下，再下即明月、华藏两庵，皆结茅以奉香火。山后昔有"七二古德名庵"坊，今圮。
莲华石至遇仙寺	从蛇倒退下，五里至九老洞。	由莲华石下，至遇仙寺。再下，过长寿坡、长寿桥、观音桥。
遇仙寺至仙峰寺		由观音桥依山顺行，渡仙峰桥，至仙峰石（亦呼天门石），进仙峰寺。寺右过坡，往九老洞。寺前屈曲而下，名"九十九倒拐"（一名寿星坡），有寿星桥。顺岩而上，为扁担岩，下为龙居溪。
仙峰寺至洪椿坪	洪椿坪即千佛庵。	从龙居溪沿岩而下，路右即洪椿坪（以坪名寺，即古千佛庵），清初峨云禅师鼎新。寺后山顶有天池峰，右为呪诅泉（亦名锡杖水）。寺左下过积善桥（一名万渡桥），桥右小径，下双飞桥路。
洪椿坪至大坪		过积善桥陡上，道左有仙姬池，穿林至禅院，旧名"净土"，今榜"大坪"。
大坪至会佛寺	石笋沟、牛心顶、观音岩、象鼻岩。	由大坪转山王庙下坡，进会佛寺，右为象鼻岩（昔有静室，今圮），左为石笋沟。

路 段	蒋超《峨眉山志》	黄、谭《峨眉图志》
会佛寺至牛心寺	后牛心寺，有温、暖二池。	后牛心寺（一名延福寺、卧云寺），内有温井、凉井。寺右为青莲峰，峰下为黑龙江，再下祖师洞。由寺左行，转双飞桥去。
牛心寺至黑水寺	万年寺西去十里为虎跳桥，由十二盘上，有八音池、黑水寺（即华藏寺），沧桑后祖庭倾圮。	由牛心寺转万年、净水庙，左旋过虎跳桥（又称七笑桥、无怀桥），路右八音池，上有鸡公石（又称雷打石）。过十二盘，进黑水寺（古名华藏寺），乾隆四十四年僧明仙重修。寺后原有祖师堂，寺前原有慧续尼院，今仅存其名。出寺转雷打石，往白袍殿，比丘居之。
黑水寺至石船子		由黑水寺还双飞桥、广福寺，下回龙山，再下为五显冈。濒河逆行百余步，见石船子（俗号普贤船）。道左昔有山房，今废。
石船子至龙门洞	出峨眉县南门，经滑宝堂、石门坎、项家坝、罗家坝至龙洞，上有石船子（即普贤船）。	沿河而下，为龙门峡，越数丈即龙门洞，有"龙门"二字题刻。
龙门洞至新开寺	从伏虎寺，经逝多林、虎溪、普同塔、干溪、鞠家漕、白土冈、李家店。	由龙门洞右绕萧店、伏虎寺，至解脱桥，左上旺相台，横下新开寺，后左为滴水岩，右为尖峰岭。寺近旧有蟠龙寺、罗汉寺、佛到寺（又称不到寺），今俱废。
新开寺至灵岩寺	经青龙场、西禅寺、高桥，至接引殿、灵岩寺。	由新开寺下坡，经青龙场，过高桥，进接引殿。再渡观音桥，上古石梯，即灵岩寺。寺后有晒佛台。
灵岩寺至二峨、三峨	从圣积寺、罗目街、九里场、茶土寺、太平寺至二峨，后山五渡溪有金仓寺。	由大峨灵岩寺，经青龙场，渡孝心铁索桥，至二峨山，有石佛殿、吕祖殿、紫芝庙、观音殿、老君殿、三皇殿、玉皇楼、清虚楼等。清虚楼后望三峨，如在目前。
三峨至四峨	从铁桥河、飞来殿、圆通寺至。	由紫芝庙转青龙场，三十里至四峨，有圆通寺。

　　由上比勘可知，清代两百多年的峨眉山道场建设，其变化较为明显者一是县城至伏虎寺一段，二是洪椿坪经仙峰寺至九岭冈一段。县城至伏虎寺一段之回龙寺、峨神庙、川主宫、壁山庙、菩提庵、兴圣寺、文昌庙、保宁寺、子龙庙、海会堂、善觉寺、关帝庙、土地庙、玉皇楼、观音堂都不见于蒋志，或为重修（如保宁寺、海会堂、善觉寺等），或为新增（如回龙寺、峨神庙、川主庙、兴圣寺、文昌庙等），令此一段路程

格外丰富与热闹。不仅佛教以外的各种民间信仰跻身其间，如圣积寺、报国寺、善觉寺、伏虎寺等纷纷成为峨眉山道场的主体寺院，这是清代峨眉山道场建设首先应该铭记的变化。其次，明代未能完成的洪椿坪经仙峰寺至九岭冈一线，不仅长寿桥、观音桥、仙峰桥、寿星桥、积善桥等路桥建设在清代得以完成，改变了明代毛路难行的状况，沿途自然物象的开发亦进一步完成，诸如长寿坡、寿星坡、仙峰石、扁担岩、象鼻岩、诅咒泉、石笋沟的命名，特别是遇仙寺的修建，分担了此段路程仅有洪椿坪、仙峰寺可以栖息的负担，最终形成了我们今天看到的环形朝山线路。伏虎寺以上，前代开发建设已经非常成熟，清代两百多年除了反复的颓败与鼎新之外没有太多的变化。于此反复之中，有的庵寺更换了名字，如解脱庵改为雷音寺、卓锡庵改为保宁寺、会宗堂改为报国寺、降龙寺改为善觉寺、福寿庵改为大峨寺、净业堂改为净水庙、妙观空庵改为观心庵、初喜亭改为洗象池、木皮殿改为大乘寺等，或者因有御赐寺名，或者有其他原因，都可以理解。较之于清初，五十三步上的天庆庵、龙升冈上的龙神殿、万年寺上喜光堂皆不见于《峨眉图志》，似已废毁。太子坪至天门寺一段废毁庵寺较多，清末庵寺不如清初密集。黑水寺一段，清初已经废毁殆尽，清末尚有起复，不仅重建了黑水寺，其下尚有尼院白袍殿。

　　明末清初，圣积寺破坏应不严重。康熙十一年（1672），御史董明命重建大雄宝殿，"殿内铜铸普贤骑象像，金身丈六象伏地，长亦如之，两旁铜佛颇多"。殿外左悬八卦铜钟，高9尺，径8尺，重2.5万斤；右峙铜塔，高2丈许，共14层，"铸佛四千七百尊，旁镌《华严经》全部"，为明永川居士万华轩施制。前有真境楼（一名"老宝楼"，讹为"了鸹楼"），额题"峨峰真境"，宋魏了翁书，基本格局仍是明末的情形。①

① 许止净：《峨眉山志》卷一。按，以下凡不另注者概见此书此卷，恕不赘注。

保宁寺即旧卓锡庵，明嘉靖四十四年（1565）德统禅师兴建，万历十九年（1591）德佐禅师重建。康熙五十年（1711），峨云禅师重新修复，易名为保宁寺。历经雍正三年（1725）连碧禅师、嘉庆十三年（1808）仁宽禅师的反复经营，增其壮丽，潆洄水抱，平远山环，"不亚圣积（寺）真境"。

报国寺即旧会宗堂，原在伏虎寺右瑜伽河畔，明末被毁。清初重建，将其迁至大光明山麓。[①] 康熙四十二年（1703），清圣祖赐名"报国寺"，以寓报国主恩之意，成为山麓一大寺院。嘉庆（1796-1820）时曾被重建。道光二十九年（1849）被火烧毁，咸丰（1851-1861）初重建前殿及两廊，七年增修中殿，同治三年（1864）重建山门，一直到民国十七年（1928）普贤殿（楼上为藏经楼）竣工，其寺方才恢复重建完成。[②]

善觉寺即古降龙寺，明万历（1573-1620）时道德禅师兴建。康熙四十一年（1702），赐住持元亨"龙厢善觉寺"匾额，因以为名。为感皇恩，元亨禅师于寺内建一八角楼亭，内塑清圣祖像供奉，人称"康熙亭"。寺后有宋皇坪，传说为天真皇人授道于轩辕之处。

伏虎寺于明末毁于兵火后，清初贯之和尚率徒可闻重建，历十余载，凿山拓基，崇隆广大，前后左右凡十三层，"单寮、丈室、斋厨、浴堂清净庄严，为兹山所未有"，号为"入峨第一大观"[③]。康熙二十三年（1684），得四川巡道傅作楫捐俸相助，于大殿西偏建藏经楼，贮藏购于金陵之《大藏经》，寺院重建最后完备。[④] 光绪十年（1884），寺僧静安复有新修。

大峨寺即古福寿庵，明僧性天开建。明末废毁，清初智行禅师重建，

---

① 按，蒋志、许止净《峨眉山志》卷三江皋《游峨眉山记》："前渡普安桥，沿瑜伽河行，溪流曲折，渐入山径。旧名大光明山，荒址佛座犹存。"知康熙时大光明山已毁，故会宗堂得以迁建于此。
② 参见《峨眉山佛教志》编纂委员会：《峨眉山佛教志》，92页。
③ 许止净：《峨眉山志》卷六江皋《峨眉山伏虎寺碑记》。
④ 许止净：《峨眉山志》卷六傅作楫《峨山伏虎寺藏经楼碑记》。

报国寺山门（段玉明摄）

旧时伏虎寺牌坊（徐杉提供）

改名为"大峨庵"。康熙（1662-1722）年间，峨边参将李桢增广，易庵为寺。四十一年（1702），住持常舒曾获赐《金刚经》并书幅。光绪十一年（1885），住持圆明加以重修。

广福寺即古牛心别院，明万历（1573-1620）时重建。康熙（1662-1722）中，峨云禅师复修。许止净《峨眉山志》卷四言其"今废"，似清末再被毁。

灵官楼即古大峨楼，明末毁于兵火。康熙间，四川总督蔡毓荣出资重修，易为今名。万年寺即古白水寺，明万历时敕改今名。康熙四年（1665），四川巡抚张德地朝礼峨眉山，不忍见其颓败，"遂捐俸及诸有司共襄约八百余两，半给光相寺，委峨眉尉彭昌德董之；半给万年寺，委洪雅尉陈国斌董之，阅数月告成"[1]。三十二年（1693），得峨眉知县朱国柱并其母资助，于此建真武阁一座，以感"神灵呵护、法力维持"[2]。乾隆年间，万年寺一分为四，四会亭、毗卢殿、砖殿、新殿各为一寺。四会亭原为万年寺沙门，在灵官殿侧，近改名为极乐寺。毗卢殿于光绪二十八年（1902）建立十方丛林，称光明堂。砖殿即普贤殿，四壁有三千铁佛、五百罗汉，中为铜铸普贤丈六骑象像，遍体为朝山者磨损，光绪十三年（1887）成绵龙茂道黄沛翘居士捐金修补。新殿即古之白水寺，"此地稍宽衍，诸刹若簇锦然"[3]。原有寺殿七层，天王、金刚、七佛、大佛4殿清末废毁，唯毗卢殿、砖砌、新殿得以留存。[4]

观心庵，明时空安禅师开建。江皋《游峨眉山记》："至观心亭，稍平。憩白衣庵，询住僧，知为先大夫所建，曾捐俸置香火田，石碣犹岿然道傍也。"[5]知明末清初应有增建，如白衣庵等。乾隆年间火毁，洪湛禅师重

---

① 许止净：《峨眉山志》卷六张德地《重修万年寺碑记》。
② 许止净：《峨眉山志》卷六朱国柱《峨眉山万年寺真武阁碑记》。
③ 许止净：《峨眉山志》卷七释彻中《朝峨眉山记》。
④ 参见《峨眉山佛教志》编纂委员会：《峨眉山佛教志》，113-114页。
⑤ 许止净：《峨眉山志》卷三。

建。再上为息心所，始建于明嘉靖年间。清初荒芜，乾隆年间德辉禅师重建。到了光绪初年，又再次进行了重修。①

明续恩禅师改建簇殿为初殿，康熙时有行能禅师驻锡于此，殿外古石碑侧木坊据说就是行能所建（道光年间被毁）。江南比丘实林来山朝礼，募铸洪钟，修葺殿宇。乾隆年间被火，南舟禅师重修，与楚之、清学、月正诸师于此精研佛法，颇有影响。②

华严顶在古玉皇亭旧址，雍正七年（1729）通融、慧仙二师重建为寺。乾嘉时期，卧云庵照圆（号见无）禅师法嗣昌文真秀监院此寺，于嘉庆十九年（1814）着手续修见无以下临济宗谱，道光二十七年（1847）完成，分藏峨眉山永庆寺、华严顶及荣县饶家寺、隆昌觉华寺、荣昌观音阁、牛华溪古佛寺等18座寺院。寺内有咸丰十一年（1861）所铸铜云板，题记称"山上十寺庙僧人捐制"，推测清末该寺或有增补修葺。③

洗象池远眺（峨眉山佛教协会提供）

① 参见《峨眉山佛教志》编纂委员会：《峨眉山佛教志》，117页。
② 参见《峨眉山佛教志》编纂委员会：《峨眉山佛教志》，118页。
③ 参见《峨眉山佛教志》编纂委员会：《峨眉山佛教志》，119页。

洗象池即旧初喜亭，明末改建为初喜庵。康熙三十八年（1699），行能禅师改建为天花禅院。乾隆时期，月正和尚整修寺前钻天坡、寺后罗汉坡道路，并将洗象池改砌为六方池，池畔置一石象，以应普贤菩萨洗象传说。咸丰、同治之间，扩建寺院为弥勒殿、大雄宝殿、观音殿三重大殿，成为峨眉山上的主要寺院之一。寺内有同治十二年（1873）浙江居士敬献的青花瓷香炉，寺前岩壁有光绪十一年（1885）题刻的"古洗象池"隶书。①

雷洞坪山亭（峨眉山佛教协会提供）

雷洞坪寺旧基再上有雷神殿，额曰"雷洞坪"。康熙四十一年（1702），赐御寺僧慧植"灵觉"匾书并《金刚经》等。乾隆四十一年（1776），闻奇、闻刚二师重建。道光二十三年（1843），心量上人移基重建。同治三

———————————

① 参见《峨眉山佛教志》编纂委员会：《峨眉山佛教志》，120—121页。

年（1864），觉圆上人迁建今址。寺内原有清铸弥勒铁像一尊。

《峨眉山佛教志》称："接引殿位于七里坡下，海拔2540米。创建于宋，名新店，明万历间重建，供奉接引佛。"但正如我们前面的考订，新殿不等于接引殿，而是前后相续的两座建筑。顺治十七年（1660），有河间府（治今河北河间）僧年逾八十，朝山至此，见佛像倒卧于荒草丛中，发愿重建。遂于雪中绝食七日，以募重建之资。至第六日，蜀人赵翊凤朝礼峨眉山至此，见而悯之。归白督台李卓，捐金五百，命僧闻达重修，名接引殿。康熙时期，江皋朝礼峨眉山，记述其寺："稍折，有接引殿，板屋供佛，（佛）身峨然丈六。乱后，寺僧募造者。今殿宇倾圮，渐为风雨侵蚀。名山荒寂，谁为布金长者耶？"[1]以"板屋供佛"推测，重建的接引殿规模应该不大，至康熙时，已为风雨侵蚀，殿宇倾圮。乾隆时期，寺僧本贤从云南募回罗汉铜像18尊，长大约如中人，当与该寺重建的事实联系考虑，或是重建完工后的安置佛像之举。

太子坪以坪名寺，原名万行庵，明万历时古智禅师兴建。明末废毁，顺治时期闻达禅师重修，基址屡易，"层楼高耸，内供太子"。昔有大欢喜亭，清废。

卧云庵位于峨眉山峰顶，明嘉靖年间性天和尚兴建，明末倾圮。康熙初年，川陕总督哈占并其文武百僚捐俸助资，命伏虎寺僧可闻重建，弟子照圆、照裕、照瑞、照元共襄盛举。照圆直接负责工程，出力尤多。重建完工后，康熙十一年（1672），清圣祖曾遣一等侍卫吴公朝山致祭，"兼命绘图以进，藏之内府，不时上备睿览，猗欤重哉"[2]。之后卧云庵几度失火，几度重建，最终未复旧观。[3]

峰顶藏经阁名"永延寺"，明万历时福登兴建，后嗣惟密复有修葺。

---

① 许止净：《峨眉山志》卷三江皋《游峨眉山记》。
② 许止净：《峨眉山志》卷六哈点《重建峨眉峰顶卧云庵接待十方禅院记》。
③ 参见《峨眉山佛教志》编纂委员会：《峨眉山佛教志》，118页。

金顶卧云庵（徐杉提供）

金顶华藏寺（峨眉山佛教协会提供）

金顶铜塔（孙明经摄于1938年，峨眉山佛教协会
提供）

遇仙寺远眺（峨眉山佛教协会
提供）

清初，云南援剿总兵祁三升捐资为其添造铁瓦。康熙四年（1665），四川
巡抚张德地朝礼峨眉山，及光相寺，见其"荏苒屡迁，寖至倾圮，楹桷
支离，栏栅朽腐"，而寺僧"惟丈室是营"、香客"亦惟以饭僧庄严作果"，
任其"光明希有之净域"颓覆，颇为怅然，于是捐俸金若干，并及有司
同僚相率而助，委托峨眉县令李庄年及县尉彭昌德督工修葺，历时三月，
重修正殿三楹、立门二重，"复增禅室以居守僧，外置台栏数十武，新建
一坊，以标睹佛台之故迹"。光相寺由是面貌一新，"日映璇题，云封雪
岭，人天胥有攸赖，瞻拜得所皈依"①。清末，华藏寺周围木房失火，铜
殿被毁，惟王毓宗集王羲之书、傅光宅集褚遂良书以及两铜碑得以幸免。
光绪十二年（1886），心启禅师改砌为砖殿，门楣仍以"金顶"为额，屋
脊饰有铜铸宝顶，天气晴好，百里之外可见金色。顶左铜塔、铜碑、铜
钟鼎峙，不见于蒋志，应为清代新增。观音阁在蒋志中已经废毁，藏经

---

① 许止净：《峨眉山志》卷六张德地《重修光相寺碑记》。

阁则在清末废毁。其余楼殿庵寺、塔阁坊亭毁建频繁，不可细说。

遇仙寺位于九岭冈下，原为圣怀上人茅棚。同治元年（1862），圣怀上人云游归山，扩建为寺。寺院仰逼危岩，俯临深涧，地势极为险要，朝山进香必须穿寺而过。寺内有移自洗象池的咸丰十一年（1861）铸造云板、光绪二十五（1899）年所制瓷香炉。咸丰七年（1857），曾经整修寺外长寿坡大路，有《募化各府州县文武官员缙绅客商信男信女功果修长寿大路》立于长寿坡下。[①]

仙峰寺原名慈延寺，乾隆年间泰安、玉升二师重修更名。光绪时期，海岸、海良二师修复两廊，宣统二年（1910）修舍利殿。[②]

洪椿坪以坪名寺，原名千佛禅院，顺治年间峨云禅师曾加以扩建。乾隆四十三年（1778）被火毁，以后逐次修复。内有清圣祖、清高宗所赐匾联，以及乾隆五十九年（1794）所造铜钟。[③]

仙峰寺远眺（段玉明摄）

---

① 参见《峨眉山佛教志》编纂委员会：《峨眉山佛教志》，132-133页。
② 参见《峨眉山佛教志》编纂委员会：《峨眉山佛教志》，133页。
③ 参见《峨眉山佛教志》编纂委员会：《峨眉山佛教志》，135-137页。

较之于明，清代峨眉山道场建设的突出成就，是所谓"峨山十景"的遴选确定。明时，王元翰《峨眉游记》曾经概括峨眉山顶景色为六：一者白云铺世，二者佛光摄身，三者圣灯夜朝，四者狝吼陀佛，五者鸟报佛现，六者雪景玉树。然此"峨顶六景"的概括只是王氏的一厢情愿，明时并未形成共识。另外，此之概括也仅仅只针对山顶景色，而非对整个峨眉山道场的提炼总结。至于清代，于众多山色景物中逐渐提炼出来十大景色，号称"峨山十景"，被黄绥芙、谭钟岳《峨眉图志》详列书后，并于每一景色之后附诗一首：

一为"金顶祥光"，自注"即绝顶金殿、祖殿，后为睹光台"，诗曰："一抹祥光画不成，峨山形势极峥嵘。琳宫绀宇尘缘绝，直似须弥顶上行。"①

二为"灵岩叠翠"，自注"即灵岩寺"，诗曰："危岩固是夙钟灵，风雨飘零常翠青。疑是为吾标奇迹，心香一瓣荐芳馨。"②

三为"圣寺晚钟"，自注"即圣积寺，楼有巨钟"，诗曰："晚钟忽撞一声声，古寺犹传圣积名。纵令凡情蔽塞极，也应入耳觉心清。"③

四为"象池夜月"，自注"即洗象池"，诗曰："普贤骑象杳何之？胜迹空留洗象池。一月映池池贮月，月池感应妙难思。"④

五为"白水秋风"，自注"即万年寺，有白水池"，诗曰："曾闻白水

---

① 按，宣统《峨眉县续志》卷九与此稍异："一抹祥光画不成，三峨山势极纵横。琳宫绀宇尘缘绝，胜似蓬莱顶上行。""峨山十景"组诗为谭钟岳所作，但在流传中逐渐产生了变异，后人根据各自的理解进行了改动。
② 按，宣统《峨眉县续志》卷九为"危岩果是夙钟灵，几历风飘复雨零。仿翠慕青情不尽，心香一瓣荐芳馨"。
③ 按，宣统《峨眉县续志》卷九为"晚钟何处一声声？古寺犹传圣积名。纵说仙凡殊品格，也应入耳觉心清"。
④ 按，宣统《峨眉县续志》卷九为："仙人骑象杳何之？胜迹空余洗象池。一月映池池贮月，月明池静寄幽思。"

仙峰寺（孙明经摄于1938年，峨眉山佛教协会提供）

洪椿坪山门（段玉明摄）

出真人，此水由兹不染尘。何遽西风吹木落，归根谁不悟玄因。"①

六为"洪椿晓雨"，自注"即洪椿坪，此处多雨"，诗曰："万壑千岩势不平，攀萝扪葛力难胜。苍茫山雨天将曙，既到不忧犯夜行。"②

七为"双桥清音"，自注"即双飞桥，有清音阁、黑白二水、牛心石"，诗曰："杰然高阁出清音，仿佛仙人下抚琴。试向双桥一倾耳，无情两水漱牛心。"③

八为"九老仙府"，自注"即仙峰寺，有九老古洞"，诗曰："图成九老记香山，九老缘何到此间？料是个中丹诀妙，致令九老远追攀。"④

九为"大坪霁雪"，自注"净土寺，即大坪"，诗曰："禅院清凉别有天，偶来净土识真禅。晴光晃映雪光朗，心目空明照大千。"⑤

十为"罗峰晴云"，自注"即伏虎寺，有罗峰庵，蒋虎臣旧隐处"，诗曰："境幽正好学无余，太史虎臣曾结庐。佛圣来迎踪已渺，长空万里日光舒。"⑥

"峨山十景"将峨眉山的自然物象与特定寺院连接，构成某种自然与佛教的奇妙组合，为峨眉山道场赋予了另一层神圣意义。从山脚圣积寺的"圣寺晚钟"、灵岩寺的"灵岩叠翠"、伏虎寺的"罗峰晴云"，到中山段双飞桥的"双桥清音"、万年寺的"白水秋风"、净土寺的"大坪霁雪"、洪椿坪的"洪椿晓雨"、仙峰寺的"九老仙府"，到高山段洗象池

---

① 按，宣统《峨眉县续志》卷九为："曾闻白水出真人，此水依然不染尘。何处西风吹木落，万山深处悟前因。"
② 按，宣统《峨眉县续志》卷九为："万壑千岩势不平，攀萝扪葛力难胜。苍茫山十天将曙，寺上洪椿又一程。"
③ 按，宣统《峨眉县续志》卷九为："杰然高阁出清音，仿佛神仙下抚琴。试立双桥一倾耳，分明两水漱牛心。"
④ 按，宣统《峨眉县续志》卷九为："图成九老记香山，此洞缘何创此间？料是个中丹诀炼，老人九九迈追攀。"
⑤ 按，宣统《峨眉县续志》卷九为："禅院清凉别有天，偶来净土喜参禅。晴光况映雪光朗，世界空明俯大千。"
⑥ 按，宣统《峨眉县续志》卷九为："峰庵到此学仙余，太史虎臣曾结卢（庐）。跨鹤飞鼍踪已渺，晴云一片卷还舒。"

"峨山十景"之"洪椿晓雨"（段玉明摄）

"峨山十景"之"双桥清音"（段玉明摄）

的"象池夜月"、山顶的"金顶祥光"，峨眉山道场的重要寺院皆在其中，"峨山十景"当是精心的遴选与安排。故其一经形成，即为后人相沿不改。如在李锦成、朱荣邦修纂的宣统《峨眉县续志》卷一中，即全盘转录了《峨山图志》的说法，虽然附诗有所变更。

总体来说，除了洪椿坪经仙峰寺至九岭冈一线的最后打通以及少数庵寺的增益外，清代峨眉山道场基本上是对明代道场的维修。虽然如此，其恢复重建旧庙的功绩仍然不能低估，峨眉山现存寺庙大多数是清代的建筑。伴随"峨山十景"的形成，峨眉山道场开始步入了近代的旅程。

三、清代《峨眉山志》的编修

前面提到，宋代编写的《峨眉山志》或《峨眉山记》明代尚有流传，曾为曹学佺《蜀中广记》等书转录。伴随着峨眉山影响的扩大，编写更为详尽的《峨眉山志》逐渐成为信众的时代要求。故在前代《峨眉山志》或《峨眉山记》流传的同时，民间出现了多种新编的《峨眉山志》。

朱睦㮮（1518-1587），字灌甫，号西亭，镇平恭定王朱有爌玄孙，明代著名藏书家。所编《万卷堂书目》卷二，有《岷峨山志》四卷，署为张庭编撰。张庭（1491-1559），夹江（今四川夹江）人，嘉靖二年（1523）进士，授户部主事，改户部考工主事，转文选员外郎、吏部文选正郎，出补云南参政、宝庆同知、浙江佥事，后致仕归乡，纵情山水，著有《夹江志》《岷峨山志》《五兀山存稿》等。以其乡里夹江，所撰《岷峨山志》必是峨眉山专志——"岷峨"当是峨眉山的另一称呼，而非泛言巴蜀名山。蒋超《峨眉山志》卷七所称夹江张九（兀）山著《岷峨志》，就是张庭所撰《岷峨山志》——"兀山"本张庭之号。祁承爜（1563-1628），字尔光，号夷度，又称旷翁、密士老人，山阴（今浙江绍兴）人，万历三十二年（1604）进士，明代著名藏书家。所编《澹生堂藏书目》中，除了有《岷峨山志》两卷外，又有《峨眉光明山传》一卷。《岷峨山志》在朱氏著录里为四卷，在祁氏著录里只有两卷，已经丢失两卷了。《峨眉光明山传》一卷应该是更为专门的山志，而以"光明山传"命名可以看出此书的志佛倾向。黄虞稷（1629-1691），字俞邰，号楮园，安海（今属福建晋江）人，明代著名藏书家。所编《千顷堂书目》卷八，著录张庭《岷峨山志》一卷、《峨眉光明山传》一卷，证实明末清初二书尚有流传，但《岷峨山志》已经只剩一卷了。蒋超《峨眉山志》卷七："近又有张子家《峨山志》。"此张子家《峨山志》即张庭《岷峨山志》，"子家"为张庭之字。

富好礼朝礼峨眉山后，不仅留有游记，而且著有《峨山图记》。余承勋《游峨集序》称：

> 宪察春山富公以所著《游峨图记》与夫诗若干首授余，读之，盖守古渝时作也。三复叹曰：古者因地括象，故坐览要害、限定策画者，尚夫图山川异制，故序名物、述理蕴，以翼乎方志之编；次焉，尚夫记辨水土、齐声音，各因其性，参夫化理，而流通之风俗所由至矣；尚夫诗，是故春山兹游，尽取夫峨所有而图志声歌之，三尚之美备矣。①

由此可知，富氏所著《游峨集》分为"图志"（即《峨眉图记》）与"声歌"（即朝山诗歌）两部分。《峨眉图记》部分以图带志，不仅"序名物、述理蕴"，可补"方志之落"，而且"辨水土、齐声音"，可知"风俗所由至"，其更倾向于世俗立场应可推知。富氏朝礼峨眉山在嘉靖十七年（1538），而余承勋卒于万历元年（1573），此书应是嘉靖时期的作品无疑。

不只富好礼，同样朝礼过峨眉山的袁子让，游记之外，也编撰有关

---

① 杜应芳：《补续全蜀艺文志》卷二三余承勋《游峨集序》。

于峨眉山的志书。蒋超《峨眉山志》卷七：

> 明嘉定守袁子让以凌云、峨眉志合为一书，作《嘉定二山志》，内载峨眉御制文二章、睿制文一章、记十首、游记七首、铭一首、五言古诗五十六首、七言古诗十八首、五言排律十首、七言排律一首、五言律诗一百一首、七言律诗一百四十九首、四言古诗三首、长短句五首、五言绝句三十九首、六言绝句一首、七言绝句七十九首，板今毁。

袁子让万历中期任职嘉州，将《凌云志》《峨眉志》合为一书，名《嘉定二山志》。① 此《峨眉志》是新编还是旧有，不获详考。但即使是旧有，与《凌云志》合编后也当视为新版。后来所修《峨眉山志》中的御制文、诗文，应多辗转来自此书。不仅如此，"《后峨志》《译峨眉山志》，皆以此为蓝本"②。至蒋超时虽已毁版，但仍有旧刷流传。否则，蒋氏在没有看过此书的情况下不可能如此详细地列出诗文数目。曾国荃撰（光绪）《湖南通志》言其"今传本罕见"，似乎清末还有传本。但很明显，袁氏《峨眉志》不是严格意义上的峨眉山志，倒很像是《峨眉山艺文志》。

沈懋孝（1537-1612），字幼真，号晴峰，浙江平湖（今属浙江嘉兴）人，明代著名藏书家。其文《书〈峨山志〉后》站在儒者的立场点评其家所藏《峨山志》，不当将不经之事（如黄帝玉堂、茂真与孙思邈呼应、玄奘归过峨眉，乃至接舆传说等）记于书中，将（丹棱、青神、峨眉、夹江、犍为皆其故地的）南安之事尽归峨眉，建议作者"不若写具目前，已自清绝，其若有若无、足征不足征之间者，可无道也"③。显然，沈氏家中的确藏有《峨山志》一种，只是我们已经无法获知作者为谁、写于何时了。

---

① 按，曾国荃（光绪）《湖南通志》卷二四八："《峨眉青神志》，郴州袁子让撰。子让万历中知四川眉县，因辑是志。"当是误记，因袁氏知眉州乃是误传。参见周斌：《郴州袁子让生平与家世及师友考证》，载《湖南大学学报（社会科学版）》，2015年第4期。
② 曾国荃：（光绪）《湖南通志》卷二四八。
③ 沈懋孝：《长水先生文钞》之《长水先生四余编·书〈峨山志〉后》。

以沈氏的卒年判断，它当写于万历四十年（1612）之前。

李尊美，华容（今湖南华容）人，万历三十四年（1606）省试举人。其《图颂》一诗，为观看《峨眉山图》后的作品，以"吮毫图画，聊以意逆"推，此图应该非常详尽，可以使其身临其境。[①] 但从诗中尚看不出是否类于富好礼的《峨山图记》。蒋超《峨眉山志》卷一将其列于《峨山图说》附录，似乎所见应为"图说"之类。

万历时期（1573-1620），峨眉山高僧明光著述颇丰，内中亦有《峨眉传》一种，然因亡佚，是志山还是志僧不得而知。

胡世安《题喻广文〈峨眉山志〉》一文，言其崇祯十二年（1639）至峨眉寻求山志，友人以喻广文编撰的山志见示。知民间编撰《峨眉山志》尚多，因其刊印流传有碍，最终大多亡佚了。

由上可见，胡世安编撰《译峨籁》前，《峨眉山志》的编修已经蔚成风气。更进一步，丁培仁先生甚至认定《译峨籁》就是删削、修改喻广文的《峨眉山志》。[②] 无论怎样，这些《峨眉山志》失传以后，明末清初胡世安编撰的《译峨籁》成了现存最早的一部《峨眉山志》。

胡世安其人，前面已有简介，而其《译峨籁》成书于清顺治四年至九年（1647-1652）之间。[③] 因乡梓比邻，峨眉山于其有一种特别的情怀，其《译峨籁》自序称：

> 岁阅己未（1619）、甲子（1624）、己卯（1639），峨游者三……每思自有此山，有前余游者，有后余游者。其有目击，不过阴晴之变态、祠寺之兴废。而斯山真面目，不随蓬海三浅高明广大，伯仲昆仑，所从来矣。人具手眼，领略各殊，即余三游，且不能比而强同。固知山灵富蕴，资取日

---

① 曾国荃：（光绪）《湖南通志》卷一四〇、卷二四八。
② 参见丁培仁：《历史上的〈峨眉山志〉与佛教文化》，载永寿主编：《峨眉山与巴蜀佛教》，151-157页。
③ 参见熊锋：《胡世安和〈译峨籁〉》，载《文史杂志》，2011年第1期。

新。

不仅多次朝礼峨眉山，而且认为峨眉山内蕴的魅力——所谓"真面目"不随时转，"领略各殊"，"资取日新"。至于丁亥（1647），又有梦游，梦中山色"更超宿赏"。显然，峨眉山对胡世安来说，有一种梦魂纠缠的情怀。正是这种近于神圣的情怀，激发了他编撰《峨眉山志》的动机。此外，明末清初的社会动乱，也让胡世安深为峨眉山忧虑，担心其面目全非。其在《峨眉山道里纪》中称："顷罹兵革兴替，不审何景？使他时搁管，或不减此纪，或有加于此纪。"于是，编撰一部《峨眉山志》便成了他的时代责任。名其书曰《译峨籁》，"峨"即峨眉山，"籁"为天籁——自然妙绝的声音（以喻峨眉山内蕴极其丰富与深奥），"译"指用自己的理解与语言转述。在胡世安看来，峨眉山内蕴的魅力是没法彻底领略的，所成之《译峨籁》只是一种勉强的转述。

在自序中，胡世安称《译峨籁》是"所杂著汇成帙"而成，又称"不惮觊缕显概，先之以范纪，窃附于逸少，今昔之感；又博采兹山艺文及余旧近稿未入前录者，复汇为是帙，集众解以貌峨，以庶几一得"。一方面是博采前人艺文，一方面是汇入自己近稿，前者不论"觊缕显概"，后者前人未曾述及，两相集结，以求"庶几一得"峨眉山奥秘。全书分为十二"纪"，每"纪"言事一类：

（一）星野纪：言峨眉山之星宿分野，"峨值西南，物产相符，则井络之说近之"。

（二）形胜纪：言峨眉山之地理形势，"总宗峨眉为谷王，盖不独山与昆仑伯仲，而水亦与星宿并源"。

（三）典籍纪：言历代涉及峨眉山之典籍，但仅引述了《兴废记》《神仙传》与张开的《峨眉志》几种。

（四）图绘纪：言历代与峨眉山有关之画作，但仅提及了牛心寺、歌凤台、中峰寺、大慈寺、相国寺等画作7幅。

（五）玄览纪：言历代峨眉山之仙道隐士，除最末之岩下老人为明人外，全为元代以前之仙隐人物。

（六）宗镜纪：言历代峨眉山之高僧大德，除最末之罗汉显圣为宋代故事外，全为宋代以前之佛教人物。

（七）方物纪：言峨眉山之动物植物，计动物11种、植物18种，"别纪互见及他山所同者，不具录"。

（八）道里纪：言峨眉山之山道庵寺，"大略杖履所及可记者耳，其所未及，将无逸（即不求全）"。

（九）文翰纪：录历代描写峨眉山的文章，有王羲之的《与谢安书》《与周益州书》、郦道元的《水经注》（片段）、程建用的《与苏子瞻书》、无名氏的《峨眉图跋》、熊过的《息心所颂》、曹学佺的《辛丑游峨记》。

（十）诗歌纪：录历代吟咏峨眉山的诗歌，共计79首，宋人作品4首，其余尽为明人作品。

《译峨籁》编成后，颇受时人好评。王铎《序》称："今观菊潭公纪载之文，批根像末，校络百匿，有衍蓄，无禁材，若俎豆之列几席也。"金之俊《序》言其是"为三峨开生面者"，陈之遴《序》言其是"其文迩而指远"，陈名夏《序》更称其"使是山情状尽出于文章，俾不及相如、严遵、扬雄者，皆不得而争先生之所有"。但此书其实并不如诸人盛称的一样，仅仅只是胡氏所收材料的汇编而已，一不完备，二欠深入。《星野纪》《形胜纪》《典籍纪》《图绘纪》并皆简略，材料本多而懒于收集；《玄览纪》《宗镜纪》尽抄前人之书（如《宗镜纪》全抄曹学佺《蜀中广记》），致使有明一代付诸阙如；《文翰纪》《诗歌纪》收录随意，遗漏诗文极多，今人毛西旁所补即不在100首之下[①]；《道里纪》为该书最有价值的部分，因是

---

① 参见毛西旁：《峨眉山诗歌补缉》，载胡世安著，冯学军点校：《译峨籁》，104—159页。

数次亲历的记录，展示明末峨眉山道场真实可靠、如临其境，得到了陈具庆《序》的高度称颂：

> 所谓《道里纪》，逶迤曲折，缀缉多方，由趾以跻其巅，由跬步以达之百数十里。高卑远迩，不紊其程；分合险夷，各殊其状。如珠联玉贯，璀璨骇人；如狐腋雉头，浑成无迹。又如长庚写照，细及颊上三毛，将画师粉本一切都从废掷。

故其成书以后，"寓内好游者人携一册"以为向导，"峨山全局仿佛已在胸臆间"。胡世安虽然批评喻广文《峨眉山志》"搜罗博而未精，考核详而不要，去取臆而附会多"，但自己在编撰《译峨籁》时，不仅搜罗不博，也未必"精"，如其所录诗文多非精粹；不仅考核欠详，也未必"要"，内中以讹传讹者甚多。有学者斥其仅是"游山杂著之汇编，并非真正的山志"①，应非信口开河。尽管如此，在明代众多《峨眉山志》先后亡佚后，《译峨籁》之编撰仍然功不可没，不仅为峨眉山研究保留了一些珍贵材料（如《道里纪》），也为后来的《峨眉山志》编撰提供了诸多有益的参考。

由于蒋超等人所编《峨眉山志》的流行，《译峨籁》成书以后逐渐湮没不传，至今仅有北京图书馆有藏。20世纪80年代，峨眉县志办公室的骆坤琪、郑必辉两位先生将其抄回，标点注释，补入胡氏传记资料及毛西旁先生的《峨眉山诗歌辑补》，于1988年印行流通，方使该书重见天日，其功甚伟。

蒋超《峨眉山志》卷一有"西山张能鳞"（自注："上南道"）《图说》一则，罗森《序》言，蒋志参阅之书有张玉甲新修《山志》。张能鳞（1617-1703），字玉甲，号西山，顺天大兴（今河北宛平）人。清顺治三年（1646）中举，次年中进士，历任浙江仁和知县、礼部主客司主事、

---

① 参见业露华：《印光与〈峨眉山志〉》，载永寿主编：《峨眉山与巴蜀佛教》，146-1150页。

礼部仪制司员外郎、江南提学道按察司金事、四川上南道布政司参议等。后赋闲浚县（今河南浚县）家中数年，康熙十年（1671）起补山东按察使，二十六年（1687）以七十高龄告归，授光禄大夫。张氏学宗程朱，著有《西山文集》九卷、《诗经传说取裁》十二卷等。张氏新修《山志》名《峨眉志略》，《皇清文献通考》卷二二四有载："《峨眉志略》一卷，张能鳞撰。"仅一卷，极有可能是撮要之作。阮元《文选楼藏书记》卷一言此书"分条录纪，以补旧志所未备"，其较于《译峨籁》等必有可取之处。永瑢《四库全书总目》卷七六："是书于峨眉形胜古迹标撮甚略，末附诗文数篇，而自作乃登其二。《佛光解》一篇，命意虽善，措词则未能免俗也。"对其颇有微词，一是夹带私货，二是文笔欠雅。张之洞（光绪）《顺天府志》卷一二五著录该书，言其尚"存"，则清末尤能见到此书。

因不是真正的山志，《译峨籁》成书后，峨眉山僧似乎并不满意。张能鳞《峨眉志略》标撮随意、内容简略，更非完备之书。故在伏虎寺重建完成之后，可闻禅师"以山志未修，缺然于怀"①，专请翰林院修撰蒋超来峨眉山住寺修志。蒋超（1624-1673），字虎臣，号绥庵、华阳山人，金坛（今江苏金坛）人，母梦峨眉山僧入室而生，幼时聪颖过人、性格沉静，博通经文，迷醉禅理。顺治二年（1645）中举，四年（1647）一甲探花，历任翰林院编修、浙江乡试主考。十五年（1658）返乡丁丧，被卷入"投诚海寇"案，买通官府方得幸免。康熙六年（1667），晋升翰林院修撰、顺天提督学政。后托病致仕，于康熙十年（1671）受请来峨眉山②，住伏虎寺萝峰庵编修《峨眉山志》，十二年（1673）正月示寂寺中。③ 与胡世安倾向道教不同，蒋超是一位佛教信仰很深的学者——最

① 许止净：《峨眉山志》卷五王廷诏《可闻禅师塔铭》。
② 按，蒋超来峨眉山的时间，一般系于康熙十一年（1672）。但康熙十年（1671）春，四川总督蔡毓荣监修《四川通志》时，他即已经隐于峨眉山了。海源《志余序》中言其编撰《峨眉山志》"两易寒暄"，其来峨眉山亦必在康熙十年乃合。
③ 参见李豫川：《〈峨眉山志〉与蒋超》，载《成都文物》，2004（3）。

终皈依成僧（法名"智通"），受请编撰《峨眉山志》的立场自然会与胡世安有异，情感上应更近于对佛教名山的认同。

峨眉山僧对《译峨籁》或不认可，但蒋氏编撰的《峨眉山志》仍然是以此书为其蓝本，别采他书载籍作为补充，外加自己的亲历亲闻。罗森《序》言其编撰：

> 余同年蒋太史虎臣……概然以峨山之志是问，访道遗帙，乃得井研胡相国菊潭先生所著《译峨籁》暨吾同季上南道张公玉甲新修山志，验之以耳目之所听睹，证之以载籍之所传述，删其繁秽，标以新奇。上察星躔，下稽形胜，举凡宫室瑰丽，台榭玲珑，高僧羽客，异卉珍禽，莫不考核精研。叙致潇洒，而艺文尤加意探讨，黜荒陋，撷菁华，使读者爽然心目。复著《志余》一卷，辟诸纰缪妄传之说，归于雅正。即古人诗句，或以一昔兴致，有累明德者，必反复言之，殆夫忠孝节烈备载无遗。

蒋氏自己在"凡例"中亦称："是编原本井研胡阁老《译峨籁》，兵火之余，山中片纸只字俱无，其书所载，不忍一字遗失。所辑前人诗赋，俱经寿梓。其余凭仗别集，网罗及各寺僧抄录名贤题咏者，僭妄删去十之一二，非敢立异，亦以成美云尔。"承认其编撰主要依据《译峨籁》（几乎是全录，所谓"不忍一字遗失"），但较之于《译峨籁》，蒋氏《峨眉山志》体例更为完备，内容也更为丰富，采摘考校、辟邪正妄过于《译峨籁》者甚多，而绝不仅仅是"取《峨籁》稍加增益为山志"[①]。遗憾的是，蒋氏次年病逝，是书编成尚未刊印，稿本藏于可闻禅师之处。康熙二十六年（1687），中议大夫曹熙衡分巡建昌道，得其稿本，嫌其"草草卒业，伦次欠楚"，于是召集人员予以修订，其《序》中称：

> 爰取虎臣太史脱稿，与宿士商订，重加修饰、分条晰项，淆讹者正之，

---

① 蒋超：《峨眉山志》卷首曹熙衡《序》。

紊乱者清之，繁芜者裁之，迹无与于兹山者去之，事可纪于近今者增之。一笔墨间，而峨之山水形胜、宫观殿刹、人物古迹、词翰艺文了如指掌、灿若列眉，可以备穷搜，可以供卧游，盖自是而峨乃有山志矣。

修订完成，大约应在二十八年（1689）刊印成书，以后多次增补翻刻，成为清人了解峨眉山的权威山志。

按海源（即可闻）《志余序》称，蒋超《峨眉山志》原为十八卷，"《志余》一卷，尤叮咛旨趣，言言金石，字字醍醐，起兹山从前之所未有，而一一开其面目"。丁培仁先生据此认为《志余》应该别为一卷，共成十九卷。这与通行本此卷"按"称蒋氏"康熙壬子（1672）岁寓峨山，著《志余》一卷，即先生绝笔也"的说法一致，即此卷当为《峨眉山志》完成后的补著。曹熙衡修订本与今通行本合《志余》于《峨眉山志》中，仍为十八卷，丁氏认为此一数字或有佛教的特殊意义（如"十八罗汉"之成数）。①

卷一"序""修山志说""山图""图说""图颂""凡例""星野"，核心内容不外"山图"与"星野"两类。"山图"是清初峨眉山从县城到山顶名胜庵寺的择要图绘，最末附有"邑人马文炳"绘《佛光图》——祥云缭绕中，普贤菩萨骑象自圆光中而来。这是迄今为止所能见到的最早的峨眉山道里图示，极为珍贵。"星野"部分全抄《译峨籁·星野纪》，唯其前有何以首志"星野"的原因、后有"《天文志》谓嘉定属东井与鬼分野，今州治、峨山上当井络，故山顶有井络泉"的补说。他如"修山志说""图说""图颂"之类，亦有某些关于峨眉山志的信息。

卷二"形胜"，"详其钟灵蕴秀之所在，穷高极远之所归，令观者爽心豁目，如当卧游"，峰、岩、台、石、冈、洞、坡、坪、溪、河、沟、

---

① 参见丁培仁：《历史上的〈峨眉山志〉与佛教文化》，载永寿主编：《峨眉山与巴蜀佛教》，151-157页。

池、泉、井以及山道、水道依次附录本卷。其不同于前人者，"形胜"之后，别立"诸经发明"，征引佛典旧籍，以溯峨眉山佛、道渊源，神圣不言自显。

卷三"寺观""光灯"，庵、堂、殿、院、楼、阁、亭、桥、坊、塔附录本卷。"琳宫梵刹，不独以栖缁羽，而山之面目亦将借是以点缀"，故有"寺观"之志；峨眉峰顶昼则放光、夜则出灯，尽为普贤示现，印证菩萨道场，故有"光灯"之志。

卷四"高僧"，峨眉山为普贤道场，"岂以天半峨眉而乏超群迈世之衲子耶？故志高僧"。除对《译峨籁·宗镜纪》高僧次序微调（如将明果调整为汉僧、慧通调整到唐末）外，新补了慧持、宝掌、西禅等，而宋明部分高僧全是新增——宋僧计有广悟、行明、继业、茂真、宗月、安民、慧远、道宏、纯白、禅惠、别峰、昙振、峨眉道人，明僧计有宝昙、匾囤、无瑕、遍融、镇沧、别传、通天、无穷、大智、归空、万世、澄江、印宗、贯之、紫芝、绣头、舒光照。

卷五"神仙"，以峨眉之幽雅耸拔，每多仙真隐住其间，"其实不可以不传，故志神仙，而隐逸附焉"。除《译峨籁·玄览纪》所列人物（删去冯涓）外，"神仙"部分增补了张忠嗣、左慈、陈抟，"隐逸"部分增补了冯楫、韩懋、范文光、蒋超。其中，蒋超一条应是曹熙衡修订时加上的，因其言及蒋氏"趺坐念佛而逝"的情形。

卷六"方物"，珍异附录，"峨山灵异，故生物亦异，遂志方物"，"不可常有故名珍异"。共分鸟属、兽属、花属、树属、果属、竹属、茶属、菜属、药属、草属、珍异11类，种类较于《译峨籁·方物纪》甚多，但就"惟此方之物产"而言则或泛溢。

卷七"典籍"，历代关涉峨眉山的典籍很多，"或世远而言湮，或星移而物换，亦仅存其名目而已，志之以云感也"。较于《译峨籁·典籍纪》，此一部分增益甚多，其述明代编撰《峨眉山志》者与明代帝王赐峨眉山敕书最有价值。

卷八"古迹"，书画、灾祥附录。"峨眉名山，故有古迹，然亡失过半矣，志之以供博物之考"；名山不能外于天地，亦有灾祥，"乌可以不志"？其书画与灾疫部分的材料，很有史料价值。

卷九至卷十七为"艺文"，分为记、碑记、序、塔铭、赞、颂、跋、尺牍、赋、诗、偈11类。搜集之功虽不可没，但此一部分卷数太多，就整体而言有头重脚轻之嫌。

卷十八"志余"，卷首"按"称："其中谈佛谈仙，并举峨山逸事，傍搜博采，咸足箴砭僧俗、龟鉴后人。事虽粗杂，言皆纯洵，补《峨志》所不逮，犹蜀《总志》之有外纪耳。"

相较于《译峨籁》，蒋超《峨眉山志》的体例结构更为完整，重心亦已转向了佛教。这不仅表现在先高僧后神仙的次序反转——在《译峨籁》中是先神仙后高僧，也表现在以佛经为依据说明峨眉山之于佛教的特殊意义，更表现在涉及佛教的内容所占比例很大，以及大量表现峨眉山佛教文化的诗文搜集。

蒋氏《峨眉山志》刊印后，有清一代翻刻重印很多。《四库全书总目》卷七六著录浙江汪启淑家藏本，十八卷，题为"国朝蒋超撰"。同书同卷又有汪启淑家藏本一种，亦十八卷，但题为"曹熙衡撰"。四川大学图书馆还有一种乾隆补刻本，有多次补版的痕迹。道光年间，复有压缩"艺文"为四卷的十二卷本。光绪十九年（1893），果重再以道光本翻刻，有玉屏山人郭师古《书果重禅师翻刻〈峨眉山志〉后》为证。[①] 阮元《文选楼藏书记》卷一著录《峨眉山志》一种，十八卷，题为"国朝知县翼霖辑"，"详记峨眉名胜，并祀典及仙释事迹，后坿（附）诗文"。就其卷数与内容判断，应该还是蒋氏《峨眉山志》的翻刻版。蒋超《峨眉山志》

---

① 参见丁培仁：《历史上的〈峨眉山志〉与佛教文化》，载永寿主编：《峨眉山与巴蜀佛教》，151-157页。

在清代的影响之大由此可知。

王侃（1795–1862以后），字迟士，号栖清山人，江津（今重庆江津）人，先世归安，以贡生就职州判。平步青《霞外攗屑》卷六称其"巴山七种"之外，另著《峨眉山志》等书14种，具体内容不获详考。

光绪十一年（1885），四川总督丁宝桢奏准对峨眉山"春秋致祭"。次年，署理建昌道黄绶芙以"搜求旧志则缺略惟多"提议重修《峨眉山志》，委任谭钟岳绘制山图，廖笙堂书写说明。十三年（1887）春夏，谭钟岳在实地考察的基础上，为《峨眉山志》绘制总图1幅、分图53幅、"峨山十景"10幅，共成64幅，交由廖笙堂按图配文。谭氏又附山景诗46首、《峨山记》1篇，与图文合编而成《峨山图说》，十七年（1891）夏交由成都会文堂刊印，署名"黄绶芙、谭钟岳原著"。原来计划重修的《峨眉山志》则因黄绶芙去世最终流产。根据学者研究，《峨山图说》共记寺庙宫观107座、景点地名242处、旅店4处，废毁旧迹——标出（已毁寺庙宫观32座，废弃景观11处），并将120里的里程精确到了步数（从县城南门出发，经万年寺到达金顶共46461步，经洪椿坪到达金顶共56621步），"为研究峨眉山在历史上尤其是明清以来的变化提供了极为重要的可靠资料"。此书图文并茂，在清代编撰的《峨眉山志》中，价值丝毫不逊于蒋超的《峨眉山志》。20世纪30年代，此书由华西大学英文学系教授费尔补（Draden Linsley Phelps）译成英文，俞子丹重绘原图，四川大学黄方刚教授订正，1936年以哈佛燕京学社丛书名义由成都日新印刷工业社出版发行，书名《（新版）峨山图志》。[①] 近年，峨眉山佛教协会重新翻印了《峨山图志》，并将此书分图装饰在峨眉大佛禅院前院墙上。

伴随着黄绶芙、谭钟岳《峨山图说》刊刻流行，清代《峨眉山志》的编撰基本告一段落。陈剑锽先生言《峨眉山志》于今可考者，有张开

① 参见向玉成：《〈峨山图说〉初步研究》，载《乐山师范学院学报》，2008年第6期。

的《峨眉山志》三卷（已亡佚）、袁子让的《峨眉凌云二山志》（已亡佚）、喻广文的《峨眉山志》十卷（未刊行）、胡世安的《译峨籁》十卷、张能麟的《峨眉志略》一卷（已亡佚）、张能鳞的《峨山志》、蒋超的《峨眉山志》十八卷（《志余》一卷）、曹熙衡的（重订）《峨眉山志》十八卷。[①] 其实远远不止，仅明清两代有案可稽者即在十五种以上。但至今仍能窥其全貌者，只有清代编撰的《峨眉山志》。这些志书既是峨眉山道场的历史记述，也是峨眉山佛教影响的社会记忆，不可仅仅视为卧游读物。美国学者詹姆士·哈格特甚至认为，在峨眉山不可磨灭的遗产和身份累积过程中，范成大、胡世安、蒋超等人的著述起了非常重要的作用。[②]

---

① 参见陈剑锽：《四大名山志的修撰过程及其宗教意义》，载《普门学报》，第15期。按，《峨山志》的作者疑为张庭，非张能鳞。
② James M. Hargett, *Stairway to Heaven：A Journey to the Summit of Mount Emei*, Albany：State University of New York Press，2006，p.195.

尾声：走向当代的峨眉山佛教

民国以降，中国社会遭遇了千年未有的巨变，"新型的民主共和体制，要求国家政权与文化与此相应，旧有的一切适应封建体制的政治结构与文化传统通通需要转变自身"[1]。在此逃身无术的时代转变大潮中，峨眉山佛教开始了走向当代的历史进程。

一、民国以来的峨眉山佛教

接续晚清庙产兴学的主张，1912年，袁世凯政府颁布了《管理寺庙条令》，将寺庙田产置于地方官吏管理，准许出于公益事业的必要而得占用，掀起了地方官吏与土豪劣绅勾结、以兴学为借口兼并寺产的风潮。1928年，国民政府内政部部长薛笃弼与中央大学教授邰爽秋提议改僧寺为学校。1932年，邰爽秋组织"庙产兴学促进委员会"，号召打倒僧阀、

---

① 段玉明：《〈民国成都佛教研究（1921—1949）〉序》，载《佛学研究》，总第25期（2016）。

解散僧会、划拨寺庙、振兴教育，经国民党第三届第四次全体会议议决通过，把民国以来的庙产兴学推向高潮。受此影响，峨眉山佛教财产遭到严重侵吞，"民国以还，所谓僧产问题者，时时发生纠纷，该山僧产，已被该省县教育界勒提其半"[1]。后果是全山寺宇破败，僧团衰朽，戒规不严，山风不振。抗战全面爆发后，五台山、普陀山、九华山已在沦陷区中，峨眉山成为后方唯一的朝礼圣地，无数香客游人汇集于此，为峨眉山佛教的复兴带来了契机。一些不愿沉沦的高僧大德不辞辛劳，苦行募化，恢复重建寺庙；一些顺应时代的高僧大德整理教制，兴办教育，培养僧才。峨眉山普贤菩萨精神在当代的复杂时局中，转变成了"人间佛教"的具体践行。

（一）高僧撷英

在民国以还的艰难时局中，有赖于一批高僧大德的坚持与斡旋，峨眉山佛教方得以在政府与社会的双重压力下勉强维系。至于抗战全面爆发，复有赖于一批勇于担当的高僧大德，峨眉山佛教呈现出了复兴的苗头。峨眉山香火绵延至今，更是有赖于一批初心不改的高僧大德。

果瑶（1894-1936），俗姓陈，名翠华，字冠军，仁怀（今贵州仁怀）人，少时勤奋攻读，成绩优异。1922年，来峨眉山金顶依传钵法师披剃，研读佛典。1925年，从贯一和尚受具足戒，同年去西藏学法。数年后返回金顶，任毗卢殿方丈。1931年，任峨山佛学院院长。1933年，应邀前往贵州讲经，协助创办贵州佛学院。返回峨眉山后，建冰雪庵修住。1936年，示寂于峨眉山万年寺。荼毗后，建塔于峨眉城南万行庄侧，张心若居士为其塔铭。[2]

源照（1861-1940），号济悟，俗姓苏，遂宁（今四川遂宁）人，幼

---

[1] 宽静：《求学之经过和事后的感想》，载《佛教评论》，第一卷第三号。
[2] 参见《峨眉山佛教志》编纂委员会：《峨眉山佛教志》，212-213页。按，以下凡不另注者并见此书213-223页，恕不赘注。

年礼洪椿坪大明和尚披剃，受戒后外出云游，遍参名山大川。清宣统三年（1911）返回峨眉山，住牛心寺。见寺庙年久失修、殿堂倾圮，荒烟蔓草，不堪驻足，于是发愿鼎新。每日亲待香客以积微酬，又率弟子四处募化，辛苦经营二十余年，终使牛心寺焕然一新。复于寺右种植杉树万株，既幽寺院周遭环境，又备将来维修栋梁，用心良苦。1940年示寂寺中，荼毗后，建塔于寺后。

仁恒（？-1945），家世、籍贯不详，长住峨眉山千佛顶脚庙圆通寺。精于医术，为人治病不分地时、不索报酬，于峨眉一带影响很大。得其馈赠，则先供佛，然后分与寺僧。1945年示寂寺中。

恒久（1879-1947），号常义，俗姓邹，资中（今四川资中）人。1926年，投峨眉山四会亭延兴和尚披剃，复受戒于新都宝光寺。1931年，为保护山寺安全组建峨眉山"冬防队"（1938年改名为"僧警队"），任队长，成为第一支峨眉山僧人的自卫武装。1935年，率众整修四会亭，改造山门，更名为"极乐寺"。次年，大通和尚开坛传戒，为"坛上十师"。1947年示寂寺中。

性慧（？-1948），安岳（今四川安岳）人，幼年学艺"找扎"（即编扎工艺），于重庆开铺谋生，后厌世求佛，来峨眉山锡瓦殿出家。平素不修边幅，塑造佛像栩栩如生。1936年，移锡乐山杜家场废弃古庙，重加修葺。顺应民间信仰，于正殿塑"古柏大仙"，举办"大庙山古柏大仙朝拜会"，大庙山由是声名鹊起。后移住乐山城隍庙，举办城隍会、炎帝会，盛况空前。后示寂于城隍庙中。

果玲（？-1950），号曼魂，俗姓方，祖籍桐城（今安徽桐城），生于越西（今四川越西），1932年依峨眉山报国寺圣泉上人披剃，次年于重庆华岩寺受具足戒，曾任报国寺方丈、中国佛教会峨眉分会（亦称峨眉山佛教会）会长、峨山佛学院院长。一生致力于佛教教育，在峨眉山试办小学，僧俗并收，教人读书识字。工于诗文，与当时文化名流多有唱和，被人誉为"诗僧"。1950年示寂，有《果玲诗钞》传世。

大通（？-1952），号法照，初住峨眉山净土院（即大坪），1930年转任毗卢殿、大佛寺方丈，发愿重建毗卢殿。三次前往上海募化，得到信众襄助，至1934年先后完成了大雄宝殿、方丈室、翠云楼等的重建工作。同年再至上海，募得传戒经费，乃于1936年夏在毗卢殿传授戒法，求戒人数260余人，历时60余天，规模宏大，盛况空前，对重振峨眉山佛教影响功绩卓著。1952年示寂。

果航（1902-1960），号芳慈，俗姓熊，江油（今四川江油）人，少时在家读书，15岁时弃学经商。1932年，在成都大慈寺礼圣钦和尚披剃，同年受具足戒。1936年，任成都昭觉寺知客。次年返回峨眉山。1941年，任乐山大佛寺堂主。次年，任江油观音山都监，1943年回峨眉山，任毗卢殿当家，次年接任方丈。1946年，任峨眉山佛教会会长，兼任峨山佛学院院长。1954年回接引殿。1956年，峨眉山佛教协会成立，任常务理事、副秘书长，住会工作。1960年示寂。果航法师学识博洽、广研诸宗，在峨眉山佛教的当代转型中发挥过承先启后的历史作用。

寂慧（1899-1960），号云空，俗姓汪，南部（今四川南部）人，少时务农，1917年来峨眉山锡瓦殿出家。1919年，在成都文殊院受具足戒，住堂三年，研习佛法。1923年返回峨眉山，先后驻锡飞来殿、锡瓦殿及乐山乌尤寺。1928年，外出朝礼普陀、五台、九华诸山，并至上海、天津、北京、杭州等地参学，历时三年，转住重庆华岩学校。1933年，再朝普陀。次年返回四川，至自贡听佛生法师讲经。1935年回峨眉山，住锡瓦殿下院圆觉寺。1940年，至双流应天寺从先照法师学法。1944年返回，住锡瓦殿。1953年，代表峨眉山佛教徒出席中国佛教协会成立大会，同年当选峨眉山佛教徒爱国学习委员会主任委员。1954年，被聘为四川省文史研究馆馆员。1956年，峨眉山佛教协会成立，任副会长。1960年示寂。寂慧法师学识渊博，精通佛教教理与四堂功课，并对峨眉山佛教的经济、人事改革颇有见解，对峨眉山佛教的当代转型推动很大。

演怀（1896-1978），号方正，俗姓廖，隆昌（今四川隆昌）人，幼时在家读书，后当学徒。1919年，来峨眉山卧云庵出家。1923年，在成都文殊院受具足戒。1925年，参访上海海潮寺。次年返回，住乐山五通桥观音阁。1930年，任贵州黔灵山佛学院监学。次年返回，住乐山五通桥朝峨寺。1932年，任犍为资圣寺、正觉寺、朝峨寺三寺都监。1934年，任犍为县佛教会理事长（会长），于安乐宫创办佛学社。1936年，募化维修安乐宫、朝峨寺。1941年，任峨眉大佛寺方丈。1949年，住犍为凤凰山。1951年回峨眉山，先后驻锡土主祠、圣积寺、清音阁、大峨寺等，担任执事，后遇车祸退任。1978年示寂。

圣钦（1868-1964），号荣崇，俗姓贺，三台（今四川三台）人，自幼天资聪颖，勤奋好学。15岁时，礼峨眉山接引殿德智和尚披剃，后至重庆华岩寺受具足戒，住堂一年。复往镇江金山寺苦修，以挂"破参牌"而名动江浙。1907年，参与组织中华僧教育会（后改名中华佛教总会），任总务长。次年回峨眉山，任接引殿监寺。1910年，于彭州小鱼洞闭关，结束后，任成都大慈寺住持。1916年，峨眉山接引殿失火，回山组织重建，历时数年，将其建成峨眉山大庙。中华佛教总会四川省支部成立，任总务长。1920年，会长圆澄大师示寂后代理会长。1924年，任佛教四川省支会会长。同年在成都文殊院创办四川佛学院，任院董，培养了大批佛学人才。1927年，联络四川佛教界同仁通电反对政府意在吞并宗教财产的《寺庙管理条例》。四川军阀混战时期，奋不顾身地保护川内寺院的合法权益与财产，深为教界同仁钦敬。1931年，在峨眉山创办峨山佛学院。1944年，于成都大慈寺开坛传戒，得戒弟子178人，盛极一时。1953年，被聘为四川省文史研究馆馆员。1956年，峨眉山佛教协会成立，被礼请为名誉会长。次年，四川省佛教协会筹备委员会筹备处成立，任主任。1962年，在成都大慈寺召开四川省第二次佛教徒代表大会，被礼请为名誉会长。1964年示寂于成都大慈寺，葬于峨眉山接引殿前。

　　普超（1903-1982），号朗性，别号正悟，俗姓胡，富顺（今四川富顺）人，幼时在家读书，1922年礼峨眉山砖殿（后合为万年寺）妙道法师披剃。1925年，在成都文殊院受具足戒，住堂一年。后至四川佛学院、武昌佛学院、南京的支那内学院参学佛法，曾任江西庐山归宗寺副寺、四川芦山黄龙寺知客。1934年返回峨眉山，于峨山佛学院任教，先后担任过砖殿当家、峨眉山佛教会会长、佛学院院长。1938年，至成都近慈寺随能海法师学习文殊密法。1944年随同能海法师去西藏迎请佛经，次年回川。1946年返回峨眉山砖殿，次年至德阳崇果寺任方丈。1953年，回峨眉山参加培修寺庙工作。1954年，被聘为四川省文史研究馆馆员。1956年，

普超法师（孙明经摄于1938年6月，峨眉山佛教协会提供）

尾声：走向当代的峨眉山佛教

341

峨眉山佛教协会成立，任第一届、第二届会长，第四届副会长，万年寺、报国寺方丈。1957年，为四川省佛教协会筹备处成员。1962年，任四川省佛教协会副会长，并被选为中国佛教协会理事。1982年在成都开会期间突发重病，示寂于成都市人民医院，荼毗后，葬于峨眉山萝峰庵。普超法师一生坚持戒行，精研佛法，编有《佛教基本知识》《宗派源流》等书，在培养僧才、维修寺院、保护文物方面功德尤著。

传华（1897-1986），号超定，俗姓蒋，遂宁（今四川遂宁）人，年轻时在家务农，1918年礼峨眉山仙峰寺海良和尚披剃。1920年，在新都宝光寺受具足戒，先后在新都宝光寺与成都大慈寺学习佛法，曾任知客与衣钵。1933年回峨眉山，先后任仙峰寺知客、当家、方丈。1954年，被聘为四川省文史馆馆员。1956年，峨眉山佛教协会成立，任第一、第二、第三、第四届副会长，四川省佛教协会常务理事。1986年示寂，灵骨葬于峨眉山萝峰庵。传华法师戒行清净，生活简朴，擅长针灸医术，为人治病不辞劳苦、不计报酬，其对峨眉山道场的保护、植树造林功绩尤著，深受峨眉山僧众的爱戴。

昌勖（1923-1989），号藏云，俗姓黄，成都金牛区人，幼时在家务农，1930年礼峨眉山初殿永玉和尚披剃，后于近慈寺受具足戒。1956年，峨眉山佛教协会成立，任第一届常务理事、秘书长，第二届副秘书长、第四届秘书长、第五届副会长。1987年，任四川省佛教协会第四届理事会理事。1989年示寂于峨眉山报国寺。昌勖法师一生爱国爱教，在山寺管理、僧才培育以及峨眉山佛教的当代转型方面功不可没。

圣湘（1905-1989），号荣清，俗姓陈，峨眉（今四川峨眉）人，幼年在家读书，15岁时礼峨眉山伏虎寺仁泗和尚披剃，随师祖龙品和尚学习画塑。1921年，在泸县云峰寺受具足戒，住堂学习佛法。1924年返回峨眉山，任伏虎寺照客。次年，至四川佛学院学习。1929年回山，任伏虎寺知客，并兼任峨眉山佛教小学监学。1930年，外出朝礼普陀。1932年回峨眉山，得大通和尚传法，任大佛寺方丈。两年后，转任伏虎寺方丈。1942年，驻锡乐山铜河边白云寺。1944年回伏虎寺，守无量殿。1958年任洪椿坪当家，1971年转任万年寺当家。历任峨眉山佛教协会理事、常务理事、会长、名誉会长，四川省佛教协会理事、中国佛教协会理事。"文革"后，圣湘法师在百废待兴的困难条件下，积极协助政府落实宗教政策，开展正常的佛教活动，招徒传法，培养僧才，维修道场，庄严佛像，为峨眉山佛教的复兴做了大量的工作，是一位德高望重、为人敬仰的当代高僧。1989年示寂于报国寺。

惟法（1930-1995），俗姓陈，安岳（今四川安岳）人，父母早亡，1942年礼峨眉山慧灯庵宏开披剃。1948年，在成都文殊院受具足戒。戒满，回峨眉山慧灯庵。1956年任万年寺当家，1958年调任金顶当家。1959年，至北京中国佛学院学习。历任峨眉山佛教协会常务理事、副会长兼秘书长。惟法法师在"文革"中被迫还俗，作为住庙居士带领全山僧尼从事生产劳动、安排僧人生活，暗中维系着峨眉山佛教香火，功不可没。1995年示寂。

普全（1929-1995），号法华，俗姓唐，射洪（今四川射洪）人，15岁时礼射洪古佛寺觉空披剃，同年在成都昭觉寺受具足戒。1945年，至成都大慈寺住堂。次年朝礼普陀，驻锡两月，返回射洪古佛寺。1956年，拜蓬溪五庙山照月和尚为师。1957年，移锡峨眉山锡瓦殿。1960年后，任万年寺副寺、当家。1971年后，先后负责金顶、洗象池、洪椿坪，兼全山会计。1962年起，历任峨眉山佛教协会理事、常务理事、副会长等。1995年示寂。

遍能（1906-1997），名宏善，俗姓许，乐山（今四川乐山）人，幼年家境贫寒，父兄早逝。1918年，至乐山太平寺出家。1920年，投乌尤寺普照和尚门下。1923年，在成都文殊院受具足戒。1925年，至四川省佛学院学习佛法。毕业后，至重庆华岩佛学院任教。1929年后，到江南参访诸山丛林，于杭州谒太虚大师，历任世界佛学院汉藏教理院监学、讲师、教务主任。回峨眉山，任洗象池堂主，并执教于峨山佛学院。1938年，任乌尤寺方丈。1942年任乐山佛教会理事长（会长），次年任四川省佛教会理事。1947年，出席全国佛教大会，当选为中国佛教会理事。中华人民共和国成立后，历任峨眉山佛教协会名誉会长，乐山市佛教协会会长，成都市佛教协会名誉会长，四川省佛教协会秘书长、副会长，中国佛教协会常务理事，咨议委员会副主席，峨眉山佛学院院长，四川省佛学院院长，乌尤寺正觉堂上第四十五代方丈、新都宝光寺紫霞堂上第五十六代方丈。1997年示寂于乐山乌尤寺，荼毗后，塔葬于乐山乌尤寺。遍能法师一生勤奋好学、学养深厚，于峨眉山并四川佛教教育功勋尤著，在峨眉山佛教的当代转型中贡献极多。

有赖于这些高僧大德的坚持与努力，峨眉山佛教在千年未有之大变局中得以涉流过险、逢凶化吉，完成了从古代佛教向当代佛教的历史转型。

（二）道场建设

由于山高风冽，峨眉山寺庙一直处于雷火的威胁之中。又山高缺水，一旦失火，便成无法扑救之势。据《六百年间峨眉山佛寺建筑火灾略记》统计：自明以降，峨眉山寺庙共遭遇大小火灾72次。其中，中峰寺被火4次，华藏寺被火4次，卧云庵被火5次，尤为惨烈。[①] 民国时期情形依旧，峨眉山被火灾所毁大寺即有清音阁、接引殿、白龙洞、中峰寺、卧云庵、新开寺、万年寺、金顶等。1931年金顶发生火灾，烧毁大小寺庙11座、周遭林木无计。1946年万年寺发生火灾，毗卢殿、砖殿受损严重。1919年接引殿被火毁之后，圣钦法师发愿重建，历时数十年，1922年完成厨房重建，1923年完成五观堂重建，1925年完成西廊厢房重建，

---

① 《峨眉文史》第十辑，转见《峨眉山佛教志》编纂委员会：《峨眉山佛教志》，61页。

1927年完成接引佛殿、客堂、库房重建以及全寺佛像的塑造，1944年集废铜铸普贤铜像一躯，最终完成了该寺的重建。[①]1931年金顶被火毁之后，圣观法师发起重修观音殿、普贤殿，得到八方缁素的支持，1941年秋完成了观音殿的重建。1946年万年寺被火毁之后，能海法师倡导重建，得到重庆三宝弟子的支持，普超法师耗时两年半，在砖殿侧新建了配殿和慈圣庵，又将被火熏后色彩剥落的普贤菩萨铜像一并修复、贴金敷彩，1949年5月举行了隆重的装藏法会。前前后后，峨眉山高僧重建被毁坏的寺庙还有会佛寺、牛心寺、慧灯寺、天门石（寺）、永庆寺、慈圣庵等。[②]1947年，刘君泽著《峨眉伽蓝记》，记述大小寺庙72座；至1949年，全山共有大小寺庙83座。[③]这都有赖于峨眉山僧维系道场的自觉责任。天灾兵火无情，僧众愿行无尽，在此反复的废毁重建中，峨眉山普贤道场的精神一次次地被彰显了出来。

除了重建被毁寺庙外，民国时期的峨眉山高僧大德还另择胜地建造殿宇，以增道场。演观法师于各地参学返回峨眉，住持卧云寺务，感叹龙门洞峡秀丽奇异却无庵庙，于是买山置地，倡建龙门洞精舍与龙门洞放生池。从其《倡建峨眉山龙门洞精舍及放生池计划表》不难看出，演观法师所要修造的龙门洞精舍，不仅仅是一座烧香拜佛的宗教活动场所，还是集旅游、住宿、观赏、教育、研究与修行一体的新型佛教景观，相当具有现代意识。得到各方的襄助，前后苦心经营六载，1943年，龙门洞精舍终于大功告成。当时名流如熊克武、凌钺、屈映光、李炳南等或题匾，或书联表示嘉许，张心若则专门写了《龙门峡记》《龙泉记》等文章记述此事。[④]

中华人民共和国成立后，1952年全山仍有寺庙80余座。其后，部

---

① 宗性整理：《圣钦和尚自述》，http://www.ebaifo.com/fojiao-628720.html。
② 参见演妙：《民国峨眉山佛教初探》，峨眉：峨眉山佛学院硕士学位论文，2015，8-10页。
③ 参见《峨眉山佛教志》编纂委员会：《峨眉山佛教志》，63-64页。
④ 参见演妙：《民国峨眉山佛教初探》，10-11页。

分山麓寺庙交给政府，改作他用；部分无僧居住寺庙缺人管理，腐朽垮塌；部分寺庙遭遇火毁霜侵，无力维修。尤其是在"文革"中，因为部分僧众还俗，寺庙无人管理，如华严寺、会佛寺、莲花石、千佛顶、万佛顶、明月庵、大乘庵、慧灯庵、永庆寺、长老坪、观心坡等先后垮塌，大峨寺、净土院、金龙寺、锡瓦殿、极乐寺和伏虎寺罗汉堂等遭到拆毁，1972年金顶华藏寺又被火焚，峨眉山道场毁坏极为严重。"文革"结束以后，宗教政策得到落实，未毁寺庙归还僧人管理，拨给专款进行维修保护，1986-1989年，四川省人民政府还拨款重修了金顶华藏寺，到1997年，全山共有寺庙27座。报国寺、善觉寺、伏虎寺、萝峰庵、雷音寺、纯阳殿、圣水阁、中峰寺、广福寺、清音阁、白龙洞、慈圣庵、万年寺、息心所、初殿、华严顶、牛心寺、洪椿坪、仙峰寺、遇仙寺、洗象池、雷洞坪、接引殿、太子坪、卧云庵、金顶华藏寺等传统大寺，基本上得到了恢复重建，报国寺、万年寺、洪椿坪、洗象池、金顶华藏寺被列入全国重点寺院，报国寺、伏虎寺、雷音寺、纯阳殿、圣水阁、清音阁、白龙洞、万年寺、洪椿坪、仙峰寺、遇仙寺、洗象池被列入乐山市文物保护单位。[①]2005-2006年，峨眉山佛教协会斥巨资重修金顶，工程包括修缮华藏寺、安立"十方普贤"像等。[②]1995年，经政府批准，峨眉山佛教协会动工重建大佛禅院，历时十余年，于2008年12月基本完工，成为亚洲最大的十方丛林之一，集培育僧才、专精修证、佛学研究、弘法利生等于一体。大佛禅院的竣工，接续了古代朝礼峨眉山始自县城的传统，恢复了旧有峨眉山道场的朝拜体系。

以峨眉山的道场建设与佛教活动为依托，1996年12月，峨眉山与乐山大佛一道被联合国教科文组织列入了"世界文化和自然双重遗产名

① 参见《峨眉山佛教志》编纂委员会：《峨眉山佛教志》，64-66页、82-85页。

② 参见一夫：《峨眉山金顶华藏寺修缮改造暨十方普贤圣像纪事》，载《四川峨眉山佛教》2006年会讯。

录"。

（三）教制改革

晚清以还，僧人文化素质普遍低下。由于战乱、贫困、社会动荡、天灾人祸等，很多人把佛门视为避风港，出家为僧者，"不是没饭吃的，就是当兵畏死的，真有学问和有财产的，或为自己了脱生死，为佛宣传真义，那真是千个之中难找到一个"[1]。连带出来的，是僧团的混乱不举，佛教修持整体低下，社会地位日益低下。为此，太虚大师提出了教制革命，内容包括佛教组织的成立完善、僧伽文化素质的提高、僧团的建设、制度的革新等，以求挽救日益低迷的佛教影响。

峨眉山佛教的情形无出其右，僧团素质普遍下降，"有学德之高僧往往学化他方，于是道风日下，讲学修法之士，亦鲜闻矣。后来学者，无所亲依。经云：染缘易就，道业难成，良有以也。每年中外各界人士来朝拜览者，络绎不绝，僧侣生活情势上不免有旅馆式之应接不遑，至研究佛学则势有所弗暇顾及也"[2]。由于僧团素质低下，峨眉山佛教的社会影响力随之下降。普超法师曾经以峨眉山香会为例，香客高时多达14万，历年衰减，至1938年竟降到了3万–5万。

为了挽救峨眉山佛教的衰颓，以圣钦法师为首的一批高僧大德起而进行教制改革，倡导应世教化，圆融出世间法与世间法，以求在新时代将普贤行愿精神更好地加以落实和弘扬。1927年，圣钦法师因培修接引殿从成都回峨眉山，应诸寺长老之请整理教务。七月初四，法师召集诸寺长老并函请峨眉县知事、各机关、各法团，于大佛殿召开全体大会，确立未来峨眉山教制改革的目标："一在淬历精神，革除风垢；二在兴办

---

[1] 圣航：《论佛教不振之原因》，载《南询集》，1935（1）。
[2] 清池：《四川峨眉县之佛教状况》，载《江南九华佛学院院刊》，第32期。

金顶"十方普贤"像（峨眉山佛教协会提供）

峨眉大佛禅院鸟瞰，远山即峨眉山（峨眉山佛教协会提供）

学校，作育人才；三在讲习宏通，敷扬教义。"①但除兴办教育后来得到了落实外，其他各项推行尤难，"盖由僧伽智识太劣，不明时局真理"，"加以恶习太深，碍难即行咸化"，"甚有不良分子，专于暗中捣乱"，有志之僧不愿起而担当，乃至有道有德之僧不能立足。因此，圣钦法师虽然不遗余力，"峨山事务，实难彻底澄清"，不独"整理各项无由数数实现"，甚至于"愈弄愈糟，乃至不可收拾。"②

1930年10月，太虚大师前来峨眉山朝礼普贤道场。经过数日实地考察，为峨眉山佛教提出了一个具体详细的改革计划，内容分为僧团之保安、寺僧之整治、僧徒教育、实业之兴办、交通之建施、灾病之慈济、教化之传布、古物之搜陈、胜迹之培修、科学之建设十个方面。离开峨眉山后，他又专门写成一份《峨山甲僧自治会大纲》寄给省府要员，"主张整顿峨山，筹设僧自治会"。兹不烦啰唆转引于下，以见太虚大师就峨眉山佛教改革的考虑之细与建议之周：

第一，以峨眉县所属峨山甲区域为范围，特设峨山甲僧自治会，以为特种地方自治之试办。

第二，该会由该区内寺僧选自治委员十三人至十七人组织之，但第一期由主管官署委任正副主席各一人、委员十一人试办之。

第三，该会以峨眉县县长为监督，并敦聘国中高僧为导师、省内佛学者为顾问以资策进。

第四，该会自治事业概举如下：

1. 僧寺规制所——僧：未成年沙弥，少年比丘，老年比丘。寺：大寺为修学或办公处、朝拜处，中寺为招待处或专修禅净处，小庵为布教处或自修处。

① 《峨眉县佛教会得人、果瑶师出关提倡，果硕、大极、满月、恒久诸师热心协办，省会长圣钦大和尚监督办理》，载《佛化旬刊》，第三年第94期。
② 《峨眉山佛教会复函》，载《海潮音》，第12卷第12期。

2.僧徒教育所——律仪院预科，授国民小学常识及佛教初步常识，未满十六岁行童入之，每年六个月。律仪院授国民中学常识及为养成僧格之训练，十六岁以上沙弥入之，每年四个月。律仪教理补习所，二十岁以上比丘入之，每年两个月。

3.寺僧实业所——分农林、药工、合作社各项，壮年比丘之不能办教务、布教化者可作之。

4.山寺交通所——道路轿竿夫役等。

5.僧团保安所——僧团已办，但须规定来山为僧者，在受比丘戒之前，必须充团员半年。

6.教化宣扬所——办农村小学、平民夜校、通俗图书馆、布教所、阅报所。

7.灾病慈济所——医院、疗养院、施诊施药所、乞丐感化所、灾难救济所。

8.古物搜陈所——搜集、保存、陈列、影印、流通。

9.胜迹培修所——调查、考证、培修。

10.科学建设所——蓄水池、发电机、汽车路等。

第五，合并万年寺三殿，恢复为普贤寺，以充峨山甲僧自治会会所，及僧寺规制所、僧徒教育所等。

第六，大寺如金顶各殿，可合并为朝拜处。大佛殿为教化宣扬所总机关，报国寺为律寺，伏虎寺为禅寺，洪椿坪为佛寺等。

第七，从调查寺数、僧数、屋量、产额、土质、气候等入手。

第八，其他。①

太虚大师改革的主要思路，是将峨眉山设定为一佛教自治区域，由僧人自己进行管理，自立、自养、自传，全面融入当代社会。受制于当

① 《峨山归来之太虚法师建议整顿峨山》，载《海潮音》，第11卷第11、12期合刊。

大佛殿（峨眉山佛教协会提供）

时的种种因素，太虚大师的教制改革计划很难具体实施，但对后来峨眉
山佛教的当代转型影响很深。其后峨眉山佛教的改革与发展，大抵未出
太虚大师的此一思路。

　　1937年，四川省佛教会主席昌圆法师受请来峨眉山"整理山风"。
昌圆法师在与当地政府、僧俗两界具体磋商后，提出了三个方面的建议：

　　第一，注重守戒：全山寺庙僧众不得吸烟饮酒、聚赌宿喝并以荤腥
待客、贪募缘法等事；至具足比丘，朔望日须诵《梵网经》及《四分律》，
以餐成僧宝的资格。

　　第二，提倡教育：在毗卢殿地点设立峨山佛学院，诸山至少送一人
来院学习佛法经典，以造就住持人才。

第三，办理交通：时省府已派风景管理区主任郑少琴携款两千元来山安置电话，各大寺庙速购电机以备使用；再各寺庙道路亦宜修理整齐，以维护交通而利朝拜居士。

由于昌圆法师在四川佛教界的特殊影响，此一"整理山风"的建议得到了一些推动，僧团的整体形象有所好转，佛教教育逐步走上正轨，维修山道也有了具体的行动。1937–1941年间，牛心寺传品法师应邀至朝鲜传法，受到热情接待；赵明松县长与圣钦和尚发起培修峨山道路，实绩显著；毗卢殿传授戒法，历时60余天，全国各地来此受戒者260余人；毗卢殿启建护国息灾法会，聘请著名高僧讲演《仁王护国》《菩提道次》诸经及《四分律》；峨山佛学院迁往圣积寺，教学逐渐走上正轨；果玲法师作为峨眉山代表参加了中国佛教会第八届全国代表大会，等。峨眉山佛教的社会影响与正面形象重新得到了认同。①

1941年，中国佛教会峨眉山名山区佛教会成立，公推报国寺果玲法师为理事长，遍详、德纯两位法师为副理事长，普超、演观两位法师分任正、副监事长。其成立宣言声称，该会将"以弘宣大法，实行教纲，发扬大乘救世精神，拥护政府抗战、建国"为目标，将峨眉山建成"世界唯一之佛化风景区"。具体主张有六：

第一，关系宣传教义方面，则主张普遍弘扬，不拘一宗一派之成见。

第二，关于办理僧教育方面，则主张研究佛教本义外，并提倡科学知识，以为修学之补助。

第三，关于整理教规方面，则主张慎收徒众、重视戒律，并努力大乘修持工夫，以崇佛制。

第四，关于维护寺院方面，则主张佛教人力、物力办理佛教事业，以不负施主之本意。

---

① 参见演妙：《民国峨眉山佛教初探》，14–15页。

第五，关于抗战方面，则主张成立救护队、青年团、宣传组，以尽国民职责。

第六，关于会务方面，则主张三年为期，注重实际，不重高调，按部就班，以免坐管不能起行之弊。

凡此种种，"皆本会今后力求实现者"，"故今后僧教育水准之提高、寺院之改良与适应需要之事，均为本会所深表赞□仰都也"，号召全体山僧化除我法二执，共同努力于这些内容的落实。[1] 平心而论，这些主张都非常有针对性，尤其是关于僧团建设的条目，从慎收徒众、重视戒律到强调修学、不偏教宗，以及自利利他、服务社会，称得上是标本兼治而可操作性又很强的教制改革主张，当可促进峨眉山佛教的健康发展。就中，有些主张获得了落实（如佛教教育、支持抗战等），有些主张则限于当时的社会旧习无法落实（如慎收徒弟、革新会务等），也就只是峨眉山高僧大德的一种愿景而已。

1945年，四川省政府批准设立峨山管理局，地址设于报国寺内，不但没有如太虚大师期望的放宽对峨眉山佛教的管制，反而加强了对它的控制。峨眉山佛教的教制改革，当然亦不可能按照自己的愿望彻底推开。

中华人民共和国成立后，撤销峨山管理局，先将峨眉山划归峨山特编村，后又划归县统战部门直管。1956年，峨眉山佛教协会成立，全山大小寺庙的人事安排由政府相关部门与峨眉山佛教协会协商调整，经济管理、寺庙建设、宗教活动等等仍由各寺庙自行负责。其管理体制总体上仍沿袭着传统各自为政的方式。

改革开放以后，峨眉山佛教的教制改革有了实质性的进展。1986年，峨眉山佛教协会第五届理事会讨论决定：以重点寺庙为中心，将全山寺庙划为六大片区，实行佛教协会和片区的两级管理体制。佛教协会是管

---

[1] 《峨眉名山区佛教会改选公推果玲为理事长，遍详、德纯为副理事长，普超、演观为正副监事》，载《佛化新闻报》第138期第3版。

理全山寺庙的实体，对报国寺、伏虎寺（辖雷音寺、纯阳殿、圣水阁、善觉寺、萝峰庵、中峰寺）、万年寺（辖息心所、慈圣庵、白龙洞、清音阁、广福寺）、洪椿坪（辖仙峰寺、牛心寺）、洗象池（辖遇仙寺、华严顶、初殿、雷洞坪）、金顶华藏寺（辖卧云庵、太子坪、接引殿）六个片区的人、财、物统一管理。各片区成立民主管理小组，负责管理本片区所属寺庙的工作。次年3月，第五届二次理事会上通过《峨眉山佛教协会寺庙管理办法》，将此教制改革用法规的形式固定下来，就各片区民主管理组织和寺庙执事人员的职责、僧尼的修学行持、佛事活动、僧人培养、财务管理、文物管理、物资管理、治安消防管理、环境卫生管理都做了非常具体的规定。各片区还结合自己的工作实际，制定了各自的具体管理办法。① 这是近代以来峨眉山教制改革飞跃式的进步，不独将峨眉山佛教纳入了真正意义上的统一管理，而且在突出民主管理、提高僧团素质、强化经济监督、倡导服务社会以及固定资产与人身安全等方面规定很细，这都是前所未有的。此次教制改革，为峨眉山往后的发展奠定了坚实的基础。1999年，峨眉山佛教协会第七届代表会议对此管理办法做了增补修订，除了强调全山寺院的教务、人事、经济、财产统一由佛教协会领导，根据峨眉山佛教的发展情况重新划分了片区，由原来的六大片区扩为十大片区：报国寺片区（辖萝峰庵）、华藏寺片区（辖卧云庵、太子坪、接引殿）、洗象池片区（辖遇仙寺、华严顶、雷洞坪、初殿）、洪椿坪片区、仙峰寺片区、万年寺片区（辖息心所、慈圣庵）、清音阁片区（辖牛心寺、广福寺、白龙洞）、伏虎寺片区（辖善觉寺、雷音寺、纯阳殿、圣水阁）、峨眉山佛学院、大佛禅院片区。其他管理细则略有增删，但是没有根本变化，仅仅只是就具体实施过程中遇到的问题的补充修订而已。②

大佛禅院竣工后，峨眉山佛教的管理中心移到该寺，下划片区管理

---

① 参见《峨眉山佛教志》编纂委员会：《峨眉山佛教志》，74—82页。
② 参见《峨眉山佛教志》编纂委员会：《峨眉山佛教志》，330—336页。

的模式不变。

（四）教育开展

兴办新式教育培育僧才，进而扩展到平民教育以服务于社会，既是对"庙产兴学"的变相抵抗，也是民国以来佛教应世转型的一种潮流。1927年，圣钦法师回峨眉山整理教务，"以兴办学校储育僧材为急务"，通过决议开办峨山初级佛学院，地点选在毗卢殿，圣钦法师任院长、传钵法师为院护，"凡僧徒有年轻在二十以下十二岁以上身体强健、确无嗜好者，一律均入院办案"[①]。但事实上，峨山佛学院1931年秋方才兴办起来，果瑶法师为院长、海奎法师为监学，学僧20名并为峨眉青年僧徒。[②]开学之日，寺中悬幡结彩，铺设庄严隆重，县知事裴绅之亲莅祝贺，并谕僧俗各界"毋在佛学院所扰乱秩序，倘有不遵该院，严拿送究，惩办不贷"[③]，"可谓该山空前未有之胜举"[④]。各大寺庙捐助田租40石作为办学经费，称为"学谷"。但峨眉山寺庙的经济各自独立、贫富不均，加之丰歉不定，各大寺庙拖欠"学谷"时时发生，佛学院办学经费常成问题。而又因为生源缺乏——当时僧尼多不热心入学，次年即在无形中停办了。

之后，佛学院时办时停。1934年，因香会不佳、经费短缺，刚刚恢复的佛学院再次停办。后经峨眉县长敖锡元力促复办，公推圣钦法师为院长、普天法师为教务主任。甫办一期，又将因无经费停止，幸得圣钦法师勉力维持，普天法师自愿预垫一期经费——等下年收租付还，方得维持。1935年，佛学院迁圣积寺，普天法师为院长、普超法师住持教务、仁光法师监学，招收学僧40名，按基础分为甲、乙两班：甲班以佛学为主，兼修文学；乙班以学习文化为主，并学佛教常识。师资力量较

---

① 《峨眉县佛教会得人、果瑶师出关提倡、果硕大极满月恒久诸师热心协办、省会长圣钦大和尚监督办理》，载《佛化旬刊》，第三年第94期。
② 《峨眉山成立佛学院》，载《佛化旬刊》，第三年第92期。
③ 《峨眉知事出示保护该县峨山佛学院》，载《佛化旬刊》，第三年第101期。
④ 《峨眉山成立佛学院》，载《佛化旬刊》，第三年第92期。

强，学僧早晚点名，学习比较正规。但因人事变动，几期之后复难为继。1940年，佛学院迁回毗卢殿，果玲法师为院长、妙伦法师负责教学工作，招收学僧40名，以《论说文范》为教材，兼带讲些浅显的佛学知识。到了1944年，因为某些管理僧人明取暗夺"学谷"，办学经费出现问题，"莘莘学僧二十余人流离失所，高德教职畏而退席"，佛学院不得不暂时分化学僧至各地安居过夏。[①]时任院长果航向县长呈文，得到政府的许可与支持，对峨山佛学院董事会做了调整，办学经费缘由报国寺、伏虎寺、洗象池、金顶、新开寺、九老洞、白龙洞、二坪等八家寺庙捐助，八家寺庙住持均为董事，另增纯阳殿、大坪、洪椿坪、毗卢殿、锡瓦殿等五家寺庙住持为董事，并增佛教会理事长宏顺法师、特编保保长果硕法师为董事，报国寺住持果玲法师、金顶住持圣观法师、九老洞住持传华法师为董事长，以确保办学经费不被侵吞及佛学院的有效管理。[②]为了提高僧人的国民素质，1946年3月，峨眉山管理局彭伯熙局长指示，峨眉山各寺庙学龄僧人需在峨山小学接受国民教育。许多学僧自幼生活在寺院，国民教育对其至关重要。首先是一国民，然后才是僧人，这是民国以来"人间佛教"倡行的观念之一。1947年，佛学院再迁伏虎寺。

　　自1927年圣钦法师提议至中华人民共和国成立，峨山佛学院时办时停，院址并不固定，初在毗卢殿，后迁报国寺、圣积寺、土主祠，再回毗卢殿，再迁伏虎寺。果瑶、大通、普天、普超、果玲、果航、圣观、寂高先后担任院长，果瑶、普超、海严、圣湘、妙伦、果春、遍能、许瑞卿、李蔚云先后担任教席，开设课程有佛教选读、佛教史、《孟子》《论说文范》等。但佛学院没有稳定的组织机构和师资队伍，没有明确的学制学额，没有系统的教学计划，"一直处于有人就办，无人就停的状况，

---

① 《关于峨山佛学院的情况、通告、章程》，峨眉档案局档案。
② 参见演妙：《民国峨眉山佛教初探》，19页。

办一期算一期"①。虽然如此，峨山佛学院在提高僧众佛学理论、培养弘法僧才方面多少还是有所成效，"由超定、圣观、慧空诸法师主持以来，迄今四周年，学僧甚众，成绩斐然"。寂高法师主持该院，聘请东方文教研究院杨寂生居士为教务长，分研究、普通二部，普通部又分甲、乙两组，课程充实，"学期成绩可观"。最关键的是峨山佛学院开办的曲折经历，为峨眉山佛教由传统的丛林教育向现代学院教育转型积累了宝贵的经验。②

改革开放以后，峨眉山佛教协会开始恢复佛教教育，连续举办了多期僧伽培训班，提高僧团的素质。1986年，由乐山佛教协会会长、峨眉山佛教协会名誉会长遍能法师提议，在乐山乌尤寺开办僧伽培训班，遍能法师任班主任（又称校长）、峨眉山佛教协会副会长昌勖任副班主任（副校长）兼训育主任，招收学僧20名，学制二年，课程设置有佛学、政治、古典文学、中国通史、书法等，经费由峨眉山佛教协会与乐山乌尤寺共同承担。1988年6月学习期满，毕业学僧14名。第二届僧伽培训班校址迁至峨眉山报国寺，由峨眉山佛教协会代管，承担全部教学经费，校长仍为遍能法师，副校长为宽明法师与何志愚居士，比丘班招收10名，尼众班招收13名，课程设置有佛学、赞咏、书法、文学、佛教史、中国通史、思想品德、寺庙管理等。1990年5月学僧毕业，各回原来寺庙。

经过几年的办学实践，培训班积累起了丰富的办学经验。出于峨眉山佛教事业发展的需要，更好地培养佛学人才，1990年7月，报请乐山市教育委员会批准，将僧伽培训班更名为峨眉山佛学院，遍能法师为院长，宽明法师和常清法师为副院长，果春法师为教务主任，传智法师为副主任，永寿法师为事务主任，校址设在峨眉山中峰寺，仍由峨眉山佛教协会代管，学制三年，课程设置以佛学课为主，同时学习政治、历史、

① 参见《峨眉山佛教志》编纂委员会：《峨眉山佛教志》，343-344页。
② 参见演妙：《民国峨眉山佛教初探》，20页。

文学、寺庙管理等，实行"学修一体化，管理丛林化"。第一届招收学僧46名，比丘班21名（在中峰寺），尼众班25名（在伏虎寺）。为了加强教学管理，佛学院制定了《峨眉山佛学院管理条例》《教学暂行条例》《班主任岗位责任暂行办法》《学习成绩管理暂行条例》《峨眉山佛学院学僧守则》等一系列规章制度，师资队伍、教学计划、课程安排都有严格的要求，其系统与完善是峨眉山兴办教育以来前所未有的。1993年7月，首届学僧顺利毕业36名。同年9月，第二届新招44名学僧开学。1996年，学院改为学前班、正修班两级制：学前班定期一年，学习内容为严肃僧相、僧行、殿堂佛事、寺庙丛林化管理，佛学讲授因机设教，力求浅显易懂，主要是为正修班打好基础。正修班规则不变。第三届学前班招收学僧59名，正修班招收学僧55名，范围覆盖到了全省。[①]峨眉山佛学院事实上已经具有了省佛学院的色彩。

2003年11月，经四川省宗教事务局批准，"四川省佛学院"合并至峨眉山，原"峨眉山佛学院"更名为"四川峨眉山佛学院"。2006年9月，学院迁至峨眉山大佛禅院，成为四川省佛教教育最高学府。2012年2月，经国家宗教事务局审核，学院符合高等宗教院校办学条件，准予升级为四年制本科高等佛教院校，并同意恢复"峨眉山佛学院"的原名。与此同时，学院开始了研究生教育的尝试，聘请了宗性法师、湛如法师、智海法师、法光法师、向学法师、圣凯法师、陈兵、魏道儒、黄夏年、段玉明、傅新毅等佛学研究领域的一流学者担任本院研究生导师。班级规模则由原来的两个扩大为七个，完成了预科、本科、研究生三级佛教教育体系建设。学院以"智行悲愿"为院训，实行院长负责制，院长为永寿法师，副院长为满霖、隆藏、法源、演法诸位法师，下设办公室、教务部、研究生部、训导部、培训部五个职能部门；预科培养以坚固信仰、

---

① 参见《峨眉山佛教志》编纂委员会：《峨眉山佛教志》，346—350页。

树立正见为目标，本科培养以夯实基础、开阔视野、掌握佛法修学的基本方法为目标，研究生培养则以精深佛学、融通教理教行为目标；课程设置以佛学与世学为主干，辅以公共基础课程、专业基础课程、专业核心课程以及专业选修课程四个板块。恢复办学以来，学院已顺利毕业学僧600余名，在全国各地的佛教领域发挥各自的影响。峨眉山佛学院已经成为全国汉传佛教教育著名的学院之一，在培养造就爱国爱教、具有相当佛教学识、献身佛教事业的教职人员方面成绩卓著。

与佛学院教育相得益彰，佛学研究同时也在峨眉山展开。若欲佛教常驻于世，必有深明佛法义理的僧伽，且能真实依法生起大乘行、生起利他的广大行，否则不能完成此一重任。于是，1937年6月，一批社会名流（如戴季陶、李其相、刘自乾、傅真吾、刘肇乾、何北衡、吴梦龄等）与高僧大德（如印光、太虚、传钵、智光、遍能、定超、性空、圣观、普超、果瑶、果玲等）发起筹组峨眉佛学研究社，宗旨是集合全国佛学大家及有名人士精研教理、修持心宗，与全山寺院共同弘扬正法，引领民众救济国家与社会，社址设在毗卢殿，每半月开常务会议一次，每年暑期开全体会员大会一次，会员必须护持本山一切公益事宜。[1]就机构设置而言，佛学研究社重点是在"弘法"与"慈善"两科。前者要求佛学研究社同仁自觉承担起复兴佛教的责任，尤其是在佛学与教育两方面尽其绵力。后者要求佛学研究社同仁自觉承担起公益服务，支持佛教的社会救济事业。峨眉佛学研究社的成立，改变了峨眉山佛教的传统弘法模式。遗憾的是，相关的资料很少，研究社的详细情形与实际效果不能跟踪。[2]

（五）经济管理

民国时期，峨眉山寺庙虽有房派亲疏之分，经济却一直是自主管理，

---

① 《峨眉山佛学研究社章程》，载《四川佛教月刊》，第七年第9期。
② 参见演妙：《民国峨眉山佛教初探》，20–21页。

乃至为了庙产发生纠纷、诉诸法律。地租收入在寺庙经济中比重很大，年收在2730石左右。其中，报国寺份额最多，其次为金顶、洪椿坪、仙峰寺、万年寺、洗象池等。地租以外，来山朝拜的居士捐献，接待香客游人的食宿，以及僧人参加农副业生产（如种植药材、茶叶，生产雪魔芋等），也是寺庙经济的重要组成部分。[①] 针对山寺经济管理混乱的情形，峨眉山高僧大德引入了了新的管理理念：首先，进一步明确山寺产权的界限，实行严格的属地管理，"综计全山之面积，约达二十万亩，森林之主产物及副产物，概属各该寺庙所享受"[②]；其次，募化所得专款专用，"无论何人，不得假借名义，擅自挪作别用，即常住经常用款，亦不能在新收捐款之内动支分文"[③]。虽然在具体操作中未必能够尽如人意，有的甚至只是设想，但其在传统经济管理模式中求变的思路则有很浓的现代特色。

　　中华人民共和国成立后，峨眉山僧被编成六个生产单位从事生产，自给有余。1954年后，伴随朝山香客与游人逐年增多，各寺经济收入不断增长，1957年全山总收入达15万元，之后跌至并徘徊在两三万元之间。1975年，峨眉山管理处成立，1979年改为峨眉山管理局，寺庙成为旅游接待场所。1982年，旅游公司成立，僧人参加旅游接待，与公司员工同工同酬。1985年往后，寺庙陆续移交僧人管理，由门票收入、宗教收入（捐献功德与佛事收入）、接待服务收入组成的寺庙经济增长很快。1985-1994年，全山总收入达4700多万元，以后每年以10％的速度递增，基本上能够满足峨眉山佛教的整体开销。所有经济收入由佛教协会统一安排使用，严格遵循财务制度，接受有关部门的监督检查，主要用于日常

---

① 参见《峨眉山佛教志》编纂委员会：《峨眉山佛教志》，71页。
② 吴志曾：《峨山寺庙林》，载《农业推广通讯》，1943年第5卷第4期。
③ 大勇：《四川峨眉山护国圣寿永时华藏寺重修金顶普贤铜像殿募捐疏》，载《海潮音》，第7年第1期。

开支、全山寺庙的维修以及扶贫、救灾、助学等慈善公益事业。[1]寺庙经济的管理最终完成了由传统向现代的转型，历史上各寺之间经常性的经济纠纷不再出现。

（六）慈善服务

民国时期是近代中国社会最为动荡的时期。在天灾人祸不断、中西观念冲突交融以及近代佛教寻求复兴的社会背景下，佛教慈善事业因"庙产兴学"的直接威胁和社会现实的需要，较之于古代的环保、施医、济世等活动获得了前所未有的推展。具体到峨眉山，可以从慈善事业的制度化、组织化、具体化几个方面得到体现。

第一，佛教慈善事业的制度化。峨眉山佛教寺院历来没有统一的领导机构，各自独立，自主管理。1928年，四川省峨眉县佛教会成立，1937年更名为中国佛教会峨眉名山区佛教会，直属中国佛教会，佛教慈善事业作为一个整体性事业有了一个协调、服务型的后盾。1930年10月，太虚大师应邀赴川，游览峨眉山期间，以《峨山僧自治刍议》为题在峨眉县佛教会作了精彩的演讲。其第一款"峨山甲僧自治会"中的戊、己、庚条，涵括了修复山道、施药济医、办学助教等慈善设想。[2]这是太虚大师游学峨眉后针对峨眉山实际提出的改革措施。其后，在《峨山甲僧自治会大纲》中，他又建议增设教化宣扬所、灾病慈济所、科学建设所，以便更好地服务社会。这样，传统散漫的峨眉山佛教慈善事业便有了制度性的设计，为以后峨眉山佛教组织开展慈善活动确定了方向。峨眉山佛教组织此后开展的慈善活动，也基本是在此一制度性的设计范围之内。

第二，佛教慈善事业的组织化。1937年6月通过的《峨眉山佛学研究会章程》规定，研究会下设立总务、行持、弘法、慈善、森林、交通

---

[1] 参见《峨眉山佛教志》编纂委员会：《峨眉山佛教志》，71-72页。
[2] 太虚：《太虚大师全书》，北京：宗教文化出版社，2005年，第19册，321-328页。

各组。慈善组设组长一人，分设救济科、卫生科二科，各设主任一人。[①]峨眉山佛教的慈善事业由是有了专门的组织机构。1944年5月，由峨眉县政府出面成立社会救济事业协会，县长孙业震兼主任委员。1946年分设理监事会，会员有县施济所、天主堂、福音堂、峨眉佛教协会等团体和20名个人，经费由各团体与会员负担。峨眉山佛教会以组织的形式参与到了社会慈善团体之中，与天主堂、公益慈善事业委员会、中医师公会义诊所、福音堂等联合，拨出和募集经费，开展了施药于穷人、收养孤儿、开办学校等慈善活动。其中，峨眉山佛教会开办小学一所，天主堂施药162人，中医师公会义诊2738人、施药500余剂。[②]这些慈善活动取得了很好的社会效果，得到了中国佛教会的认可和赞许。[③]救济院是民国时期峨眉山佛教救济弱势群体最为稳定的组织。据文献记载，宣统二年（1910）峨眉报恩寺已经设立了习艺所，分为幼孩、教养二厂。1936年11月，峨眉山佛教在习艺所的基础上成立了救济院。1944年救济院改名为施济所，重点转向医药救助。1945年1月至8月，共施医2460人、施药822剂。除施医、施药外，施济所每年农历五、六两月还在所外设缸施茶。[④]1947年施济所改名为施医所，逐步改由政府主导，1948年6月成立峨眉县救济院，院址由报恩寺移至西坡寺，经费列入县财政预算，最终成了政府慈善事业的一部分，地点仍在寺庙之中。[⑤]

第三，佛教慈善的具体化。在中国佛教慈善事业中，僧人和寺院一直占据主体地位。体谅民众疾苦，发扬佛教予乐拔苦精神，并利用其在信众心中的崇高地位，以及拥有一定庙产作为经济支撑，佛教寺院与僧

---

① 《佛学月刊》，1937（9）。
② 参见峨眉县志编委会：《峨眉县志》，成都：四川人民出版社，1991，195页。
③ 《中国佛教会会报》，1936（10）。
④ 参见峨眉文史资料委员会编：《峨眉文史》第四辑，峨眉：峨眉文史资料委员会，1988，32页。
⑤ 参见峨眉县志编委会：《峨眉县志》，195页。

众在弘扬佛法的同时，无不致力于各种社会慈善活动。民国时期的峨眉山高僧大德在扶危济困、修桥补路等方面，留下了很多令人赞叹的事迹。源照法师重修牛心寺后，于寺右种植杉树万株，一备将来维修寺院之用，二可绿化山寺、荫及游人。传华法师住九老洞期间，整修洪椿坪至九老洞、九岗子山道80多里。[①] 圣钦法师重修接引殿、兴办佛学院外，修复山中道路"自山麓至金顶直上百余里"[②]。1928年，峨眉遭受特大旱灾，连带导致特大饥荒。在此次赈饥的过程中，峨眉山九老洞僧人发挥了巨大作用，不只提供了寺院周围的竹籽供人充饥，同时还有其他相关的慈善活动，诸如让众多采摘竹籽的人在寺中歇息、住宿乃至饮食等。[③] 近代中国战乱不断，灾难频发。举办多种形式的法会为众生消灾祈福，是佛教慈善的一种特殊方式。在这一方面，峨眉山佛教表现也很积极。特别是在全面抗战期间，各寺院及法师为抗战中的阵亡将士与同胞举办了多次大型法会。1939年，神水阁普智老和尚"率领常住行愿等专修长闻净土法门，为追悼前方抗战阵亡将士及死难同胞"。[④] 同年，"七七事变"两周年时，洪椿坪启建追悼法会，"传钵老和尚召集各寺僧众修建七七纪念追悼法会，僧等奉命之下，于讽经、诵咒一切法事，较通常自修护国息灾更加严肃"[⑤]。1940年"七七事变"纪念日，长老坪合寺僧众启建道场，祈祷抗战胜利，"爱国之心亦不后人"[⑥]。同年，初殿启建护国息灾水陆法会，由圣钦法师主法，"超荐连年抗战阵亡将士及被难同胞，并祈最后胜利"[⑦]。1941年，峨眉山启建全国护国息灾金刚法会。法会的组织者——峨眉山佛教会在《西北佛教周报》发布启事，"为国祈愿抗战胜利，

---

① 参见峨眉县志编委会：《峨眉县志》，249页。
② 《佛教日报》，1936-7-11（1）。
③ 参见峨眉文史资料委员会编：《峨眉文史》第四辑，27-28页。
④ 《佛化新闻》，1939-3-23（1）。
⑤ 《佛化新闻》，1939-8-3-1（1）。
⑥ 《佛化新闻》，1940-1-12（1）。
⑦ 《佛化新闻》，1940-8-1（1）。

并超荐阵亡将士及被难同胞"，希望得到社会各界的支持。[1] 消灾祈福法会具有心理抚慰的功能，可以稳定社会与人心。这是宗教慈善事业中不可替代的一种慈善活动。

近代以还，佛教界致力于复兴佛教，无不把慈善救济事业放在重要的位置，峨眉山佛教也不例外。民国以前，峨眉山佛教慈善主要是僧众的个人行为，这种慈善受到佛教布施观念及以后形成的救济观念的推动。降及民国，僧众的个人慈善行为和佛教团体的慈善活动并存，即使已经有了现代慈善的色彩，但依然带有浓郁的传统佛教氛围。从传统慈善过渡到现代慈善、真正转型，则要等到2013年峨眉山行愿慈善事业基金会的成立，其制度性、专业性、透明性方才有了严格的规范与保障。[2]

在传统佛教慈善事业的基础上，2003年，峨眉山佛教协会成立了菩提心互助功德会，2008年更名为峨眉山佛教慈济功德会。至2013年7月，经过十年的风雨历程，四川省民政厅批准成立峨眉山行愿慈善事业基金会，在四川省民政厅和宗教局的管理指导下，严格按照国务院《基金会管理条例》的规定开展赈灾、助学、济困、悯孤、养老、助残等慈善活动，以及依法开展其他社会慈善公益活动。峨眉山佛教慈善事业从峨眉山佛教协会下设的慈善机构，发展成为具有独立法人资格的峨眉山行愿慈善事业基金会，既是峨眉山传统慈善事业的转型，更是峨眉山传统慈善事业的升华。

（七）山志编撰

明清山志大多出自文人学士之手，他们不一定谙熟佛教，有偏离僧人本位立场的问题，对峨眉山这座由道转佛的佛教名山来说更是如此。故在重新编撰《普陀山志》《五台山志》后，印光法师令其皈依弟子许止

---

[1] 《西北佛教周报》，1941-8-3，2-3页。
[2] 此一部分主要参见释昌林：《建国以前的峨眉山佛教慈善事业》，载段玉明主编：《佛教与民俗》（第二辑），北京：宗教文化出版社，2019，312-335页。

净也对《峨眉山志》进行重新编撰。在《重修〈峨眉山志〉流通序》中，印光法师言其指导思想：

四山旧志，唯《五台》最佳，《普陀》次之，《峨眉》又次之，《九华》最居其下。良以三山志皆属不通佛学之儒士所修，故致买椟还珠，敬卒隶而慢主人，只在山之形势变幻处致力，不在菩萨兴慈运悲、拔苦与乐处形容。志山而不志佛，颠倒行事。虽有其志，不能令见者闻者增长善根，种菩提因。

秉此宗旨，许止净重新编撰《峨眉山志》时，着意突出了峨眉山作为佛教名山、普贤道场的地位，专列《菩萨圣迹》一卷，下分"释名""修证""德相""法要""利行""应化"六个小目："释名"解说普贤称名，"修证"节录佛经以明菩萨因地修证工夫，"德相"节录《华严经》以赞菩萨德相不可思议，"法要"全录《普贤行愿品》以明菩萨法要内核，"利行"节录《法华经》《观普贤菩萨行法经》以明菩萨卫护行人，"应化"以明菩萨俯应群机、于十方法界随类现身。此外，明清旧志转引《华严经》称西南光明山有贤首居之，然此"西南"本为天竺西南，非中国西南。印光法师认为这是"援经而深悖于经，是欲令人生信，而反致人起疑也"，十方法界皆可作菩萨道场，"然欲众生投诚有地，故特于峨眉山示应化焉"，不必拘泥于经文。① 旧志所载殊多讹谬，如千岁宝掌传说、智者大师驻锡、三藏法师问法等，均属不经之说，"无所依据，遂致以讹传讹"。这些都在许止净编撰的《峨眉山志》中做了修订。当然，基于佛教名山的立场，有关道教的记载很多也被删去。其编排体例，则以弘扬佛法为主，山水形胜、寺庙古迹为次，艺文物产居于末流。艺文之中的僧家塔铭、寺庙碑志之类，被拉出来归入"历代高僧"与"王臣外护"之中。

---

① 印光：《重修〈峨眉山志〉流通序》，载许止净：《峨眉山志》。

虽然有上种种修订，但总体上许氏《峨眉山志》较蒋超《峨眉山志》增益不多。全书分为八卷十目，分别是：

卷一"星野图说"：主要叙述峨眉山的地理方位与山势概略。其中，"星野"部分基本同蒋超《峨眉山志》卷一，"图说"部分全抄黄绶芙、谭钟岳《峨山图说》。

卷二"菩萨圣迹"：引证佛典以彰普贤菩萨功德事迹，属于新增。

卷三"全山形势"：征引典籍有关峨眉山的记述，分述全山峰、岩、台、石、冈、洞、坡、坪、溪、河、沟、池、泉井，附山道、水道、行记。内容基本同蒋超《峨眉山志》卷二，但删去了"诸经发明"的绝大部分，增加了范成大、胡世安、江皋诸人行记（并从蒋志别卷移来）。

卷四"寺庵胜概"：记述峨眉山寺庙的兴衰沿革；"感应灵异"：记述峨眉山佛光、圣灯之类灵异。前者同于蒋超《峨眉山志》卷三，后者增附何式恒《佛光辩》《佛灯辩》、蔡毓荣《游峨眉山记》、廖太亨《佛现鸟赋》。

卷五"历代高僧"：记述峨眉山历代高僧，同蒋超《峨眉山志》卷四，唯多七篇高僧塔铭、一篇开堂缘起、三篇居士传略（并从蒋志别卷移来）。

卷六"王臣外护"：记述历代王臣名流敕赐碑颂；"仙隐流寓"：记述历代神仙隐逸传说事迹。前者见于蒋超《峨眉山志》卷七、卷九，后者同蒋超《峨眉山志》卷五（但较蒋志更少，删去了如天真皇人、文昌、葛由等）。

卷七"古今艺文"：收录历代赞颂吟咏峨眉山的诗文，同蒋超《峨眉山志》卷九至卷十七，但被删去很多。

卷八"动植物产"：记述峨眉山鸟兽花木、奇珍异产；"蒋编志余"：蒋志旧有杂记部分。前者同蒋超《峨眉山志》卷六，后者同蒋超《峨眉山志》卷十八。

由上不难看出，许止净《峨眉山志》除了转变编撰立场之外，没有超越前志很多。印光自言"只按旧志及诸经传而为证订，至于近来名德及新建筑，概不加入，以免逸轶名德之咎、挂一漏万之讥"，诚非谦辞。故丁培仁先生认为："印光新志的特色并不在于增加了什么新材料，而是在佛教思想和特定的观念模式指导下，重新组织材料，赋予山志新的结构，从而达到以佛教文化为主线来志山、弘扬佛法之目的。"① 因为过于强调该志的佛教立场，一些别有意味的材料以及很多游记佳作被其删略，则是该书明显存在的一大憾事。②

许止净《峨眉山志》成书以后，由苏州弘化社排印，线装两册，书首印光《序》写于1934年。因为蒋超《峨眉山志》不易寻读，该志非常流行，成了信众、游客了解峨眉山的必备之书。

1947年，刘君泽又有《峨眉伽蓝记》一书，"仿杨衒之所作，以寺名篇，搜集史材，分隶各寺"，共记当时峨眉山寺庙72座，"旨在订讹补阙，庄严名山，有关佛法必详述之，非佞佛也；傅会圣迹，必明辩之，恐诬佛也"③。该书记述寺庙甚详，已经成为研究民国峨眉山道场的重要资料。但对僧伽组织、佛教教育、宗教活动、社会生活概不涉及，不属完整的民国《峨眉山志》。

中华人民共和国成立后，尤其改革开放以来，峨眉山佛教发生了很大变化，旧有山志已有不适。于是，1996年4月，峨眉山佛教协会成立了《峨眉山佛教志》编纂委员会，会长宽明法师任主任，副会长永寿法师、通孝法师与峨眉山市宗教局局长袁学锋为副主任，成员有照空法师、罗联斌等20余人，礼请遍能法师、隆莲法师、焦贤虎、陈永义、李东鳌、

① 参见丁培仁：《历史上的〈峨眉山志〉与佛教文化》，载永寿主编：《峨眉山与巴蜀佛教》，151-157页。
② 参见业露华：《印光与〈峨眉山志〉》，载永寿主编：《峨眉山与巴蜀佛教》，146-1150页。
③ 刘君泽：《峨眉山伽蓝记自序》，转见《峨眉山佛教志》编纂委员会：《峨眉山佛教志》，615页。

骆坤琪为顾问。编委会下设编辑组，列入佛教协会的工作机构。本着远略近详的原则，着重记述中华人民共和国成立以来峨眉山佛教的发展变化，范围限于与峨眉山佛教有关的人和事。前后历时5年，于2001年脱稿付印，2003年作为内部资料流通。全书分为"寺院""僧伽""组织""教育""宗教生活""社会活动""文物""艺文"八章，篇首有"概述"（附菩萨圣迹）"大事记"（1950–1997）两则，篇尾有"附录"（峨眉山序记选粹）一则，内容非常完整详细，其所汇辑的各种档案材料（规章制度、通知报告、登记表格、人员名册、大会决议、讲话致辞等）尤其珍贵，已经成为研究当代峨眉山佛教的主要依凭。《峨眉山佛教志》的编撰，不只是"填补了峨眉山有史以来无佛教专志的空白"，"而且为今后编写全国佛教志提供了丰富的素材"[1]。

民国建立以来，峨眉山佛教在一百余年的天翻地覆中经历了前所未有的曲折与调适，最终完成了从古代封建体制向现代体制下的转型。在考察峨眉山佛教历史时，这种艰难时刻与艰难环境中的适应、转变与更新能力，被美国学者詹姆斯·哈格特视为另一重要的主题。[2]

二、峨眉山佛教的当代蓝图

进入21世纪，伴随金顶维修工程的完成与大佛禅院的竣工，峨眉山佛教协会顺应时代需要，制定了"三个中心""五妙共相"的"人间佛教"建设蓝图。

所谓"三个中心"，即以金顶华藏寺为中心的"朝圣中心"、以万年

---

[1] 《峨眉山佛教志》编纂委员会：《峨眉山佛教志》，骆坤琪《序》，3页。

[2] James M. Hargett，*Stairway to Heaven：A Journey to the Summit of Mount Emei*，Albany：State University of New York Press，2006，p.195.

寺为中心的"修学中心"与以大佛禅院为中心的"文化中心"。用永寿法师的形象比喻,"朝圣中心"是普贤菩萨的头,代表"佛宝";"修学中心"是普贤菩萨的心,代表"法宝";"文化中心"是普贤菩萨的足,代表"僧宝"。1986年完成全山统一管理的教制改革后,仅仅是出于管理需要的佛教协会与片区两级管理,缺少一个宗教逻辑的整体包装,容易陷入事务性的琐碎事相之中,淡忘峨眉山作为佛教名山的根本旨趣。以普贤道场为核心,"三个中心"从性相、理事、体用三个方面对峨眉山佛教要素进行整合与圆融,是继全山统一管理的教制改革后峨眉山道场建设的又一次重大突破,也是峨眉山佛教发展史上第一次弥合形而上与形而下两种资源的尝试。借此诠释山寺不再只是自然与建筑,而是普贤道场的具体体现;普贤道场也不再只是空泛的概念,而是蕴藏于整座山寺中的内在精神。《华严经》之事法界、理法界、理事无碍法界、事事无碍法界都在峨眉山的整体呈现中展现给了信众与游客,是否能够圆融切入则要看信众与游客的根性。山即一座,由相见理,即事而真,事理圆融。①

所谓"五妙共相",即与峨眉山佛教密切相关的五种世俗文化(音乐、茶道、素斋、武术、文艺)。峨眉山佛教音乐是佛教梵呗的继承和发展,唱腔有"四川腔"与"下江腔"之分:"四川腔"流行于四川、重庆、贵州、云南大部分寺院,"下江腔"流行于北方和江浙一带。改革开放以后,峨眉山老一辈僧人回山重振家风,带来了空林、宝光、昭觉等丛林的梵呗,在峨眉山形成了"南腔北调"的风格。② 近年来,峨眉山佛教协会对传统梵呗加以创新,邀请音乐专业人士以其为基础创作音乐作品,并举办各种佛教音乐会,有效地扩大了峨眉山佛教音乐的社会影响。峨眉山茶道

---

① 参见昌林、王荣益:《论当代峨眉山普贤道场"三个中心"建设理念与实践》,载峨眉山佛教协会编:《历代祖师与峨眉山佛教》,18-32页。
② 按,关于伏虎寺的佛事音乐,葛静《峨眉山伏虎寺佛事音乐研究》(西南大学硕士学位论文,2015)一文有专门考察,可参看。

源头很早，据说昌福禅师曾经编有《峨眉茶道宗法清律》，后来，圣水阁果悟禅师又曾编有《茶之缘》。茶道不仅是峨眉山僧众修身养性、参禅悟道的特殊方式，也正成为峨眉山香客游人息心静虑的绝佳趣好。峨眉山素斋源远流长，最大特点是材料取自本地、不受污染，菜品多达100余种，做工精细，大佛禅院的罗汉大斋、万年寺与圣水禅院的泉水豆花、仙峰寺的雪水泡菜以及金顶的雪魔芋都是久负盛名的佳肴。峨眉武术与少林武术、武当武术被誉为中华武术三大流派，渊源可追溯到创立峨眉通臂拳的"白猿祖师"，后又有白云禅师创立的峨眉十二庄、德源长老创立的白眉拳。匾囤法师的拳棍曾在苗疆大显神威，被当地人"尊而神之"。据说德源长老著有《峨眉山拳术》，湛然法师著有《峨眉拳谱》，系统总结过峨眉山拳术。淮阳巡抚唐顺之《峨眉道人拳歌》，则是其观看峨眉通臂拳后的诗作。[①]2010年，为了保护传承此一国家级非物质文化遗产，也为峨眉武术爱好者建立一个心灵家园，峨眉山佛教协会发起成立了"峨眉山武术联合总会"，以使此一文化瑰宝发挥更好的社会影响。峨眉山书画、诗歌、建筑、园艺等艺术，形式多样，内容丰富，数量庞大，价值深厚，已经成为峨眉山历史文化的宝贵财富，不仅可以吸引热爱艺术的香客游人，而且可以吸引当代艺术家来峨眉山展示才艺。在这一方面，峨眉山佛教协会已经积累了很多成功的经验。[②]

　　以"三个中心"构架整体，以"五妙共相"应世化俗，将出世与入世融为一体，"化人"与"人化"融为一体，形而上与形而下融为一体，普贤精神与峨眉山色融为一体，最后达至"一座名山，三个中心、五妙共相"的整体发展格局，借此形成峨眉山佛教融"人间净土"与"心灵

---

① 参见林立：《从峨眉山的人文历史谈峨眉武术的起源与发展》，载峨眉山佛教协会编：《历代祖师与峨眉山佛教》，56—62页；代凌江：《峨眉山武术演进过程及文化特征研究》，成都体育学院硕士学位论文，2013。

② 参见汤明嘉、王荣益：《试论峨眉佛教"五妙共相"与建设"人间佛教"》，载峨眉山佛教协会编：《历代祖师与峨眉山佛教》，33—42页。

家园"为一体的"人间佛教"模式，这就是峨眉山佛教展示给我们的当代蓝图。基于已经取得的一些成就，我们有理由期待此一蓝图最终变为当代信众高度认同的现实。

结语：“志山”与“志佛”

一

远古时期，中国人普遍相信天地之间被一些大山支撑着，他们把这些大山称为“天柱”。《淮南子·天文训》称：“昔者，共工与颛顼争为帝，怒而触不周之山，天柱折，地维绝。天倾西北，故日月星辰移焉；地不满东南，故水潦尘埃归焉。”由于不周山被共工撞倒，西北天空倾塌，日月星辰涌向西北；维系大地的“地维”断绝，东南大地陷落，水潦尘埃尽归东南。这是远古先民对中国天象地势的一种朴素解释，也是一种带有自然信仰特性的内在情感。“天柱”观念的发展演变，即形成了后来的“五岳”崇拜体系，最终选定东岳泰山、西岳华山、北岳恒山、南岳衡山、中岳嵩山五座名山。

在昆仑神话中，人们还普遍相信昆仑山是上达天庭的梯子。《淮南子·坠形训》：“昆仑之丘，或上倍之，是谓凉风之山，登之而不死；或上倍之，是谓悬圃，登之乃灵，能使风雨；或上倍之，乃维上天，登之乃神，是谓太帝之居。”沿此山上登，到达凉风可以长生不死，到达悬圃可以获得呼风唤雨的灵力，而到达"太帝之居"的天庭则可成为神仙。由此推开，中国古人相信，每一座山都有圣性，都有神灵居于其上。在《山海经》中，每一座山都被赋予了神圣的色彩。

圣山观念被道教吸收后，形成了所谓的"洞天福地"，专称有神仙真人居于其中的一批名山洞府。道教相信，那些神秘莫测的圣山是最好的修行场所。道教所谓"仙"，写作"仚"，即人在山上；亦写作"仚"，即入山修行。东汉时期，张陵于四川创立五斗米道，设"二十四治"（即24个传道据点）。至张衡、张鲁时，随着五斗米道势力的扩张，又增加了8个配治、8个游治，形成"四十四治"。在"八品游治"中，峨眉山被列在首位。也就是说，峨眉山在道教创立之初，已经成了非常著名的道教名山。至两晋南北朝，道教复有"十大洞天""三十六小洞天""七十二福地"的说法。峨眉山为"三十六小洞天"中的"第七洞天"，一名"虚灵洞天"，一名"灵陵太妙洞天"。由此看到，汉晋南北朝时峨眉山主要是作为道教"仙山"而知名于世的，在道教所谓的"洞天福地"系统中占有重要的位置。

与"仙山"匹配，峨眉山衍生出了许多神仙传说。《魏书·释老志》称：道教初传时，峨眉山有天真皇人授道于黄帝。《列仙传·葛由传》称：周时，有葛由者，隐于峨眉山中，后得仙道。皇甫谧《高士传》称：春秋时，陆通也曾隐于峨眉山，而后成仙。此外，如瞿武、丁次卿、紫阳真人等都在峨眉山上得道成仙。从天真皇人、葛由和陆通等传说的时间来看，至少在魏晋南北朝时期，峨眉山上的神仙真人传说已经相当流行，由此可以看出道教当时在峨眉山兴盛的程度。依文献称，峨眉山还藏刻有许多道教秘籍。如《天真皇人九仙经》《太上飞行羽经》《三皇经》《三十九章经》《八道命籍》《丹经》等道教秘籍，这些秘籍不是被刊刻在峨眉山上，就是被藏于峨眉山中。类似的传说和记载说明，在道教早期的传播发展过程中，作为"洞天福地"之一的峨眉山有着很高的地位。

隋唐时期，峨眉山道教依旧十分兴盛，产生了一批著名的道士。在隋唐文人的诗文中，我们很容易发现这些峨眉山道士的名字，如蔡玮《唐东京道门威仪使圣真玄元两观主清虚洞府灵都仙台贞元先生张尊师遗烈碑》中提到的王仙卿、司空曙《送张炼师还峨眉山》中提到的张炼师、鲍溶《寄峨眉山杨炼师》中提到的杨炼师、施肩吾《天柱山赠峨眉田道士》中提到的田道士、韦庄《赠峨眉山弹琴李处士》提到的李处士等。这些道士文化修养很高，每与文人墨客、社会名流过往甚密。峨眉山道教仙真传说延至唐代依然兴盛。据传，唐初时候，"药王"孙思邈为避太宗和高宗而隐于峨眉山中。作为"八仙"之一的吕洞宾，传说也曾游于峨眉，并于山中神水阁大石上刻有"大峨"二字。杜光庭《神仙感遇传》称：有宋文才者，游峨眉山，遭遇仙人，相邀而游仙洞。不难看出，直至唐末，峨眉山仍被人们认为是一个可以寻访到神仙的"仙山"。根据种种记载，隋唐峨眉山是炼养道士乐于选择的地方。李德裕《黄冶赋并序》称：唐文宗（827-840）时，来峨眉山与青城山修炼金丹者多达"千余"，其为炼养道士的理想之地可知。总之，隋唐时期道教在峨眉山上仍然具有很大的影响。

峨眉山是一座自然地理之山，更是一座圣山崇拜体系中的宗教名山。其所积淀的神圣资源，注定要在宗教中得到彰显与扩大，先是道教，后是佛教。换句话说，无论是道教还是佛教，就其宗教文化整体而言，这些神圣积累都被深深地裹卷在其内核之中。去除它们，峨眉山即不再是传统印象中的峨眉山，我们所谓的佛教名山也将在此一缺失中失去根基。就此而言，峨眉山佛教史首先应该是"山"的历史，其次才是佛教名山的历史。印光大师批评五台、峨眉、九华三山旧志"只在山之形势变幻处致力，不在菩萨兴慈运悲、拔苦与乐处形容""志山而不志佛"，相对于五台、九华两山旧志或有见地，但用以斥峨眉旧志则或甚过，因为峨眉山本身就是一座由道转佛的圣山，其历史血脉中流淌着传统的神圣基因，而非五台、九华两山乃至普陀山的相对纯如。正如美国学者詹姆斯·哈格特所说：人们在峨眉山活动的漫长历史总是保持着一个动态的质量。没有单一的峨眉山"实相"，因为在几个世纪里人们带着各自的背景与观念或旅行或居住在那儿，并以各自不同的方式与峨眉山发生互动，不同的人对峨眉山的"真面目、真意义、真功用"，回答是各不相同的。①在观照峨眉山佛教的发展演变历史时，这是始终应该保有的视角，否则就会扭曲它的成长过程、萎缩它的生命意义。

二

原始佛教没有圣山崇拜的传统，佛经中屡屡出现的灵鹫山（即耆阇崛山），只是释迦牟尼当年的说法之地，并不带有圣山崇拜的神圣积累。

佛教传入汉地以后，受到圣山崇拜传统的影响，逐渐形成了所谓的"四大名山"，分别演为文殊、普贤、观音、地藏四大菩萨的道场。其复杂的形成过程，已有很多论著专门讨论，此不赘言。② 就中，峨眉山的由道转佛是最有意味的实例，因其不单纯是一座自然之山的开发，像五台山、普陀山与九华山呈现出来的一样。

考古发现显示，东汉中后期佛教应已传至巴蜀一带。然有文献明确记载的高僧活动，却是晋代以降的事。东晋时期，名僧慧远之弟慧持入

---

① James M. Hargett, *Stairway to Heaven*：*A Journey to the Summit of Mount Emei*，Albany：State University of New York Press，2006，p.194.

② 参见李桂红：《四大名山佛教文化及其现代意义》，四川大学博士学位论文，2003；圣凯：《明清佛教"四大名山"信仰的形成》，载《宗教学研究》，2011（3）；李利安等：《四大菩萨与民间信仰》，上海：上海人民出版社，2011；卢忠本：《明清九华山佛教研究》，南开大学博士学位论文，2013；陈迟：《明清四大佛教名山的形成及寺院历史变迁》，清华大学博士学位论文，2014；等等。

蜀，传说曾到峨眉山并修建了山上最早的寺庙——普贤寺（即今万年寺）。但正如我们前面的考订，慧持曾到峨眉山或有可能，建普贤寺则不可靠。至隋唐，文献明确记载朝礼过峨眉山的僧人为数增多。其中，澄观、行明两位高僧的朝礼至为关键：前者以《华严经》为依据将峨眉山与五台山并置，开启了普贤道场与文殊道场的附着；后者明确声称峨眉山与五台山为银色世界与金色世界，普贤、文殊随心应现。关于峨眉山普贤道场的确立，传说是与一位名叫"蒲公"的采药老人有关，时在晚唐五代（其后被前推至了东汉）。但《宋高僧传》明确记载，澄观往峨眉山"求见普贤"，曾在峨眉山上"备观圣像"，说明至迟在中唐时期峨眉山普贤道场已经确立。其后，行明"历五台、峨眉，礼金色、银色二世界菩萨，皆随心应现"。显然，在行明朝礼峨眉山时，峨眉山普贤道场不仅已经确立，其普贤菩萨时现瑞象也都相伴而生。凡此种种，早在蒲公传说形成之前，峨眉山普贤道场已经确立并且颇有影响，蒲公传说只是在此基础上进一步扩大了其影响而已。究其因由，一是峨眉山地处西南，与佛经记述普贤菩萨所住光明山亦在西南暗合；二是佛光的发现被视为是普贤菩萨的示现；三是五台山文殊道场确立后的推波助澜——文殊、普贤本是《华严经》中的一对组合。唐僖宗（873-888）时，峨眉山佛教终于得闻于朝，并在朝廷的支持下广建寺庙。华严寺、中峰寺、牛心寺、普贤寺和华藏寺，应该就是当时峨眉山兴建的几座大寺。

唐武宗（841-846）灭佛百年，后周世宗（955-959）再次掀起废佛事件，大量寺院、经像被毁，僧尼颠沛流离，中原佛教在很长一段时间一蹶不振。与之不同，由于唐玄宗和唐僖宗的两次避难入蜀，带来大量的佛教经像与人才，特别是前、后蜀统治者的尊奉和支持，巴蜀佛教得以稳定持续地发展。峨眉山作为巴蜀的佛教名山，影响借此进一步向民间、向社会推开，最终完成了由道转佛的过程。《峨眉山图》作为一种绘画题材被许多画家绘于寺壁，朝礼峨眉山也不再只是一些高僧的行为，普通信众同样不畏艰险、长途跋涉前来，同时还吸引了许多文人墨客或游或隐于此。自唐代中期成为普贤道场，中经唐末五代的发展，至宋峨眉山已是蜚声域外，与五台山一道最先被列入了"四大佛山"之中。峨眉山之异物奇景，则伴随着由道转佛的完成有一个被佛化、被普贤菩萨化的过程。所谓"金刚嘴""观音岩""普贤船""菩萨石""普贤菜""普贤竹""普贤线""普贤藤""佛现鸟"等，以及对云海、佛光、圣灯的神圣诠释，都是此一佛化、普贤化过程的产物，特别是与普贤道场的获得认同有关。许止净所谓"峨眉从汉以来二千年，大小寺宇莫不崇奉普贤菩萨，四方信士礼敬普贤者莫不指归峨眉"，实是宋代以降的情形，汉时峨眉山尚在仙道的控制之中。

宋末元初，巴蜀地区遭受长期的争战影响，寺院废毁相当严重。蒙、元统治数十年，各处名寺古刹尚未完全恢复重建，复又遭受元末明初的战火。有赖峨眉山佛教积累的社会影响，虽然处在一种维持乃至收缩的状态，但到底没有遭受惨烈的破坏。故在明统一后，伴随明朝政府有限扶持的政策，峨眉山佛教逐渐恢复旧有活力，至万历时期（1573-1620）再度兴盛，常住僧人数千，寺庙过百，标志性的万年寺砖殿、山顶铜殿等都是此一时期的结晶，并在巴蜀民间形成了"上朝峨眉，下朝宝顶"的信仰习俗①。至明末，峨眉山佛教达至其历史极盛。

明亡以后，巴蜀地区再次陷入旷日持久的战争。先是张献忠入蜀，导致多数名寺古刹毁于兵火。继是清政府与南明王朝争夺巴蜀，战争一直持续到康熙年间（1662-1722）。峨眉山佛教虽然没有直接毁于战火，但因战乱纷扰带来的社会动荡，阻止或减少了信众与峨眉山佛教的

---

① 参见黄夏年：《"上朝峨眉，下朝宝顶"的现代意义》，载《宗教学研究》，2010（4）。按，黄夏年先生推测此一信仰习俗形成于中明以后、清代以前。按，关于当代峨眉山香会，范志容《峨眉山香会研究》（青海师范大学硕士学位论文，2011）一文有专门考察，可参看。

直接联系，佛教活动不能有效展开，山寺颓败较为普遍。直至康熙四年（1665）巴蜀最后确定，社会经济逐渐恢复与繁荣，特别是在清圣祖的鼎力支持下，峨眉山佛教方又呈现复兴的景象，但再也没有达到之前的高峰。这当然不只是峨眉山佛教的情形，全国佛教的整体走势概不例外。

近代以来，经过近百余年的调适与转型，峨眉山佛教以一种全新的姿态步入了当代"人间佛教"的轨道。

峨眉山是一座佛教名山，是一座佛教中国化过程中生长出来的佛教圣地。其中既有历史的偶然性，又有历史的必然性。唐末五代以降的特殊际遇，选择了峨眉山作为普贤菩萨的道场，这是历史的偶然；汉晋以来巴蜀佛教重视愿行的传统，与普贤菩萨的愿行精神吻合，这是历史的必然。就此而言，不管在道教史上曾有何等影响，峨眉山由道转佛都是一种无法逃逸的历史宿命。由一座自然山体发展成为最初的道教仙山，再逐渐演变成为佛教著名的普贤道场，峨眉山在中国源远流长的圣山崇拜传统里具有典型的代表意义，在中国佛教名山的形成过程中也有典型的代表意义。

三

站在学术研究的立场，峨眉山被确立为普贤道场是历史的选择；站在佛教本位的立场，则是普贤菩萨的恩德化现。许止净《峨眉山志》卷二即明确称："以普贤视峨眉，不啻沧海之一滴；而峨眉有普贤，则如芥子纳须弥。所以虽僻处西陲而名高五岳，与补怛（即普陀）、清凉（即五台）同为朝野所崇奉者，以有大士应化故也。"

普贤菩萨俯应群机，"如一月当空，普印众水，举凡江海沟渠，一勺一滴，皆现圆月"。故其化现本无偏爱，得随众生精诚而为摄受，不必仅于峨眉一山。故在《峨眉山志》卷二"菩萨圣迹"中，许止净搜罗了中国历史上普贤菩萨应化事迹17例，以证普贤菩萨应化不限方所，"纵有经文指菩萨住处在峨眉，岂其应化即局于峨眉？"然此一说，不过是要将普贤菩萨应化的范围扩大，以免收窄普贤菩萨普度众生的愿行，本身并无否定峨眉山普贤道场的用意，故又有称："则此山为大士应化之地，更复何疑？"这是从佛经得到的认知，乃至不必非要在佛经里找到相关证据，"攀《华严》以证峨眉之住者，未免拘墟；而别峨眉于普贤之外者，更同梦呓也"。既不必强释《华严经》文句以证普贤菩萨所住即峨眉山，更不能将峨眉山与普贤道场割裂开来。这是信仰的偶然与必然。言偶然者，普贤菩萨虽然应化无方，但最终认定了峨眉山作为道场——用印光大师的解释："十方法界皆可作菩萨道场，然欲众生投诚有地，故特于峨眉山示应化焉。"言必然者，依据既然来于佛经，乃至不必来自佛经，峨眉山作为普贤道场都不能够质疑，这是宗教固有的逻辑，也是佛教信众的普遍认同——用许止净的说法："大士隐胜显劣，而峨山即为应化之场。"因之，而有蒲公传说，而有道佛转换，而有佛寺群起，而有朝礼活动，等等。

历史的选择也好，信仰的选择也罢，不同于五台、普陀、九华诸山，怎样处理源远流长的仙道资源，都是峨眉山普贤道场必须面对的问题。印光大师的态度是否定它的影响，其在《重修〈峨眉山志〉流通序》中称：

> 又此山昔有道教，自大法昌明后，渐次归真。明果灭妖，乾明作中峰之寺；羽流感德，黄冠为缁衣之僧。自后一致进行，皈依三宝。道教绝响已千余年。

所谓"明果灭妖，乾明作中峰之寺；羽流感德，黄冠为缁衣之僧"，事见蒋超《峨眉山志》卷四，言明果大师射杀白蟒后，道士改乾明观为中峰寺，迎以为师，尽皈门下。以此为标志，印光大师认为，道教从此绝响，峨眉山转变成了纯粹的佛山。更进一步，印光大师又以"旧志于普贤及古高僧有经传可考证者，尚多错讹；况于绝响已久之道教事实，能无讹谬乎"出发，对峨眉山旧有的道教传说如黄帝问道于天皇真人等加以否定，"知此诸记载，悉属虚设"。转为佛山之前的传说多为虚妄，转为佛山之后的事实尽为佛教，仙道资源自然也就不再对峨眉山存在太大影响了。但事实是，转为佛山之前，峨眉山的确是有很多道士隐修炼养，就中不乏著名道士；转为佛山之后，峨眉山亦未彻底绝响道教，直至于近，仍有许多道士隐修其间。采取否定的态度，不能根本解决仙道影响的问题。于是，印光大师又言："即的确之极，亦无关紧要。以此所说之法，乃佛法中人乘、天乘两闲之法。"高扬佛教以利益群生，"亦天皇真人之赞许者"。将仙道降于人乘、天乘之法——尚在世间法中，而高于其上的声闻、圆觉、菩萨三乘之法才是究竟的出世间法，以"五乘之法"整合峨眉山仙道资源由是有了另一种包容的思路。受此启示，许止净重新编撰意在"志佛"的《峨眉山志》时，对无法回避的峨眉山仙道历史采取了整合的态度，其在卷六"仙隐流寓"的概说中称：

旧志特辟神仙一门，似觉以神仙为高贵。其实修仙者，不过存想固形、多延岁月。即真得仙者，虽能升腾变化，究是识神作用，并非断惑证真之了生死法。但其看空世事、浮云富贵、襟怀高尚、乐我天真，与唯取自适、不计其它之隐士，同足以针砭世俗嚣竞之风。

在佛教看来，仙道之法毕竟还未跳脱轮回，不是究竟的了生死法。但所倡行的，却与佛教应世化俗之法不相违背，"同足以针砭世俗嚣竞之风"。甚至仙道都是普贤菩萨的化现，都是佛教接引众生的一种权宜。这样，仙道资源便被安置在了佛教应世化俗的基础部分，不再与峨眉佛山格格不入。其实，这种道、佛不违的资源整合，早在印光、许止净之前即已完成。圣水阁发端于道教，传有吕祖、陈抟留迹其处，但被四川巡抚吴用先重建后，却是高僧化机的隐修之地，后再演为如今的圣水禅院。御史赫卫阳重建纯阳殿，本意是要保持峨眉山的仙道血脉，该殿最后却成了供奉普贤的寺庙。仙峰寺与九老洞之名相互混用，仙真与神佛不相排斥，如此等等，信众并不以为扞格。类似道、佛资源的自然融摄、相即相入，共同强化了峨眉山普贤道场的独特魅力——这是五台、普陀、九华三山所不具有的魅力。

峨眉山是普贤菩萨的道场。当其神圣资源被整合于普贤菩萨名下以后，若再强行分别道佛，即不谙峨眉山佛教发展历史的外行之举。不仅如此，当其整合完成之后，分别普贤与峨眉山都是一种错误，借用通醉的话说："普贤即山，山即普贤也。"[①] 那么，"志佛"即必"志山"，而"志山"即"志佛"。意在"志佛"的许氏《峨眉山志》最终不能抛弃"志山"，原因即在这里。印光大师将其割裂开来，是其不谙峨眉山普贤道场特色的臆断，应予纠正。

四

普贤菩萨（Samantabhadra），音译三曼多跋陀罗，意为具足无量大行、弘深誓愿、示现于一切诸佛刹土，倡导以智导行、以行证智达至圆满，又称"大行普贤菩萨"。《华严经·普贤行愿品》言其曾说礼敬诸佛、称赞如来、广修供养、忏悔业障、随喜功德、请转法轮、请佛住世、常随佛学、恒顺众生、普皆回向"十种广大行愿"，作为一切菩萨行愿的标志，号称"十大愿王"。

---

① 蒋超：《峨眉山志》卷一〇通醉《大峨山志序》。

作为普贤道场，峨眉山僧一直将践行普贤菩萨精神视为根本，历世高僧大德不重义理说教，而重真智实行。故在峨眉山佛教发展史上，我们很少见到像玄奘、道宣那样著述等身的高僧，也很少见到像马祖、克勤那样桃李满天下的宗师，但这并非他们缺少水准、没有影响。宋代安民、祖觉、慧远、宝印从峨眉山走出，可谓名满天下；明代示应、慧宗、明彻、真融来峨眉山长住，本为时人所重。凡此无不证实，峨眉山高僧非不能也，趣不为也。他们的兴趣在愿行，具体化为建设道场、接引信众、举办法事、开展救济等平庸无奇却劳神费力的琐碎事务。一部峨眉山佛教史，就是一部峨眉山佛教的琐碎事务史。于此琐碎事务之中，隐含了普贤菩萨的真精神，不必非要从中寻出多少辉煌灿烂的业绩。桃李无言，下自成蹊。峨眉山佛教的社会影响能够生生不灭，全有赖于这种隐含了普贤菩萨真精神的琐碎实行。

关于乐山大佛，有一句流传已久的民谚："山是一座佛，佛是一座山。"将其移改形容峨眉山，也很恰当，山佛相即，本无分别。非要从中寻出所谓佛教标配的东西，既是不懂佛教的懵懂，也是不懂普贤的暗昧，更是不懂峨眉山的臆想。

参考文献

一、古代文献

于敏中编纂：《日下旧闻考》，清文渊阁《四库全书》本。

太　虚：《太虚大师全书》，北京：宗教文化出版社，2005。

王　勃：《王子安集》，清文渊阁《四库全书》本。

王士禛：《居易录》，清文渊阁《四库全书》本。

王士禛：《分甘余话》，清文渊阁《四库全书》本。

王之望：《汉滨集》，清文渊阁《四库全书》本。

王元翰：《王谏议全集》，清嘉庆刻本。

王亨彦辑：《普陀洛迦新志》，扬州：江苏广陵古籍刻印社，1993。

王培荀：《听雨楼随笔》，清道光二十五年刻本。

王象之：《舆地纪胜》，北京：中华书局，1992。

元　稹：《元氏长庆集》，清文渊阁《四库全书》本。

元贤辑：《继灯录》，《卍续藏经》本。

韦　庄：《浣花集》，清文渊阁《四库全书》本。

韦　縠：《才调集》，清文渊阁《四库全书》本。

韦应物：《韦苏州集》，清文渊阁《四库全书》本。

邓　椿：《画继》，北京：人民美术出版社，1963。

邓廷辑修，熊为霖纂：（乾隆）《清江县志》，清乾隆四十五年刻本。

毛　滂：《东堂集》，清文渊阁《四库全书》本。

勾延庆：《锦里耆旧传》，清文渊阁《四库全书》本。

仇兆鳌：《杜诗详注》，清文渊阁《四库全书》本。

方应祥：《青来阁初集》，明万历自刻本。

方孝孺：《逊志斋集》，《四部丛刊》景明本。

比丘德森：《九华山志》，扬州：江苏广陵古籍刻印社，1997。

永　瑢：《四库全书总目》，清乾隆武英殿刻本。

正　受：《嘉泰普灯录》，《卍续藏经》本。

平步青：《霞外攟屑》，民国刊本排印本。

冯时行：《缙云文集》，清文渊阁《四库全书》本。

冯福京：（大德）《昌国州图志》，清刻宋元四明六志本。

龙显昭主编：《巴蜀佛教碑文集成》，成都：巴蜀书社，2004。

叶桂年修，龚煦春纂：《井研县志》，清光绪二十六年刻本。

扬　雄：《扬子云集》，清文渊阁《四库全书》本。

牟　巘：《陵阳集》，清文渊阁《四库全书》本。

齐　己：《白莲集》，清文渊阁《四库全书》本。

吕　温：《吕衡州文集》，清文渊阁《四库全书》本。

如　惺：《大明高僧传》，《大正藏》本。

阮　元：《文选楼藏书记》，清越缦堂钞本。

许　琰：《普陀山志》，清乾隆刻本。

许止净：《峨眉山志》，扬州：江苏广陵古籍刻印社，1997。

孙光宪：《北梦琐言》，北京：中华书局，2002。

孙承泽：《春明梦余录》，清文渊阁《四库全书》本。

朱睦㮮：《万卷堂书目》，清光绪至民国间观古堂书目丛刊本。

祁承爜：《澹生堂藏书目》，清宋氏漫堂钞本。

刘禹锡：《刘宾客文集》，清文渊阁《四库全书》本。

刘道醇：《宋朝名画评》，清文渊阁《四库全书》本。

刘纬毅：《汉唐方志辑佚》，北京：北京图书馆出版社，1997。

汤日昭修，王光蕴纂：《温州府志》，明万历三十二年刻本。

岑参著，陈铁民、侯忠义校注：《岑参集校注》，上海：上海古籍出版社，1982。

杨亿口述，黄鉴笔录、宋庠整理，李裕民辑校：《杨文公谈苑》，上海：上海古籍出版社，2001。

杨　慎：《升庵集》，清文渊阁《四库全书》本。

李昉等：《太平御览》，北京：中华书局，1985。

李昉等：《文苑英华》，清文渊阁《四库全书》本。

李昉等：《太平广记》，北京：中华书局，1961。

李　石：《方舟集》，清文渊阁《四库全书》本。

李　焘：《续资治通鉴长编》，北京：中华书局，2004。

李遵勖辑：《天圣广灯录》，《卍续藏经》本。

李锦成修,朱荣邦纂：（宣统）《峨眉县续志》，民国二十四年补刻本。

李调元：《童山集》，清乾隆刻函海道光五年增修本。

李卫修，沈翼机纂：（雍正）《浙江通志》，清文渊阁《四库全书》本。

李采修，范醇敬纂：（万历）《嘉定州志》，明万历三十九年修抄本

李愈昌，梁国标辑：（康熙）《贵池县志》，清康熙三十一年刊本。

苏　轼：《东坡全集》，清文渊阁《四库全书》本。

杜　绾：《云林石谱》，清文渊阁《四库全书》本。

杜光庭：《神仙感遇记》，《正统道藏》本。

杜应芳：《补续全蜀艺文志》，明万历刻本。

邵　博：《邵氏闻见后录》，北京：中华书局，1983。

吴　筠：《宗玄集》，清文渊阁《四库全书》本。

吴　曾：《能改斋漫录》，清文渊阁《四库全书》本。

吴　泳：《鹤林集》，清文渊阁《四库全书》本。

吴师道：《敬乡录》，清文渊阁《四库全书》本。

吴任臣：《十国春秋》，清文渊阁《四库全书》本。

吴之鲸：《武林梵志》，清文渊阁《四库全书》本。

陆　游：《老学庵笔记》，北京；中华书局，1979。

陆　游：《剑南诗稿》，清文渊阁《四库全书》本。

陆　游：《渭南文集》，清文渊阁《四库全书》本。

陆　深：《俨山外集》，清文渊阁《四库全书》本。

陆龟蒙：《甫里集》，清文渊阁《四库全书》本。

陆心源：《宋诗纪事补遗》，清光绪刻本。

志　磐：《佛祖统纪》，《大正藏》本。

何镗辑：《古今游名山记》，明刻细字本。

何三畏：《云间志略》，明天启刻本。

何乔远：《闽书》，明崇祯刻本。

何伟然选，陆云龙评：《十六名家小品》，明崇祯六年陆云龙刻本。

陈思编：《两宋名贤小集》，清文渊阁《四库全书》本。

陈田辑：《明诗纪事》，清陈氏听诗斋刻本。

陈邦瞻：《荷华山房诗稿》，明万历四十六年牛维赤刻本。

陈继儒：《见闻录》，明宝颜堂秘籍本。

陈耀中：《天中记》，清文渊阁《四库全书》本。

张　戒：《岁寒堂诗话》，清文渊阁《四库全书》本。

张君房纂辑，蒋力生等校注：《云笈七签》，北京：华夏出版社，1996。

贡师泰：《玩斋集》，明嘉靖刻本。

余之祯纂修：（万历）《吉安府志》，明万历十三年刻本。

宋如林修，石韫玉纂：（道光）《苏州府志》，清道光四年刻本。

严可均校辑：《全上古三代秦汉三国六朝文》，北京：中华书局，1987。

沈懋孝：《长水先生文钞》，明万历刻本。

贯　休：《禅月集》，清文渊阁《四库全书》本。

居　简：《北磵诗集》，清文渊阁《四库全书》本。

居　顶：《续传灯录》，《大正藏》本。

郑　樵：《通志》，清文渊阁《四库全书》本。

净　符：《宗门拈古汇集》，《卍续藏经》本。

净　柱：《五灯会元续略》，《卍续藏经》本。

明　河：《补续高僧传》，《卍字续藏》本。

性　统：《续灯正统》，《卍续藏经》本。

金　实：《觉非斋文集》，明成化元年唐瑜刻本。

范　梈：《范德机诗集》，《四部丛刊》景元本。

范成大：《范石湖集》，北京：中华书局，1962。

范成大：《范成大笔记六种》，北京：中华书局，2002。

范廷谋修，蔡来仪纂：（康熙）《彬州总志》，清康熙五十八年增刻本。

周必大：《文忠集》，清文渊阁《四库全书》本。

罗大纮：《紫原文集》，明末刻本。

罗炌修，黄承昊纂：（崇祯）《嘉兴县志》，明崇祯十年刻本。

房星著修，杨维孝等纂：（康熙）《峨眉县志》，康熙二十四年刻本。

洪　迈：《万首唐人绝句》，清文渊阁《四库全书》本。

洪迈撰，何卓点校：《夷坚志》，北京：中华书局，1981。

祝穆、富大用、祝渊：《古今事文类聚》，清文渊阁《四库全书》本。

觉　岸：《释氏稽古略》，《大正藏》本。

赵　蕤：《长短经》，清文渊阁《四库全书》本。

胡　直：《衡庐精舍藏稿》，清文渊阁《四库全书》本。

胡应麟：《少室山房集》，清文渊阁补配清文津阁《四库全书》本。

胡世安著，冯学军点校：《译峨籁》，峨眉：峨眉山佛教协会编印，2018。

神清撰，慧宝注，德珪注解，富世平校注：《北山录校注》，北京：中华书局，
2014。

郦道元著，陈桥驿校释：《水经注校释》，杭州：杭州大学出版社，1999。

骆宾王：《骆丞集》，清文渊阁《四库全书》本。

段成式：《酉阳杂俎》，北京：中华书局，1981。

贺复徵：《文章辨体汇选》，清文渊阁《四库全书》本。

贾　岛：《长江集》，清文渊阁《四库全书》本。

徐　铉：《骑省集》，清文渊阁《四库全书》本。

徐松辑：《宋会要辑稿》，北京：中华书局，1957。

高　出：《镜山庵集》，明天启刻本。

郭　翼：《雪履斋笔记》，清函海本。

顾　瑛：《草堂雅集》，文渊阁补配文津阁《四库全书》本。

袁　桷：《清容居士集》，《四部丛刊》景元本。

袁珂校注：《山海经校注》，成都：巴蜀书社，1993。

袾宏编：《云栖法汇》，《嘉兴藏》本。

聂　先：《续指月录》，《卍续藏经》本。

真在编，机云重续：《径石滴乳集》，《卍续藏经》本。

通　醉：《锦江禅灯》，《卍续藏经》本。

钱起：《钱仲文集》，清文渊阁《四库全书》本。

钱惟善：《江月松风集》，清武林往哲遗著本。

钱维乔：《鄞县志》，清乾隆五十三年刻本。

耿定向：《耿天台先生文集》，明万历二十六年刘元卿刻本。

常璩撰，刘琳校注：《华阳国志校注》（修订版），成都：成都时代出版社，2007。

常明修，杨芳灿纂：（嘉庆）《四川通志》，嘉庆二十年刻本。

屠隆：《白榆集》，明万历龚尧惠刻本。

屠粹忠：《三才藻异》，清康熙二十八年栩园刻本。

超　永：《五灯全书》，《卍续藏经》本。

黄休复：《茅亭客话》，清文渊阁《四库全书》本。

黄休复：《益州名画录》，北京：人民美术出版社，1964。

黄廷桂纂修，张晋生编纂：（雍正）《四川通志》，清文渊阁《四库全书》本。

黄希原注，黄鹤补注：《补注杜诗》，清文渊阁《四库全书》本。

黄宗羲：《明文海》，清文渊阁《四库全书》本。

黄绶芙、谭钟岳原著，费尔朴译：《新版峨山图志》，成都：华西大学，1936。

黄道周：《黄石斋先生文集》，清康熙五十三年刻本。

黄镇成：《秋声集》，清文渊阁《四库全书》本。

黄虞稷：《千顷堂书目》，清文渊阁《四库全书》本。

鄂尔泰修，靖道谟纂：（乾隆）《云南通志》，清乾隆元年刻本。

曹学佺：《曹大理集》，明万历刻本。

曹学佺：《石仓文稿》，明万历刻本。

曹学佺编：《石仓历代诗选》，清文渊阁《四库全书》本。

曹学佺：《蜀中广记》，清文渊阁《四库全书》本。

葛洪著，王明校释：《抱朴子内篇校释》，北京：中华书局，1985。

葛寅亮撰，何孝荣点校、濮小南审校：《金陵梵刹志》，南京：南京出版社，
2011。

道　宣：《续高僧传》，《大正藏》本。

道　原：《景德传灯录》，《大正藏》本。

普济著，苏渊雷点校：《五灯会元》，北京：中华书局，1984。

焦　竑：《国朝献征录》，明万历四十四年徐象橒曼山馆刻本。

释　英：《白云集》，清武林往哲遗著本。

蒋　超：《峨眉山志》，《续修四库全书》本。

喻　谦：《新续高僧传》，《大藏经补编》本。

董　说：《董说集》，民国吴兴丛书本。

董诰等：《全唐文》，中华书局1983年影印嘉庆本。

董斯张：《静啸斋存草》，明崇祯刻本。

董斯张：《静啸斋遗文》，清初刻本。

程宗猷：《少林棍法》，明天启耕余剩技本。

程嘉燧：《耦耕堂集诗文》，清顺治刻本。

程毅中主编：《宋人诗话外编》，北京：国际文化出版社，1996。

彭孙贻：《明诗钞》，《四部丛刊续编》景写本。

曾国荃：（光绪）《湖南通志》，清光绪十一年刻本。

鲍　溶：《鲍溶诗集》，清文渊阁《四库全书》本。

静、筠禅僧编，张华点校：《祖堂集》，郑州：中州古籍出版社，2001。

慧皎撰，汤用彤校注、汤一玄整理：《高僧传》，北京：中华书局，1992。

德　清：《憨山老人梦游集》，《卍续藏经》本。

德清述，高承埏补：《八十八祖道影传赞》，《卍续藏经》本。

德　玉：《梵网经顺硃》，《卍续藏经》本。

赜藏主编集，萧萐父等点校：《古尊宿语录》，北京：中华书局，1994。

赞宁撰，范祥雍点校：《宋高僧传》，北京：中华书局，1987。

戴　澳：《杜曲集》，明崇祯刻本。

戴表元：《剡源集》，清文渊阁《四库全书》本。

二、近人论著

干树德：《"蒲公"故事及其历史内涵》，载《宗教学研究》，1999（2）。

干树德：《峨眉山"银色世界说"探源》，载《中华文史论丛》，2000（1）。

马燕萍：《人类种痘免疫发明人茂真和尚》，载《文史杂志》，2005（5）。

王纯五：《天师道二十四治考》，成都：四川大学出版社，1996。

永寿主编：《峨眉山与巴蜀佛教》，北京：宗教文化出版社，2004。

圣凯：《明清佛教"四大名山"信仰的形成》，载《宗教学研究》，2011

（3）。

代凌江：《峨眉山武术演进过程及文化特征研究》，成都体育学院硕士学位论文，2013。

冯　陵：《峨眉景观探源》，成都：成都科技大学出版社，1992。

冯学成等：《巴蜀禅灯录》，成都：成都出版社，1992。

向玉成：《〈峨山图说〉初步研究》，载《乐山师范学院学报》，2008（6）。

北京大学中文系古典文献专业、古文献研究所编著：《古典文献研究论丛》，北京：北京大学出版社，1995。

刘君泽：《峨眉伽蓝记》，民国三十六年排印本。

汤用彤：《隋唐佛教史稿》，北京：北京大学出版社，2010。

郑炳林：《敦煌地理文书汇辑校注》，兰州：甘肃教育出版社，1989。

张　妙：《峨眉山蒲公传说及其相关问题》，载《宗教学研究》，2007（2）。

张　妙：《唐宋峨眉山研究》，载《中国西南文化研究》第十二辑，昆明：云南科技出版社，2007。

张　妙：《唐宋峨眉山研究》，四川大学硕士学位论文，2007。

吴立民主编：《禅宗宗派源流》，中国社会科学出版社，1998。

陈　迟：《明清四大佛教名山的形成及寺院历史变迁》，北京：清华大学博士学位论文，2014。

陈述舟：《峨眉山诗选注》，成都：四川人民出版社，1986。

陈国符：《道藏源流考》，北京：中华书局，1963。

陈剑鍠：《"四大名山志"的修撰过程及其宗教意义》，载《普门学报》，第15期。

陈黎清：《略论峨眉山与藏传佛教》，载《中华文化论坛》，2002（1）。

李利安等：《四大菩萨与民间信仰》，上海：上海人民出版社，2011。

李桂红：《四大名山佛教文化及其现代意义》，四川大学博士学位论文，2003。

李桂红：《佛教四大名山中的道教文化现象》，载《天津市社会主义学院学报》，

2006（1）。

李豫川：《〈峨眉山志〉与蒋超》，载《成都文物》，2004（3）。

何志愚：《佛教圣地峨眉山》，香港：天马图书有限公司，2001。

何孝荣：《明朝佛教史论稿》，北京：宗教文化出版社，2016。

段玉明主编：《佛教与民俗》（第二辑），北京：宗教文化出版社，2019。

罗清华：《峨眉山书目文献考述》，载《四川师范大学学报》，2003（1）。

范志容：《峨眉山香会研究》，青海师范大学硕士学位论文，2011。

郑石平：《中国四大佛山》，上海：上海文化出版社，1985。

胡昭曦：《四川古史考察札记》，重庆：重庆出版社，1986。

胡昭曦等：《宋代蜀学研究》，成都：巴蜀书社，1997。

骆坤琪：《峨眉山佛教文化》，载《世界宗教研究》，1992（2）。

骆坤琪：《峨眉山宗教历史初探》，载《宗教学研究》，1984（5）。

骆坤琪：《峨眉山佛教史话》，成都：四川人民出版社，1992。

段玉明：《巴蜀佛教史文论丛》，北京：宗教文化出版社，2015。

段玉明：《指空——最后一位来华的印度高僧》，成都：巴蜀书社，2007。

唐长寿：《峨眉山名新考》，载《中华文化论坛》，2003（4）。

顾刃等：《峨眉山游记选注》，成都：四川人民出版社，1986。

钱秋伶：《峨眉山文人诗文研究》，四川大学硕士学位论文，2012，

《峨眉山佛教志》编纂委员会：《峨眉山佛教志》，乐山：乐山市新闻出版局，
2003。

峨眉山佛教协会编：《历代祖师与峨眉山佛教》，成都：四川人民出版社，
2012。

《峨眉县志》编委会：《峨眉县志》，成都：四川人民出版社，1991。

峨眉文史资料委员会编：《峨眉文史》，峨眉：峨眉文史资料委员会，1985。

黄夏年：《明代伏牛山佛教派系考》，载《世界宗教研究》，2010（2）。

黄夏年：《"上朝峨眉，下朝宝顶"的现代意义》，载《宗教学研究》，2010

（4）。

韩　坤：《峨眉山及普贤道场研究》，四川省社会科学院硕士学位论文，2007。

葛　静：《峨眉山伏虎寺佛事音乐研究》，西南大学硕士学位论文，2015。

熊　锋：《胡世安和〈译峨籁〉》，载《文史杂志》，2011（1）。

演　妙：《民国峨眉山佛教初探》，峨眉山佛学院硕士学位论文，2015。

颜　冲：《明代峨眉山佛教论述》，四川省社会科学院硕士学位论文，2007。

魏如松：《峨眉山禅宗传播考》，四川省社会科学院硕士学位论文，2007。

魏奕雄：《峨眉山诗文选注》，成都：西南交通大学出版社，1995。

三、国外论著

James M. Hargett, *Stairway to Heaven: A Journey to the Summit of Mount Emei*, Albany: State University of New York Press, 2006.

后　记

　　自峨眉山普贤文化研究中心成立，撰写一本学术性的《峨眉山佛教史》就一直是其重点规划项目。2009年，峨眉山佛教协会将此任务委托了四川省社科院的向世山先生与笔者，具体分工是笔者负责明代以前，向世山先生负责明代以后。由于各种事务的纠缠，此一撰写计划最终没有完成，这是我们首先应该深表歉意的，既辜负了峨眉山佛教协会对我们的厚望，也拖累了峨眉山佛教协会的文化建设工程。延至2018年，在永寿法师的督促下，峨眉山佛教协会重新启动了此一项目，并将此一重任委托了笔者。接手之后，一者因其本在笔者重大招标项目多卷本《中国寺观文化史》（批准编号13&ZD079）的关注范围，理应对其清理考察，以见中国山川崇拜的实情与走势；二者因已拖累峨眉山佛教协会太久，笔者心有歉疚，于是放下手上的其他工作，全力以赴完成此一任务，夜以继日地奋战了大半年，终于为此书稿画上了句号。

　　书稿的完成，首先得益于峨眉山佛教协会的支持与督促，该项目否则仍在我们的懒散拖延之中。这是必须真诚致谢的！尤其是在我们的延宕耽误之后，峨眉山佛教协会还能再予机会弥补我们的歉疚。其次，在资料收集上，峨眉山佛学院提供了很多方便，这也是必须真诚致谢的！其图书室的丰富藏书成为本书撰写的资料保障，其课堂则成了笔者讨论该书某些问题的沙龙。再次，笔者指导的研究生张妙同学撰写的《唐宋峨眉山研究》硕士学位论文，刘长久先生指导的研究生颜冲同学撰写的《明代峨眉山研究》硕士学位论文、韩坤同学撰写的《峨眉山及普贤道场研究》硕士学位论文、魏如松同学撰写的《峨眉山禅宗传播考》硕士学位论文，黄夏年先生指导的研究生演妙法师撰写的《民国峨眉山佛教初探》硕士学位论文，为本书的撰写提供了诸多便捷。尤其是对张妙与演妙二文参考尤多，在此深表感谢！张妙同学学位论文有价值的部分，已被分别采入了相关章节。原想将演妙法师的学位论文整体搬入"民国以来的峨眉山佛教"一节，后因体例和内容与本书设计有异，最终采取了分别吸收的方式。在此特别加以说明，同时再次表示感谢！

正如笔者前言所说，以其厚重的历史与文化底蕴，峨眉山佛教值得不止一部史著为其代言，本书仅仅是先走一步而已，相信后续会有更多更好的著述问世。同时，本书对峨眉山佛教历史的叙述与阐释，也仅仅只是笔者个人的一家之说与一孔之见，相信后续会有更切更深的认知与洞见。峨眉山佛教史是"传奇性"的历史，不同的讲述者一定会有不同的讲述，呈现出各自不同的精彩。但无论怎样讲述，它们都是峨眉山佛教的实有，差别只在讲述者的体认不同而已。

段玉明

2019年4月20日初稿于酸心斋